张光直作品系列

中国青铜时代

张光直 著

生活·讀書·新知 三联书店

Copyright © 2013 by SDX Joint Publishing Company
All Rights Reserved.
本作品中文版权由生活·读书·新知三联书店所有。
未经许可，不得翻印。

图书在版编目（CIP）数据

中国青铜时代／张光直著．—北京：生活·读书·新知三联书店，2013.3　（2024.2 重印）
（张光直作品系列）
ISBN 978-7-108-04216-3

Ⅰ．①中… Ⅱ．①张… Ⅲ．①青铜时代文化－中国－文集　Ⅳ．① K871.34-53

中国版本图书馆CIP数据核字（2012）第 206433 号

责任编辑	徐国强
封扉设计	蔡立国
责任印制	董　欢

出版发行　生活·讀書·新知 三联书店
　　　　　（北京市东城区美术馆东街 22 号）
邮　　编　100010
网　　址　www.sdxjpc.com
经　　销　新华书店
印　　刷　河北鹏润印刷有限公司
版　　次　2013 年 3 月北京第 1 版
　　　　　2024 年 2 月北京第 8 次印刷
开　　本　880 毫米 × 1230 毫米　1/32　印张 16.25
字　　数　380 千字
印　　数　26,001-29,000 册
定　　价　98.00 元
（印装查询：01064002715；邮购查询：01084010542）

在哈佛大学皮博迪博物馆的办公室研究甲骨,1980

在中国社会科学院考古所,北京,1981年

在吉林大学讲学,长春,1987年

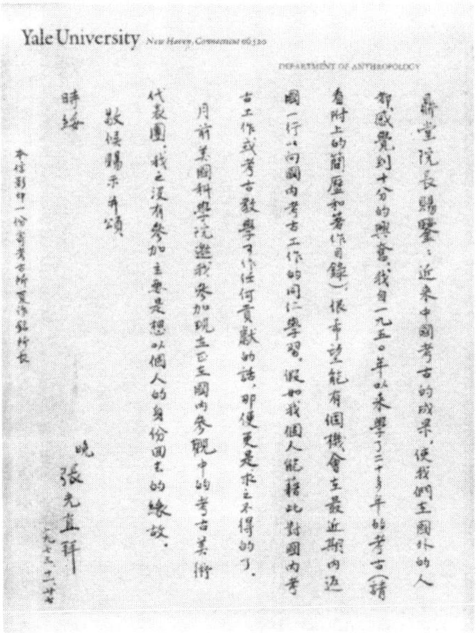

致郭沫若信，1973年

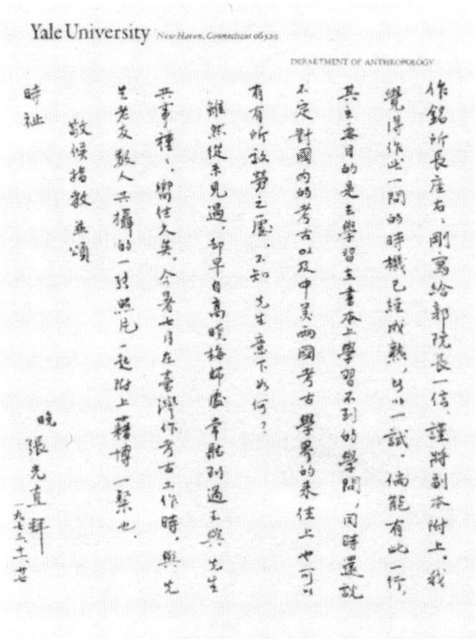

致夏鼐信，1973年

Yale University New Haven, Connecticut 06520

DEPARTMENT OF ANTHROPOLOGY

鼎堂院長賜鑒：近來中國考古的成果，使我們在國外的人都感覺到十分的興奮。我自一九五〇年以來學了二十多年的考古（請看附上的簡歷和著作目錄），很希望能有個機會在最近期內返國一行，以向國內考古工作的同仁學習。假如我個人能藉此對國內考古工作或考古教學可作任何貢獻的話，那便更是求之不得的了。

月前美國科學院邀我參加現在正在國內參觀中的考古美術代表團，我之沒有參加，主要是想以個人的身份回去的緣故。

敬候賜示并頌

時綏

晚 張光直拜

一九七三.二.廿七

本信副本一份寄考古所夏作銘所長

致郭沫若信，1973年

Yale University New Haven, Connecticut 06520

DEPARTMENT OF ANTHROPOLOGY

作銘所長座右：剛寫給郭院長一信，謹將副本附上。我覺得作此一問的時機已經成熟，所以一試。倘能有此一行，其主要目的是去學習在書本上學習不到的學問，同時還說不定對國內的考古以及中美兩國考古學界的來往上也可以有有所效勞之處。不知 先生意下如何？

雖然從未見過，卻早自高曉梅師處常能聽到關于與 先生共事種種，嚮往久矣。今暑七月在臺灣作考古工作時，與 先生老友數人共攝的一張照片一起附上，藉博一粲也。

敬候指教并頌

時祉

晚 張光直拜

一九七三.二.廿七

致夏鼐信，1973年

目 录

二版序 *1*
1982 年版《中国青铜时代》前言 *1*
二集前言 *5*

中国青铜时代 *1*
关于中国初期"城市"这个概念 *28*
夏商周三代都制与三代文化异同 *43*
从夏商周三代考古论三代关系与中国古代国家的形成 *71*
殷商文明起源研究上的一个关键问题 *103*
商城与商王朝的起源及其早期文化 *128*
殷周关系的再检讨 *144*
商王庙号新考 *173*
谈王亥与伊尹的祭日并再论殷商王制 *211*
殷礼中的二分现象 *236*
商代的巫与巫术 *261*
商名试释 *291*
谈"琮"及其在中国古史上的意义 *299*
说殷代的"亞形" *315*

濮阳三跻与中国古代美术上的人兽母题 *328*

中国古代的饮食与饮食具 *336*

商周神话之分类 *369*

商周神话与美术中所见人与动物关系之演变 *409*

商周青铜器上的动物纹样 *436*

中国古代艺术与政治

  ——续论商周青铜器上的动物纹样 *468*

从商周青铜器谈文明与国家的起源 *482*

二版序 *

三联书店要将我的两本《青铜时代》再版，合为一本。我很高兴地赞成了；我觉得这是很好的一个做法。两本合成一本，自然比两本经济。它可以跟随一个组织，比较容易阅读。"中国青铜时代"这六个字又把这个时代的意义综合地表达出来。

像中国这样的青铜时代在人类中是一个极端"独一无二"（unique）的概念和存在；青铜器既是中国文明的象征，又是产生这种象征的因素。在数量上，我们非常显明地注意到在中国所发现的古代青铜器，要比任何其他古代文明中为多；我毫不犹豫地大胆宣称：就已经发现的铜器来说，在中国古代所发现的青铜器的量，可能大于世界其余各地所发现的铜器的总和；

---

* 编者注：二版的《中国青铜时代》（三联书店，1999年9月）由作者将原《中国青铜时代》（三联书店，1983年9月）及二集（三联书店，1990年5月）合编而成。文章次序重新排定，个别篇目有调整，抽出《中国考古学上的聚落形态——一个青铜时代的例子》、《古代贸易研究是经济学还是生态学?》（后者收入三联版《中国考古学论文集》），加进《商城与商王朝的起源及其早期文化》、《商名试释》二文。

* 编者再注：三版的《中国青铜时代》抽出了《连续与破裂：一个文明起源新说的草稿》，因为此文被作者选为《美术、神话与祭祀》一书的后记，请读者参阅该书。

在中国所发现的青铜器的种类,又可能多于世界其余各地所发现的青铜器的种类的总和。人类的进化史上,不论在从"野蛮"到"文明"的转化的程序或原因上多么相似,青铜的重要性像在中国这样中心性的,是少而又少的。不是每个文明都有个"青铜时代",而且近年考古学在理论上强调人类与自然环境的"互动",青铜时代这个名词好像不大用了。但是为什么青铜独在中国历史上有这么大的重要性?为何独在中国考古学上,青铜时代仍然是一个极为重要的中心概念?

在本书里可以找到我对这个问题的初步答案。这个答案不是很普通、寻常的答案,但也不是特殊的答案,而是一个很一般的答案。也许一开始的时候它不能得全部读者的首肯。但是请读者先将已有未有的偏见放下,将本书的说法客观地调查、研究、分析一番,很可能就有对世界古代文明的新看法。本书的意见是很新的,因此也是很不成熟的。希望读这本书的人一起将它的缺点和错误找出来拿掉,使它成为东方古代文明的发展的基本原则。

1998 年 4 月 21 日

1982年版《中国青铜时代》前言

近年来，不但中外学者对中国古代青铜器的兴趣跟着青铜器与青铜时代文化遗址遗物的新的考古发现的增加而逐渐提高，便是一般对文史学术稍有兴趣的人也对青铜时代的特征与来龙去脉增加了很大的好奇心。随着这些兴趣与好奇心而来的需要是关于青铜器与青铜时代的读物。在这方面的专业书籍文章虽然很多，对中国青铜时代的文化社会与美术特征，根据较新的资料作比较一般性的讨论的中文书却还少见。这本书便是为了适应这样的一个需要而编印的。

过去以"青铜时代"或"青铜器时代"作题目的书恐怕以郭沫若在抗日战争胜利一年在重庆所出的一本最为人所熟知了，可是这本书的内容主要是讲古代的学术思想的。真正讲青铜器与青铜文化的必修书是容庚的《商周彝器通考》（北京哈佛燕京学社《燕京学报》专刊第17号，1941）与郭宝钧的《中国青铜器时代》（北京三联书店，1963）。前者是叙述与讨论中国古代青铜礼器最详尽最深入的一本书；虽然出版40年来青铜礼器的新资料增加了很多，而且研究内容也有突进，可是像容书这样大规模的综合著作，迄今还没有第二本。郭书采用了许多新的考古材料，把考古与文献史料糅合在一起，对青铜时代的生活情况从各方面作了一个比较综合性的叙述。想真正深入研究中国青铜时代的读者不妨从这两本书入手。

这本书的目的既不是讨论青铜器本身,也不是对青铜时代文化的综合叙述。它的主要目的是对中国青铜时代文化与社会的若干主要特征作整体性的讨论。我相信青铜时代的社会与文化的各方面的成分、因素与特征,是彼此之间作有机性的联系的,而且它们之间的联系不是固定的、机械性的,而是经常变动的,并且分层分级的。研究青铜时代的每一方面,小自一件器物或它上面的纹饰,大到整个的中国政制,都得从两方面同时着手:一是它本身的性质,二是它与其他方面的关系。本书所选的论文的主要讨论对象,包括城市、王制、经济、贸易、饮食、神话、美术,以及青铜器本身和它上面的装饰纹样。我们讨论它们的个别的特征,也讨论它们彼此之间的关系。

从这些方面的初步研究,我们已经看出许多中国古史上的新问题来了。因为这书是讨论青铜时代的,我们便举一些直接有关的问题:中国古代的三代从技术史上看是青铜时代,这是个事实。但是,为什么青铜器在这个时期出现?出现以后对中国文化社会史的发展进化上起了什么样的作用?青铜时代社会的特征在中国历史上占着什么样的地位?与世界其他地区古代文明比较起来有何同异?所谓人类社会发展的一般法则在中国的史实中,至少在青铜时代的史实中,是不是得到进一步的证实?中国青铜时代史实所表现的因果关系对人类社会发展的一般法则有什么新颖的贡献?这些都是相当大的基本性的问题,我们只求把它们提出来便行了,至于它们的解决,乃是后事,但希望本书的讨论在有些方面有少许启发的作用。

本书的另外的一个目的是想试试看能不能用一些具体的例

子来证明中国古代的研究不是"专业"而是"通业"。所谓"本行"的观念我觉得害人不浅。深入研究任何一种事物、现象，都需要长期深入的训练，这是不错的，但现在所谓"行"，其区分的标准常常只是历史的偶然传统，并没有现实的理由。"中国古史"这个题目常常依照史料的性质而分为专业：有人专搞古文字，有人专搞历史，有人专搞美术，有人专搞考古。搞古文字的人还分甲骨文、金文。这样一来，中国古史搞得四分五裂，当时文化社会各方面之间的有机联系便不容易看出来了。这里所收的文章便代表一种以历史为主以专业为从的基本入手方式。但我自己也是旧传统训练出来的"专业人才"，在许多方面的了解是不够深入的，因此，这里的有些讨论很可能有各方面的错误，但这是旧训练方式的错，是我的错，不是"通业"这个目标的错。实际上要搞通业，我们个人在一般知识的训练上还差得太远。讲通业讲到底，我们还得把中国的材料与中国的研究成果与世界其他各地的情形作比较，因为中国的情形只是全世界人类千变万化的各种情形之一，不了解世界的变局便不能了解中国的常局。例如讨论商周王制与动物图像时我们都很清楚地看到了比较社会学与民族学在中国古史上的重要性。但可做比较研究之处还多如沧海。讲中国学问没有中国训练讲不深入，但讲中国学问没有世界眼光也如坐井观天，永远讲不开敞，也就讲不彻底。

  本书如果有一些这一类的特点，主要的原因是因为我工作在外国多年，而且以人类学为专业。人类学是重比较的，而从外国看中国学问也比较易于实事求是而少为中国习见所囿。至于是不是有可取之处，可以为容、郭两书以及这一类比较老老实实的书文做一些有用的补充工作呢，则全看读者的判断了。

这里所收的论文都是已经发表过的，最早的一篇刊于1962年，最近的在1981年，其余的则散在这20年之间。这次把它们收集在一起，好好地阅读整理了一下，却相当惊讶地发现，我在对中国青铜时代较重大的问题上的看法，在这20年间虽有增进，却无基本上的改变。其中有几篇原来是用英文写的，这次为了本书的刊印，特别将它们译成中文。英文写的文章有它的对象，有它的一定写法，翻成中文之后，颇觉诘屈聱牙，而且结构选材都有不适之感，但为了保存原样，所以改动甚少。

1981年2月23日写于美国麻省剑桥

二集前言

自从 1982 年《中国青铜时代》出版以来,我在一系列的论文中对中国青铜时代的一项重要的特征从各方面作了比较深入的讨论。这项特征便是作为巫术法器的中国古代艺术品在造成或促进政权集中上所起的重要作用。因政权的集中在中国历史上一向是与财富的集中紧密结合的,而财富的集中又是文明产生的基础,中国古代的艺术在文明起源的程序上就起了关键性的作用。中国古代艺术(以青铜器为中心)的这种作用,在文明起源,国家起源,阶级社会起源这一类社会科学上的原则性、法则性的问题上,有世界一般性的意义。这本小书里面把这些论文集中在一起发表,可以再一次引起读者们对这个问题的注意。

近来中国古史、考古学者对中国文明起源的问题有很热烈的讨论;讨论的焦点一般集中在文明起源的历史阶段,最初起源的地区,以及中国文明是一元还是多元这一类的问题。这些问题都是必要的,是前提性的,而近来的讨论已经导致极有建设性的结果。可是中国文明起源的动力与因果关系的问题,就是中国文明社会是"怎样"形成的,"为什么"这样形成,它的形成牵涉哪些因素,它的形式如何反映它的内容——这一类的问题还比较缺乏讨论。本书所收九篇论文，可以初步填补这一类的空白。

九篇论文都是发表过或即将发表的，原刊出处都注明在每篇题目下面。我在此对原出版者敬表谢意。因为原来各篇是分别发表的，彼此之间的用句与引文上有不少重复之处，所以在编入本书时略有删减。

这里的讨论有不少比较有系统地收入 Art, Myth, and Ritual: The Path to Political Authority in Ancient China (Harvard University Press, 1983)。这书在1988年由郭净先生译成中文，辽宁教育出版社出版，书题为《美术、神话与祭祀》。

1989年3月27日

中国青铜时代 *

新中国建国 30 年以来，考古学有了很大的进展，但是我们可以说到目前为止，这门学科最为重大的收获是在中国文明形成阶段上的新的知识，也就是中国青铜时代的新知识。其他的考古新发现有的更为壮观，如秦俑坑的兵马俑；又有些发现在文化的个别方面的研究上有了更大的影响，如云梦出土的秦律和长沙出土的帛书。可是这些发现仅只在我们对中国历史既有的知识上有所增益，而青铜时代的考古则将我们对中国历史的了解造成了基本性的改变。我们甚至可以说在 30 年以前我们还不知道中国的历史是如何开始的，可是现在我们已经知道了或至少已经开始知道了。这个新知识是从过去 30 年有关中国青铜时代的许多大大小小考古发现的积累而来的。

我们所谓中国青铜时代，是指青铜器在考古记录中有显著

---

* 这篇论文本来是 1979 年 3 月 7 日在耶鲁大学东亚研究评议会主持的休谟（Hume）纪念讲演会上的讲稿。原为英文 "The Chinese Bronze Age: A Modern Synthesis"，载 *The Great Bronze Age of China*，Wen Fong ed.，New York，The Metropolitan Mugeurn of Art，1980，pp. 35-50。本题过去的综合性的论著有郭沫若《青铜时代》（重庆，1945 年）；郭宝钧《中国青铜器时代》（北京，1963 年）；Li Chi，"The Bronze Age of China"，载 *The Beginnings of Chinese Civilization*（Seattle，1957），pp. 39-59。

的重要性的时期而言的。辨识那"显著的重要性"的根据,是我们所发现器物的种类和数量,使我们对青铜器的制作和使用在中国人的生活里占有中心地位这件事实,不容置疑。金属器物(包括青铜器物)的初现远在青铜时代的开始以前,但到了二里头文化的时代,青铜器的显著重要性成为不疑的事实,而现在大家相信中国青铜时代的开始不会迟于公元前2000年。它的结束则是一个冗长而且逐渐的程序,开始于春秋时代的晚期,但直到公元前3世纪的秦代才告完成。如此,则依照目前的考古纪录看来,中国青铜时代持续了至少有1500年之久,虽然在它的晚期与铁器时代有好几百年的重叠。

不论我们用不用"青铜时代"这个名词来指称公元前2000年到公元前500年这段时期,这一段时期的确是中国历史上的一个重要阶段:有人称之为奴隶社会[1],有人称之为中国文明的形成期。[2] 如果中国历史上青铜器有显著重要性的这个阶段与用其他标准来划定的某个阶段相合,那么青铜器便有作为文化与社会界说的标准的资格。

在西方,"青铜时代"这个名词最初是丹麦国家博物馆保管员克·吉·汤姆森(Christian Jurgensen Thomsen,1788—1865)所创用的,是代表该馆收藏品的一个新的分类的三大时代(石器时代、青铜时代、铁器时代)的第二个。照汤姆森所著《北方古物指南》(*Ledetraad til Nordisk Oldkyndighed*,哥本哈根,1836年)中的定义,"青铜时代"乃是"以红铜或青铜制成武器和切割器

---

[1] 郭沫若《奴隶制时代》,北京,1972年。
[2] Kwang-chih Chang, *Early Chinese Civilization* (Cambridge, 1976).

具"的时代。[1]在他的 1944 年度赫胥黎纪念讲演时，戈登·柴尔德（V. Gordon Childe）将考古学上的三大时代解释为"在技术的发展、生产力的进化上的一串的相连续的阶段"[2]。柴尔德进一步将青铜时代分为三段"方式"（modes）。在第一期方式中，兵器和装饰品有用红铜和青铜的合金制作的，但当时还没有"突变"而来的工具，而且专用于工业的器具甚少。石制工具仍旧很仔细地制作。在第二期方式中，红铜和青铜在手工业中经常使用，但不用于农畜活动，也不用于粗重作业。金属物的类型包括刀、锯和专门化的斧、锛和凿子。第三期的方式则以金属器具引进于农业及用于繁重劳动为特征，这在考古纪录上表现为金属镰刀、锄头，甚至于锤头。柴尔德很谨慎地说明了这些方式在所有地区未必都照这个顺序出现，但他很强烈地暗示了青铜器具之采用，其重要意义主要在生产领域之内。在《青铜时代》一书里，柴尔德仍将这个名词界说如次："金属——其实红铜比红铜与锡的合金更常见——最初经常使用为主要的切割工具和兵器，以代替或补充较早的石、骨和木制装备的一个工艺的阶段。"[3]但是他又补充说，"青铜时代的意义远远超过一个工艺的阶段"，他认为这种金属的制作和使用是和一连串的作为这个新的技术阶段的原因或其结果的一些彼此相关的变化有所联系的。这些变化包括：较有效率的生产工具与兵器，尤其是适用于车轮制作的金属锯子等的出现；熔矿和采矿的应用科学；牵涉到红铜和其他金属矿石的有组织的国际贸易的肇始；以及专门技术人员的出现。这些看法都比较新颖和成熟，但柴尔德仍旧将青铜技术当做一种环绕着生

---

[1] Glyn Daniel, *The Origins and Growth of Archaeology* (Baltimore, 1967), p. 94 所引。

[2] V. Gordon Childe, "Archaeological Ages as Technological Stages", *Journal of the Royal Anthropological Institute of Great Britain and Ireland* 74 (1944), pp. 1-19.

[3] V. Gordon Childe, "The Bronze Age", *Past and Present* 12 (1957), p. 1.

产活动的工业来加以强调的。

假如如上述所述,中国青铜时代之始终与依照别的标准所建立的中国社会史文化史的某种阶段在基本上相符合,这当如何解释?青铜器有什么特点可以使它作为一个划时代的象征?我们在这些问题上的答案,可以将柴尔德根据近东与欧洲的资料所得的结论加强,还是可以在它们上面增加一些新的看法?在考虑这些问题之前,我们必须先将中国青铜时代文明的若干基本现象作一番考察。

*　　　　*　　　　*

中国古代的居民可能在青铜时代开始之前,已有很久的使用金属的历史。在公元前 5000 年的西安半坡的仰韶文化遗址曾发现过一小片金属。[1]其体积甚小,形状不明,成分亦不明。在半坡附近与它时代也相当的姜寨的仰韶文化遗址的一个房屋居住面上也曾发现过一块小金属圆片;它的成分是 65% 红铜,25% 锌。[2]这样的成分颇不寻常,因为照过去理解,锌在中国合金史上发现较晚。[3]但它出土的部位相信是可靠的,而且据说在山东的一个龙山文化遗址中也有过一件铜锌合金物发现。[4]比较纯的红铜或红铜与其他金属(锌、锡和铅)偶然的或有意的结合,可能在中国史前史上相当早的时期,或至少在中国的陶工在他们的陶窑里产生能够熔解含有这

---

[1] 夏鼐《碳十四测定年代和中国史前考古学》,《考古》1977 年第 4 期,217—232 页。

[2] 唐兰《中国青铜器的起源与发展》,《故宫博物院院刊》1979 年第 1 期,4 页。

[3] K. T. Chang, "The Beginning of the Using of zinc in China", *Bulletin of the Geological Society of China* 2 (1923), nos. 1/2, pp. 17-27; ibid., "New Research On the Beginning of Using Zinc in China", 4 (1925), no. 2, pp. 125-132.

[4] 据夏鼐与安志敏两先生面告。

些金属成分的矿石的温度的时期，曾经有过相当程度的使用。[1] 金属出现的确切时期始于公元前 2000 年前不久，见于甘肃的齐家文化与辽宁西部的夏家店下层文化。在好几个遗址里曾发现过红铜的装饰品和小件的器物。[2] 这些文化与黄河流域的若干龙山文化大致同时，而后者因为它若干陶器的"金属器似"的外形（尤其是柄根部的"钉形"钮，常认为是金属铆钉的陶器仿制品）而一直有人相信曾使用了金

---

[1] 李家治《我国古代陶器和瓷器工艺发展过程的研究》，《考古》1978 年第 3 期，179—188 页；周仁等《我国黄河流域新石器时代和殷周时代制陶工艺的科学总结》，《考古学报》1964 年第 1 期，1—27 页。根据这些著作，新石器时代遗址的陶窑已能持久维持 1000℃或更高的温度；这个温度足够熔解多半的有关的矿石了。

　　至于铜和锌在这样早的时代，似不可能结合，Earle Caley 关于欧洲和地中海区域早期的史前铜锌合金的偶然产例的推论，是值得注意的："青铜在类似的程序之下，很容易能在原始器皿中从铜矿与锡矿的混合物中产生，但是黄铜不能使用这种一般制造合金的方式生产，因为高到能够分解铜矿与锌矿的程度的温度，同时也便高到在锌能以还原作用与任何铜形成合金之前，便把它几乎全部蒸发与氧化。……用渗碳法所形成的铜锌合金，似乎是史前这种合金能够生产的唯一方法。在这种方法下，……把细铜条或小铜块埋在放在坩埚里面的锌矿石和木炭的掺和物里面。当把坩埚和它的内容加热到一定的温度时，由还原作用而产生的锌有若干会蒸发而丧失，但多半会陷在铜的火热的表面上而形成铜锌合金。这以后再将这金属加以熔合并加以掺拌便会形成均匀的合金。"（*Orichalcum and Related Ancient Alloys*, New York: 1964, pp. 11-12）。这条资料承哈佛大学研究生 Linda Ellis 惠示，敬此致谢。

[2] 关于齐家文化的资料，见《甘肃永靖大何庄遗址发掘报告》，《考古学报》1974 年第 2 期，53—54 页；《甘肃永靖秦魏家齐家文化遗址》，《考古学报》1975 年第 2 期，74、87 页；《甘肃武威皇娘娘台遗址发掘报告》，《考古学报》1960 年第 2 期，59—60 页。关于夏家店文化的资料，见《赤峰药王庙夏家店遗址试掘报告》，《考古学报》1974 年第 1 期，127 页；郑绍宗《有关河北长城区域原始文化类型的讨论》，《考古》1962 年第 12 期，666 页；《敖汉旗大甸子遗址 1974 年试掘简报》，《考古》1975 年第 2 期，99 页；《河北唐山大城山遗址发掘报告》，《考古学报》1959 年第 3 期，17—34 页。

属器。[1]实际上，同一类的陶器在齐家文化本身（即一种确有红铜器发现的文化）中的发现，也已导致可能至少部分为锤制的金属容器已经在齐家文化中产生或作为齐家文化中若干陶器的原型的这种推论。[2]"红铜时代"之作为一个重要的工业阶段在中国史前时期之存在是日本学者道野鹤松鼓倡已久的一个说法，但有人认为此说的基础不甚可靠。[3]中国青铜时代也许有过以红铜容器以及工具为特征的一个阶段，但我们还没有充分的考古证据来对此加以严肃的讨论。

金属器物之显著的重要性的最早的证据——在有中心性的考古遗址中与贵族阶级关联的铸造的青铜礼器与兵器——发现于河南西部的二里头文化。在二里头文化（最早发现于1959年偃师县二里头村的考古遗物[4]而得名）中，青铜也用于小件工具与器具（如刀和锥子）以及饰物的制作。在齐家文化里红铜也用以制作斧、刀、锥子和其他器具与工具，但在齐家文化里没有像二里头文化那样的与青铜礼器、兵器连合的贵族地点。这个与不同种类的金属器（在一方面有工具、器物和饰物，在另一方面有兵器和礼器）有关联的在文化与社会水平上的差异，供给了我们了解青铜在中国青铜时代里真正的意义的第一条线索。

迄今为止，自二里头遗址发现了四件礼器，都是酒器中的

---

[1] Liand Ssu-yung, "The Lung-shan Culruer: A Prehistoric Phase of Chinese civilization", *Proceedings of the Sixth Pacific Science Congress* 4 (1939), pp. 59-79.

[2] Robert W. Bagley, "P'an-lung-cheng: A Shang city in Hupei", *Artibus Asiae* 39 (1977), nos. 3/4, pp. 197-199.

[3] Noel Barnard, *Bronze Casting and Bronze Alloys in Ancient China*, Monumenta Serica Monograph XIV (Tokyo, 1961), p. 184.

[4] 徐旭生《1959年夏豫西调查夏墟的初步报告》，《考古》1959年第11期，592—600页。

爵。[1]四器均小型，薄（均1厘米）、素面、平底，但体上的接缝痕迹很清楚地表示它们是由至少四件块范铸成的。作为古代中国有特征性的一种技艺，块范铸铜法要经过几个步骤。首先要用黏土制作一个所要铸造的容器的模型，然后将湿软的黏土敷上去以后，切成数块除下。然后从模型的表面要刮除一层黏土下来，刮除的目的是将除下的块范再摆到模型（现在成为一个"内核"）上去以后可在模范之间产生适当厚度的空腔。装饰花纹有时雕刻在模型上，那么在敷压块范时反面的花纹可以在块范内面印出来，也有时直接在块范的内面雕刻出来。这时内核与块范便可以使之干燥并用火烤硬。将它们重新拼凑在一起以后，模型之间便有空隙，制作器物时便把融化了的合金自注孔中注入，空隙中的空气自气孔泄出。合金冷硬之后，块范便可逐块除下，内核凿碎取出。铸成的器物再经磨光修整便告完成。形式复杂体积巨大的容器，需要复杂精密的作业，其设计要谨慎，并需多人合作，但其基本的原理是一样的。中国青铜时代所有的礼器的制作，绝大多数大概都是在这种原理之下铸造的，从最小的（如二里头的爵仅12厘米高）到最大的（如安阳所发现的方鼎，133厘米高，875公斤重）都是一样的。二里头的爵不但都是这样铸造的，它们还是真正的青铜；其中一件用摄谱仪分析的结果是92%红铜，7%锡。[2]与爵一起还发现了青铜的戈头。总之，二里头的遗物具备了中国古代青铜器的特征：块范铸造法、铜锡合金、有特征性的器物类型如爵和戈的使用、铜器在酒器上的重要性和青铜之用于兵器。

---

[1]《河南偃师二里头遗址三、八区发掘简报》，《考古》1975年第5期，304页；《偃师二里头遗址新发现的铜器和玉器》，《考古》1976年第4期，260页；《二里头遗址出土的铜器和玉器》，《考古》1978年第4期，270页。

[2]《河南偃师二里头遗址三、八区发掘简报》，《考古》1975年第5期，304页。

二里头遗址是至今为止考古材料所能建立的最早的有可称为贵族的社会阶层的一个。近年来许多中国考古学者都相信在山东的大汶口文化的社会，就像河南和山东的龙山文化一样，已有相当程度的等级区分，[1]但至少至今为止二里头是中国头一个在考古学上看出来有一个明显界说的权力中心的文化——亦即一个由曾经支撑着有宫殿规模的房屋的夯土基址、较小的房屋、作坊（包括青铜作坊）以及有玉器及硃砂随葬的墓葬所组成的城市丛体。在这个权力中心的遗址中出土了青铜礼器和兵器，还有附有陶文的陶片。与此相对照的，显然是社会的下层阶级所使用的房屋和窖穴遗址，其中有石、骨、角器和在形制上与新石器时代龙山文化的陶器连锁起来的灰陶。

为二里头遗址所代表的文化分布于郑州以西的河南西北部和山西西南部的一片相当广大的地域之上。[2]这个文化的另外两个遗址近年来也经过彻底的发掘——河南登封的王城岗和山西夏县的东下冯。[3]两个遗址的周围都有夯土城墙，王城岗的约100米见方，东下冯的约140米见方。这两个遗址的位置都在传统史学中代表中国历史之始的三代中最早的夏代的传说中的都城附近。因为二里头文化遗存的分布范围与传说中的夏代的活动范围大致符合，又因为二里头和东下冯两个遗址出土的放射性碳素年代将这两个遗址的年代断为公元前2000年前后，所以最近越来越多的考古学者主张这个考古文化即是夏代（2205B.C.—1766B.C.）文化的，可是仍有不少仍旧坚持二

---

[1]　《谈谈大汶口文化》，《文物》1978年第4期，1—4页。
[2]　殷玮璋《二里头文化探讨》，《考古》1978年第1期，1—4页。
[3]　Chou Yung-chen, "The Search for Hsia Culture", *China Reconstructs* 27（1978），pp. 48-50.

里头文化(或至少二里头文化的晚期)还是三代中的第二代即商代的文化。[1]

就我们目前所知,二里头文化还没有文字。二里头许多陶片上有陶文,其中若干是可以认出来的,但它们大概是辨别用的符号而不是当时事件的纪录。传说为夏代的经文现在一般都认为是后日的记录而最多只包含夏史中的片断。这些片断的史料中包括有关夏代始祖和治水英雄大禹和他的父亲,始造城郭的鲧的传说。据说夏朝帝王共14代,以桀为最后的一代;桀为暴君,失天下于商代的始祖——汤。

从考古遗存上和从现存的文献资料上看,商的材料远较夏的为多。[2]商代的考古遗址现已发现了好几十处,在时代上可以分成两期。由郑州商城所代表的商代中期遗址的地理分布,北自北京附近,南到江西北部,东起山东中部,西迄陕西中部。这期商代文化的特征包括若干陶器的类型,尤其是若干近似二里头形式,但具有细线纹及宽带纹所组成的兽形带纹装饰的青铜容器。与中商时代青铜礼器和兵器相联结的贵族中心较大而且较为复杂,亦有夯土城墙,但仪式性杀人殉葬的证据首次出现。社会最低阶层的成员不但供应祭祀用的人牲,他们的骨头还用来制造骨器的原料。为河南北部安阳的著名的遗址所

---

[1] 佟柱臣《从二里头类型文化试论中国的国家起源问题》,《文物》1975年第6期,29—33页;张光直《殷商文明起源研究上的一个关键问题》,《沈刚伯先生八秩荣庆论文集》,台北,1976年,151—169页;邹衡《郑州商城即汤都亳说》,《文物》1978年第2期,69—71页;吴汝祚《关于夏文化及其来源的初步探索》,《文物》1978年第9期,70—73页。
[2] 对商代文明作综合性的讨论的近作有北大考古专业:《商周考古》,1979年;K. C. Chang, *Shang Civilization* (New Haven: Yale University Press, 1980);Xia Nai, The Slaves were the Makers of History, *China Reconstructs*, 24 (1975), No. 11, pp. 40-43.

代表的商代晚期的遗址在中国更广大的地域中见到。[1]在这一阶段发展出来的新的青铜容器的美术由较大面积的动物轮廓与地文所组成的纹样所代表。对历史学家重要性更大的是商代晚期的考古遗址里出现了有文字的卜骨；在这上面不但有商王宗教行为的纪录，而且在商代的社会、政治与经济的性质上提供了无数的线索。[2]

安阳出土的商代甲骨卜辞，证明了以安阳为都的王的确是商代（传统上断代为1766B.C.—1122B.C.）后期的诸王。[3]一般相信商代一共有30个王；最后的12个王定都在安阳附近。若干学者也相信郑州商城也是商代中叶的一个王都，也许是后来史料里所指的隞或嚣。代表商朝前1/3的商代前期文化，目前在考古学资料中的下落不明。在企图重建商人传说中的迁移路线时，大多数的历史学者相信他们来自华北大平原的东部，而且商代中期与晚期的考古遗存也表现出与山东较早的新石器时代文化具有重要的共同特征。[4]但建朝以前与商朝早期的商人历史从考古学上说还有待进一步的研究。传说上为商朝早期活动中心的豫东，现为数米深的淤泥所覆。这是历史时代以来多次泛滥的结果，因而豫东是全华北考古学上最乏资料的地区。但商代中期与晚期的文化足够显示出来商代文明是在公元前18世纪自东部前来征服夏朝的中国青铜时代文明的一个重要成员。约600年之后，商朝则又为自西部前来的周人所征服。

---

[1] 见 Li Chi, *Anyang* (Seatle, 1977).
[2] David N. Reightley, *Sources of Shang History* (Berkeley and Los Angeles, 1978), pp. 134-156.
[3] 关于商代年代学的不同意见，见上引 K. C. Chang, *Shang Civilization*, 第7章。
[4] 张光直《殷商文明起源研究上的一个关键问题》，见本书。

依照他们自己的传说,三代最后的周朝的祖先在陕西中部渭水流域已居住了许多世代,但伐商(传说在1122B.C.)以前周人的考古学研究现在方才开始。在伐商以前的一个称为周原的周人都城地区,即现代的岐山与扶风两县,目前正有重要的考古发掘,将来很可能发现可以用来重写周人早期历史的新资料。在岐山县京当公社的凤雏村已经发掘出一组30多个夯土基址。这些房屋彼此相接形成一个U形,向南开口,在院落对面开展一间大厅。1977年在西面厢房一个贮藏地窖里出土了1000多片卜骨,其中至少有200片上有文字。基址以南有一大片墓地,出土许多墓葬,若干有殉葬的青铜器。[1]

虽然周原的发掘仍在进行之中,我们已有足够的证据知道周人远在公元前1122年伐商之前便已达到了与商人可以媲美的社会与文化水平。可是周人的都邑在伐商不久之前便已迁移到现代西安市以西的丰和镐,而伐商之役是自镐京出发的。可惜的是,虽然在这个区域做过多年的考古调查,这里只发现过零星的周人遗物,而都邑遗址尚未找到。[2]

周代文明在伐商以后(1122B.C.—221B.C.)在考古学上的表现分为两个阶段:西周(1122B.C.—771B.C.),即西安附近的镐京为周都的时代,及东周(771B.C.以后),即周王室在北方游牧民族压迫之下将国都迁到豫西的洛阳(二里头文化或即夏代文明的中心)的时代。西周的考古遗物包括青铜礼器的大、小窖藏,其中许多有铭文,若干颇长。在东周

---

[1] 《陕西岐山凤雏村西周建筑基址发掘简报》,《文物》1979年第10期,27—34页。
[2] 王伯洪等《沣西发掘报告》,北京,1962年。

时代则发掘了不少城址，在当时的聚落形态、政治组织和经济上提供良好的资料。[1]在整个周代期间青铜一直是礼器和兵器的原料，但东周开始以后不久便出现了铁制工具和器具，包括犁铧在内。[2]在整个的中国青铜时代，金属始终不是制造生产工具的主要原料；这时代的生产工具仍旧是由石、木、角、骨等原料制造。可是一旦铁出现以后，它马上大规模地用于生产工具的制造。因为生铁是适合于大量制造的比较便宜的金属，它很快便对中国文化与社会产生了深重的影响。中国铁时代之始——亦即中国青铜时代之终——可以放置在公元前500年前后，虽然青铜礼器与若干青铜兵器的显著使用还要再继续好几百年之久。中国在公元前221年在秦始皇下的统一，很可能便是中国铁时代开始的政治上与社会上的结果，但即使到那时候青铜在兵器上仍保有一定的重要性。在陕西临潼保护着秦始皇陵的兵俑便持着真正的青铜兵器。[3]

由此看来，中国青铜时代便是历史上的三代，从公元前2000年以前，一直持续到公元前500年以后。在这一段期间，中国是平行发展而互相竞争的列国的舞台，但这些列国形成分为多层的组织，它们分层的模式依朝代而有变化。在夏代，以河南西北和山西西南为中心的夏王国显然站在统治阶梯的最高一层。到了商代，自豫东和山东境内的黄河下游平原起源的商

---

[1] 关于周代考古遗物的综述，见 Cheng Te-k'un, *Chou China* (Cambridge, 1962); Kwang-chih Chang, *The Archaeology of Ancient China* (New Haven, 1977).

[2] 黄展岳《近年出土的战国两汉铁器》，《考古学报》1957年第3期，93—108页。

[3] 《临潼县秦俑坑试掘第一号简报》，《文物》1975年第11期，1—18页；《秦始皇陵东侧二号兵马俑坑钻探试掘简报》，《文物》1978年第5期，1—19页。

王国则是最高的统治者，而到了周代的前半期，自陕西渭水中下游来的周王国又成为最有力量的。三代的政治与仪式的中心变移不定，但根据现有的文献与考古证据来看，三个朝代都以一个共同的中国文明为特征。这不但在这个文明的早期阶段——夏和商——包括地域较小时是如此，而且在较晚的阶段，如青铜器的广泛分布所示，其领域伸展到包括华南广大地区在内的中国全部时也是如此。

＊　　　＊　　　＊

中国青铜时代的青铜器物可以从好几个不同的角度来研究。它们可以，也应该，从它们固有的品质上当作技术[1]和美术[2]来看和加以欣赏。它们的特别用途可以在它们所参与的各种活动（如餐食、仪式和战斗）的背景上加以理解。[3]青铜器也可以在它们将它们所在的社会加以维持上面所扮演的角色上加以考察。从社会的意义上来理解中国青铜器的关键是三代的权力机构。青铜时代的中国文明要依靠当时物质财富的分配方式，而权力是用来保障财富之如此分配。中国青铜器便是那政治权力的一部分。

让我们首先来看看那构成财富与权力的分配间架的社会单位。在那社会构筑的中心是城邑，即父系宗族的所在点。中国

---

[1] 石璋如《殷代的铸铜工艺》，《中央研究院历史语言研究所集刊》（1955）26，95—129 页；Noel Barnard, *Bronze Casting and Bronze Alloys*；Wilma Fairbank, "Piece-mold Craftsmanship and Shang Bronze Design", *Archives of the Chinese Art Society of America* 16 (1962), pp. 8-15；R. J. Gettens, *The Free Chinese Bronzes* Ⅱ. *Technical Studies* (Washington. D. C., 1969)；Noel Barnard and Satō Tamotsu, *Metallurgical Remains of Ancient China* (Tokyo, 1975)。

[2] Wen Fong, "The Study of Chinese Bronze Age arts: Methods and Approaches", in: *The Great Bronze Age of China* (New York, 1980)。

[3] 关于在饮食上的使用，参见本书《中国古代的饮食与饮食具》一文。

青铜时代的典型城邑[1]外面围着一个方形或长方形，依着东西南北四个方位安排的夯土墙。在城墙内有一个建筑在夯土台基上、有大木柱和朝南的大门的大型并且可想而知是高大的宫殿式房屋的区域。在城邑的其他地点（城墙里或城墙外）散布着手工作坊、地下室式房屋和墓葬。华北的黄土地带点布着成百成千的这样的城邑，其大小不同，规模与复杂程度各异，形成分成多层的网状系统。每个网状系统分为一层、二层，或三层以上，而以列国的都城在其顶端。

以城邑组成的网状系统调节食物、工业产品、珍玩等物质资源的流通。这种经济交易的详细记录在现有的列国档案里不显著地出现。在这上面又可以看出来若干作者喜谈的所谓东西文明的不同。最近在中国[2]与近东[3]两地的研究都显示出来，文字的古老形式与萌芽形式都可以追溯到新石器时代，但在近东，它们那时用来作算账之用，而在中国则用来指明亲属所属。中国古代文献上许多经济资料都是在与宗教、仪式和政治资料有关的情形下偶然记录下来的。但是可以看得到的有关物质资源流通的文献已经足够指明这种流通多半是朝着一个方向去的——主要是朝着国家的中心与社会的上层阶级去。

要用来例证财富的不均分配（从许多方面说是古代文明产生的根源），商代是在中国青铜时代里最好的例子。关于夏

---

[1] 见 K. C. Chang, "Towns and Cities in Ancient China", in: *Early Chinese Civilization*, pp. 61-71.

[2] Kwang-chih Chang, "Prehistoric and Shang pottery Inscriptions: An Aspect of The Early History of Chinese Wruting and Calligraphy", (Paper presented at Conference on Traces of the Brush: Studies in Chinese Calligraphy, Yale University, April, 1977).

[3] Denise Schmandt-Besserat, "The Earliest Presursor of Writing", *Scientific American* 238, No. 6 (1978), pp. 50-59.

的资料太少而不大能用；记录大禹的朝廷自中国四方各地所收到的贡品的古籍《禹贡》中也许包含若干夏代的史实，但一般认为是东周的作品。在另外一方面，周代的材料又多又乱，缺乏清楚性与简单明了性。关于商代的制度的资料则略处于二者之间。

在具有占卜记录与最好的考古资料的安阳，即商代最后的都城，向城里流进的经济资源特多，包括谷物、野兽与家畜、工业产品，以及各种的服役，而向城外流出的资源特少，主要是赐赏封建领主的礼物和商王对他们的福利的祝愿。

在所有进城的货物和服役里，谷物（主要为粟）大概是最为重要的。占卜的记录表示商王对他的国土的四方（东土、西土、北土、南土）的收成都非常关心，他对他的诸妇、诸子和诸侯的领土内的收成也都注意，但是他对别国的粟收则毫不关心。这种记录可使我们推想商王在全国各地的收成中都有他的一份。除此以外，商王还自国内诸侯收取其他的货物，而有时这些收入在龟甲的桥部或牛肩胛骨的关节窝底面或边缘上有所记录。[1] 从这些资料中，我们可知龟甲、牛肩胛骨、子安贝、牛、马、象、战俘、西方的羌人等等，为某伯某侯所"入"或"来"自某伯某侯。这些记录下来的项目恐怕在地方进贡到首都的许多宝物中只占一个极小的比例。

可是商王不仅坐等这些礼物和贡品从他的侯伯源源不绝而来，他还亲自到外地去检取。从占卜记录上看来为商王经常参加的一种重要事件之田猎，很可能除了是娱乐以外，还是商代剥削地方的一种方式，而他的收获有时是颇为可观的。除此之

---

[1] 胡厚宣《武丁时五种记事刻辞考》，《甲骨学商史论丛》第1集，成都，1944年。

外，商王常常出旅地方，这还不算他对邻族的征伐。[1]在这些出行过程中，商王和他的许多随行员卒自然要他的臣民"热烈招待"。卜辞里记有商王之"取"马、牛、羊；这些取有的大概便发生在行旅之中。[2]军事征伐如果成功，还有多多少少的战俘，又当做劳动力与人牲而进一步增加首都的财富。

至于向外面流通的财富，唯一有记录的重要项目是商王赏赐地方诸侯的礼物。这种记录在卜辞里仅有偶然的出现，但因商王赏赐海贝或铜锡常常导致礼器的纪念性的铸造，所以这种事件有时在铜器铭文中有所记载。在一本包含4000多件有铭文的商周青铜器的图录里，有这种纪念商王赏赐的铭文的器物有50件之多。[3]很清楚，这种礼物只能代表国家财富在社会的顶层的"再分配"。

事实上，清理下来的收支账虽不完备，却很能说明以谷类、肉类、货物和劳役为形式的财富一致的流向商人社会的上层阶级和聚落网的大城邑里去（尤其是向其中最大的一个流去，即国都）。在安阳的地面上的房屋和王室大墓的考古遗存在这上面给了很好的例证。在一个王室的墓葬——安阳第四个商王武丁的妇好的墓——里面殉葬物品的清单，[4]到了令人惊愕的程度：

　　木椁和涂漆的木棺
　　16个人殉

---

[1] 董作宾《武丁日谱》，《殷历谱》下卷，李庄，1945年。
[2] 陈梦家《殷墟卜辞综述》，北京，1956年，318页。
[3] 张光直等《商周青铜器与铭文的综合研究》，《中央研究院历史语言研究所专刊》(1972) 62，台北。
[4] 《安阳殷墟五号墓的发掘》，《考古学报》1977年第2期，57—98页。

6 只犬殉

几乎 7000 个子安贝

200 多件青铜礼器

5 件大青铜铎和 16 件小青铜铃

44 件青铜器具（包括 27 件青铜刀）

4 个青铜镜

1 件青铜勺

130 多件青铜兵器

4 个青铜虎或虎头

20 余件其他青铜器

590 余件玉和似玉器

100 多件玉珠、玉环和其他玉饰

20 多件玛瑙珠

2 件水晶物品

70 多件石雕及其他石器

5 件骨器

20 余件骨镞

490 多件骨笄

3 件象牙雕刻

4 件陶器及 3 件陶埙

这些殉葬物品是由自商国国内国外收集而来的原料，在安阳和其他地区无数的作坊里由无数的工匠制作而成的。与此相对的社会阶级的成员——他们的地下式的房屋和墓葬在考古遗物里面为数极多，但是它们的内容只值得极简单的甚至是统计式的叙述——则没有像这种样子的财富。下层阶级的生活在占卜的记录里面是找不到的，但《诗经》里面一些周代的诗歌把它们表现得所差无几：

坎坎伐檀兮，置之河之干兮，河水清且涟漪。
不稼不穑，胡取禾三百廛兮？
不狩不猎，胡瞻尔庭有县貆兮？
彼君子兮，不素餐兮。

(《伐檀》)

硕鼠硕鼠，无食我黍。
三岁贯女，莫我肯顾。
逝将去女，适彼乐土。
乐土乐土，爰得我所。

(《硕鼠》)

七月流火，九月授衣。
一之日觱发，二之日栗烈。
无衣无褐，何以卒岁？……

一之日于貉，取彼狐狸，为公子裘。
二之日其同，载缵武功。
言私其豵，献豜于公。……

七月在野，八月在宇，
九月在户，十月蟋蟀入我床下。
穹窒熏鼠，塞向墐户。
嗟我妇子，曰为改岁，入此室处。

(《七月》)

交交黄鸟，止于棘。
谁从穆公？子车奄息。

维此奄息，百夫之特。
临其穴，惴惴其慄。
彼苍者天，歼我良人。
如可赎兮，人百其身。

(《黄鸟》)

妇好墓与这些诗歌所描绘的农民的生活之间的对照把贫富之间距离之大表现得非常清楚。财富分配不均这个在三代时期开始产生的现象是如何维持的我们还不清楚。青铜时代开始的之前之后的人口与生产量的准确数字也许永远是不可能得到的，可是很清楚的，这个时代在食物的生产上并没有技术上的质变。在青铜时代开始之前与之后的主要农具都是耒、耜、石锄和石镰。没有任何资料表示那时社会上的变化是从技术上引起来的。既然生产技术基本上是个恒数，那么唯一的可能的变化因素是资源的重新分配，使它们易于进入若干人的掌握。这不但需要将人口区分为若干经济群，而且需要一个严密的上级控制系统以求保持一个可能不稳定的系统的稳定。这个系统的心脏似乎是昭穆制、宗法制和封建制，这是古代中国社会的三个关键制度。20世纪初期伟大的中国古史学者王国维曾经相信昭穆、宗法与封建制度是周人的发明，与商人的制度相异。[1]实际上，新的材料与新的研究已经很清楚地指明，这些都是中国青铜时代大部时期中的中心制度。如果将这些名词用比较熟知的人类学术语来做临时性的定义，我们可以将昭穆称为两元性的首领制度，将宗法称为分枝的宗族制度，将封建称为分枝宗族在新城邑中的建立。

---

[1] 王国维《殷周制度考》，《观堂集林》卷10。

（1）昭穆。在青铜时代的中国社会的最上层坐着国王和他的王族；后者是由王和有继承王位资格的或与有继承王位资格的人有直系关系的全部男性亲属和他们的女性配偶所组成的。这个单位多半是封闭性的，而且是部分内婚的。依据近来对夏商王制的研究[1]，三代（除了周代后期以外）的王位继承制度可能是在内婚王族之内若干产生继承人的单位之间轮流继承的制度，而这些单位分为两个主要的单元。在王室的祖庙里，这种两元制度便反映为周代文献中所记载的所谓昭穆制度——昭级的祖先排入在中央的太祖的左边（即东边）的昭庙里，而穆级的祖先放入右边的穆庙里。在这里应特别提明一下的是这种轮袭的说法，只是祖庙昭穆制的可能解释之一，而研究古代中国的学者在这上面的看法并不一致。

（2）宗法。上述的王族是位于一个父系氏族的尖端上；这个父系氏族的成员宣称他们都是由同一个神话传说中的祖先传下来的。氏族的下面又分为若干宗族；宗族的成员彼此都有从系谱上可以追溯下来的血亲关系，而在同一个宗族之内其成员根据他们与主枝（由每一代嫡长子组成）在系谱上的距离而又分成若干宗枝。一个宗族成员在政治权力上和在仪式上的地位，是由他在大小宗枝的成员所属身份决定的。因此，大的宗族本身便是一个分为许多阶层的社会。[2]

（3）封建。当宗族分枝自父系主干别分出来时，宗枝的

---

[1] 张光直《商王庙号新考》、《谈王亥与伊尹的祭日并再论殷商王制》，均见本书。
[2] 丁山《甲骨文所见氏族及其制度》，北京，1956 年；张政烺《古代中国的十进制氏族组织》，《历史教学》1951 年第 2 期，85—91 页、122—125 页、194—197 页；K. C. Chang, "The Lineage System of the shang and Chou Chinese and Its Political Implications", *Early Chinese Civlization*, pp. 72-92.

族长便带着他的宗族成员与财富派到他自己的地盘上去建立他的围着墙的城邑和政治领域。如果这些宗族是国王自己的亲属（通常是他的弟弟），他们便成为这个王国的地方领主，而他们之间的政治分级组织便与那分枝的宗族网彼此相合。父系宗族和他们上面的氏族经常是外婚单位，而分枝的宗族要与其他氏族的亲族单位相扣合起来才能成为在政治学上的所谓国家。[1]

上述三种制度的互相影响作用要产生好几个结果。其一，城市数目增加并且向外蔓延，在它们自己之间形成与分枝宗族的分层结构相平行的分层结构。它们彼此之间的关系并不一定是对等的：在一个国家之内要有一个首都，同时与首都相对的有许多地位低微的小城。其二，在每一个城内或一组城内的人口又依分别与主枝和与国家的财富和资源的距离关系而分为不同阶级。因此，每一个由一个氏族所支配但有许多氏族宗族成员所居住的国家之内的人口形成一个下大上小的地位连续体。在顶上享有特权的人是控制着资源与军队的统治者。在他们之下，依着地位递减的次序，有小贵族、手工业匠和农民；后者占居那金字塔的底层和地下室式的房屋。

当与不同的氏族所支配的列国发生接触关系时，它们彼此时常变化的地位要由好几个因素来决定。婚姻关系不但能促进国与国之间的团结，而且会帮助决定，或至少反映着互相通婚的列国之间的相对政治地位。相对的地位也可能由战争来决定，而战争俘虏形成社会的最低的阶级。

---

[1] 胡厚宣《殷代封建制度考》，《甲骨学商史论丛》初集；丁山《殷商氏族方国志》，北京，1956年。

  *　　　　*　　　　*

  如《左传》所说，将真实的或虚构的亲族组织加以认可的仪式和战争，乃是国家的主要事务（"国之大事，在祀与戎"）。中国青铜时代的最大的特征，在于青铜的使用是与祭祀和战争分不开的。换言之，青铜便是政治的权力。

  如果在欧洲青铜时代的构想上，这种新的金属以其作为"兵器和切割器具"为著，则在古人的心目中只有兵器有特别的地位。东周的风胡子和拉丁诗人鲁克里宙斯（Lucretius）都讲到历代制作兵器的各种不同原料。[1]古人大概知道这种新的金属的采用在兵器上要比在其他器物上所造成的优越性有更大的决定作用。在青铜时代的中国，所有已知的主要兵器都有青铜制造的锋刃：青铜镞、矛、戈头、钺、大刀、剑和匕首。[2]弓箭和戈矛等长兵器主要是与马拖的战车一起使用的，而剑和匕首则到了周代后期战士骑马之后才广为使用。大部分兵器是国际间战争中所使用的，但有少数如钺和大刀，则主要是砍头用的。有人认为中国古代的王字便是一个青铜钺的象形字，作为"内行刀锯，外用甲兵"的国王的象征。[3]既然青铜没有普遍地使用于农具，青铜时代便不是由于生产技术的革命而造成的。假如当时有一个革命的话，那便是在社会组织领域之内的革命。既然人的劳动是农业生产的基础，而青铜的兵器一方面在新鲜的生产劳动力的获取上能起一定的作用，一方面又能保证既有劳动力的持续剥削，青铜也可以说是一种间接的、可是也是真正的、在生产技术上的一次突破。

---

[1]　K. C. Chang, *The Archaeology of Ancient China*, p. 2.
[2]　林巳奈夫《中国殷周时代的武器》，京都，1972年。
[3]　林澐《说王》，《考古》1965年第6期，311—312页。

青铜的另外一个主要用途，即在祭器上的使用，可将青铜当做贵族威权与节约规则的象征。在三代期间，这些容器在形式与装饰纹样上经过许多有时相当显著的变化，但是它们的主要功能——在仪式上使用并为特选亲族的贵族统治之合法性的象征——是始终未变的。在那最高的一层，若干青铜容器用来象征一个王朝对国家的统治；照传说这是始于夏而随着朝代的更替而变的：

> 昔夏之方有德也，远方图物，贡金九牧，铸鼎象物，百物而为之备，使民知神奸，故民入川泽山林，不逢不若，螭魅魍魉，莫能逢之。用能协于上下，以承天休。桀有昏德，鼎迁于商，载祀六百。商纣暴虐，鼎迁于周。德之休明，虽小重也；其奸回昏乱，虽大轻也。

我们无法知道这种代表朝代正统性的象征物是不是可以在现有的三代铜鼎里面找得到，但是每一件青铜容器——不论是鼎还是其他器物——都是在每一等级随着贵族地位而来的象征性的徽章与道具。青铜礼器与兵器是被国王送到自己的地盘去建立他的城邑与政治领域的皇亲国戚所受赐的象征性的礼物的一部分，然后等到地方上的宗族再进一步分枝时，它们又成为沿着贵族线路传递下去的礼物的一部分。青铜容器获得这等意义是因为它们与在仪式上认可了建立在亲属关系上的贵族政治的祖先崇拜祭仪之间的联系关系，同时也因为它们是只有控制了大规模的技术与政治机构的人才能获得的珍贵物品，因而适用为节约法则的象征。说到底的话，青铜容器是只与地位高贵的人相联合的，而在祭仪中所使用的容器的数目和种类是要依照这些人在贵族政治中的地位而有所分别的。

在三代统治范围内有许多铜矿和锡矿的来源,[1]但像这样的技术复杂的铜器的大规模的制造,一定需要许多种专家的多步骤作业,而这些专家又得要在国家的组织与监督之下。如Toguri所说的,即便是最富的矿石也包含不到5%的纯金属。[2]从青铜容器的数目和大小来看,当时对矿石的需要一定是极大的,而小型的矿一定常常采尽而新的来源要不断地开发。金属的铸块要通过很远的距离从矿场运到铸厂与作坊里去,而运输的路线又需要军队的保护。然后青铜工匠便需着手进行铸造手续一直到完件为止。如乌苏拉·富兰克林(Ursula Franklin)所指出的:"在中国,青铜生产的开始表示具有能够获取与补充所需的强制劳动力的蓄库的组织和力量的社会秩序的存在。"[3]同时,由于青铜生产是要依靠这种社会秩序的,青铜产品便成为这种秩序的象征,并且进一步地成为它的维持力量。

*　　　*　　　*

在将早期中国文明的现有考古资料作一概括之后,我们现在可以回到青铜时代这个概念上,来看看它在与现在或一向在考古学上常为人所说的几个其他概念,如国家、城市规制和文明等之间的关系上有没有实用价值——至少在中国这个情形之下有无实用价值。

没有疑问,这些概念各有它的用途。同时,每一个概念又

---

[1] 石璋如《殷代的铸铜工艺》;天野元之助《殷代産業に関する若干の問題》,《东方学报》(京都),1956年第23期,231—258页。

[2] 自Ursula Franklin, "On Bronze and Other Metals in Early China", (Paper presentedat a Conference on the Origins of Chinese Civilization, Berkeley, June 1978), p. 17. 所引。在C-Hurlbut, *Dana's Manual of Mineralogy* (New York, 1971) 中有各种矿石产生金属的比较详确的百分比数字。

[3] Franklin 上引文, p. 17.

限制在它最初形成的领域之内。先从"国家"这个名词说起,它是一种政府的类型而经常有两种意义。在第一种意义之下,亦即在较低的水平之下,"国家"指具有空间界线的政治实体,就好像一个城或一个省份一样。"国家"的另一个意义,在较高的一层水平,指在政治这个领域之内具有若干特征的一种类型的社会。在这个意义之下,这个名词是一个没有时空界限的静态的、表现特征的抽象概念。最近在考古学界有过不少关于国家的定义和起源问题的讨论。[1]这种概念在考古学研究上对于人类社会的巨大进化程序的了解是必要的,但在个别的历史与史前史的细微进化程序的确实掌握上则是不合适的。但是一旦我们为了把握特征而加以抽象,我们有时会付之以不适宜的具体性,这种具体性很不幸地便破坏了我们作这种抽象的本来目的。一个"国家"在一个考古学的情况之内是很容易认出来的,但是这并不容许我们把所谓"国家型的社会"当作一个现实的实体看,即有一定大小与境界的一块时间与空间。这两种不同的国家概念的混淆引起了对一些不成问题的问题的无底的争论,如在一个年代学的序列中,对于所谓酋邦(chiefdom)与国家(state)的明确区分以及将一个考古建立的国家分为初级(即原生的)与二级(即派生的)。因为社会演进是连续性的与积蓄性的,国家与酋邦之间的界限不可能也不需要在任何一个确实的顺序之上划出来。由于邻接的地域与区域的发展顺序之间一直是互相激发的,把一个叫做原生,另

---

[1] 最近这方面比较重要的著作可举 Elman R. Service, *Origins of the State and Civilization: The Process of Cultural Evolution* (New York, 1975); Henry T. Wright, "Recent Research on the Origin of the State", *Annual Review of Anthropology* 6 (1977), pp. 379-397; R. Cohen and E. Service, eds., The Origins of the State: *The Anthropology of Political Evolution* (Philadelphia, 1978)。

一个叫做派生,一定是会给人以错误的印象,而且常常是不准确的。我在最近曾经提过,国家是从不单独产生的;它们是成对出现的或是在一个多成员的网架中出现的。[1]例如在中国的青铜时代,夏、商、周等政治力量是在平行与竞争性的发展情形下抬起头来的。考古学者可以在考古材料里辨认列国的存在,但他们不可能在地上直接找到国家类型的社会。他们要研究他们的材料,辨认他们在这中间所看到的发展过程的特征,然后可以把这种发展过程拿出来与某种选定的抽象典型相比,好来说明它们是不是国家。因此,青铜时代这个概念——由于它之指称接近地面现实的考古材料,它的广泛兼容的规模,和它的可靠的分类基础(至少在中国来说是如此)——在处理考古资料以求做较高级的通论上有作为第一个步骤的用途。看来至少在中国,政府的国家形式在青铜时代,是作为好几个区域文化之间彼此相关而且彼此激发的发展而产生的。

城市规制是跟着城市来的,而城市是可以在地面上辨认出来的,可是什么是城市也不是一个不成问题的问题。我之界说城市,不看它的大小,而看它在政治与经济系统中的地位,因为城市只有在政治与经济上分层(分级)与分化的系统里才能存在。中国的经验很明显地表明城市规制与青铜时代是同时开始的,而且是青铜时代社会的一个必要特征。

文明这个概念把焦点放在价值、美和意识形态传统之上,在强调资源开发与国家系统这些概念的当代美国考古学上,也许是比较难以处理的。在这上面我觉得中国的考古经验供给我们一些有兴味的精神食粮。一个"中国"文明可以根据器物的种类和风格来阐明它的特征,而这个文明可以适

---

[1] 张光直《从夏商周三代考古论三代关系与中国古代国家的形成》。收入本书。

用于北自长城以外，南到江南这样大的一片地域之上，而这片地域一方面表现环境上的分歧性，一方面又包括了从考古学上或从三代的文献史料上所知的所有的政治上的国家。中国青铜时代这个概念与古代中国文明这个概念之间相合到几乎可以互换的程度。青铜器本身当然便是古代中国文明突出的特征，而造成它们的特殊地位的因素，同时也正是导致那文明产生的同样的因素。

关于中国初期"城市"这个概念 *

在人类社会史的研究上,城市的初现是当做一项重要的里程碑来看待的。在西方社会科学文献中有不少对什么是城市、城市在历史上什么阶段开始出现,以及城市初现的因素与契机是什么这一类问题的讨论。近年来由于龙山文化与三代早期考古遗址的许多新发现,城市在中国的起源与发展便更成为一项引人注意的课题。[1]在这种情况之下,我们在研究新旧考古材料在社会发展史上的意义的同时,把"城市"研究上的若干基本观念澄清一下,应该是有助于进一步的讨论的。这篇短文的主要目的是从中国初期城市的若干特征出发,来讨论一下城市在中国古史分期的研究上应如何在概念上加以处理的问题。

西方社会科学里面对"城市"(city)、"城市生活方式"(urbanism)与"向城市生活方式发展"(urbanization)这一连串的概念的研究和讨论,由来甚早,内容也很复杂,在这里不必详细追述。[2]晚近西方考古学者所常用的关于城市的定

---

* 原载《文物》1978年第2期,61—67页。
[1] 或见杜瑜《中国古代城市的起源和发展》,《中国史研究》1983年第1期,148—157页。
[2] 如:Lewis Mumford, *The City in History: Its Origins, Its Transformations, and Its Prospects.* New York (Harcourt, Brace and World, 1961)。

义，多源于英国史前学者戈登·柴尔德（V. Gordon Childe）1950年在利物浦大学《城市规划评论》杂志里发表的题为《城市革命》的一篇影响力甚为深广的文章。[1]他在这篇文章里面"从历史上——或说从史前史上——把城市作为导致社会进化上的一个新的经济阶段的一次'革命'的结果与象征而提出。'革命'这个词自然不可看作是指称一次突然的剧变；它在这里用来指称在社群的经济结构和社会组织上一种逐渐变化的高潮——这个高潮造成受其影响的人口急剧地增加，或至少与这项增加同时出现"[2]。柴氏指出英国的工业革命便是社会史上的一次这种规模的"革命"；他相信在工业革命之前英国（事实上在全球多处土地上）还经历了两次类似的革命，即"新石器时代革命"（Neolithic Revolution）和"城市革命"（Urban Revolution）。城市革命的结果便是"城市"在人类史上的初现。从考古学的资料中来界说城市，柴氏举出了十项标准：

（1）最初的城市较过去任何聚落均为广大，其人口亦较稠密。苏美尔城市的人口据估计在7000到20000之间；印度河流域古代文明的城市人口可能接近20000。

（2）城市人口的构成和功能与前迥异，包括不从事农业、畜牧、渔捞或采集以取得食物的其他阶层——专门化的工匠、运输工人、商人、官吏与僧侣。

（3）直接生产者必须向神或神权下的国王缴纳赋税，以产生剩余财富的集中。

---

[1] "The Urban Revolution", *The Town Planning Review*, vol, XXI, No. 1. pp. 3-17, 1950.
[2] Ibid., p. 3.

(4) 规模巨大的公共建筑不但标志城市与前此村落之异，而且作为社会剩余财富的象征。

(5) 僧侣、官吏和军事首长形成统治阶级，从事计划、组织等劳心活动。下层阶级从事劳力。

(6) 财富的经营迫使文字的发明。

(7) 文字的发明进一步推动科学的产生——算学、几何学、天文学。

(8) 由剩余财富所供养的其他专家从事美术的新活动，其美术的概念化与复杂化造成各城市中心美术之差异。

(9) 剩余财富更用于外来商品之输入，造成原料贸易的发达。

(10) 由于原料能够输入，同时受到以居住地位（而非亲族地位）为基础的国家的保护，专门化的工匠成为城市政治构成的下层成员。

柴氏的十大标准如加以简化，实指古代社会演进过程中从事生产活动人口的分化。但对这种分化的动力，亦即剩余财富产生的基础，柴氏在《城市革命》这篇文章里没有清楚说明。从柴氏的其他著作中，我们知道他是强调生产技术的进步与贸易活动的发达在城市革命发生上的重要性的。在《人类创造自己》（1936）一书里，柴氏强调了在产生古代文明的泛积河谷平原上灌溉工程与广泛贸易活动的兴起在城市革命上的重要性[1]；在《历史上发生了什么》（1942）一书里，他更明确地指出"冶金术、轮子、牛车、赶货的驴和帆船提供了一个

---

[1] Cordon Childe, *Man Makes Himself* (London: The Rationalist Press, 1936), 引自 New York Mentor Books 1951, p. 115）。

新的经济组织的基础"[1]，亦即指生产工具、灌溉工程工具与贸易运输而言。换言之，柴氏城市革命的中心概念，是由生产技术与贸易的发达而导致的经济起飞造成社会内生产与非生产活动人口的分化，形成城市革命的基本动力。

继柴尔德之后，西方考古与古史学者继续在城市起源问题上做热烈的讨论，也产生了不同的意见，但思想的主流，并没有产生本质上的改变。[2]这是因为作为西方社会科学基础的西方文明史（自两河流域及波斯一直到古典的欧洲）从考古学与历史学上对这种城市起源的看法加以实质上的支持的缘故。西方文明史上最早的城市一般以公元前3500年左右两河流域的苏美尔城市乌鲁克（Uruk）为代表。在这个时代的乌鲁克城的考古遗迹中出现了三项新的重要的文化成分，即巨大庙宇的建筑、长圆柱形印章的产生与楔形文字的创造。这些新的成分都充分反映了当时当地经济贸易活动的起飞。[3]

既然西方社会科学是西方文明历史经验的总结，中国的历史经验也可用来作为新旧社会科学法则讨论的基础。讨论中国城市史必须澄清的首要问题是我们根据考古与文献材料，应该依照西方社会科学家根据西方文明史归纳出来的城市定义来寻找城市的初现，还是应该在中国聚落史的材料里找寻它自己的

---

[1] Gordon Chikde, *What Happened in History*, Penguin Books, 1942, 修订版 1954, p. 86.
[2] 如：C. H. Kraeling and R. M. Adams, eds., *City Invincible* (Chicago University Press), 1960; Robert, McCadams, *The Evolution of Urban Society* (Chicago: Aldine), 1966.
[3] C. C. Lamberg-Karlovsky and J. Sabloff, *Ancient Civilizations: The Near East and Mesoamerica*. Menlo Park, California, The Benjamin/Cummings, 1979, p. 145.

聚落形态的发展过程与规律，而在这个过程中辨认城市这一聚落形态在中国社会史中的实际界说？

要回答这个方法论上的问题，我们不能不首先掌握一件历史上的事实，即中国最早的城市与西方最早的城市在很多方面有相当显著的不同。傅筑夫在讨论城市的起源时曾经指出："中国封建制度的最大特点之一，是城市的性质及其发展道路，与欧洲封建时代的城市完全不同，因而中国古代城市在整个封建经济结构中所处的地位，及其对经济发展所起的作用，亦完全不同。"[1]我们可以更进一步说："从城市的起源上来看，中国古代的城市与欧洲古代的城市，两者［其实也有］本质的不同。"[2]中国最早的城市的特征，乃是作为政治权力的工具与象征。费孝通把近代中国的城邑叫做"在权力居于武力这种政治系统里面统治阶级的一种工具。它是权力的象征，也是维护权力的必要工具"[3]。这个界说，完全适用于中国最古的城市。

傅氏所说"从本质上看，城市是阶级社会的产物，它是统治阶级——奴隶主、封建主——用以压迫被统治阶级的一种工具"，这与上述的看法基本上一致。他跟着又说，"城市兴起的具体地点虽然不同，但是它的作用则是相同的，即都是为了防御和保护的目的而兴建起来的"[4]。这个说法也是有力的，但是比较片面。对城市的防御作用的强调，专就中国史籍而言，是跟着"鲧作城郭"一类古代传说中对城郭的强调而来的。《礼记·礼运》也说，"今大道既隐……货力为己，大

---

[1] 傅筑夫《中国经济史论丛》上册，三联书店1980年版，321页。
[2] 同上，322页，原文作："两者并没有什么本质的不同。"
[3] Hsiao-tung Fei, *China's Gentry* (Chicago University Press), 1953, p. 95.
[4] 傅筑夫《中国经济史论丛》上册，三联书店1980年版，323页。

人世及以为礼,城郭沟池以为固",也强调了城郭沟池保护私有财产的一面。但从考古材料全面来看,城市的初现在中国古代聚落形态史的过程中,是由一系列的互相联系的变化而标志出来的,其中城郭的出现只是一项。以商代二里冈期与殷墟期的考古材料为准,这种新的聚落形态所包括的在考古材料中有所反映的因素,通常至少有下面这几项:

(1) 夯土城墙、战车、兵器;
(2) 宫殿、宗庙与陵寝;
(3) 祭祀法器(包括青铜器)与祭祀遗迹;
(4) 手工业作坊;
(5) 聚落布局在定向与规划上的规则性。

这几项因素显然是彼此之间作有机性的联系,并且互为因果。这在研究中国上古史的人看来很明显,其中的线索也很清楚,这里不必详加解释。换言之,中国初期的城市,不是经济起飞的产物,而是政治领域中的工具。但与其说它是用来压迫被统治阶级的工具,不如说它是统治阶级用以获取和维护政治权力的工具。

甲骨文中的"作邑"卜辞与《诗经·绵》等文献资料都清楚表明古代城邑的建造乃是政治行为的表现,而不是聚落自然成长的结果。这种特性便决定了聚落布局的规则性。《周礼·考工记》所记"匠人营国……"这一套规矩是来源久长的,虽然规矩的细节自三代到汉一直是在变化着的。夯土城墙、战车、青铜兵器等遗迹遗物,在考古材料中反映着战争的剧烈与频繁,但斗争的对象,与其说都是阶级之间的斗争,不如说主要是国邑与国邑之间侵犯兼并性的斗争,亦即以掠夺财富为目的的斗争。规模巨大的地上建筑的宫殿与小型的、内容贫乏的半地下室作强烈的对比,是统治者统治地位的象征,也是借其规模气氛加强其统治地位的手段。宗庙、陵寝和青铜、玉等高级艺术品的遗迹遗物，以及祭仪的遗迹如牺牲或人殉之类，一方面是作为政权基础的宗法制度的象征，一方面是借宗教仪式获取政治权力的手段，这在几篇拙著里有比较详细的讨论。[1]至于手工业的作坊，除了少数与生产工具有关，多数是青铜器、玉器、骨牙器等仪式性的艺术品的作坊；它们一方面代表生产活动的分化，一方面是更清楚地表现政治权力工具的制造工业。

中国初期城市之为获取政治权力的工具这一点，又表现在三代迁都的规则性上。从历史文献上看，夏商周三代的都城都屡有迁徙。夏都有禹居阳城（又都安邑、平阳，一说晋阳），太康居斟鄩，相居帝邱（又居斟灌），宁居原，迁于老邱，胤甲居西河，桀居斟鄩。[2]殷商史上迁都"前八后五"，其中立国之后的五迁六都一般都说是汤居亳，仲丁迁嚣，河亶甲迁相，祖乙迁耿（或邢），南庚迁奄，盘庚迁殷。[3]西周则自太王到平王迁都五次：岐周、程、丰、镐、郑和洛邑。[4]为何三代迁都如此频繁？讨论这个问题的大有人在，其说法大致有两派，一主张游居生活，一主张政治因素。持前说者有丁山，谓帝王都邑由流动而渐趋固定，是国家政治发展之常

---

[1] 张光直《中国青铜时代》，三联书店1983年版；*Art, Myth, and Ritual: The Path to Political Authority in Ancient China*（Cambridge：Harvard University Press），1983；《中国古代的艺术与政治》，《新亚学术集刊》（1983）4，29—35页。

[2] 严耕望《夏代都居与二里头文化》，《大陆杂志》（1980）61，5，2页。

[3] 唐兰《从河南郑州出土的商代前期青铜器说起》，《文物》1973年第7期，5—14页。

[4] 常征《周都南郑与郑桓封国辨》，《中国历史博物馆馆刊》1981年第3期，15页。

则，因为"部落时代之生活，农业方在萌发，大部分生活基础仍为游牧，游牧者因水草而转徙，部落之领袖因其族类而亦转徙不定；于是政治中心之所在，既无所谓都邑，更无固定可言"[1]。傅筑夫说都邑之屡徙乃是"为了农业生产的需要去改换耕地实行游农"[2]，与丁说相近。这种说法，在原则上虽不无可取，却与我们目前所知殷商农业技术水平不尽相合。我们所比较倾向的说法是，三代迁都的原因在于适应政治上的需要。黎虎说殷人屡迁都是"自中丁以来……比九世乱"所引起王室与贵族之间矛盾斗争的结果，殷王每借迁都以重整王室力量。[3] 邹衡则主张殷商之迁都乃是为了作战的考虑："当时选择王都的地点不能不考虑到作战的方便……成汤居亳，显然是为了战胜夏王朝及其残余势力。盘庚迁殷……就是为了对付北方和西方的强大敌人。"[4] 齐思和也说周都自西东迁亦出于与殷商争夺政权的动机："文王之迁丰，不徒便于向东发展，与商争霸，抑丰镐之间川渠纵横，土地肥饶，自古号称膏腴之地。"[5] 其他讨论这个问题的学者实繁，上面几位可以作例。

在最近的一篇论文里，我们尝试指出三代都城迁徙上的一个规律，并试求其解释。这个规律是："三代国号皆本于地名。三代虽都在立国前后屡次迁都，其最早的都城却一直保持

---

[1] 丁山《由三代都邑论其民族文化》，《中央研究院历史语言研究所集刊》(1935) 5，87页。
[2] 傅筑夫《中国经济史论丛》上册，三联书店1980年版，47页。
[3] 黎虎《殷都屡迁原因试探》，《北京师范大学学报（社会科学版）》1982年第4期，42—55页。
[4] 邹衡《夏商周考古学论文集》，文物出版社1982年版，210页。
[5] 齐思和《西周地理考》，《燕京学报》(1946) 30，87页。

着祭仪上的崇高地位。如果把那最早的都城比喻作恒星太阳，则后来迁徙往来的都城便好像是行星或卫星那样围绕着恒星运行。再换个说法，三代各代都有一个永恒不变的'圣都'，也各有若干迁徙行走的'俗都'。圣都是先祖宗庙的永恒基地，而俗都虽也是举行日常祭仪所在，却主要是王的政、经、军的领导中心。圣都不变，缘故容易推断；而俗都屡变，则以追寻青铜矿源为主要的因素。"[1]

讨论这个问题的焦点，是青铜器在三代政治斗争中的中心地位；这在上文已经略谈。对三代王室而言，青铜器不是宫廷中的奢侈品或点缀品，而是政治权力斗争上的必要手段。没有青铜器，三代的朝廷就打不到天下。没有铜锡矿，三代的朝廷就没有青铜器。这中间的关键线索便是如此的直截了当。

三代中以安阳殷墟出土的青铜器为数最多，但其铜锡矿石的来源尚未经过科学的分析。石璋如曾根据古代的地方志和近代矿业地志查出全国124县有过出铜矿的记录。其中位于中原的，山西有12处，河南有7处，河北有4处，山东有3处。如以安阳为中心，则在距安阳200公里之内的铜矿，山东有1处（济南），河南有3处（鲁山、禹县、登封），而山西有7处（垣曲、闻喜、夏县、绛县、曲沃、翼城、太原）。

>据此则殷代铜矿砂之来源，可以不必在长江流域去找，甚至不必过黄河以南。由济南而垣曲、而绛县、而

---

[1] 张光直《夏商周三代都制与三代文化异同》，《历史语言研究所集刊》(1984) 55, 51—71页，又见本书43页。

闻喜，在这中条山脉中，铜矿的蕴藏比较丰富。胡厚宣《殷代舌方考》（《甲骨学商史论丛初集》）认为舌方即今之陕北。……如果舌可能为矿的话，则挖矿的叫舌，舌方即矿方，即晋南一带。……舌方并非单指某地，是指出铜矿的一带而言。舌方应该贡矿，出矿而不来贡是应当讨伐的，所以卜辞有出不出、来不来的记载。武丁是殷代铸铜最盛的时期，所以要维护铜矿的来源，不惜大动兵力，或三千，或五千，甚至王自亲征。从地域与征伐来观察，讨伐舌方，实际上等于铜矿资源的战争。[1]

虽然这个说法中有若干点令人难以同意（如舌方即矿方，在晋南），但把铜矿与征伐相连接起来看则是很有启发性的。晋南除了铜矿以外，还有华北最为丰富的盐矿，在中国古代的确是一个富有战略性资源的地区。从这个观点把三代都看进去，则三代中第一个朝代夏代之崛起于晋南，第二个朝代商代之发展自东徂西，以及第三个朝代周代之自西而东的发展趋势，就都很快显露出一些新的意义。图4（见下文）将石氏所找到的出铜矿和出锡矿的县份注出，看看它们与三代都城分布的关系。这些出铜锡矿的地点集中在华北大平原边缘的山地，而以豫北、晋南为中心。这些矿都较稀薄，以三代取铜锡量之大，每个矿产地维持开采的时间可能相当有限。丁文江在《中国矿业纪要》中说："中国铜矿分布甚广而开采亦最古，然观其历史，铜业之中心，东汉为豫浙……在唐为晋鄂，在宋为闽赣，

---

[1] 石璋如《殷代的铸铜工艺》，《历史语言研究所集刊》（1955）26，102—103页。

在明清为川滇，一地之兴，殆无过三百年者。"[1]更早的青铜时代，需矿量之大是很惊人的。照《中国古代冶金》所说，"在古代即使选用最富的矿石，每炼一百斤铜恐怕也要用三四百斤或更多的矿石"。[2]这个估计恐失之于过于乐观；如果把当时技术管理等各方面水平以及矿石质量不齐等因素都考虑进去，五比一恐怕是更合乎实际的比例。1976年殷墟发掘的妇好墓所出青铜器的全部重量据估计达1625公斤。[3]如果锡矿与锡的比例与铜相似，那么这一个中小型的墓中所出的青铜器便表明需要8吨以上的矿石。1978年在随县擂鼓墩的曾侯乙墓中挖出来青铜容器140件，青铜钟65件，青铜兵器4500件。[4]器物的重量还未见有完全的统计，但其中容器与编钟异常重大：有两件容器重达320与362公斤，而最大的钟重204公斤。说这个墓中出土青铜器总重量在1万公斤以上，可能是合理的估计，那么便需要50吨以上的矿石才能冶炼出这些青铜。像这种用法，比较稀薄的铜锡矿很快便不能进一步开采下去，因此当时恐需随时寻求新矿。那时在寻求新矿、保护矿源以及保护矿石或提炼出来的铜锡的安全运输上，都城很可能要扮演重要的角色。从图4（见下文）上我们可以很清楚地看出，夏代都城的分布区与中原铜锡矿的分布区几乎完全吻合。商代都城则沿山东、河南山地边缘逡巡迁徙，从采矿的角度来说，也可以说是便于采矿，亦便于为采矿而从事的争战。周代的都城则自西向东一线移来，固然可以说是逐鹿中原所需，也

---

[1]《中国矿业纪要》第1号（1921），41页。
[2]《中国古代冶金》，文物出版社1978年版，28页。
[3]《殷墟妇好墓》，文物出版社1980年版，15页。
[4]《随县曾侯乙墓：发掘简报与论文汇编》，湖北省博物馆1979年《随县曾侯乙墓》，文物出版社1980年版。

可以说是觅求矿源的表现，因为陕西境内铜锡矿源都较稀少。这些现象都很清楚地表现了三代都城作为服役王室从事政治权力斗争工具的性质。都城是众城之首，它在城市的政治性上应该是有很大的代表作用的。

把中国初期城市这一个特性说明了以后，我们便可试求解答中国城市起源史上的两个重要问题。第一个是在中国考古与历史的资料中如何辨认这样界说的城市在中国最早出现及在何种情况之下最早出现的问题。第二个是这种城市的性质与文首所介绍的按西方社会科学思想所归纳出来的城市不相契合所引起的城市定义问题。

这两个问题的回答都要仰仗中国考古工作者与上古史学者更进一步的工作，这里我们只能做一些非常初步的讨论。关于第一个问题，我们知道，二里冈期的商代城市是具备上述初期城市的特性的；事实上它们是我们在辨认这种特性上所根据的主要资料。这一时期的商代遗址已经发掘了很多，其中至少有3处已发现夯土城墙，即郑州、偃师与黄陂盘龙城三座商城。这些城址除了有夯土城墙以外还具有宫殿式的大型夯土基址，有手工业作坊，有青铜兵器与礼器，有玉器，有殉人等祭祀遗迹等等。整个看来，中国古代文化史上的二里冈期可以作为讨论中国城市初期史的一个坚强的据点。

中原文化史再往上推便是二里头文化。依据已发表的资料来看，这一期的遗址中还没有时代清楚无疑的夯土城墙的发现，但在二里头遗址的上层曾发现了东西长108米、南北宽100米的一座正南北向的夯土台基，依其大小和由柱洞所见的堂、庑、庭、门的排列，说它是一座宫殿式的建筑，是合理的。这个基址的附近还发现了若干大小不等的其他夯土台基，用石板和卵石铺的路，陶质排水管，可见这是一群规模宏大的建筑。在遗址和墓葬出土的遗物中有不少青铜器，如工具、武器和包括鼎、爵在内的数件礼器，以及玉饰、玉质礼器、镶嵌绿松石的铜片等高级艺术品。手工业作坊遗址包括铸铜、制骨、制陶遗迹。墓葬有两种：一种是长方形竖穴墓，有随葬品；一种无墓圹，无随葬器，死者姿势不一，有的身首异处，有的作捆缚状，可能是祭祀活动的牺牲。[1]整个看来，偃师二里头的这个建筑群具有二里冈城市的若干主要特征，相当程度上在政治权力之获取与维持上扮演了重要角色。看来二里头文化期将是讨论中国城市初现问题的一个焦点。二里头文化与夏文化和夏代文化的关系正是当代中国考古学上集中讨论的一个中心课题[2]，所以在这上面也就牵涉着夏代城市在考古学中证实的问题。

二里头文化以前的中原有龙山文化晚期的遗址，其中至少有4处发现夯土城墙，但仅在登封王城岗和淮阳平粮台有较多发掘材料。王城岗有所谓"奠基坑"，其中有成人与儿童骨架；平粮台的城门口有"门卫房"，有铜渣和陶排水管道。[3]王城岗遗址还有出土青铜鬹残片的报告。[4]看来三代时期城市型聚落在龙山晚期已具雏形，而且这又与考古学上的夏文化与夏代的讨论是相连接的。

---

[1] 《新中国的考古发现和研究》，文物出版社1984年版，215—219页。
[2] 邹衡《夏商周考古学论文集》，文物出版社1982年版，210页；殷玮璋《有关夏文化探索的几个问题》，《文物》1984年第2期，55—62页。
[3] 河南省文物研究所、中国历史博物馆考古部：《登封王城岗遗址的发掘》，《文物》1983年第3期，第8—20页；河南省文物研究所、周口地区文化局文物科：《河南淮阳平粮台龙山文化城址试掘简报》，《文物》1983年第3期，21—36页。
[4] 李先登《试论中国古代青铜器的起源》，《史学月刊》1984年第1期，2页。

这种在中国资料中有划时代意义的城市，与上文所介绍的西方社会科学家根据西方历史资料归纳出来的初期城市在基本性质上不同这一点，我们应当如何对待？我们是否应将中国的初期城市称为城市，还是应称之为雏形城市或原始城市？在这一点上我们不能忽略的事实，是中国型的初期城市与近东型的初期城市都是在阶级社会、文明、文字、国家等一连串的有关的现象初现时出现的；中国初期城市并不代表社会进化史上的一个比近东初期城市所代表的阶段较早的阶段。我觉得我们用什么名词来称呼这种聚落类型并不重要，要紧的是我们要掌握它的本质，掌握它在中国历史上的地位。在考古学上我们随时随地将现象加以分类，予以命名，所用的命名只是事物类别的符号，而名称本身并不能当做它所指称的事物来看待。例如在遗址甲有一种三足器，我们习称之为鼎。在遗址乙也有一种三足器，它与遗址甲的三足器有很大的不同，但也可以称之为鼎。我们比较这两个遗址的三足器时，自然不能比较我们用来指称它们的符号，而必须比较两种器物类型本身，不然其间的异同便混淆不清了。这个道理说来简单，但在实践过程中不知道为全球多少考古工作者所忽略。"城市"这个名词也是如此。在近东古代聚落形态发展的某一阶段，其聚落类型从较早形式在质上演进为较晚形式，我们称这新形式为"城市"。在中国古代聚落形态发展的某一阶段，其聚落类型从较早形式在质上演进为较晚形式，我们也称这新形式为"城市"。这两种形式如有不同，并不能因为两者同称城市而说这种定名是不应当的，或说因此其中之一不能称为城市。本文所提出来的观点，正是说中国城市初期形式有它自己的特征。这也就是说，中国历史初期从原始社会向文明社会的演进过程有它自己的若干特性。如何解释它这种特性与近东和欧洲的西方文明这一段社会演进特征之间的差异,与由此所见中国历史研究对社会科学一般法则的贡献,正是亟待我们进一步积极研究的课题。[1]

---

[1] 参阅 K. C. Chang, Ancient China and its Anthropological Significance, *Symbols*, Autumn, 1984。

夏商周三代都制与三代文化异同 *

夏商周三代的都城都屡有迁徙，这是古史上的定论。我在这篇文章里拟指出三代都城迁徙上的一个规律性，并试求其解释。这个规律性，不妨开门见山地先列举如下：三代国号皆本于地名。三代虽都在立国前后屡次迁都，其最早的都城却一直保持着祭仪上的崇高地位。如果把最早的都城比喻做恒星太阳，则后来迁徙往来的都城便好像是行星或卫星那样围绕着恒星运行。再换个说法，三代各代都有一个永恒不变的"圣都"，也各有若干迁徙行走的"俗都"。圣都是先祖宗庙的永恒基地，而俗都虽也是举行日常祭仪所在，却主要是王的政、经、军的领导中心。圣都不变，缘故容易推断，而俗都屡变，则以追寻青铜矿源为主要的因素。三代的这一个政制特征，是中国古代社会最主要的若干政经特征的一个尖锐的表现；后文再就这些政经特征略加说明。

对三代都制这个比较新颖的看法的说明，要自商代的都制说起，因为圣俗分都，俗都围着圣都团团转的这种都制，是在甲骨文的研究中首先提出来的。殷商史上迁都之"前八后五"是古史上熟知的，但这13个都城都在何处，则学者的意见并不一致。《尚

---

* 原载《中央研究院历史语言研究所集刊》第55本第1分，1984，51—71页。

书序》云:"自契至成汤八迁。"孔颖达《正义》考得其四,曰:"《商颂》云,帝立子生商,是契居商也。《世本》云,昭明居砥石,《左传》称相土居商丘,及汤居亳。事见经传者有此四迁,未详闻也。"王国维"说契至于成汤八迁",复考究古籍,将八迁勉强凑齐,未尽可靠。至于成汤居亳以后的五迁,学者多从《竹书》所志,列举仲丁所迁之嚣、河亶甲所迁之相、祖乙所迁之耿或邢(《竹书》作庇)、南庚所迁之奄,以及盘庚所迁之殷,为殷商灭夏以后都城所在。依照历代学者的考证,这些都城的地望,都在黄淮大平原之上及其边缘地带,自山东西部到河北南部及河南北部、中部及东部(图1)。其中较重要者的现代位置如下:

商:河南商丘[1]。

砥石:河北隆平、宁晋县间。[2]

亳:安徽亳县附近[3],或说河南商丘之北山东曹县之南。[4]

嚣:河南郑州附近。

相:河南内黄附近。

耿:河南武陟县之南。

奄:山东曲阜一带。

殷:河南安阳西北。

这些历史上传说的都城及其所在,可靠程度不一。商丘为宋的都城,周公封微子启于此以续商祀,看来说这是商人的老巢,是很可信的。可是商丘一带是有名的黄泛区,有史以来在这里堆积下来了七八米的淤泥淤土,考古调查发掘工作都很困难,

---

[1] 王国维《说商》,《观堂集林》卷12,中华书局1959年版,516页。
[2] 丁山《由三代都邑论其民族文化》,《中央研究院历史语言研究所集刊》(1935) 5,97—98页。
[3] 董作宾《卜辞中的亳与商》,《大陆杂志》(1953) 6,8—12页。
[4] 唐兰《从河南郑州出土的商代前期青铜器谈起》,《文物》1973年第7期,7页。

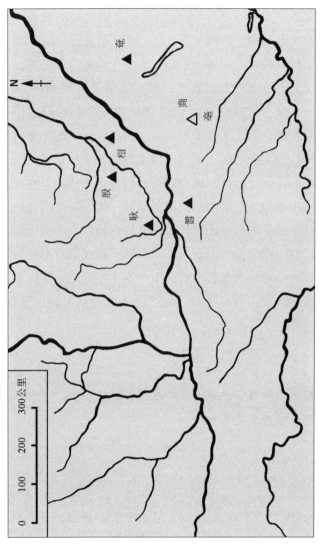

图 1 商代都城的位置

所以商代早期的遗物在商丘还没有真正发现过，只在天津博物馆藏品里有一个与二里头出土物相似的铜爵，据说原来出土于商丘地区。[1]自1950年以来在郑州市发掘出来的殷商中期的商城，有人说是仲丁所居之嚣[2]，也有人说便是汤都亳[3]，但因文字材料缺乏，尚难定案，最后一个都城所在之殷，其遗墟在《史记》上至少提过两次，但确实的遗址要到19、20世纪之交才为学者所发现。自1928年以来安阳的殷墟经历了长期的科学发掘，出土了许多甲骨文字资料，证明这个考古遗址确是殷都，为殷王所居，最迟可以上溯到武丁时代。[4]

商王何以屡次迁都？这个问题且留待下面详谈。在这里我们要先提出来另外一个问题，即亘殷商一代，王都屡徙的过程中，商这个最早的都城还维持着什么样的地位？从微子封在商以续殷祀这一点来看，说商人先祖宗庙一直在商丘奉祀的说法是有道理的。董作宾根据甲骨文中帝辛十年到十一年征人方途中记下来的卜辞，判定了商与亳这两个重要城市的位置以后，提出来这样一个说法：

> 商者，实即……大邑商，……亦即今之商丘，盖其地为殷人之古都，先王之宗庙在焉，故于正人方之始，先至于商而行告庙之礼也。[5]

---

[1] 《天津市新收集的商周青铜器》，《文物》1964年第9期，33页。
[2] 安金槐《试论郑州商代城址——隞都》，《文物》1961年第4/5期，73—80页。
[3] 邹衡《郑州商城即汤都亳说》，《文物》1978年第2期，69—71页。
[4] 宫崎市定对安阳殷墟之为殷都持不同的意见，见《中国古代の都市国家とその墓地——商邑にあつたか》，《东洋史研究》(1970) 28，265—282页，及《补遗》，《东洋史研究》(1970) 29，147—152页。
[5] 《殷历谱》(四川李庄，中央研究院历史语言研究所，1945) 下，卷5，23页。

殷人以其故都大邑商所在地为中央，称中商，由是而区分四土，曰东土、南土、西土、北土。[1]

这个说法，包含好几个重要的成分。如果大邑商是中商（无论这些个名称究竟如何，至少在概念上是如此），是分为四土的商人世界的中心，那么它便是固定不变的，是商人的恒变的宇宙的不变的核心，在这里有先王的宗庙。当王都迁去安阳以后，王举行大事如征人方，要行告庙之礼，要不远千里而来，在大邑商的宗庙中举行祭告。（这里说"不远千里而来"，自然是夸张的说法。从安阳到商丘的空间距离不过220公里。照董作宾所复原的帝辛征人方的日谱，王在九月甲午举行占卜贞问征人方事，当不久后即行出发，闰九月癸亥到雇，古顾国，今山东范县东南15里。十月初再行，三十余日后，十一月辛丑到商。沿途句留，自殷到商一共走了两个月左右。）如果果然如此，那么商王的都制便是如上所说的以圣俗分离，圣都为核心，俗都为围绕核心行走的卫星的这样架势为特征的制度。先王宗庙，甚至建立朝代之圣物仪仗之类，以及为立国之象征若干的重器，可能都放在圣都商丘，亘殷商一代不变。

　　董作宾这个殷商都制的说法，虽然有很大的吸引力，却嫌证据不足，还需进一步的研究。陈梦家也置商于商丘，却不同意董氏"将商、大邑商、中商三者又混同了起来"。[2]他自己的主张是：

　　　　天邑商，……疑即古朝歌之商邑。……大邑商疑在沁

---

[1]《殷历谱》（四川李庄，中央研究院历史语言研究所，1945）下，卷9，62页。
[2]《殷墟卜辞综述》，科学出版社1956年版，255页。

阳田猎区，凡正多方多由此出师，出师之前告庙与大邑商。[1]

天邑商的资料很少，其地望不能据之而定。关于大邑商之位于沁阳，陈氏举三例以证之：

  a. ……正盂方白炎，叀衣翌日步……告于兹大邑商（甲2416）。
  b. 丁未卜，王才𥻬贞：王今其入大邑商（别二、岩间）。
  c. 甲午卜，王贞：乍余彭，朕禾酉，余步从侯喜正人方……告于大邑商……才九月……隹十祀（卜通592）。
  由a辞知正人方告于大邑商而步自衣；由b辞则知𥻬为入大邑商之近邑，而其地正是与田猎区之衣相邻，故《岩间》大龟又卜田猎于宫于叀之辞，此二地亦在沁阳田区内；c骨卜又有祭祀于"西宗"之称，则大邑商有宗庙而称之为西，对商丘之商而言，沁阳在西。[2]

但是仔细看来，这三条卜辞并不足以为大邑商在沁阳的证明。a辞依屈万里的诠释，意谓："维翌日往于衣"而非自衣翌日步至大邑商。[3]卜辞中的𥻬岛邦男[4]与钟柏生[5]都置入商

---

[1] 同上，257页。
[2] 《殷墟卜辞综述》，科学出版社1956年版，257页。
[3] 《殷墟文字甲编考释》，台北，中央研究院历史语言研究所，1961年，304页。
[4] 岛邦男《殷墟卜辞研究》，东京，汲古书院1958年版，370—371页。
[5] 钟柏生《卜辞中所见殷王田游地名考》，1972年，148页。

淮之间，即商丘以南，淮河以北，与所谓沁阳田猎区还有一段距离。c辞的证据显然更不充分。

关于商、丘商、大邑商、天邑商等名称的问题，卜辞学者之间意见颇不一致。李学勤说天邑商即商之王畿，而商人告庙在朝歌。[1]岛邦男基本上支持董作宾说，把商这一系列地名都放到商丘去。[2]钟柏生检讨各说所得结论是：商、丘商、大邑商、天邑商皆指商丘，而中商则指殷都。[3]丁骕在卜辞中找到支持大邑商在商丘之说的资料，但又认为大邑商也可以指殷都；他的主要的考虑，大概是这点：

想商丘距殷二十多天行程，如果每次征伐先要来此告祭，往返费时，似非行军之道。况且帝辛祀祭祖先，有严密的祀谱。几乎每天都要祀祭，那能到商丘去祭，势必祖先宗庙当在京邑区内才可以。[4]

董作宾云商王在大邑商告庙之说，详情虽未经他说明，却很清楚地并不是说所有的祀祭都要在大邑商举行才可。在小屯所发现的基址究竟是宗庙还是宫殿，固然不得而知，但小屯与西北冈之使用人牲显与祭祀有关。《逸周书·克殷解》记周人克殷后，"乃命南宫百达史佚迁九鼎三巫"，可见帝辛都城所在便有九鼎。如果大邑商在商丘，"先王之宗庙在焉"，则大邑商有大邑商的庙，殷都有殷都的庙，各有祭祀。全国

---

[1]《殷代地理简论》，北京科学出版社1956年版，9、14—15、95页。
[2] 岛邦男《殷墟卜辞研究》。
[3] 钟柏生《卜辞中所见殷王田游地名考》，1972年，55—56页。
[4] 丁骕《重订帝辛正人方日谱》，《董作宾先生逝世十四周年纪念刊》，台北，艺文印书馆1978年版，23—24页。

的庙可能形成有层次上下不同的网,这个网可能与殷王的宗法有关。

上述以圣都为核心以俗都为围绕核心运行的卫星为特征的殷商都制,在近年周原的发掘所强调起来的岐山周都的重要性这个背景之下,使我们想到周人都制与殷商都制的相似。抛开周的先世不谈,自太王迁于岐下初次建立周国以后,一直到西周数百年间,周人的首都也像殷人那样,经过了多次的迁徙:

> 周自太王由泾洛之北"三迁",南至岐山之阳,作国周原而营周城(旧址在今麟游县南),其邦族此后始以周为号。其子季历继之,十八年迁治程地而造程都(旧址在今武功县北),其为"王季宅程"。季历之子文王四十四年,避饥馑渡渭徙崇,临丰水而居,名曰丰京(旧址在今鄠县境)。文王季世,命世子发筑新城于东北镐池之侧,武王灭商,遂移都之,是曰镐京。成康昭王三世之后,至于穆王,东迁于郑,或曰南郑,或曰西郑。自时而下,虽有懿王十五年西居犬丘(今陕西兴平县东南,汉改名槐里)之举,而沿西周之世,多治而未革。直至幽王灭国,平王方弃郑而东都洛邑(今洛阳)。[1]

是自太王到平王,西周王都共迁五次而有六都(图 2),与殷商建朝之后迁都次数相同。但历代史家对此存疑很多,而"言周史者习称丰、镐,忽于周、程、槐里,其于南郑之是否

---

[1] 常征《周都南郑与郑桓封国辨》,《中国历史博物馆馆刊》(1981) 3,15 页。

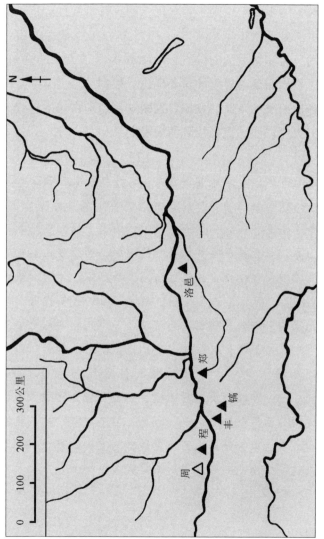

图 2 西周都城的位置

曾为王都，更多有异词，自汉而下，聚讼两千年未决"。[1]

西周历史上都城问题虽存疑甚多，岐山之周亘西周历史上在宗教上的重要地位则不容置疑，而且其重要性经近年周原发掘而更清楚地认识了出来。自 1976 年以来在周原的发掘，在岐山的凤雏和扶风的召陈、云塘二村揭露了大片的建筑基址，证实了岐周在聚落史上的显要地位。根据凤雏出土的卜甲文字以及各地出土的陶器，发掘者判断这片遗址占居的年代，可能自武王灭纣以前一直延续到西周晚期。[2]

> 据周原考古队的调查发掘，今岐山县京当公社贺家大队、扶风县法门公社庄白大队、黄堆公社云塘大队一带，是一个面积广大、内涵丰富的西周遗址区。遗址北以岐山为界，东至扶风县黄堆公社的樊村，西至岐山县祝家庄公社的岐阳堡，南至扶风县法门公社康家庄李村，东西宽约 3 公里，南北长约 5 公里，总面积 15 平方公里。在这个范围内，周代文物遗迹异常密集，凤雏村四周为早周宫室（宗庙）建筑分布区。……在扶风云塘村南至齐镇、齐家还发现西周的制骨、冶铜、制陶作坊及平民居住遗址。……在岐山贺家村四周、礼村北壕，和扶风庄白村附近约为西周墓葬区。……同时，在这 15 平方公里的范围内，自古以来是出土西周青铜器的重要地点。……两千年来这一带出土西周铜器达千件之多。[3]

---

[1] 常征《周都南郑与郑桓封国辨》，《中国历史博物馆馆刊》(1981) 3，15 页。
[2] 《文物》1979 年第 10 期，34 页。
[3] 陈全方《早周都城岐邑初探》，《文物》1979 年第 10 期，46—47 页。

在这传世的近千件铜器之外，近年来在这个地区又有许多重要的铜器发掘出土。1976 年在扶风庄白大队一个窖藏里发现了 103 件西周时代的铜器，其中有铭文的 74 件，包括西周前中后三朝，是微史家族遗物。其中有《史墙盘》铭文 284 字，内容分前后两段，前段颂扬周代文王到穆王的功德，后半为史墙记述其祖考的事迹：

> 青幽高祖，在微霝处，雩武王既𢦏殷，微史剌祖乃来见武王，武王则令周公舍寓，于周卑处。[1]

周公将史墙的剌祖在周安顿下来以后，微史这一家族便一直在周居住并服事于周，一直到西周灭亡，岐周沦为废墟，微史家族逃亡为止。显然亘西周一代岐周一直是周室宫室宗庙重器仪仗所在。这种制度，在基本上与殷商的大邑商可能相似，可是自目前所能看到的资料看来，岐周在周王室的活动上的重要性似乎颇超过大邑商在商王室的活动上的重要性。

由于岐周在新的考古资料中显示了重要性，我们不禁想到在古文字学与古史研究上对"宗周"这个名词的若干讨论。陈梦家对金文中的"宗周"有比较详细的论述：

> 宗周之称，见于《诗书》。……据西周金文，宗周与丰、镐不同地，而宗周乃宗庙所在之地。
> 大庙 《同𣪘》、《趞鼎》记王在宗周之大庙
> 穆庙 《大克鼎》记王在宗周之穆庙

---

[1] 采自李学勤释文，见李氏著《论史墙盘及其意义》，《考古学报》1978 年第 2 期，149—157 页。

> 周庙《小盂鼎》、《虢季子白盘》、《无惠鼎》……
>
> 《郭白辰殷》"尞于宗周"（三代 8.50.4）
>
> 《逸周书世俘》篇　武王朝至燎于周　燎于周庙　告于周庙
>
> ……除上述"尞于宗周"外，西周初期（大约当成、康时）金文中的宗周，其地位是十分重要的……凡此多涉及诸侯朝见周王之事。
>
> 宗周既非丰、镐二邑，又为宗庙所在，于此册命诸侯，疑即徙都丰、镐以前的旧都岐周。……自清以来，陕西出西周铜器最多之处，是扶风、郿、凤翔、宝鸡、武功等处，《大盂鼎》、《大克鼎》记"王在宗周"命臣工而皆出土于岐山，可以暗示岐山之周是宗周。……〔是〕宗庙所在，在此朝见。[1]

如果陈说可行，并不指周王所有的祭祀都要到宗周来举行，这种情形与商代境内的宗庙使用情形也许是相似的。金文新材料里关于祭祀所在的宫、庙、大室等材料比较丰富，如能作一次有系统的分析，也许能看出一些眉目来。

上述商、周两代都制，虽不尽相同，却在两点上相似。其一，最早建国的都城名称即是朝代名称，而且这个都城便成为这个朝代的宗教上的核心，而政府中心地则屡次迁徙。我们得此结论之后，不免要对三代的头一代即夏的都制发生了很大的好奇心。商周都制的这两点特征，是不是也是夏代都制的特征？从这里去看那夏代都制的文献资料，我们所得到的初步的答案是肯定的。夏人最初的都城是大夏，而夏这个名称亘有夏

---

〔1〕 陈梦家《西周铜器断代（二）》，《考古学报》1955年第10期，139—141页。

一代不变。《左传·昭公元年》：

> 子产曰：昔高辛氏有二子，伯曰阏伯，季曰实沈，居于旷林，不相能也，日寻干戈，以相征讨。后帝不臧，迁阏伯于商丘，商人是因，故辰为商星；迁实沈于大夏，主参，唐人是因，以服事夏商。……及成王灭唐，而封太叔焉，故参为晋星。

是以商丘与大夏为商与唐最早立身之地，而夏因唐地，大夏后日称为夏墟。《左传·定公四年》："分唐叔以大路，密须之鼓，阙巩沽洗，怀姓九宗，职官五品，命以唐诰，而封于夏墟。"这个夏墟的情况，因文献无征，是不是在夏代时像大邑商或宗周那样也是夏代先祖宗庙所在，我们不得而知，但至少夏代这个名字可说是自它而来的。"大夏故墟约在今山西省西南部地区，亦即夏初禹都故地，故有夏虚之名。"[1]自此之后，夏王亦屡次迁都，依严耕望的综合叙述（见图3）：

（一）禹居阳城，在今河南登封东南告成镇。又都平阳，谓平水之阳，在今山西临汾境。一云居晋阳，晋水或云即平水。又都安邑，今山西夏县北。

（二）太康居斟鄩，在今河南巩义市西南50余里，亦近偃师。

（三）相居帝邱，在今河南濮阳市境。又居斟灌，今山东观城县境。

（四）宁居原，今河南济源市西北有故原城。迁于老丘，今河南陈留县北40里有老丘城。

---

[1]《夏代都居与二里头文化》，《大陆杂志》卷61，1980年第5期，2页。

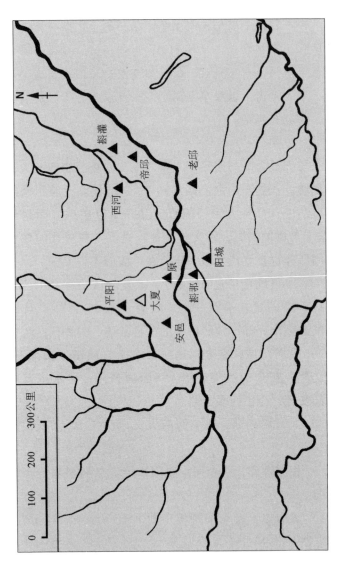

图 3 夏代都城的位置

（五）胤甲居西河，在今河南安阳地区。

（六）桀居斟鄩，自洛汭延于伊汭、洛汭即今巩义市境，伊汭即今偃师市境。

如果夏、商、周三代的都制，都有上面讨论的一些特征，我们应当如何加以解释？丁山在《由三代都邑论其民族文化》一文中，谓帝王都邑，由流动而渐趋于固定，是国家政治发展进化之常则，盖"部落时代之生活，农业方在萌芽，大部分生活基础仍为游牧，游牧者因水草而转徙，部落之领袖因其族类而亦转徙不定；于是政治中心之所在，即无所谓都邑，更无固定可言"[1]。依此说法，三代都邑之屡徙乃代表当时文化尚在自游牧向农业转化之阶段。这种说法，在原则固然不无可取，却嫌空泛，尚需在具体的史料中取得确证。邹衡则主张殷商之迁都乃是为了作战之方便："当时选择王都的地点，不能不考虑到作战的方便。……成汤居亳，显然是为了战胜夏王朝及其残余势力。盘庚迁殷，……就是为了对付北方和西方的强大敌人。"[2]齐思和说周都自西东迁亦出于与殷商争夺政权的动机："文王之迁丰，不徒便于向东发展，与商争霸，抑丰、镐之间川渠纵横，土地肥饶，自古号称膏腴之地。"[3]邹、齐之说，着眼于政治与经济上之需要，似乎比较游牧生活遗俗之说更为合理。古人自述迁都理由的只有《书·盘庚》，记述殷王盘庚在迁殷前后对众人的训词。其中对迁徙的理由并没有很清楚的说明，只是频频述说这是"自古已然"的一种

---

[1]《中央研究院历史语言研究所集刊》，(1935) 5，87页（傅筑夫：《中国经济史论丛》，三联书店，19—47页）的说法，"即为了农业生产的需要去改换耕地，实行游农"，可以说是这种游居说的一个亚型。

[2]《夏商周考古学论文集》文物出版社1982年版，210页。

[3]《西周地理考》，《燕京学报》(1946) 30，87页。

习俗：

> 先王有服，恪谨天命，兹犹不常宁，不常厥邑，于今五邦。
>
> 呜呼，古我前后，罔不惟民之承保，后胥感；鲜以不浮于天时。殷降大虐，先王不怀，厥攸作，视民利用迁。……予若吁怀兹新邑，亦惟汝故，以丕从厥志。今予将试以汝迁，安定厥邦。
>
> 失于政，陈于兹，高后丕乃崇降罪疾，曰曷虐朕我！
>
> 古我先王，将多于前功，适于山。用降我凶，德嘉绩于朕邦。今我民用荡析离居，罔有定极。……肆上帝将复我高祖之德，乱越我家。朕及笃敬，恭承民命，用永地于新邑。

其中的口气显然与游牧生活无关，而指称历史上的若干政治事件，用为迁都的根据。所以用政治的因素来解释三代都城的迁徙，似乎是比较合理的。[1]

用这个眼光来看三代王都的迁徙，我们可以提出一个新的说法，即王都屡徙的一个重要目的——假如不是主要目的——便是对三代历史上的主要政治资本亦即铜矿与锡矿的追求。要解释这个说法须话说两头：其一是古代华北铜矿锡矿的分布，其二是青铜之所以为三代主要政治资本的原因。

安阳殷墟出土的铜器虽多，其铜锡矿的来源却还没有经过科学的分析。石璋如曾根据古代的地方志与近代矿业地志查出全国 124 县有出铜的纪录。其中位于中原的，山西有 12 处，

---

[1] 黎虎《殷都屡迁原因试探》，《北京师范大学学报》1982 年第 4 期，42—55 页。

河南有 7 处，河北有 4 处，山东有 3 处。如以安阳为中心，则在 200 公里之内的铜矿，山东有 1 处（济南），河南有 3 处（鲁山、禹县、登封），山西有 7 处（垣曲、闻喜、夏县、绛县、曲沃、翼城、太原）。

> 据此则殷代铜矿砂之来源，可以不必在长江流域去找，甚至不必过黄河以南，由济源而垣曲，而绛县，而闻喜，在这中条山脉中，铜矿的蕴藏比较丰富。胡厚宣《殷代舌方考》（《甲骨学商史论丛》初集）认为舌方即今之陕北。……如果舌可能为矿的话，则挖矿的叫舌，舌方即矿方，即晋南一带。……舌方并非单指某地，是指出铜矿的一带而言。舌方应该贡矿，出矿而不来贡是应当讨伐的，所以卜辞有出不出、来不来的记载。武丁是殷代铸铜最盛的时期，所以要维护铜矿的来源不惜大动兵力，或三千、或五千，甚至王自亲征。从地域与征伐来观察，讨伐舌方，实际上等于铜矿资源的战争。[1]

虽然这个说法中有若干点是难以令人同意的（如舌方为矿方，在晋南），但把铜矿与征伐相接连起来看是很有见地的。晋南除了铜矿以外还有华北最为丰富的盐矿，在中国古代的确是一个富有战略性资源的地区。从这个观点把三代都看进去，则三代中第一个朝代夏代之崛起于晋南，第二个朝代商代之自东徂西，及第三个朝代周代之自西往东的发展趋势，就都很快显露出来崭新的意义。图 4 将石璋如所找出来的出铜矿（圆点）

---

[1] 石璋如《殷代的铸铜工艺》，《中央研究院历史语言研究所集刊》（1955）26，102—103 页。

与出锡矿（菱形）的县份注出，看看它们与三代都城分布的关系。这些出铜锡矿的地点集中在华北大平原的边缘的山地，而以豫北、晋南为中心。这些矿产都较稀薄，以三代取铜锡量之大，每个矿产地可能维持赓续出矿的时间可能相当有限。丁文江在《中国矿业纪要》中云："中国铜矿分布甚广而开采亦最古，然观其历史，铜业之中心，东汉为豫浙……在唐为晋鄂，在宋为闽赣，在明清为川滇，一地之兴，殆无过三百年者。"[1]我们可以了解在三代期间需矿量甚大，而矿源较少，需随时寻求新矿。把三代都城画在图4上后我们可以很清楚地看出，夏代都城的分布区与铜锡矿的分布几乎完全吻合。商代都城则沿山东河南山地边缘迁徙，从采矿的角度来说，也可以说是便于采矿，也便于为采矿而从事的争战。周代的都城则自西向东一线移来，固然可以说是逐鹿中原所需，也可以说是为接近矿源而然，因为陕西境内铜锡矿源都较稀少。

　　说三代都城之迁徙与追逐矿源有密切关系的另一个着眼点，是青铜器在三代政治斗争上的中心地位。对三代王室而言，青铜器不是在宫廷中的奢侈品、点缀品，而是政治权力斗争上的必要手段。没有青铜器，三代的朝廷就打不到天下；没有铜锡矿，三代的朝廷就没有青铜器。三代都城制度的特征，不能不从这个角度来严谨地考虑。

　　了解古代青铜器的政治意义，我们不妨从商周青铜器上的动物纹样的讨论入手。在晚近的一篇论文里[2]，我曾提出来商周艺术中的动物纹样实际上是商周艺术所有者通天的工具。

---

[1]《中国矿业纪要》第1号，1921，41页。
[2]《商周青铜器上的动物纹样》，《考古与文物》1981年第2期，53—67页，又见本书436—467页。

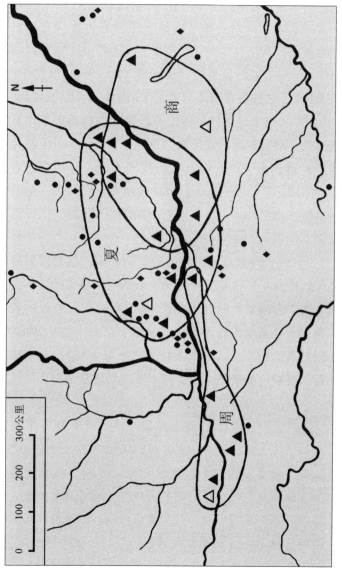

图 4 三代都城分布与铜锡矿分布之间的地理关系

夏商周三代都制与三代文化异同 61

其中详细的论证,在此不宜重复,但其主要者有以下的数条:

(一) 先秦文献本身包括这种说法的资料,但因言简意赅,常常为人所忽略。如《国语·楚语》讲古代之巫,以通天地为业,而其用具中即包括"牺牲之物"与"彝器"在内。《左传·宣公三年》说夏代"铸鼎象物,……用能协于上下,以承天休"。这都将青铜器与其上面动物花纹的意义说明了。

(二) 古书中又常描写通民神的巫师在他通天工作上常得动物之助,而这种动物常采取"两龙"的形式。《山海经·大荒西经》讲到上天取九辩九歌的夏后开,"珥两青蛇,乘两龙"。《山海经》中还描写了四方的使者,即句芒、蓐收、祝融和禺疆,也都"乘两龙"。这一类的例子很多,还可以向上追溯到卜辞里的"帝史凤"。

(三) 现代许多原始民族中的所谓萨满,便常以各种动物为通天地的助手;这是研究原始宗教的人所熟知的,不必多所举例。关于召唤动物的具体方式,《道藏》里面所收的若干道家经典,可能还保存着古代社会遗留下来的一些巫师的法术。一个很显著的例子,是《太上登真三矫灵应经》,其中详述召唤龙矫、虎矫、鹿矫的方法;以召唤虎矫之法为例:

> 凡用虎矫者,先当斋戒七日,于庚寅日夜半子时立坛,下方上圆,地方一丈二尺,天圆三尺,用灰为界。道上安灯七盏、香一炉、鹿脯七分、白茅草一握。安排了当,然后焚香告祝:某处姓名甲弟子性好清虚入道,今告玉帝,愿赐风岩猛虎一只与弟子乘骑,奉道济度生灵。然后将玉帝印一道含于口内后,念咒曰:庚辛妙机风虎将,三天敕命及吾乘,急急如玉帝律令敕!咒毕清心守一,屏除外事,鼻息绵绵,心思注想白虎一只从西而来到坛上,

想之用手摩之顶门，四十九息远之。至夜一依前法为之。满六十日足，自有虎一只来于胯下，更不用别物持之，天赐全炁，自然成就，不觉身轻离地百余丈，忽得惊怖。游太空及游洞天福地，精怪外道不敢相干，到处自有神祇来朝现。若用之三年，身自得乘，风动如败叶，令与道合真也，与正炁合一也。

这段遗经最早不能早于六朝，但所代表之观念与《左传·宣公三年》讲铸鼎象物一段如出一辙，其关键便在以龙、虎、鹿为朝觐神祇的手段，"用能协于上下，以承天休"。从这个观点来看，古代以动物纹样为主的艺术实在是通天阶级的一个必要的政治手段，它在政治权力之获得与巩固上所起的作用，是可以与战车、戈戟、刑法等等统治工具相比的。这一点可以从环绕着为商周艺术核心的青铜器的九鼎传说上看得最为清楚。古代王朝之占有九鼎便是通天手段独占的象征。

关于九鼎的神话传说在古籍中屡有出现，其中时代较早而且也为人所熟知的有两条。其一是上面已略引了的《左传·宣公三年》的一段。其全文是：

楚子伐陆浑之戎遂至于洛，观兵于周疆。定王使王孙满劳楚子。楚子问鼎之大小轻重焉。对曰：在德不在鼎。昔夏之方有德也，远方图物，贡金九牧，铸鼎象物，百物而为之备，使民知神奸。故民入川泽山林，不逢不若，螭魅魍魉，莫能逢之，用能协于上下，以承天休。桀有昏德，鼎迁于商，载祀六百。商纣暴虐，鼎迁于周。德之休明虽小重也；其奸回昏乱，虽大轻也。天祚明德，有所底止。成王定鼎于郏鄏,卜世三十,卜年七百,天所命也。周德虽衰,天命未改,鼎之轻重,未可问也。

另外一段关于九鼎的传说见于《墨子・耕柱》:

> 昔者夏后开使蜚廉折金于山川而陶铸之于昆吾,是使翁难雉乙卜于白若之龟曰:鼎成三足而方,不炊而自烹,不举而自藏,不迁而自行,以祭于昆吾之虚,上乡。乙又言兆之由,曰飨矣,逢逢白云,一南一北,一西一东。九鼎既成,迁于三国。夏后氏失之,殷人受之,殷人失之,周人受之。

这两段文字,从本文所采取的观点来分析,把政治、宗教和艺术在中国古代社会中密切结合的方式,很清楚地点破了。"其一,《左传》宣三讲远方图物,贡金九牧,铸鼎象物……用能协于上下,以承天休这几句话是直接讲青铜彝器上面的动物形的花纹的。各方的方国人民将当地特殊的物画成图像,然后铸在鼎上,正是说各地特殊的通天动物,都供王朝的服役,以协于上下,以承天休。换言之,王帝不但掌握各地方国的自然资源,而且掌握各地方国的通天工具,就好像掌握着最多最有力的兵器一样,是掌有大势大力的象征。其二,《左传》里的贡金九牧与《墨子》里的折金于山川,正是讲到对各地自然资源里面的铜矿锡矿的掌握。铸鼎象物是通天工具的制作,那么对铸鼎原料即铜锡矿的掌握也便是从基本上对通天工具的掌握。所以九鼎不但是通天权力的象征,而且是制作通天工具的原料与技术的独占的象征。其三,九鼎的传说,自夏朝开始,亦即自中国历史上第一个王朝开始,也是十分恰当的。王权的政治权力来自对九鼎的象征性的独占，也就是来自对中国古代艺术的独占。所以改朝换代之际，不但有政治权力的转移，而且有中国古代艺术品精华的转移。《逸周书》讲武王伐纣之后，不但乃命南宫百达史佚迁九鼎三巫（《克殷》解）而且得旧宝玉万四千，佩玉亿有八万（《世俘》解）。《左传》记周公封伯禽于鲁，分'以大路，大旂，夏后氏之璜，封父之繁弱'等等不一而足。九鼎只不过是古代艺术的尖端而已。"[1]

这样看来，中国古代的青铜器是统治者的必要工具，而铜锡矿不免乃是三代各国逐鹿的重要对象。三代都城分布与铜锡矿分布的相似，显然不是偶然的现象而是有因果关系的。

上文所叙述和讨论的都邑制度代表着一种有特征性的古代政府制度，同时在社会进化史上看是一种中国古代文明与中国青铜时代所特有的现象。如果夏商周三国或说夏商周三代都邑制度都是如此的，那么三代都制对三代文化社会异同问题便有相当重要的意义，所以在本文的结尾在这方面特别讨论一下。

关于夏商周三代文化异同的问题，中国古史学者之间有不同的意见。这中间意见之分歧，可以从两个方面来看。其一是纵的自夏到商、自商到周之间的变化除了朝代的兴替之外有无重大的制度上的变革。其二是从横的看三代之间是否来源于不同的文化或民族。这两个方面之间虽然也有相互的关系，但是彼此各自独立。

中国历史上一直很有势力的一种看法，是将中国文化特质的很大一部分归功于周公的创造。此说之集大成者，可以王国

---

[1] 张光直《中国古代艺术与政治》，《新亚学术集刊》Ⅳ（1983），34—35页。收入本书。

维为代表。他在《殷周制度论》里说,"中国政治与文化之变革莫剧于殷周之际"。其变革之中心在周之有德,"殷周之兴亡乃有德与无德之兴亡","欲知周公之圣,与周之所以王,必于是乎观之矣"。周人有德之政治基础,其大异于商者:

> 一曰立子立嫡之制,由是而生宗法及丧服之制,并由是而有封建子弟之制,君天子臣诸侯之制。二曰庙数之制,同姓不婚之制。此数者,皆周之所以纲纪天下,其旨则在纳上下于道德,而合天子诸侯卿大夫庶民以成一道德之团体。周公制作之本意,实在于此[1]。

且不谈此说具体上的是非,这种传统儒家的看法,是把夏商周的发展史看作一线的,其间殷周之异同乃是"中国政治与文化"之内的变革。另外从横的看三代异同,则涉及分类学上的问题,即对"文化"或"民族"下什么样的定义,在这个定义之下看三代是同文化同民族还是异文化异民族。如丁山自民族史的立场,说夏后氏是"中原固有之民族",殷人是"东北民族燕亳山戎之类",而周人则是"西北民族戎狄之类"[2]。最近Pulleyblank分析中国古代民族语言,主张夏是古汉语族,商与南亚(孟吉蔑)语系关系特别密切,而周之先世是藏缅语族。[3]如果夏商周三代之间的差异是这一类的,那么他们之间的文化应

---

[1] 《观堂集林》,中华书局1959年版,453—454。
[2] 《由三代都邑论其民族文化》,《中央研究院历史语言研究所集刊》(1935) 5, 89—129页。
[3] E. G. Pulleyblank, The Chinese and Their Neighbors in Prehistoric and Early Historic Times, in: David Keightley, ed., The Origins of Chinese Civilization (The University of California Press), 1983, pp. 411-466.

该代表歧异的历史经验与彼此之间基本性的差距，而有很大的不同。例如现代的汉语族有汉人，现在的偪吉蔑语族有柬埔寨人，现代的藏缅语族有缅甸人。这三个民族之间的衣食住行，风俗习惯，制度信仰都有相当显著的差异。夏商周三者之间的差异是这一类的吗？

传世文献中存留下来了一些东周时代及其以后的儒家对三代或四代（三代加上虞）的比较；如《论语·八佾》：

> 哀公问社于宰我，宰我对曰：夏后氏以松、殷人以柏，周人以栗。

这种分别只能说是大同之下的小异，因为三代都有社祭，都用木表，只是所用木材有异。假如是不同的民族，则可能有的祭社，有的不祭社，或祭社的方式有根本上的不同。又如《孟子·滕文公》：

> 夏曰校、殷曰序、周曰庠，学则三代共之。

这句话本身便强调了三代之间的类似。此外，《礼记》各章有不少三代或四代文化的比较：如《檀弓》：

> 夏后氏尚黑，大事敛用昏，戎事乘骊，牲用玄。殷人尚白，大事敛用日中，戎事乘翰，牲用白。周人尚赤，大事敛用日出，戎事乘骝，牲用骍。

《祭义》：

> 郊之祭，大报天而主日，配以月。夏后氏祭其闇，殷人祭其阳，周人祭日以朝及闇。

《明堂位》：

> 有虞氏祭首，夏后氏祭心，殷祭肝，周祭肺。夏后氏尚明水，殷尚醴，周尚酒。

这一类的比较还可以列举很多，我们很自然地可下的结论是："综观三代文化，固有异同之处，未逾损益相因；寻其本则一脉相承，未尝有变焉。"[1]事实上，《礼记》里面所记三代习俗大不同者亦有，如《檀弓》：

> 有虞氏瓦棺，夏后氏墍周，殷人棺椁，周人置墙翣。

是四代葬俗迥异。但自目前所见的考古材料看来，夏（以二里头文化为代表）商周三代的上层人物的埋葬都以棺椁为主。由此看来，《礼记》这一类文献中所记述的三代文化可靠到何种程度，还是有疑问的。

事实上，三代都有考古遗物，从考古遗物上比较三代文化应该说是最为具体的了。在这上面晚近有邹衡所作比较详尽的研究。邹氏的结论说夏与商本来是"属于不同的文化体系"，而先周文化与晚商也是"属于完全不同的文化"[2]。依邹氏所比较的实例，果然夏商之间与商周之间的确在石陶骨器，在

---

[1] 严一萍《夏商周文化异同考》，《大陆杂志特刊》(1952) 1，394 页。
[2] 《夏商周文化考古学论文集》，文物出版社 1982 年版，141、331 页。

青铜器上有同处也有不同处。同到什么程度便属于同一文化，不同到什么程度便属于不同的文化？这还是下定义的问题。例如邹衡所指出来的夏商文化之间的差异，如：商文化漳河型的陶器都是平底的，而夏文化二里头类型的陶器多是圜底的；夏文化中的礼器以觚爵盉的结合为特征，而"早商文化"（即郑州商城文化）以觚爵斝的结合为特征。这些区别，都是很重要的，但是这一类的区别能不能证明三代的民族是不同的"民族"呢？从考古学上当如何辨别"民族"的不同？很显然的，从大处看与从小处看，所得的结果是不一样的。

从大处看，夏商周三代文化在物质上的表现，其基本特点是一致的：

（一）三代考古遗物所显示的衣食住一类的基本生活方式都是一样的。三者都以农耕为主要生业，以粟黍为主要作物，以猪狗牛羊为家畜；衣料所知的有麻丝；在建筑上都是茅茨土阶，以夯土为城墙与房基。房基的构造都是长方形或方形的，背北朝南。

（二）三代贵族都以土葬为主要埋葬方式，尸体的放置以仰身直肢为常，墓坑都是长方形或方形竖穴墓，都有棺椁。这种共同的埋葬方式表现共同的宗教信仰，尤其是对死后世界的信仰。三代也都有骨卜，表现借占卜沟通生死的习惯。

（三）在器物上看三代文化虽有小异，实属大同。陶器皆以灰色印纹陶为特征，器形以三足和圈足为特征。常见的类型如鼎、鬲、甗等表示相似的烹饪方式。铜器中皆以饮食器为主，表示在祭祀上饮食的重要。酒器中都有觚爵一类成套的器物。

从物质遗迹上看来，三代的文化是相近的；纵然不是同一民族，至少是同一类的民族。再从本文所讨论的都制来看，三代的政府形式与统治力量的来源也是相似的。全世界古代许多地方有青铜时代,但只有中国三代的青铜器在沟通天地上,在支持政治力量上有这种独特的形式。全世界古代文明中,政治、宗教和美术都是分不开的,但只有在中国三代的文明中这三者的结合是透过了青铜器与动物纹样美术的力量的。从这个角度来看,三代都是有独特性的中国古代文明的组成部分,其间的差异,在文化、民族的区分上的重要性是次要的。

从夏商周三代考古论三代关系与中国古代国家的形成 *

在中国早期的历史上,夏商周三代显然是关键性的一段:中国文字记载的信史是在这一段时间里开始的,中国这个国家是在这一段时期里形成的,整个中国历史时代的许多文物制度的基础是在这个时期里奠定的。自从科学的考古学在中国发达以来,很多人都期待着考古学对三代的历史会有重要的贡献;我们甚至很可以说,许多人会认为考古学对中国史学最大的贡献应该在三代。

随着最近十余年来考古学的进展,我们对三代历史的研究也进入了一个新的转捩阶段。固然现在离作结论的时间还远得很,可是我觉得我们已经可以辨认出来若干三代研究的新方向了。晚近的考古资料使我们对三代史产生一个新的看法,就是从三代关系上看中国古代国家形成的经过。我觉得我们过去对三代古史看法的两个元素,现在要经过根本性的修正。这两个元素,一是对三代的直的继承关系的强调(《论语·为政》:"殷因于夏礼……周因于殷礼");二是将三代一脉相承的文明

---

* 本文原载《屈万里先生七秩荣庆论文集》,287—306 页。

发展看做在中国古代野蛮社会里的一个文明孤岛上孤立发展（《孟子·公孙丑》："夏后殷周之盛，地未有过千里者也。"《史记·封禅书》："三代之君，皆在河洛之间。"）。最近的考古研究使我们对新旧史料重新加以检讨的结果，使我觉得这两个元素是对古史真相了解的重大障碍。夏、商、周三代之间的横的关系，才是了解中国古代国家形成过程的关键。我相信中国古代国家形成过程的资料，在比较社会学上的国家形成问题的研究上，也有重要的参考意义。

本文分三节：（一）自新旧文字史料上检讨三代的横的关系与纵的关系；（二）在考古资料里找寻三代平行发展史的踪迹；（三）自比较社会学的观点看中国古代国家形成问题。

一、文字史料中的三代关系

三代即夏、商、周三个朝代，是周代晚期已经存在的一个观念（《论语·卫灵公》："三代之所以直道而行也。"《孟子·滕文公》上："三代共之。"），可见三代之间在当时的看法之下必有甚为密切的关系。近代史学在中国流行以来，学者对三代关系已有很多深入的讨论，但多集中在三代文化异同与民族分类的问题上。本文拟集中讨论的问题，则是三代在政治上的对立与从属关系。在古代的社会里，文化与政治上的分类是不一定密切契合的，但两方面的分类是要兼顾的。我对三代的看法是这样的：夏、商、周在文化上是一系的，亦即都是中国文化，但彼此之间有地域性的差异。另一方面，在政治上夏、商、周三代代表相对立的政治集团；它们彼此之间的横的关系，才是了解三代关系与三代发展的关键，同时亦是了解中国古代国家形成程序的关键。

我们先自三代的异同比较说起，再来看看其间异同的性质。

(一) 年代

从朝代即政治上的统治来说，三代是前仆后继的：汤灭了夏才是商代之始，武王灭了商才是周代之始。两代积年，依《古本竹书纪年》，"自禹至桀十七世……用岁四百七十一年"；"汤灭夏以至于受二十九王，用岁四百九十六年"[1]。武王伐纣之年，依旧说，在公元前1122年[2]，自此年到秦灭周（周赧王五十九年，256B.C.），37王，867年。三代积年共1800余年。但灭夏以前，商已是一有力的政治集团，灭商以前周已是一有力的政治集团。因此夏与商实际上是在年代上平行（或至少是重叠）的两个政治集团，商与周亦然。

夏代的约500年里，有多少年与商这个政治集团相重叠？依周末汉初的神话传说（如《世本》、《帝系》），夏的始祖禹源于黄帝子孙里颛顼这一支，而商祖契源于黄帝子孙里帝喾这一支。照《史记》的说法，夏商周三代的祖先，禹、契和后稷，都在帝尧、帝舜的朝廷里服务。这样看来，夏商周都是自黄帝下来一直平行存在的三个集团了。从比较可靠的历史资料来看，商人在灭夏以前，早已有了他们自己的轰轰烈烈的历史，即所谓先公先王的时代。《商颂·长发》："玄王恒拨，受

---

[1] 其他古籍多以商积年为600年左右，竹书可能有误。见董作宾《殷历谱》，李庄，1945年，上编，卷4《殷之年代》中的讨论。
[2] 武王伐纣年代诸说，见董作宾《武王伐纣年月日今考》，《台大文史哲学报》1951年第3期，177—212页；周法高《西周年代考》，《香港中文大学中国文化研究所学报》1971年第4期，173—205页；何炳棣《周初年代平议》，《香港中文大学学报》1973年第1期，17—35页。

小国是达，受大国是达……相土烈烈，海外有截。"《史记》等记载里有名字的先公先王共十四世；陈梦家尝"疑夏之十四世，即商之十四世，而汤武之革命，不过亲族间之争夺而已"[1]。商之先公先王未必便是夏王，但陈说提供了商人政治集团与有夏一代同始同终的可能性。但因为夏史料稀少，与商人直接接触的证据，要到夏桀商汤的时代才有存在。可是照傅斯年的说法，夏史上虽然除了最后一段以外没有商人的直接记录，始终有夏一代与夏人相冲突的多是商人的友邦。"凡在殷商西周以前，或与殷商西周同时，所有今山东全省境内，及河南省之东部、江苏之北部、安徽之东北角，或兼及河北省之渤海岸，并跨海而括辽东朝鲜的两岸，一切地方，其中不是一个民族，见于经典者，有大皞、少皞、有济、徐方诸部，风、盈、偃诸姓，全叫做夷。……夏后一代的大事正是和这些夷人斗争。"[2]"商人虽非夷，然曾抚有夷方之人，并用其文化凭其人民以伐夏而灭之，实际上亦可说夷人胜夏"[3]。先不说夷夏之斗争，仅从夷夏之对立情况看，商国自是东夷诸国之一，在有夏一代之中有其一定的政治地位，所以才能在夏桀时一举而灭夏。

  商代约600年间，有多少年与周这个政治集团相重叠？因为商史资料远多于夏史，有关这个问题的材料要比上面一个问题丰富得多。旧史料中最要紧的是《鲁颂·閟宫》："后稷之孙，实维大王，居岐之阳，实始翦商。"是周人到了太王时代开始在渭水中流崛起。到了太王子季历时代，照《古本竹书纪年》的记载，开始与商有较大的冲突，"武乙三十四年，周

---

[1]《商代的神话与巫术》，《燕京学报》第20期，1936年，491页。
[2]傅斯年《夷夏东西说》，《庆祝蔡元培先生六十五岁论文集》下册，1935年，1112页。中央研究院历史语言研究所。
[3]同上，1117页。

王季历来朝";"大丁四年……周王季命为殷牧师";"文丁杀季历"。季历的儿子便是周文王,是《史记》里的西伯昌。文王的儿子武王十一年伐商。季历是在商的武乙末年出现的,则太王应与武乙大致同时,即殷墟甲骨文的第四期。可是甲骨文里对"周"的记载自第一期武丁时代便频繁出现,似乎一直是商的一个属国。[1]但周国势力兴盛与商朝关系逐渐密切,则是第四期以后的事,即商的武乙、文武丁、帝乙、帝辛四王时代,与周的太王、季历、文王、武王四王时代。最近在岐山县京当公社发现了一批周文王时代的甲骨文,其中"有一片卜甲,记述了周文王祭祀文武帝乙(商纣王之父)的事,另一片卜甲,记载了商王来陕西的事。……说明周武王灭商前西周与商王朝的附属关系"[2]。

总之,从新旧文字史料上看,夏商与商周在时代上都有相当的重叠。换句话说,商是夏代列国之一,周是商代列国之一。再反过来说,继承夏祀的杞是商代与周代列国之一,继承商祀的宋是周代列国之一。夏商周三代的关系,不仅是前仆后继的朝代继承关系,而且一直是同时的列国之间的关系。从全华北的形势来看,后者是三国之间的主要关系,而朝代的更替只代表三国之间势力强弱的浮沉而已。

(二) 地域

依三代都邑地望推测夏商周三国的统治中心范围,各家说法大同小异,大致是周人在西,夏人在中,商人在东。夏人活动的中心,依丁山的判断,"起自今山西省西南隅,渡河而

---

[1] 岛邦男《殷墟卜辞研究》,弘前市,中国学研究会,1958年,411页。
[2] 1977年11月1日纽约市美国《华侨日报》新华社稿。

南，始居新郑密县间，继居洛阳，展转迁徙，东至于河南陈留、山东观城，北至于河南濮阳，西至于陕西东部，踪迹所至，不越黄河两岸"[1]。丁氏说与傅斯年[2]、赵铁寒[3]和徐旭生[4]等人说法，大致不差。

商人的活动中心，以汤到盘庚的六个王都为准，"南面是靠近商丘的亳，西面是郑州附近，夹河对峙的隞和邢，北面是安阳一带夹着卫河的相和殷，东面是曲阜的奄"[5]。汤以前先公先王的地望渺茫难寻；傅斯年以"相土的东都既在太山下，则其西部或及于济水之西岸，又曾戡定海外，当是以渤海为宇的"[6]，足备一说。

周人始祖的活动中心，历来认为在陕西的渭水流域[7]，惟钱穆独以为太王、王季以前周人老家实在晋南的汾河流域[8]。这中间的争辩甚烦，难以确定[9]，但至少自太王以后周人政治活动范围以岐山一带的渭水中、下游为中心，则是没有异议的。

---

[1] 丁山《由三代都邑论其民族文化》，《历史语言研究所集刊》（1935）5，114页。
[2] 傅斯年《夷夏东西说》，1111—1112页。
[3] 赵铁寒《夏氏诸帝所居考》，《古史考述》，台北，正中书局1965年版。
[4] 徐旭生《一九五九年夏豫西调查"夏墟"的初步报告》，《考古》1959年第11期，592—600页。
[5] 唐兰《从河南郑州出土的商代前期青铜器说起》，《文物》1973年第7期，8页。详见屈万里《史记殷本纪及其他纪录中所载殷商时代的史事》，《台大文史哲学报》（1965）14，87—118。
[6] 傅斯年《夷夏东西说》，1132页。
[7] 丁山：上引文，113页；齐思和《西周地理考》，《燕京学报》（1946）30，63—106页。
[8] 《周初地理考》，《燕京学报》（1931）10，1955—2008页。
[9] 许倬云《周人的兴起及周文化的基础》，《历史语言研究所集刊》（1968）38，435—458页。

从地域上看，夏商周三国是列国并立的关系，其间在地理上的重叠甚少，可能代表朝代持续期间控制范围的变化。[1]

(三) 文化社会

从新旧文字史料来看，夏商周三代的文化大同而小异。大同者，都是中国古代文化，具有共同的大特征；小异者，代表地域、时代与族别之不同。《礼记·礼器》："三代之礼一也，民共由之。"《论语·为政》："殷因于夏礼，所损益可知也；周因于殷礼，所损益可知也。"前者可见其为"一也"，后者可见其有"损益"也。有的学者强调三代之间损益，主张三代是代表三种不同的民族。如丁山根据《论语》、《孟子》、《考工记》和《礼记》里所述三代或四代（加上有虞氏）礼仪文化之异，判定夏为中原固有文化，商为燕亳、山戎一类东北民族，而周则为戎、狄一类西北民族[2]；这是从小处看，强调小异的。但是所谓"民族"，严格地说，乃是语言文化上的大分类。夏人语言为何，我们没有直接的史料，但据现存夏代史料，则无法在语言上将夏与商周分开。文化上的分类，本是程度上的问题；同异到何种程度便可合为同一民族或分为不同民族，常常是代表比较主观性的判断的。如严一萍所指出的，丁山所举三代社树虽有"夏后氏以松，殷人以柏，周人

---

[1] 上文的比较是只就三国起源地活动中心而言的，至于三代统治的疆域，则远为复杂。夏国的地域范围，绝无《禹贡》里九州之大，详情则缺乏史料。商代朝廷直接控制下的疆域问题，牵涉太广，不遑详述，见李学勤《殷代地理简论》，科学出版社 1959 年版；岛邦男，上引书，1958 年；松丸道雄《殷墟卜辞中の田獵地について》，《东洋文化研究所纪要》(1963) 31，1—63 页。周代的疆域则问题比较清楚，不赘述。
[2] 丁山《由三代都邑论其民族文化》。

以栗"(《八佾》)之异,"其有社者一也"[1]。严氏的结论是:"综观三代文化,纵有异同之处,未逾损益相因,寻其本则一脉相承,未尝有变焉。"[2]这是从大处看大同的结论。

再从社会组织的特性和发达程度来看,夏商周似乎都具有一个基本的共同特点,即城邑式的宗族统治机构。夏代是姒姓的王朝,商代子姓,周代姬姓,姓各不同,而以姓族治天下则是一样的。君王的继承制度,三代间也有基本上的类似;这上面三代之中以商较为清楚,见我在《商王庙号新考》[3]和《谈王亥与伊尹的祭日并再论殷商王制》[4]两文。大致说来,商王以十日为名,是代表王室内宗族分类制度;王室内十号宗族分为两组,轮流执政,与周初的昭穆制度是相同的。西周的昭穆制,到了东周,经历了政治社会制度上的大变化而很快便消失了,它的意义在东周的文献中已不足征,如今反要靠商代的昭穆制度来理解了。夏人的王制,虽不得知其详,但夏人也有以十日为名的习俗[5];《史记·索隐》引谯周云"生称王,死称庙主",乃是"夏殷之礼"。《夏书·皋陶谟》说"娶于涂山,辛壬癸甲"四个干的顺序,与商人十干的婚配规则也颇可相比。[6]所以夏人有昭穆制度的可能性也是很大的。而且三代之间不但在王制上相似,而且至少商周都有贵族分封治邑的制度,这种制度和中国古代城郭的起源分不开。[7]城郭的建

---

[1] 《夏商周文化异同考》,《大陆杂志社特刊》(1952)1,394 页。
[2] 同上。
[3] 见本书 173—210 页。
[4] 见本书 211—235 页。
[5] 杨君实《康庚与夏讳》,《大陆杂志》第 20 卷 3 期,1960 年,83—88 页。
[6] 见《谈王亥与伊尹的祭日》一文中的讨论。
[7] 见 K. C. Chang, *Early Chinese Civilization* (Harvard Univ. Press.) 1976, pp. 68-71。

造也是三代共同的特征。《世本》说"鲧作城郭",可见夏与城郭关系的密切。商人筑城有考古证据（郑州商城,黄陂盘龙城,见下）。周人版筑作邑,《诗经·绵》中生动的描写。从这各方面来看,三代在政治继承制度即王制上,和在国家的政治构筑形态上看,是属于同一发展阶段的,即是介于部落（史前时代）与帝国（秦汉）之间的王国阶段。

二、三代关系的考古资料

三代文化与历史在现代考古资料里的地位,可以说是当代中国考古学上最主要的关键问题之一。周代考古历史最久,但西周及伐商以前的周人史料,除了青铜器以外,还很贫乏。商代考古,自1928年中央研究院发掘殷墟以来,已有50年的历史了；这50年间的商代考古可以分为好几个阶段：1928年殷墟发掘为第一期之始,1950年郑州发现商城为第二阶段之始,1959年偃师二里头发掘为第三期之始,1970年山东大汶口文化的发表和长江流域殷商遗址的发现,可说是第四期之始。夏代的考古,尚停留在辨认现有考古资料里有无夏代的阶段。照我的拙见,夏代考古可说是始于1959年徐旭生调查夏墟之行。本文不是将三代考古详细介绍的场所,下面我只就三代关系在现有考古资料中的迹象问题作一简单的讨论。

（一）夏代考古问题

在仰韶文化发现的初期,曾有人根据仰韶文化分布地域与传说中的夏代活动地域互相重叠,推测过仰韶文化便是夏代文化的考古表现。[1]这个说法,到现在已经不大有人再提了,因为仰韶文化的年代越来越早(最近根据已有的碳14年代的判断是公元前5000年到公元前3000年左右),[2]与夏代的时间不合,而且仰韶文化所代表的社会发展情况也比夏代要原始得多。

将考古学上的文化与历史传说中的文化相印证,最好的证据是文字上的,如殷墟的甲骨文中的王名、世系与人名和《史记·殷本纪》中材料的印证。如果没有文字本身的证据,我们便只好使用时间和空间上的对证。在夏代的活动地理范围之内分布,在时代上可以判定为公元前2000年前后的考古学上的文化,就有当作夏代文化考虑的资格。从中国考古学的历史上说,从50年代开始,考古工作者便开始热烈地讨论夏代考古的问题。1962年出版的《新中国的考古收获》中对这个问题的讨论是很值得注意的。

> 文献中关于夏人活动区域的传说,是探索夏文化的重要材料。这些资料指明下列两个地区和夏的关系特别密切:一处是河南的洛阳平原以及登封、禹县一带;另一处是山西的西南部汾水中下游一带。它们都和传说中夏代的都城以及一些重要的历史事件联结在一起。
>
> 根据上述的线索,近几年来,我们在河南的登封、禹县、偃师、巩县、洛阳、郑州、三门峡等二十几个县、市以及山西的西南部,进行了广泛的调查和重点试掘。调查和试掘的结果揭示:在豫西一带,年代早于商代早期文化

---

[1] 如徐中舒《再论小屯与仰韶》,《安阳发掘报告》3期,1931年,523—557页。
[2] 夏鼐《碳14测定年代和中国史前考古学》,《考古》1977年第4期,222页。

而又普遍存在的有三种不同的文化遗存，即仰韶文化、河南龙山文化和洛达庙类型的文化。在这三种文化中，仰韶文化在地层上是处于最下层，年代与商代早期文化相距较远，而且文化遗址的分布，也远远超出传说中夏代的活动范围。就仰韶文化的社会性质来说，和传说中夏代的社会情景也不符合。因而它不可能是夏代文化。"河南龙山文化"是新石器时代晚期的文化遗存，它的分布范围较广，而且经常是直接压在商代早期文化的下面，在年代上和商代比较接近。从社会性质来说，河南龙山文化已是父系氏族社会，出现了贫富分化的现象，与有关夏代社会的传说颇为接近。至于洛达庙类型的文化遗存，经调查证明：它在地层上是介于商代早期文化和河南龙山文化之间，在年代上可能与夏代晚期相当。因此，上述的两种文化在探索夏文化中是值得注意的。

洛达庙类型文化遗存是1956年在郑州洛达庙发现的。此后，通过广泛的调查，证实这种文化遗存在豫西一带是普遍存在的。……洛达庙类型文化遗存是属于夏文化，或属于商代先公先王时代的商文化，在考古工作者之间也还没有取得一致的认识。有的认为洛达庙类型文化本身还可以进一步做出分期，它的上层比较接近商代早期文化，因而可能是商代早期以前的商文化。它的下层比较接近河南龙山文化，有可能是夏文化。有的则认为这种文化遗存的绝对年代还不易确定，而且具有较多的商文化的特点，因而，洛达庙类型文化的下层仍然是商文化，而更早的河南龙山文化才是夏文化。[1]

---

[1]《新中国的考古收获》，1962年，43—45页。

在上面这段文章出现以后的十五六年以来，洛达庙类型文化在偃师的二里头遗址继续有重要的发现，这个文化类型的名称也就逐渐变成了二里头类型文化。因为偃师是商汤所都的亳的可能地点之一（西亳），而且二里头类型文化的陶器很明显是河南龙山文化与郑州、安阳等较晚期的殷商文化之间的类型，许多学者好像逐渐采取了上面引的那段文章里把二里头类型文化当作商文化而不当作夏文化的说法。在1965年发表的二里头遗址调查报告里便判定"二里头遗址是商汤都城西亳的可能性是很大的"[1]。到了1974年发表二里头的宫殿遗迹[2]和1975年发表二里头三、八两区资料[3]时，作者们都认为新的资料为汤都西亳说供给了新的证据。换言之，二里头遗址代表"早商"，郑州商城（即上引文中所说的"商代早期文化"）代表"中商"，安阳殷墟代表"晚商"，这三个遗址连串在一起便构成了殷商考古学的整个顺序。

但对二里头类型文化到底是夏还是早商的判断，我们还是不能离开那时间与空间上的基本证据。从空间上看，二里头类型文化的分布，"在偃师除二里头外，还有灰嘴，洛阳有东乾沟，巩县有稍柴，郑州有洛达庙，荥阳有上街，陕县有七里铺，共几十处，在晋南也有与豫西近似的遗址。……值得注意的是二里头类型文化分布的范围也恰恰是文献上所记的夏族的活动的地方——伊、洛、河、济之间"[4]。在时间上呢，二里头类型文化遗址出土中做了碳14鉴定的标本有

---

[1]《考古》1965年第5期，224页。
[2]《考古》1974年第4期，248页。
[3]《考古》1975年第5期，308页。
[4]《文物》1975年第6期，29页。

4件[1]：

ZK—212	二里头早期	1920 ± 115 B. C.
ZK—285	二里头早期	1900 ± 130 B. C.
ZK—286	二里头四期	1625 ± 130 B. C.
ZK—257	二里头三期	1450 ± 155 B. C.

两件二里头早期（一期）的标本，彼此相当紧密地扣合，合在一起的年代范围是1770 B. C. 至2035 B. C.，可说完全在夏代的范围之内。二里头的第三期文化是二里头发展的高潮，有宫殿基址和铜、玉器等，它的一件碳素标本年代范围是1295 B. C. 至1605 B. C.，佟柱臣据此推测二里头三期文化当是汤都西亳的时代。[2]但如夏鼐所说的，"只有一系列的基本一致的碳14年代才是有价值的，而一两个孤零的数据，就其本身而论，是没有多大意义的"[3]。ZK—286号第四期的标本的年代反而比ZK—257第三期的稍早，是公元前1495至公元前1755年；取其较早的一端则正是夏末商初。看来，三四两期这两个年代之中至少有一个是有问题的。如果第三期的标本是不可靠的，那么第三期的年代可能是处于公元前1605至公元前1770年之间的，正是夏代的晚期。固然这4件碳14标本放在一起来看，很有把二里头类型文化全部放入夏代年代范围之内的倾向，我们说二里头类型文化便是夏文化[4]，另外还根据了其他方面的年代学的考虑。照我们的了解，二里头遗址的四期文化是相连续的发展，而第三

---

[1] 引自夏鼐《碳14测定年代和中国史前考古学》，《考古》1977年第4期，229页。此处只引用夏氏使用树轮矫正过的年代。
[2] 《文物》1975年第6期，30—32页。
[3] 夏鼐，上引文，218页。
[4] 张光直《殷商文明起源研究上的一个关键问题》，见本书。

期是其高潮。[1]夏桀所都斟鄩，一说在河南洛阳一带。[2]如果二里头一、二期为夏文化，三、四期代表夏末的都邑文化，是与这个遗址的连续性的文化发展史相符的。如果说一、二期是夏，三期起是商，我们不免要问为何二、三期之间，不见改朝换代情形之下应会引起的不整合的现象，而且第三期以后的二里头类型文化的分布，为何仍然限制在夏人活动范围之内。总之，照目前资料来看，二里头类型文化便是夏文化的可能性，在空间上是全合的，在时间上是很可以说得通的。但是我们还需要更多的碳14年代，尤其是三、四两期文化的年代，来加以进一步的证实。

如果二里头类型文化便是夏文化，它的来源如何？不论从陶器的特征来看，还是从社会发展的程度来看，说河南龙山文化是二里头类型文化的前身的说法是合理的。河南龙山文化的材料还不充分，但已有的材料已经显示了向夏代这一类父权国家发展的强烈迹象。在好几个遗址里出土的陶祖[3]是男性祖先崇拜的很好的证据；骨卜的流行也对当时的宗教信仰和政教性质有相当的启示。轮制陶器的出现指明手工业的分工。[4] 1957年秋北京大学考古专业的邯郸考古发掘队在涧沟村的龙山文化遗址中发现有房基一处和水井二口。"在房基内发现人头骨四具，有砍伤痕与剥皮痕，显系砍死后又经剥皮的。"

---

[1] 《考古》1965年第5期，215—224页；1974年第4期，234—248页；1975年第5期，302—309页。

[2] 如赵铁寒《夏代诸帝所居考》，《古史考述》，台北，正中书局1965年版。

[3] J. G. Andersson, "Researches into the Prehistory of the Chinese", *Bull. Museum of Far Eastern Antiquities* 15 (1943), pl.30：1, "Prehistoric Sites in Honan", Ibid. 19 (1947), pl.31：3.

[4] 《庙底沟与三里桥》，1959年，92页。

"水井被废弃后而埋有五层人骨架,其中也有男有女,有老有少,或者身首分离,或作挣扎状。由此推测,死者可能有被杀死,或被活埋的。"[1] 这种情形很可能是村落之间或部落之间战争的遗迹,也指明河南龙山文化的社会已经达到了内部分化外用甲兵的阶段,为进一步的二里头类型的夏代文明奠定了基础。后冈龙山文化遗址周围的夯土城墙[2],也在这方面具有一定的意义。

虽然河南龙山文化向二里头类型文化发展是一个合理的假设,二里头类型文化中若干重要的新文化特征的来源还有待进一步的研究;这中间最要紧的自然是青铜器。二里头遗址第三期文化中迄今已出土了青铜的礼器三件;它们的制造虽然相当原始,而且朴实无文,却不像是青铜器甫始发明的最早阶段。这个问题的进一步的了解,还靠二里头类型文化早期和河南龙山文化遗址中青铜器的进一步发现。二里头遗址三期文化开始大量出现的陶文的早期历史,与其在中国文字发展史上的地位,也是需要进一步研究的问题。如果二里头遗址的宫殿基址与夏末的桀都有关,那么夏代诸王的其他都城,将来在二里头类型文化分布地域之内其他地点是会有新的发现的。夏代的考古目前还只是开了个头。

(二) 商代考古中的早商问题

从殷墟发现发掘以后,一直到 1950 年郑州商城发现以前,商代考古的主要问题,是烂熟的殷墟文化的来源问题。郑州商

---

[1] 《一九五七年邯郸发掘简报》,《考古》1959 年第 10 期,531—532 页。
[2] 见石璋如《河南安阳后冈的殷墓》,《历史语言研究所集刊》(1947) 13.21—48 页。

城发现以后，这个问题得到部分的解决：殷商文化自"晚商"而追溯到"中商"；以郑州二里冈遗址遗物为代表的中商文化，显然是殷墟晚商文化的前身，而向龙山文化又接近了一步。中商文化的分布，经这二十多年的发现所示，遍及华北华南，自河北北部[1]一直向南到江南的江西。[2]在这广大的中商文化分布地区之内，很显然有不止一个政治统治单位；商代直接统制下的王国具体的疆域为何，是一个重要的问题，[3]但不在本文讨论范围之内。这个时期的王都在哪里，也是待决的问题。盘庚迁殷以前在郑州附近有隞和邢两个都城；郑州的商城有人相信便是其中的隞。[4]

中商文化再向上溯可以上溯到哪里？商代最早的都城，在隞以前的，是亳；除了安阳以外，亳是商代用作王都为时最久的一个都城。亳是今日的何处？以亳为名的地点在华北各省中虽然很多，但学者对汤都之亳所在地的说法，可以说是相当一致的，即把它放在今河南东部商丘县之南，安徽西北角亳县之北。[5]这个区域里如果发现商代早期文化的遗存的话，便是最为理想的了。抗战以前，中央研究院历史语言研究所的李景聃曾在这个地区做过初步的调查，便是朝着亳都这个目标而来的，可是他并没有发现商代文化的遗址。[6]

---

[1]《考古》1977年第5期，1—8页。
[2]《文物》1975年第7期，51—71页。
[3] 见本书第77页注[1]。
[4]《文物》1961年第4、5期，73页。
[5] 见傅斯年《夷夏东西说》，1935年，1103—1104页；董作宾《殷历谱》下编，卷9，62页，1945年；《卜辞中的亳与商》，《大陆杂志》第6卷1期，1953年，8—12页；赵铁寒《殷商群亳地理方位考实》，《古史考述》，159—210页。
[6]《中国考古学报》1937年第2期，83—120页。

徐炳昶1959年豫西之行，本来是调查夏墟的，可是发现了二里头遗址之后，却根据西亳在偃师的说法，把这个遗址当作商汤的亳都了。所以作此结论的原因，似乎是持着郑州洛达庙、洛阳东乾沟的遗物都是商代的这个先入为主的成见，看到二里头的东西与之相似，所以便毫不犹豫地把它也当作殷商看待的缘故。徐旭生的报告说：

> 二里头在偃师西偏南九公里……遗物与郑州洛达庙、洛阳东乾沟的遗物性质相类似，大约属于商代早期。[1]

因为有了这个先见，所以来找夏墟的徐炳昶等一行，找到了夏墟却以为它是商代的。接着便得找如何此地有商代大遗址的解释：

> 偃师为商汤都城的说法最早见的大约为《汉书·地理志》河南郡偃师县下班固自注说："尸乡，殷汤所都。"……徐旭生在此调查前颇疑西亳的说法，但因为它是汉人的旧说，未敢抹杀。又由于乾隆偃师志对于地点指的很清楚，所以想此次顺路调查它是否确实。此次我们看见此遗址颇广大，但未追求四至。如果乡人所说不虚，那在当时实为一大都会，为商汤都城的可能性很不小。[2]

这样看来，这可真是考古学史上因为有了成见而走了一段冤枉路的一个很好的例子。如果上面说二里头是夏的说法可靠，那

---

[1]《考古》1959年第11期，598页。
[2] 同上，598—600页。

么这一段文化从此要从商史上切除出去,而早商时代在现阶段的商代考古学上便又恢复到它一个空白的地位。

虽然商代考古那最初的一段目前仍是一片空白,学者自不妨根据现有资料对商代文明的来源加以推断。在山东龙山镇城子崖遗址初发现的时候,中国考古学者有鉴于这个新文化里有不少殷商文化的成分——如夯土村墙,陶文和卜骨——在内,曾推测殷商文化的基础乃是山东的龙山文化。[1]后来河南也有龙山文化发现,其中也有夯土村墙和卜骨;陶文更见于陕西关中地区年代更早的半坡村和姜寨的仰韶文化遗址。所以等到殷商文化自中商经二里头类型文化向上追溯到河南龙山文化的时候,大家都觉得河南龙山文化也同样够作殷商老祖宗的资格。如今如果二里头类型文化是夏而不是商,那么固然中商文化中仍不妨有河南龙山与二里头类型文化的若干成分("殷因于夏礼"),可是中商和晚商文化里有没有直接自东方来的成分,便又成为一个值得重新提出来讨论的问题。

用这个新的眼光再回头来看看殷商文明与东海岸史前文化的关系,我们便会特别注意到:(1)那二者共有而在河南龙山文化里比较罕见或甚至缺如的成分,和(2)东海岸史前文化在社会与技术上的发展阶段是否为商代的兴起垫铺了基础。在这上面,要把十几年来新发现的似乎比山东龙山文化还要早一个阶段的大汶口文化合并起来一起看,就能看得更清楚些。从这个观点看东海岸史前文化的社会性质,近两三年来有好几篇分析大汶口文化社会的文章颇值得注意;它们的结论是说,当时已有贫富的分化(墓葬中殉物的多寡与性质差异)、有陶

---

[1] 李济《城子崖序》,南京,1934年,xv—xvi页。

业上的分工（轮陶），有一夫一妻的婚制（男女合葬墓）。[1]山东龙山文化时代的卜骨和更多更精美的轮制陶，以及当时已经出现的金属器[2]，更代表着这个地区社会与技术上更进一步的发展，为殷商王朝的崛起铺了路。

至于殷商与东海岸史前文化之间的关系，我最近在《殷商文明起源研究上的一个关键问题》[3]一文里，曾举出下面这几项文化特征，是为殷商与大汶口文化所共有的：

1. 厚葬。
2. 木椁及二层台。
3. 龟甲。
4. 若干陶器形制与白陶。
5. 骨匕、骨雕、松绿石嵌镶及装饰艺术中的纹样。

因已在该文里有比较详细的讨论，这些项目在此地就不多说了。除此以外，我最近又注意到大汶口文化[4]和山东龙山文化[5]里有拔齿习俗的证据；据金关丈夫的报告，这种证据在安阳出土的商人头骨中也有一例；这个报告如能证实，也

---

[1] 《考古》1975年第4期，213—221页；1975年第5期，264—270页；1976年第3期，161—164页、165—167页。《文物》1975年第5期，27—34页；1976年第4期，84—88页；1976年第5期，64—73页；1976年第7期，74—81页。
[2] 山东龙山文化里至少有两处有金属器遗迹发现。一是河北唐山大城山出土的两个红铜牌（《考古学报》1959年第3期；《考古》1960年第6期）；二是山东胶县三里河的两件铜锥形器（《考古》1977年第4期，266页）。
[3] 见本书103—127页。
[4] 《大汶口》，文物出版社1974年版，12页；《考古学报》1974年第2期，图版3。
[5] Takeo Kanaseki, "The Custom of Teeth Extraction in Ancient China", Extrait des Actes du VIe Congrés Internationale des Sciences Anthropologues et Ethnologiques, Paris, 1960, Tome 1. 201-5.

是值得注意的一项共同习俗。把上面这些共同项目合并起来看，"绝大部分是与统治阶级的宗教、仪式、生活和艺术有关的"[1]。它们有可能暗示着，殷商的统治者，亦即子姓的王朝，是来自东方的一个政治集团。这个说法，不但与传说中的商人先世居地相符合，而且很轻易就解释了中商与晚商文化里兼有山东和河南史前文化成分的这种现象。换言之，殷商的先公先王时代至少有一部分是和东海岸史前文化相重叠的，而先公先王时代的晚期与商汤立国以后很长的一段时间则是属于活动中心在河南东部、山东西部和安徽西北角的所谓早商时代。"这个区域是中国历史上的黄泛区的一部分，并且为黄河旧道所经，其远古遗物很可能深埋在多少世纪以来的沉积物的下面，所以华北的考古，在开封以东、运河以西这一大片地区，是出土资料最少的区域。我相信在这个地区，将来如果能够发现真正的'早商'文化，它的面貌一定是一方面与二里头类型的夏文化有基本上的相似；在另一方面又构成花厅（大汶口）文化与龙山文化向较晚的殷商文明过渡的一个桥梁。后日的殷商文明，也可以说是东西文化混合的结果"[2]。

(三) 伐纣以前周代考古问题

在本题下面周代考古学的主要问题，是周代在武王伐纣以前的社会文化性质。周自神话建国到伐纣，一共经过五个（一说六个）都城，即邰、豳、岐、丰和镐。[3]其中丰、镐二

---

[1] 见本书第 122 页。
[2] 见本书 127 页。
[3] 见石璋如《周都遗迹与彩陶遗存》，《大陆杂志特刊》（1952）1，357—385 页；屈万里《西周史事概述》，《历史语言研究所集刊》（1971）42，775—802 页。

京在西安附近沣水两岸，是文王武王父子的都邑，这是大家都同意的。岐，即古公亶父为了避狄侵（《孟子·梁惠王》下）而迁去的岐下的周原，是太王、王季和文王三世的国都。上面已提到的在周原新发现的文王时代的有文字的卜甲和卜骨，证实了周代在这时已是商代在渭水流域的一个属国了。这里的考古工作材料尚未发表，但据说除甲骨文以外，还有宫殿遗迹。丰、镐两都的考古工作，历年做了不少，但确定属于伐纣以前的遗物还很缺乏。长安县沣西的张家坡有西周早期的居住遗址，"也许……是从文王作邑于丰的时候就开始的吧"[1]。这里面已经有了青铜器的遗存。1976 年在临潼县东北零河岸的台地上出土了一批西周的青铜器，其中有一件殷，内底有铭文四行 32 字：

　　　　珷征商，隹甲子朝，越
　　　　鼎、克昏、夙又商。辛未
　　　　王在阑师锡又事利
　　　　金用作檀公宝尊彝[2]

内容是讲武王克商以后第八天（辛未）锡金铸器的事，是现存有铭文中知道是西周器中最早的一件。很显然，西周在伐商以前已经有与商人相当的高度发达的青铜技术。至于周代的高度文明可以向早推到何时，还有待更多的考古工作。周原的新发现，表明最晚在周王居岐的时候周代已经有宫殿、骨甲占

---

[1] 《沣西发掘报告》，文物出版社 1962 年版，74 页。
[2] 《文物》1977 年第 8 期，1—6 页；见唐兰（《文物》1977 年第 8 期，8—9 页）和于省吾（10—12 页）的诠释。

卜、文字典册等等灿烂文明的成分了。

周代文明的来源，一般相信是客省庄第二期文化，或称陕西龙山文化。从客省庄第二期文化的埋葬方式（有一般的竖穴墓和灰坑中的散乱人骨之异）看，当时已经有在身份上相当程度的分化。[1]同时当时之有骨卜和轮制小陶罐的出现，也与其他的龙山文化一样表现了社会上的分化。客省庄第二期文化之中可以说是有周代的祖先发达起来的基础的。

三、从三代考古看国家形成程序

总结上文来看，三代考古学所指明的古代中国文明发达史，不像过去所常相信的那样是"孤岛式"的，即夏、商、周三代前仆后继地形成一长条的文明史，像孤岛一样被蛮夷所包围的一种模式。现代对三代考古所指的文明进展方式是"平行并进式"的，即自新石器时代晚期以来，华北、华中有许多国家形成，其发展不但是平行的，而且是互相冲击、互相刺激而彼此促长的。夏代、商代与周代这三个名词，各有两种不同的意义，一是时代，即约2200B.C.至1750B.C.为夏代，1750B.C.至1100B.C.为商代，1100B.C.至250B.C.为周代；二是朝代，即在这三个时代中夏的王室在夏代为后来的人相信是华北诸国之长，商的王室在商代为华北诸国之长，而周的王室在周代为华北诸国之长。但夏商周又是三个政治集团，或称三个国家。这三个国家之间的关系是平行的：在夏商周三代中夏商周三个国可能都是同时存在的，只是其间的势力消长各代不同便是了。下表略可表示这些名称之间的关系：

---

[1]《沣西发掘报告》，8页。

下表所示的三代文明形成程序，从社会进化的眼光看，有下面这些值得注意的特点：

一、村落社会阶段：仰韶文化与青莲岗文化。个别的村落为当时政治、经济生活上的主要社会单位。

B.C.						
		汉				
250		秦				
周	代					
1100		周国		夏国	商国	商国
商	代					
1750						
夏	代					
2200		陕西龙山文化	河南龙山文化		山东龙山文化	
2500		庙底沟二期文化			大汶口文化	
3200		仰韶文化			青莲岗文化	
5000						

二、村群社会阶段：到了这个阶段村落与村落之间可能已经有了政治、经济与军事上的联系。在考古资料里，我们看到的现象是社会内贫富的分化已经开始，人群与人群之间的残酷争斗（战争及其他）已经出现，同时已有手工业的分工（轮陶）和为部落首领服务的专业巫师出现（骨卜）。在这种情形之下，村落之间可能已经形成比较固定性的联盟，有其统治者。属于这一个阶段的考古文化包括陕西、河南和山东的龙山文化；东海岸的大汶口文化（或称花厅文化）也可以归入这个阶段，但内陆的庙底沟第二期文化，则因材料较为缺乏，其社会性质还较模糊。

三、国家政制阶段：即中国古史上的三代，以考古学上的二里头类型文化和其同时尚未发现或尚未充分了解的类似文化为最早，紧跟着的便是商、周。到了这个阶段，聚落与聚落之间形成比较复杂的固定性网状结合关系（常有两层或两层以上的统制关系），其统制的首领地位成为个别宗族的独占，同时有一个比较永久性的统制机构，包括使用武力压制（对内和对外）的机构。

上面说过，目前在考古学上已有材料中属于这一个阶段的最早的代表，是河南西北部的二里头类型文化，我们已经详细地讨论了这个文化便是文献历史中的夏代的种种根据。与其同时的许多国家中，商可能是较重要的一个，我相信最初的一段将来会在河南、山东、安徽交会处一带有所发现。商代考古的资料现在已经很多，遗址遍布华北和华中；这些资料里所代表的国家一定不止一个，但华北大平原的商国显然是势力最强的一个。自武王伐纣以后，国与国间的优势地位为周所取代。

周亡以后，这种列国并立、互相争雄的情形，为国家的高级形式即秦汉帝国下的中央集权政府形式所取代；这已超过了本文范围之外，不加讨论。专就上列的社会演进程序来看，中国考古学可以对社会演进的一般程序的研究，供给一些新的重要资料，并且可以有他自己的贡献。最近十数年来，美国人类学界对社会进化学说的兴趣有显著的增加，同时考古学界在将社会进化学说应用在世界各区古代文化史时，集中其注意力于所谓"国家起源"这个问题上。在这些讨论中间，很少人用到中国的材料，因为中国古史材料还很少用最近的比较社会学的概念和方法去处理。我们不妨初步看看上面讨论的这批材料，在社会进化论上与在国家起源问题上可能有什么新的贡献。

从社会演进观点把民族学上各种社会加以分类的学者，以埃尔曼·塞维斯（Elman Service）最为著称。他在1962年出版的《原始社会组织》[1]一书里,将原始社会依其社会演化阶段分为三类,即游团(band)、部落(tribe)与酋邦(chiefdom)。这本书因为只讲原始社会,所以只讲到酋邦为止。依他的演进程序,下一个阶段便是国家(state);这在他另一本书《国家与文明的起源》里详细地讨论了。[2]最初将这套概念详细的在考古材料上应用的是桑德斯(William T. Sanders)与普瑞斯(Barbara J. Price)对中美古代文明演进史的研究。他们从考古学的观点对游团、部落、酋邦与国家这四个社会进化阶段的定义译释如下:

一、游团(bands) 游团为以地方性外婚和单方婚后居制为特征的小型(30人到100人)地域性的狩猎采集团。因为外婚和单方婚居这两个规则的关系,游团常常是由一群彼此有亲属关系的男女及其配偶和未婚子女所构成的亲族。塞维斯认为所有的游团在与西方文明接触及由之而来的社会解体以前都是从夫居的。游团的大小、游动的程度和组织成员的季节性的变化,都依食物资源的性质、数量和季节性而异。它们可以称为对一定地域有主权而在生业情况允许之下一同居住的彼此有亲属关系的核心家族的结合体。形式化的政治组织、阶级(除了年龄和性别的差异以外)和经济上的分工都还缺如(但可能有若干轻微的地方性的分工和交换)。将地方群组织成较大的单位的社会技术还少见。

二、部落(tribes) 从进化的观点,部落性的社会结

---

[1] *Primitive Social Organization: An Evolutionary Perspective* (New York: Random House).
[2] Elman R. Service, *Origins of the State and Civilization: The Process of Cultural Evolution* (New York: W. W. Norton), 1975.

构可以当作是游团社会结构由于将地方群组织成较大的社会的新技术的出现而导致的进一步的发展。照塞维斯的说法，游团式的外婚制和婚居制不可能把这种较大的社会维持住，因为当居住团体的数目增加时，婚姻关系会变得越来越松散。然而部落并不靠分级的或政治性的技术来组织。地方群实际上是靠氏族、年龄阶级、秘密结社、战士和宗教结社这一类与他们相交的团体而组合在一起的。部落社会是从游团社会演进而来的，因此它仍是平等性的，它的结合网仍主要是平行性。照塞维斯所构想的部落社会一般是与农业经济相结合的，但市场、有组织的贸易和手工业分工群这一类的经济制度尚未出现。

三、酋邦（chiefdoms） 在酋邦这个阶段我们的对象已是弗瑞德（Fried）所称的"分层的社会"（ranked society）。地方群组织成为一个尖锥体形的分层的社会系统，在其中以阶层（rank）的差异（以及其伴有的特权和责任）为社会结合的主要技术。这个分层式的系统以一个地位的位置即酋长为其中心。因为整个社会通常相信是自一个始祖传递下来的，而且酋长这个位置的占据者是在从这个假设的祖先传下来这个基础之上选出来的，所以在这个网内的每一个人都依他与酋长的关系的远近而决定其阶层。就像弗瑞德所说的，"地位位置比合格的人员为少"，因此将位置填充时要有一个选择的程序，通常是首子或幼子继承。

生产的地方性的分化，以及由此而来的将产品与劳役在整个社会中分配的需要，是酋邦的一项特征。各阶层的位置因而与地方上的剩余品再分配的各层水平相结合，因此它们有一定的经济功能而不仅只基于相对的声名的上面。可是酋长虽然在再分配网中有他的地位，一般而言他缺乏构成社会阶级的真正的对必要物资的特殊掌握和控制。这种现象的一个结果是酋长这个职位也缺乏权力的形式化的界说以及职业性的警察或法庭所供给的政治控制的强迫技术。他的职权大半是基于由服装、装饰、食品和行动上的规则所产生的繁缛的仪式性的孤立所造成的节约法（sumptuary rules）的存在——这种法则向其他个人与团体的施用依其与酋长的亲属关系而异。这个位置的占据者的人格所起的作用也可能在这个位置的真正职权上有重要的影响……

与部落比较起来，酋邦吸取新的群体的能力有相当的增加。与那基本上是政治平等的部落相对照，酋邦的特征是其联系经济、社会和宗教等各种活动的一个中心的存在。在若干较大较复杂的酋邦里，这种中心里可能不但有长驻的酋长，而且有多多少少的行政助理（通常来自酋长的近亲）、服役人员，甚至职业性的手工匠。

四、国家（states） 许多在酋邦里已有的特征，在这个阶段继续存在：不同单位的分级关系、限制性的法则和构成团体的经济分工。可是塞维斯叫做"国家"的，是一种更大的社会，有更复杂的组织。依他的说法，国家"是以一种与合法的武力有关的特殊机械作用所团结起来的。它依法律组成；它把它使用武力的方式和条件说明，而依以从法律上对个人之间与社会的法团之间的争执加以干涉这种方法来阻止武力的其他方式的使用"。与国家这一级社会组织相结合的通常有清楚分界的社会阶级、以市场为分配系统和经济与社会分化的更彻底的方式。[1]

---

[1] *Mesoamerica: The Evolution of a Civilization* (New York: Random House), 1968, pp. 41-45.

上面引述了许多桑德斯和普瑞斯对这些进化阶段的定义，在不同的考古家笔下多少都有些不同，但四级之分大致是通通采用的。如果我们把上述华北古代社会演进程序依此系统加以列举，再与中国考古家习用的历史分期相对照，可得下表：

文化名称	新进化论	中国常用的分期
旧石器时代	游团	原始社会
中石器时代		
仰韶文化	部落	
龙山文化	酋邦	
三代（到春秋）	国家	奴隶社会
晚周、秦、汉		封建社会（之始）

由上表看来，中国考古学在一般社会进化程序的研究上，提供了一些新的有力的资料。但是上表的分类中有一个相当大的问题，即三代，尤其是夏、商两代和西周的前期，究竟应当是分入酋邦还是分入国家的问题。酋邦和国家在概念上的区分，在两极端上比较容易，在相衔接的区域则比较困难。桑德斯和普瑞斯上述定义里，二者区分主要的标准是酋邦的政治分级与亲属制度相结合，而国家则有合法的武力。这个区分弗莱宁（Kent V. Flannery）更进一步更清楚的说明如下：

> 国家是一种非常强大，通常是高度中央集权的政府，具有一个职业化的统制阶级，大致上与较为简单的各种社会之特征的亲属纽带分离开来。它是高度的分层的，与在内部极端分化的，其居住型态常常基于职业分工而非血缘或姻缘关系。国家企图维持武力的独占，并以真正的法律

为特征；几乎任何罪行都可以认为是叛违国家的罪行，其处罚依典章化的程序由国家执行，而不再像较简单的社会中那样是被侵犯者或他的亲属的责任。国民个人必须放弃用武，但国家则可以打仗，还可以抽兵、征税、索贡品。[1]

照这种看法，国家的必要条件有两个：血缘关系在国家组织上为地缘关系所取代，合法的武力。从这上面看商代文明，前者不适用而后者适用；商代是不是已达到了国家的阶段？桑德斯在讨论中美文明史上酋邦向国家的转变时，曾用建筑规模为二者区别的标准：酋邦的酋长只能使用强迫劳力建筑庙宇和坟墓，只有国家元首才能使用强迫劳力为他们建造居住用的宫殿。[2]商王的宫殿、庙宇与坟墓规模都大，但从建筑的规模和永久性上看来，商代的宫殿远不如秦汉以后宫殿的气魄，这样看来，商代社会岂不是酋邦而非国家了么？可是从其他各方面看（合法武力、分级统制、阶级），商代社会显然合乎国家的定义。换言之，商代的社会形态使上举社会进化分类里酋邦与国家之间的分别产生了定义上的问题。解决这个问题可有两种方式。一是把殷商社会认为是常规以外的变态。如乔纳森·弗里德曼（Jonathan Friedman）[3]把基政权分配于血缘关系的古

---

[1] "The Cultural evolution of Civilizations", *Annual Review of Ecology and Systematics* 3 (1972), pp. 403, 404.
[2] William T. Sanders, "Chiefdom to State: Political Evolution at Kaminaljuyu, Guatemala", in: *Reconstructing Complex Societies*, ed. by Charlotte B. Moore, Supplement to the Bulletin of the American School of Oriental Research, 20 (1974), p. 109.
[3] "Tribes, States, and Transformations", in: *Marxist Analysis and Social Anthropology*, ed. By M. Block (London: Malaby Press), 1975, p. 195.

代国家归入特殊的一类,叫"亚细亚式的国家"(Asiatic State)。另一种方式是在给国家下定义时把中国古代社会的事实考虑为分类基础的一部分,亦即把血缘地缘关系的相对重要性作重新的安排。三代考古学在一般理论上的重要性,自然是在采用后一途径之下才能显示出来的。

三代考古学在国家形成的方式上有无一般性的贡献?国家如何形成,是社会史学、政治史学上的一个基本问题,说者之多,自然不在话下。[1]三代考古学处理国家在中国开始的问题;从本文所采取对三代关系的看法,中国古代国家是如何形成的?它们的形成程序有无一般性的意义?对这个问题的回答我们不妨自所谓"文明社会"产生的基础说起。

所谓文明社会,大家可有不同的了解和界说,但无论如何,我们多半都可以同意,文明产生的条件是剩余财富(surplus)的产生——即除了维持社会成员基本生活所需以外的"多余"的财富,而有了这种财富才能造成所谓文明社会的种种现象,如专门治人的劳心阶级、"伟大"而无实用价值的艺术、宗教性的建筑和工艺品,以及专业的金属工匠、装饰工艺匠、巫师和文字等。这一点我相信多数学者都可以同意。但剩余财富是怎么来的?则见仁见智,说法不同。我们必须提出来强调的一点是:个人生活需求量是相对的,因此社会的剩余物资不会是生产量提高以后自然产生的,而必须是人工性产生的。换言之,社会关系越不平等,越能产生财富的集中,才越能产生使用于所谓文明现象的剩余财富。财富高度集中的条

---

[1] 最近出版的人类学和考古学上的理论研究,可举 Service 上引 *Origins of the State and Civilization*; R. L. Carneiro, "A theory of the Origin of the State", Science 169 (1970), pp. 733-738; H. T. Wright, "Recent Research on the Origin of the State" *Annual Review of Anthropology* (1977) 6, pp. 379-397。

件，依古代社会一般的特征来看，表示在社会上三种对立关系：

第一是阶层与阶层之间的对立关系。阶层的组成关系一定是金字塔式的：越向下层则其生活必需财富越小，才能使大量剩余财富向上集中，维持统治制度的人员的生活，并造成统治者的财富显炫以为其地位的象征。

第二是城乡对立的关系，即在国家之内各聚落与聚落群的分化所造成的生产聚落（乡）与分配统制中心（城）之间的对立关系。在这种网状聚落组织之下才能达到一个国家之内各种资源的互相支持与辅助关系，以及国家内财富向城市的集中。

第三是国家与国家之间的对立。国家的产生不可能是孤岛式的，而是平行并进式的。如亨利·莱特（Henry Wright）所指出的，"'复杂的酋邦'可能在条件良好的孤岛上存在，但如果它们不划入一个较大的系统之内，它们似乎便不会进一步演化成国家"。[1] "'国家'与酋邦一样一般也在国家网中存在。在简单的国家里，这些网状组织似乎为竞争和联盟所左右。"[2] 莱特没有讨论为什么酋邦和国家都是在多数并存的情况之下才能进一步发展。

中国三代考古在上面这三个对立关系上都提供有用的材料，尤其是本文所讨论的三代的横的列国关系在上述国与国之间的对立的一般原则上表现了重要的意义。夏、商、周等列国在华北所占居的位置不同，所掌有的资源也不同。三个或更多发展程度相当的国家彼此在经济上的连锁关系造成全华北自然

---

[1] Henry Wright, *op. cit.*, p. 382.
[2] Henry Wright, *op. cit.*, p. 385.

资源与生产品的更进一步的流通，对每个国家之内的财富集中和剩余财富的产生造成更为有利的条件。同时，依仗国外的威胁来加强对内的统治是古今中外共同的统治术；"塞维斯最近在古代文明的性质的大部分讨论的出发点的常识（truism），是国家不能全靠武力来团结的这种看法。一个政权要生存下来，其隶下臣民的大多数一定得坚信它很难为另一个对他们更好的政权所取代"。[1]夏、商、周等列国彼此竞争关系，以及各国由此在长期历史上所造成的国家意识，因此也是使各国内部政治稳定的一个必要条件。这样看来，一方面三代考古的新看法对古代社会及其演进的一般研究有一定的重要贡献，另一方面从社会演进的观点上看，这里所讨论的三代关系也是合乎一般社会进化原则的。

---

[1] Bruce G. Trigger, "Inequality and Commmunication in Early Civilizations", *Anthropologica*, n. s. XVIII (1976), 36.

殷商文明起源研究上的一个关键问题 *

以河南北部安阳殷墟和殷墟以南的郑州的商城为代表的殷商时代中晚期的文明，如将它的历史向上追溯，是应该追溯到河南的西部，还是应该追溯到河南的东部以及山东境内？这是殷商文明起源研究现阶段中的一个关键问题。它的解决不但在商代历史的研究上有很大的重要性，而且与夏史有密切的关系。

在这篇文章里，我只想从考古学的立场初步提出一点对这个问题的看法。这里便先从偃师二里头、郑州商城和安阳殷墟三个考古遗址所代表的"早商"、"中商"和"晚商"说起。

殷商的遗址里面，大家知道以安阳的殷墟发现最早。清末甲骨学初兴。1899年，罗振玉把甲骨文追溯到安阳的小屯村，但小屯殷墟的科学考古发掘到1928年方才开始。安阳殷墟的出土器物（青铜礼乐兵器、骨雕、石雕、玉器和各种陶器，包括白陶和釉陶）和大宗卜辞，很清楚地表现了一种成熟期的高度文明。很显然，殷商文明不是在安阳殷墟开始的，而它在殷墟所代表的阶段以前一定要有一段相当长久的孕育时期。但是自殷墟为学界所知以后50年间（1899—1949年），除了殷墟以外，考古学者只找到了极少数的殷代遗址（山东、河南东部、

---

* 本文原载《沈刚伯先生八秩荣庆论文集》，151—169页。

安徽北部等处），而其中不但没有早于殷墟的，而且远不如殷墟规模之大。1928 年，在山东济南历城县龙山镇的城子崖遗址里出土了黑陶、卜骨和陶文，遗址的周围又有夯土墙的遗迹，有不少考古学者便认为龙山文化当是殷商文明的前身。但是在那新石器时代的龙山文化与成熟期青铜时代的殷墟之间，还有一段相当的空白。这段空白没有给新的考古发现填补起来以前，殷商文明的起源问题便不得解决。有些中外学者迫不及待，推测殷商文明产生的动力，必是从外面进来的。专攻铜器的罗越（Max Loehr）便说："依我们现有知识所示，安阳代表中国金属时代最古老的遗址，把我们带到公元前 1300 年左右。它所显示的全无金属工业的一个原始阶段的迹象而仅有彻底的精工。事实上，直到现在为止，原始阶段在中国全无发现。金属工业似乎是从外边带到中国来的。"[1]这种说法的唯一根据，便是"全无发现"，只要一有发现，它便站不住脚了。

　　罗越上说的第二年（1950 年），郑州便发现了商城，其中便包括许多学者以为比殷墟文化为早的遗物。商城与殷墟的年代关系，是依器物形制的比较及层位关系而定的。商城有典型的晚期殷墟文化的陶器，而在这种陶器的下层又发现许多与晚期殷墟文化不同而显然是其祖型的陶器，与殷墟文化的陶器相比，这种陶器与龙山文化的陶器更为相像。自 1950 年以来，郑州商城陆续出土了大宗的遗迹遗物，包括夯土的基址（所谓"宫殿基址"），夯土的城墙，与许多在制作与花纹上都比殷墟的铜器较为原始的青铜器。郑州商城所代表的文化，显然比安阳殷墟的要早上一个阶段，现通称之为"中商"。中商文化在郑州的发现，把殷商文明向早拉上去了一节，把那殷墟文

---

[1] *American Journal of Archaeology*, vol. 53 (1949), p. 129.

化与新石器时代龙山文化之间的空白填补了很大的一块，在殷商文明起源问题的研究上是件大事。正如唐兰所说，"它的发现的重要意义是为我们提供了一把钥匙来打开研究商代前期以及夏王朝历史文化的大门，开拓了我们的眼界。在这个意义上，它比安阳殷墟的发现是更上一层楼的"[1]。

如果殷商的研究可以比作多层的建筑的话，那么第三层楼的攀登可说是始自1959年河南西部偃师二里头遗址的调查。这年的4月，徐旭生等一行到豫西去调查"夏墟"，因为要调查夏代的文化，"徐旭生……觉得有两个区域应该特别注意：第一是河南中部的洛阳平原及其附近，尤其是颍水谷的上游登封、禹县地带；第二是山西西南部汾水下游（大约自霍山以南）一带"[2]。这次工作只及于豫西，所调查的遗址中有二里头遗址，"估计此遗址范围东西约长3—3.5公里，南北宽约1.5公里。这一遗址的遗物与郑州洛达庙、洛阳东干沟的遗物性质相类似，大约属于商代早期"[3]。自1959年以来，二里头这个遗址历经好几次的发掘，出土了许多重要遗迹遗物，包括夯土台基和大型宫殿式房屋的遗迹，可能是殉葬用的墓葬，较郑州的更为原始的青铜器（除了工具、箭镞以外，还发现了两件铜爵）、丰富的陶文、玉器和大宗的陶器。从层位上看，二里头文化更早于郑州商城文化（"早商"），是介于郑州中商文化与河南的龙山文化之间的一种新的文化阶段。随着偃师早商文化的发现，殷墟文化与龙山文化之间的空白，似乎是在基本上就都填充起来了。

---

[1]《文物》1973年第7期，8页。
[2]《考古》1959年第11期，593页。
[3] 同上，598页。

从殷商文明起源这个问题的眼光看来，郑州和偃师的新的考古发现有绝顶的重要性。我们试将它的重要性分成数点来说。

（一）把河南龙山文化、偃师二里头文化、郑州商城文化和安阳殷墟文化排成一列，我们可以很清楚地看出它的两种性质，一是一线的相承，二是逐步的演变。可为这种性质之代表的文化成分，以陶器、铜器、玉器、陶文和建筑等最为显著。陶器一直从龙山文化到殷墟都是一气下来的印粗、细绳篮纹的灰陶与红褐色陶，以鬲、甗、簋、罐、盆为主要的形制，而且其细处的变化自早到晚也一步步有清楚的足迹可寻。陶文则早、中、晚商都有，而且不少文字都是相共的；再往上追溯，则陶文这个传统，一直可以追溯到公元前5000年前左右的仰韶时代，其分布地区也仅在豫西向西不远的关中地带。[1]铜器、玉器都是近年在二里头的新发现；铜器中的铜爵尤是后日铜爵的祖型。在建筑上则殷墟、郑州商城和二里头三处都有大型夯土基址，称为宫殿建筑，而且都是长方形，南北东西整齐排列，木架为骨，草泥为皮，其布局在大体上与《考工记》所记相符。最早的二里头的一座"宫殿由堂、庑、门、庭等单体建筑组成，布局严紧，主次分明，其平面安排开创了我国宫殿建筑的先河"[2]。这些文化成分中，陶器是社会各个阶层共用的器物，而铜器、玉器和宫殿则是上层人物的专享。因此自二里头经郑州到安阳的殷商文化的一脉相承与变化演进，代表了整个殷商社会与文化，在殷商文明的起源与发展的研究上应有很重要的意义。

---

[1] 李孝定《从几种史前和有史早期陶文的观察蠡测中国文字的起源》，《南洋大学学报》第3期，1969年，1—28页。

[2]《考古》1974年第4期，247页。

（二）在殷商文明发展史上，二里头、郑州商城与安阳殷墟三个遗址，可说是三个重要的点，可以代表三个发展的类型。把我们的视野超出这三个遗址之外，来看看这三种类型在地理上的分布，也就是用这三个遗址作一根分类的标尺，把其他属于殷商时代的考古遗址加以断代研究，我们便可以看到殷商文化在地理上蔓延的程序。

从已经发表的材料来看，早商（二里头类型）的遗址分布在河南的西部与山西的西南部。河南西部黄河以南以伊、洛、汝河流域为中心的区域，似是这类遗址最为集中的地区，已知的见于陕县、洛宁、伊阳、洛阳、嵩县、伊川、偃师、登封、临汝、巩县和郑州。[1]最近自河南西南汉水流域的淅川下王岗遗址也有二里头类型遗物的报告。[2]此外，"近十年来，在晋南稷山、侯马、河津、新绛等县的汾河下游也发现了一些与河南偃师二里头文化类似的遗址"[3]。假如二里头类型文化代表自河南龙山文化向殷商文明的转变，那么它的遗址在目前所知的分布情况便暗示着殷商文明起源地区是豫西晋南一带的可能性。

早商的遗址虽然局限在豫西晋南一带地区，可是殷商遗址的蔓延是很快的，到了中商时代大概便普及了黄河与长江流域中下游的大部地区。近几年来中国古代考古学上最大的成就之一，是殷商时代的遗址在过去认为是殷商文明集中地区以外广大地区的发现。"从现有材料来看，商朝的四土非常广袤辽阔。……在长城以北约三百公里的克什克腾旗，曾出土商代的

---

[1]《考古》1965年第5期，223页。
[2]《文物》1972年第10期，13—14页。
[3]《文物》1972年第4期，2页。

青铜器。在东方，山东益都苏埠屯有商代晚期大墓，……滨海的海阳等地，也发现了商代青铜器。至于在西方，陕西省很多地点都出有商代青铜器，在那里兴起的周本来就是商朝的诸侯，周文王所伐的崇国更是商的同姓。在商朝王畿的东、西、北三方，所封诸侯的分布都很远，与之相应发现了相当数量的商文化遗址和遗物。长江中游地区的情况也是这样。这一带发现的商代遗址，除（湖北黄陂）盘龙城外，见于报道的有湖北省的黄陂袁李湾、江陵张家山、汉阳纱帽山、湖南省的石门皂市、宁乡黄材、江西省的清江吴城等处。湖南华容、石门、桃源、宁乡、长沙以至常宁等地，又多次发现过商代青铜器。"[1]从长城以北直到湖南南部这么广大的地域，是不是都在商朝王畿的直接管辖之下，当时是否已经推行分封制度，这些地区是不是都有同一水平的社会构造，都是目前的考古与文献资料所不能解决的问题。但是从这些地方出土的遗物（青铜器和陶器）来看，这些遗址都是属于殷商文化是不成问题的。有的美术史家相信南方的许多青铜器群代表着地方性或区域性的风格[2]，但这些风格最多只能说是大同之下的小异。殷商文化是在什么时期以什么样的力量推广到这么辽阔的一片地域中去？这还须做进一步的调查和讨论。照黄陂盘龙城和江西清江吴城两个遗址最近发掘所得的陶器看来，它们都是中商的遗址，与郑州商城时代的陶器在形制和花纹上都十分相似，而盘龙城出土的铜器也和郑州商城时代的铜器可说

---

[1] 江鸿《盘龙城与商朝的南土》，《文物》1976 年第 2 期，43 页。
[2] V. C. Kane, "The Independent Bronze Industries in the South of China Contemporary with the Shang and Chou Dynasties", *Archives of Asian Art*, XXVIII (1974/75), pp. 77-107.

完全相同。[1]长城以北和湖南南部的商代遗物都只有青铜器，还没有从居址发掘出来的陶器。它们的青铜器都与安阳殷墟的接近，也许代表晚商时代殷商文明在地理上更进一步的扩张。

（三）从现有的殷商时代考古材料看来的殷商文明，在时间上的演变与在地理空间上的扩张，在文献史料上得到相当程度的支持。二里头遗址的发现，虽然是调查"夏墟"的结果，但自发现的当时，这个遗址便为许多人认为有可能是商汤建都所在的亳。徐旭生在1959年调查了偃师二里头商代遗址以后，曾作如下的解说：

> 偃师为商汤都城的说法最早的大约为《汉书·地理志·河南志》偃师县下班固自注说："尸乡，殷汤所都。"……但今河南省商丘沿袭旧名，……皇甫谧说亳有三："蒙（今河南商丘县西北或已入山东曹县境）为北亳，谷熟（今商丘县东南40里）为南亳，偃师为西亳。"（《尚书正义·立政篇·三亳》下引）后人多用其说。……徐旭生案：北亳、南亳分别不大，……所应考虑的是商丘的亳与偃师的亳哪个真实？……徐旭生在此调查前颇疑西亳的说法，但因为它是汉人的旧说，未敢抹杀。又由于乾隆《偃师志》对于地点指得很清楚，所以想此次顺路调查它是否确实。此次我们看见此遗址颇广大，但未追求四至。如果乡人所说不虚，那在当时实为一大都会，为商汤都城的可能性很不小。[2]

---

[1] 清江见《文物》1975年第7期；盘龙城见《文物》1976年第2期。
[2] 《考古》1959年第11期，598—600页。

自 1960 年开始，二里头经过多次较大规模的发掘，出土遗物丰富，并且有显著的殷商特色，已在上文说过了。考古学者有鉴于此，对偃师商城为汤都之亳的信心逐渐增强。在 1965 年发表的二里头遗址调查报告里便说："总结以上诸点：（一）遗址的范围广大，在遗址的中部有宫殿。（二）遗址的位置与文献上的记载是相符合的。（三）遗址的文化性质与该段历史是相符合的。因此，我们认为，二里头遗址是商汤都城西亳的可能性是很大的。"[1] 到 1974 年发表二里头的宫殿遗迹时，作者更进一步说："通过对二里头遗址的发掘，尤其是最近的三次发掘，进一步确定了遗址中部的夯土台基是一座商代早期的宫殿建筑，为汤都西亳说提供了有力的实物证据。"[2] 在 1975 年发表同遗址三、八两区资料时，作者也说："二里头遗址绝不是一个普通的聚落，它的规模是巨大的，布局是有致的，内容是丰富的，因而是一个重要的都邑。从而为我们关于这个遗址就是汤都西亳的推断增加了新的证据。"[3]

如果二里头一带的商代遗址便是汤都的亳，那么从二里头到安阳殷墟的殷商文明发展史便正是我国历代史书上所说的自汤立国到纣失国的整个商朝的历史。《书·盘庚》说"于今五邦"，是指盘庚迁殷以前商王朝有过五个都邑，第一个是亳，在亳与殷之间还有四个。郑州的商城，如果是个王都，便可能是仲丁所都的嚣（《书序》），一作隞（《史记·殷本纪》）；其他三个与考古遗址上如何扣合，还少线索可循，但关系不大。

殷商考古经过学者数十年来的努力，材料非常丰富，内容

---

[1]《考古》1965 年第 5 期，224 页。
[2]《考古》1974 年第 4 期，248 页。
[3]《考古》1975 年第 5 期，308 页。

十分复杂，自然不可能在上面这几页篇幅里能介绍完全。但从这很为简短的说明，我们已经可以清楚看出，过去二十余年的新发现，尤其是郑州与偃师的新发现，已经为殷商文明的起源问题，提供了若干甚为重要的线索。殷商文明显然并不是一个成熟的文明，陡然地在新石器时代文化之后出现的。它自新石器时代文化的基础之上一步一步的发展过程，已经有了相当的考古资料可循。在殷商文明起源研究的现阶段，有许多考古学者，似乎都持这样的一个看法：殷商文明是在河南龙山文化的基础之上发达起来的。最早的殷商时代的遗址分布在河南的西北部与山西的西南角；其中的偃师二里头遗址可能便是商汤的亳都。随着商文明的继续发达，它很快便在地域上做了很大很显著的扩张；到了以郑州商城所代表的中商时代，殷商文明已向北达到了河北省中部，向南达到了长江中游的云梦大泽地区。这个地域上的扩张，到了安阳殷墟所代表的晚商时代，更向北伸及于长城以北，向南达到了湖南的南端。在这个广大的区域之内，殷商文明自然也可能分为若干大同小异的地方性或区域性的文化，同时当时的政治组织，多半还在各国各自为政的阶段，但商王朝的势力似乎最大，在若干阶段中与各地的部落或国家之间，也可以有联盟甚至分封的关系。但是此中的详情，还有待更进一步的研究与讨论。

我在本文开首所提的问题（"以河南北部安阳殷墟和殷墟以南的郑州的商城为代表的殷商时代中晚期的文明，如将它的历史向上追溯，是应该追溯到河南的西部，还是应该追溯到河南的东部以及山东境内？"）在这种看法之下，应该已经得到初步的解答了，即：应该追溯到河南的西部，即以偃师二里头遗址为代表的早商文化的分布地区。既然如此，何以上文还在说"这是殷商文明起源研究现阶段中的一个关键问题"？

我们学上古史的人自然早就知道，殷商民族起源于东方（河南东部和山东境内）的说法，在文献记载中一直有很大的力量。早在安阳殷墟发掘的初期，徐中舒便根据小屯殷文化的内涵，推测殷商文化起源于渤海湾一带，亦即山东省境内：

> 《史记·殷本纪》载殷人迁都之事前八后五，就此传说看，殷民族颇有由今山东向河南发展的趋势。小屯遗物有咸水贝与鲸鱼骨，即殷人与东方海滨一带交通之证。秦汉以前齐鲁为中国文化最高区域，必有文化上的凭借。《左传》昭二十年述齐国的沿革说，"昔爽鸠氏始居此地，季荝因之，有逢伯陵因之，蒲姑氏因之，而后大公因之"。这个传说必含有若干可信的史实在内。我以为小屯文化的来源当从这方面去探求，环渤海湾一带，或者就是孕育中国文化的摇篮。[1]

徐氏作此说的时代，正是龙山文化在山东半岛发现的时代；龙山文化里有夯土与卜骨的遗存发现，引起了讨论殷墟文化来源的学者的普遍注意。李济在城子崖发掘报告里便提到卜骨与中国早期文字演进的密切关系："构成中国最早历史期文化的一个最紧要的成分显然是在东方——春秋战国期的齐鲁国境——发展的。"[2] 从今日的考古资料来看，城子崖的夯土建筑固然仍旧可以看作殷商夯土的前身，它的绝对年代其实未必一定比偃师二里头的为早，而很可能比后冈龙山文化的夯土村墙为

---

[1] 徐中舒《再论小屯与仰韶》，《安阳发掘报告》第3期，1931年，523—557页。

[2] 《城子崖》，南京，中央研究院历史语言研究所，1934年，XV—XVI页。

晚。至于卜骨，这个习俗在中国新石器时代的分布是很广的，而年代最早的考古发现是在内蒙古，而不在山东。[1]到了郑州和偃师殷商遗址发现的时代，山东境内已经没有什么特别显著的为殷商祖型的考古遗迹遗物了；可是唐兰在最近讨论商代前期文化的时候，还是持着商人源于东方的说法，这便是传统文献资料的分量十分沉重的缘故：

> 从文献考查，除安阳殷墟外，商代前期曾有过五个王都，……首先是亳都，《书序》所说："汤始居亳，从先王居。"是商王朝建立之前，"自契至于成汤八迁"中的最后一迁。这个王朝在什么地方，过去有很多说法，清代雷学淇认为要从成汤所伐的韦、顾和昆吾等国的地望来考查，从而确定商汤的"景亳之命"，是从现在河南省商丘县之北，山东省曹县之南这个亳发出的，这个推证很可信；后来王国维的说法，也大略相同。商丘是商代先王相土住过的，所以说"从先王居"。从成汤到太戊，一直住在那里。
>
> 《书序》说"仲丁迁于嚣"，《史记·殷本纪》作"迁于隞"，隞也作敖。北魏郦道元《水经注》"济水"说："济水又东径敖山北，……其山上有城，即殷帝仲丁之所迁也。"这个在北魏时代还能看到的殷代古城，是在郑州市附近一带。在这个地方只住过仲丁和外壬两代，据《太平御览》，他们一共只有二十六年。河亶甲即位就迁到相，在现在河南省北部内黄县附近，……就在安阳的东南，中间隔着卫河。这次迁都时间最短，只住了河亶甲一

---

[1]《考古》1964年第1期，3页；1974年第5期，336页。

代,据说只有九年。

第三次迁都是中宗祖乙,这次新都,《书序》说是耿,《史记·殷本纪》说是邢,……王国维认为隞和相都在河南北数百里内,祖乙所居,不得远在河东,因而根据《说文》所说邢"地近河内怀",而定为《左传》、《战国策》的邢丘,……其地在汉代怀县的东南,现在河南省武陟县之南,与隞都夹河相望。据《竹书纪年》,这次迁都,住了祖乙、祖辛、开甲、祖丁四代,时间是最长的了。

最后迁的一个都是奄。……《盘庚》说"盘庚作,惟涉河以民迁",过去都解释不出来,现在知道是从奄迁殷,那就是由曲阜一带向西北渡河到安阳,更是有力的证据。……在这里住的有南庚阳甲两代,然后盘庚迁到殷。

综合起来,商代前后共六个王都,南面是靠近商丘的亳,西面是郑州附近,夹河对峙的隞和邢,北面是安阳一带夹着卫河的相和殷,东面是曲阜的奄。[1]

照这样说来,殷商文明的发展,自汤到纣,全以河南东部与山东西部为中心,而洛阳偃师一带只是治内,并非王畿;如此则以二里头为中心的早商文化,便不能说是以成汤以来的王都为中心的商代初期文化了。唐兰此说,自然并非他的独创,而可说是代表大部分古史学者的意见的;汤之亳都在商丘一带,一向取为定说[2],但唐文之发表是在1973年,是考古学界多以

---

[1] 《文物》1973年第7期,7—8页。
[2] 见董作宾《卜辞中的亳与商》,《大陆杂志》第6卷第1期,1953年,8—12页;屈万里《史记殷本纪及其他纪录中所载殷商时代的史事》,《国立台湾大学文史哲学报》第14期,1965年,87—118页。

为二里头的商代遗址便是汤都西亳的遗迹的时代。唐先生未提以偃师为亳的说法，显然仍是不加信服的。可是唐文中并没有对后说加以驳斥，也没有举出新颖的考古资料来支持亳在商丘的旧说。

可是过去数年来在山东和苏北的新的考古资料，却再一次对于殷商文明与东海岸的密切关系有了重要的启示。这便是近年来发掘的所谓青莲岗晚期诸文化。按近年来在东海岸所发现的比龙山文化为早的新石器时代文化很多，其分类分期问题颇感纷乱。最近吴山菁氏将江淮平原与长江下游海岸一带这一类文化统称之为青莲岗文化，下分江北江南两类型。其中江北类型又分为四期：青莲岗期、刘林期、花厅期与大汶口晚期或景芝镇期。[1]这个分类系统所含的问题很多，此地不遑详叙；专就江北类型来说，已发表的材料里面很难看到如此整齐可分四期的倾向。我自己的初步意见，是将山东苏北的新石器时代文化分成下面诸期：[2]

一、青莲岗期（4500 B.C.—3200 B.C.）

二、花厅村期（3200 B.C.—2500 B.C.）

三、龙山镇期（2500 B.C.—1850 B.C.）

其中花厅村期包括吴山菁的刘林、花厅与大汶口晚期三期在内，主要的遗址有江苏新沂花厅村（1952年发现，1952年、1953年发掘），山东滕县岗上村（1952年发现，1961年发掘），山东安丘景芝镇及曲阜西夏侯（1957年发现），江苏邳县刘林（1959年发现），山东泰安县大汶口（1959年发现），

---

[1]《文物》1973年第6期，45—61页。

[2] K. G. Chang, *The Archaeology of Ancient China*, 3rd ed. (Yale University Press), 1977.

江苏邳县大墩子（1962年发现），山东邹县野店（1965年发现），和山东临沂大范庄（1973年发现）。其中以大汶口的材料最为丰富，其报告已在1974年发表。[1]

花厅村期的新石器时代文化（简称花厅文化），与较早的青莲岗文化和稍晚的龙山文化都有相像之处，可说是在山东苏北新石器时代里承先启后的一个重要阶段。这种文化的特征，可以大汶口文化为代表：[2]

（一）墓葬：（1）死者都埋葬在氏族公共墓地里，头向一般向东。（2）葬式以单人仰身直肢为主，亦有侧身葬，偶见俯身葬和屈肢葬。（3）有成对的成年男女同坑合葬墓出现。（4）有拔牙和头骨人工变形习俗。（5）死者多数手持獐牙，有的用猪牙束发器束发。（6）有用龟甲和猪头随葬的习俗。（7）部分墓葬使用原始木椁。（8）随葬品比较丰富。墓葬规模大小，随葬品的多寡、质量水平相当悬殊。

（二）工具：（1）石器制作精致，一般棱角齐整、通体磨光。穿孔用凿穿和管穿两种方法。主要品种有扁薄长方形有穿石铲，剖面作梭形的有穿石斧，断面近方形和长方形的石锛，有段石锛、石凿、长方和斜三角形石刀，亦有矛、锤、磨棒、纺轮、砺石等工具。遗址采集物中有打制盘状器和石磨盘。（2）骨（角）器亦精，器类有骨矛（短矛）、骨（角）锥、骨凿、骨针、梭形器、骨镖、骨鱼钩、骨匕等。（3）亦有猪牙、獐牙制作的工具和蚌器，包括牙刀、牙镰、獐牙钩形器和蚌镰（刀?）。

（三）装饰品和雕刻工艺品：（1）装饰品有石料和骨料的臂环、指环、有穿串饰（包括长方形石片、环饰、珠饰）、

---

[1]《大汶口》，文物出版社1974年版。
[2] 同上，115—116页。

笄、月牙形束发器等。（2）有精细的玉器，包括玉铲、玉指环、玉臂环、玉笄和玉管饰等。（3）骨牙雕嵌工艺品尤其有特色。如透雕象牙梳、象牙筒、象牙琮、镶嵌松绿石的骨雕筒，均极罕见。

（四）陶器：（1）陶色复杂，红、灰、黑、白各种色陶共存。晚期大量出现白陶。（2）器形多样，有鼎、豆、壶、背壶、罐、杯（筒形、单把、高杯和觚形）、鬶、尊、盉、瓶（晚期）、钵、盆匜、盔形器等。最有代表性的器物是背壶、鬶、杯、大镂孔豆等。（3）以素面陶为主，缺乏绳纹。（4）纹饰以镂孔和彩绘最具特色，还有弦纹、附加堆纹；偶见方格纹和篮纹（晚期）。（5）陶器制法主要处于手制阶段，晚期开始出现轮制器。

上面开的这张单子，并不完全（例如大汶口墓葬中的二层台墓制便没有列入），而且只限于大汶口。再加上上列的其他的花厅文化主要遗址的内容，这个单子便可以更开得丰富些。但就从这上面看，我们已经可以看出来，殷商文化有不少非常重要的特征，在河南龙山文化里不见或很罕见的，很清楚地可以在花厅文化里找到祖型或原型：

1. 厚葬。
2. 木椁及二层台。
3. 龟甲。
4. 若干陶器形制与白陶。
5. 骨匕、骨雕、松绿石嵌镶及装饰艺术中的纹样。

我们不妨便将殷商文明中这些文化成分与花厅文化的关系一一加以简述。

殷商时代大人物墓葬里殉葬物品之丰盛，是大家都知道的。安阳侯家庄西北冈大墓里所殉的奴婢、武士、动物、车马、铜器、陶器、木器、骨角牙器、玉器和石雕美术品等等多不胜数。固然殉葬随葬物品之多寡与埋葬人物的社会地位有关，而商王墓葬之厚葬固然是商代社会构造的一种新现象，但厚葬也可以说是一种文化上的风气。比较河南的新石器时代文化的墓葬与山东和苏北的花厅文化的墓葬，很显然在厚葬之风上面花厅文化远远地跑在前面。大汶口的133座墓葬里，"各墓随葬品的数量和质量极不平衡，多寡悬殊，……少的只有一两件简陋的器物，……多的五六十件，甚至多达一百八十余件，而且品质复杂，制作精致，往往采用贵重质料"。[1]曲阜西夏侯11座墓葬中，随葬品最多的有124件，最少的有26件。[2]

殷商时代大墓的形制，基本上有三项特征：土坑竖穴、木椁室和生土二层台。大致的挖掘程序如下：自地面直着向下挖出一个长方形土坑出来，但快到底时土坑缩小，在沿壁留出一层平阶来，供置殉葬器物或埋葬殉人之用（二层台）。小坑再挖到底后，沿坑竖用木板搭成椁室，而木棺及其他殉葬人物再放在椁室之内。新石器时代的墓葬，不论是河南东部还是西部，还是山西、陕西、山东各省的，都是土坑竖穴墓，但木椁室和二层台的构筑则是花厅文化的两项特点。大汶口的墓葬里有好多是有木椁痕迹的（确数因保存情况不一而不明），又有18座是有二层台的。[3]西夏侯墓地的墓葬似以有二层台的为常例。[4]

殷商文明里面最有代表性的成分恐怕是甲骨文了。甲是龟甲，骨是牛、鹿、羊或猪的肩胛骨，二者在占卜上的使用大致

---

[1]《大汶口》，8—9页。
[2]《考古学报》1964年第2期，61页。
[3]《大汶口》，5—6页。
[4]《考古学报》1964年第2期，60页。

相等。用肩胛骨占卜是华北龙山时期新石器文化常见的习俗，而龟甲的使用则在新石器时代较为罕见。胡厚宣谈殷代卜龟之来源，云"当殷以前之'黑陶时期'，虽已普知占卜，然皆用牛骨，绝不用龟。及殷人袭东方之黑陶文化，仍行占卜，并大加革新，因与南方已有繁盛之交通，乃广取龟甲而用之"[1]。自从花厅文化发现之后，我们才知道龟甲之使用早在那个时候便已开始。

大汶口的墓葬里有的有"龟甲出现，位置多数在人架的腰侧，背、腹甲多穿有圆孔，有的还涂朱彩。……标本47:18与标本47:28甲壳内各有砂粒数十颗，小的如豆，大的如樱桃"[2]。

大墩子的墓葬中出土了穿孔龟甲三副，"都是腹甲和背甲共出。墓21出土的一副，发现时正套在人架的右肱骨上，其中还有许多小石子，背甲上有穿孔。墓44出土两副：一副发现在人架左腹上，内装骨锥六枚，背甲上下各有四个穿孔，分布成方形，腹甲一端被磨去一段，上下部有'×'形绳索磨痕。另一副发现在人架的右腹上，内装骨针六枚，背甲偏下部有四个穿孔，分布亦成方形，下端边缘有八个穿孔，列成一排，当中的两孔未穿透，腹甲下端有三角形绳索磨痕，此外腹表还有五个环形磨痕，分布呈梅花形。这些龟甲的穿孔可能是为了便于穿扎绳索或系缀流苏之用。当时龟甲可能用绳索捆扎，故遗有绳索磨痕"[3]。

邳县刘林的墓葬也出了"龟甲六副。都是背腹甲共

---

[1]《甲骨学商史论丛初集》1944年第4册，14页下。
[2]《大汶口》，103页。
[3]《考古学报》1964年第2期，29—30页。

出。……有的背甲上穿有若干小圆孔。墓182发现的两副龟甲内均盛有小石子。龟甲的放置似无固定的位置。其用途可能系在皮带或织物上作为甲囊使用"[1]。

从这些发现看来，当时龟背甲、腹甲凑成一副，上面涂朱、穿孔或以绳索为饰，并用绳索扎在一处成一容器，中放小石子或骨针骨锥，挂在腰间。它的用途不甚明白，是实用物还是仪式用物也不能确定。但这些发现清楚地说明了经过制作过的龟甲在花厅文化中有一定的地位；殷人用龟甲于占卜，一方面可说是原有占卜文化的扩大，另一方面也可以说是原有龟甲文化的扩大使用。

殷商的陶器的制作、形制与花纹极为复杂，其祖型在全华北新石器时代中可能遍布，此地无法详说。上文已经说到殷商陶器由河南龙山文化而来的承继关系。在另一方面，山东的龙山文化对殷商陶器的贡献，是大家公认的。连二里头的陶器亦不例外："二里头类型应该是在继承中原的河南龙山文化的基础上，吸取了山东龙山文化的一些因素而发展成的。其中有的器形是在河南龙山和山东龙山文化中都可以见到的，如平底盆和鬶等。有的器形能够在山东龙山文化中找到它们的祖型，如三足盘和鬶等。又有些器形和纹饰可以在河南龙山文化中找到它们的祖型和承继的因素，如澄滤器（？）、觚、直筒深腹罐、甑、豆、斝，以及篮纹、方格纹、绳纹等。"[2]在新发现的花厅文化的陶器中最值得注意的是白陶，"有的纯白，也有的带点淡淡的粉红色"。发掘大汶口的考古学者试行复制这种白

---

[1]《考古学报》1965年第2期，29—31页。
[2]《考古》1965年第5期，223页。

陶，使用的窑温高达 1200—1400 摄氏度。[1]这种白陶在大汶口的墓葬里越晚期越增多，它与殷墟的白陶有无关系，还有待进一步的研究才能决定。

花厅文化里的骨器和骨质的艺术品，与殷商美术比较起来，尤其值得我们的注意。殷墟骨器之中占很大数量的一种器物是称为柶或匕的取食器；[2]这是与古代"食道"有关的器具，在殷商时代，上层阶级的饮宴与仪式生活上有重要的意义。因此在花厅文化遗址中出土的大量的骨匕，有显著的重要性；在大墩子遗址出土了八件，"多与陶鼎等器物放在一起，应为食具"[3]。花厅文化遗址里常见的骨梳和骨笄，也可以说是预兆了骨笄在殷墟的重要性。此外在大汶口出土的各种骨和象牙的雕刻物，也很值得注意，尤其是四号墓出土的一件骨雕筒，三角形，"弦纹带之间各嵌松绿石圆饼五个"[4]，是我国最早的松绿石镶嵌工艺品，可以说是开了殷商文明中松绿石镶嵌美术的先河。至于装饰美术的图样，新石器时代的材料尚少，但殷商美术里的兽面纹样，在山东的龙山文化里也已找到类似的例子。[5]

关于花厅文化里所包含的可能是殷商文明成分的祖型的研究，我还仅只做了一些非常初步的工作。除了上举诸项之外，如果把二里头也考虑为殷商文明的一部分的话，我们还可以举出夯土建筑、玉器的大宗使用，以及陶文等项来做二里头文化与花厅文化之间关系的详细分析。甚至于青铜器，在花厅文化

---

[1] 《大汶口》，51 页。
[2] 吕承瑞《殷墟骨柶形制之分类》，《国立台湾大学考古人类学刊》第 25—26 期合刊，1965 年，33—58 页。
[3] 《考古学报》1964 年第 2 期，28 页。
[4] 《大汶口》，101—102 页。
[5] 《考古》1972 年第 4 期，56 页。

里也有存在的可能；大汶口墓葬里"晚期的成年男女合葬墓一号墓，曾发现一件带有孔雀绿色的骨凿，经……化验，含铜量为0.099，证明为铜质所染污。一号墓墓坑，人架和遗物，都保存得很好，没有被扰迹象。这时候是不是已经有了铜器，很值得研究"[1]。但是就已能比较确定的各项文化看来，殷商文明中间有一批很重要的文化成分，从历史来源追溯起来，又可以向东海岸追溯到龙山文化甚至于比龙山文化更早一个阶段的花厅文化（包括一般所称刘林文化和大汶口文化在内）中去。

总结上文看来，殷商文明的起源与发达问题，显然不似一开头所说的那样简单。由考古学上来看，一方面殷商文明可以在很基本的一些现象上去追溯到晋南豫西的早商时期（二里头类型），甚至更进一步追溯到河南龙山文化。另一方面殷商文明中很重要的一些成分（绝大部分是与统治阶级的宗教、仪式、生活和艺术有关的）很清楚地起源于东方。后面这一事实又使我们对殷人起于东方及殷商都邑全在东方的旧说（如上引唐兰的文章）重新发生了兴趣。

到底殷商文明的起源是在东还是在西？还是东西两个源头合流而成？从考古学的材料上说，在目前这个阶段，我们只能提出这个问题，而还不能回答。因此，我把这个问题叫做殷商文明起源研究现阶段的一个关键问题。

抛开将来的新材料与这些新材料必定会带来的新的（甚至现在根本想象都想象不到的）史实不谈，专从目前已有的考古材料来看，我相信这个关键问题只有一个简单合理的解决方式，就是说二里头类型的文化基本上是夏代的文化，而自二里头类型的末期或郑州商城初期开始，才是目前考古资料中存

---

[1]《大汶口》，124页。

在的殷商文化。真正的"早商"文化恐怕还埋在豫东与鲁西地区的地下,尚待将来的发现;它的形态可能是接着花厅文化与山东龙山文化一线下来的。

说二里头类型文化是夏,并非我的新说。如上文所引徐旭生所说,河南西北的伊、洛两河流域是传说中的夏文化分布区域,因此他才有1959年调查"夏墟"之举,结果调查出来了的偃师二里头文化却一直认为是早商文化,大概是因为(1)商汤建都的亳有在偃师的传说,(2)二里头文化内容如上文所叙与后来的殷商文明是一线相承的。但考古学者中间认为二里头文化里至少有夏代文化成分者颇不乏人。远在十数年前,二里头类型文化(当时又称为洛达庙类型文化)初现的时代,考古学者已开始讨论它是夏是商的问题:

> 洛达庙类型的文化遗存是属于夏文化,或属于商代先公先王时代的商文化,在考古工作者之间也还没有取得一致的认识。有的认为洛达庙类型文化本身还可以进一步作出分期,它的上层比较接近商代早期文化,因而可能是商代早期以前的商文化。它的下层比较接近"河南龙山文化",有可能是夏文化。有的则认为这种文化遗存的绝对年代还不易确定,而且具有较多的商文化的特点,因而,洛达庙类型文化的下层仍然是商文化,而更早的"河南龙山文化"才是夏文化。[1]

最近因为二里头遗址一期与三期各出了放射性碳素标本一件,佟柱臣据而对这个问题再加讨论,相信一期是夏文化,而三期

---

[1]《新中国的考古收获》,文物出版社1961年版,44—45页。

是商文化：

> 夏文化的年代断限，有两个碳 14 测定数据，是值得重视的，一个是二里头一期蚌片，测定距今 3385±95 年，即公元前 1620±95 年，树干校正年代范围是公元前 1690 年至前 2080 年。一个是洛阳王湾三期 79 号灰坑的木炭，测定距今 3965±95 年，即公元前 2000±95 年。公元前 16 世纪之前是夏积年，《竹书纪年·夏纪》："自禹至桀 17 世，有王与无王，用岁 471 年。"约为 500 年左右。所以夏约当公元前 21 世纪至公元前 16 世纪，上记两项标本的测定年代，均在夏积年之内，那么无论二里头一期，或者王湾三期，作为探索夏文化的对象，是有一定的科学根据的。……
>
> 二里头三期出有大片宫殿址夯土台基，更进一步证实了当时国家的形成已发展到成熟阶段。二里头三期经碳 14 测定距今 3210±90 年，即公元前 1245±90 年，树干校正年代范围是公元前 1300 年至前 1590 年。所以这片夯土台基应是商代早期的大都邑。《史记·殷本纪》："汤始居亳，从先王居，"《括地志》："河南偃师为西亳。"……汤的先人已经居亳，而武丁又自殷迁亳，可见商人居亳的时间是很长的。[1]

把二里头类型文化拉长以早期为夏，后期为商，固然是照顾到各方面资料所得的一个取其中庸的推论，却面临一个相当大的难题，即如果二里头类型文化后期为商，那么这种文化的分布

---

[1]《文物》1975 年第 6 期，30—32 页。

为什么仅限于夏境而不见于河南的较东部分？上引佟柱臣一文说得很清楚："二里头类型文化，在偃师除二里头外，还有灰嘴，洛阳有东干沟，巩县有稍柴，郑州有洛达庙，荥阳有上街，陕县有七里铺，共几十处，在晋南也有与豫西近似的遗址。所以这个类型文化分布的地域是很广的。值得注意的是二里头类型文化分布的范围也恰恰是文献上所记的夏族活动的地方——伊、洛、河、济之间。"[1]既然如此，索性把二里头类型文化当作夏代文化，而将二里头类型文化的结束作为夏商两代文化之交替，似乎更为简单明了些。

二里头遗址的夯土基址，或代表亳都，但也可能是夏代王族或贵族的建筑。古称桀都安邑，在山西，而清金鹗（《求古录礼说》八《桀都安邑辨》）早已引《史记》吴起对魏武侯所说"夏桀之居，左河、济，右大华，伊阙在其南，羊肠在其北"的地望考证，桀都实在河南的洛阳。今人赵铁寒综合旧说，考桀都地望最详：

> 太康、桀、居斟鄩。仲康、少康，可能亦居之。
> 斟鄩在今河南巩县。
> 《史记·夏本纪》正义引臣瓒曰："汲冢古文云：'太康居斟鄩，桀亦居之'。"斟鄩之所在，自来史家多以今山东平度县之汉平寿县说之，此盖受应劭、杜预之影响，……《尚书》序云："太康失邦，昆弟五人，须于洛汭。"此即太康所居为近洛也。又吴起对魏武侯曰："夏桀之居，……"河南城为值之。又《周书·度邑》篇曰："武王问太公曰：吾将因有夏之居，南望过于三涂，北瞻

---

[1]《文物》1975年第6期，29页。

> 望于有河,有夏之居,即河南是也。"……以上许慎、杜预、徐广、郦道元、魏王秦五说相合,明斟𬩁在于偃师、巩县之间,而不在北海之平寿。……
>
> 汤伐夏,起师于商丘。……北距顾国所在之范县二百余里,西北距昆吾所在之濮阳,与韦国所在之滑县,近二百里,西距桀都之斟𬩁五百余里,盖乘胜韦、顾、昆吾之威,然后密须,然后伐桀者。[1]

依金、赵说桀都斟𬩁即在洛阳、偃师与巩县之间,与偃师二里头遗址所距不远。二里头的宫殿建筑未必便是王都,但如果桀都便在此间,则这一带是夏代王族贵族聚居之处自有很大可能。汤伐桀后,或即在此地立了商社,因此产生偃师西亳的说法。[2]

商汤如果出于豫东,灭夏以后声势大振,文明广布,造成了郑州商城所代表的中商文化广布黄河中下游与长江中游的有利局势。如此看来,所谓"早商"文化也许实在是夏文化,而中商与晚商实际上乃是早商与晚商,但这是次要之话。中国古代夏、商、周三代实在是一气呵成的历史发展。《礼记·礼器》:"三代之礼一也,民共由之,或素或青,夏造殷因。"《论语·为政》:"殷因于夏礼,所损益可知也。周因于殷礼,所损益可知也。"数十年来的古史与考古研究,都充分证明了从殷到周之间,中国的文明史可以说没有什么显著的变化,甚至于从考古学上说,从考古遗物上去辨认晚商与早周的分别,

---

[1] 赵铁寒《夏代诸帝所居考》,收入赵氏著《古史考述》,台北,正中书局1965年版,62—73页。
[2] 据赵铁寒《殷商群亳地理方位考实》,收入上书,159—210页中的说法。

常常会有很大的困难。夏商之辨，可能也是如此。从考古学上判断为一脉相传的二里头、郑州商城、安阳殷墟的一线，在政治史上分为夏商两代，不是不可能的。

但考古学上的夏商文化，仍然有相当大的差异，而如上文所示，这些差异代表一个新兴的统治集团之崛起，其来源可以向东追溯到山东的花厅文化与龙山文化。如果大家公认以汤都的亳为商丘与曹县之间的旧说是可靠的，我相信殷商文明里这一组新成分的来源，将来很可能要直接追溯到河南东部与山东运河以西这一片平原地区的一种新文化里去。这个区域是中国历史上的黄泛区的一部分，并且为黄河旧道所经，其远古遗物很可能深埋在多少世纪以来的沉积物的下面，所以华北的考古学，在上开封以东、运河以西这一大片地区，是出土资料最少的区域。我相信在这个地区，将来如果能够发现真正的"早商"文化，它的面貌一定是一方面与二里头类型的夏文化有基本上的相似；在另一方面又构成花厅（大汶口）文化与龙山文化向较晚的殷商文明过渡的一个桥梁。后日的殷商文明，也可以说是东西文化混合的结果。40年前陈梦家曾提出"夏世即商世"的说法，以"《史记.夏本纪》叙禹至帝癸凡十四世，《殷本纪》叙帝喾至示癸凡十四世，窃疑夏之十四世，即商之十四世，而汤武之革命，不过亲族间之争夺而已"[1]。成汤以前夏商世系的相近，不一定便表示夏商出于一源，但是很可能代表成汤灭夏统一中原之后，夏商文明的混合趋势。这种趋势在现有的考古材料中，似乎已经可以看到若干值得注意的迹象了。

---

[1]《商代的神话与巫术》,《燕京学报》(1936) 20, 491页。

商城与商王朝的起源及其早期文化 *

商代是三代中的第二代，却是迄今为止中国古史上最早有文字历史的时代。了解商代文明的起源便是了解中国文明的起源。要了解商代文明的起源，应自了解商城开始。商城在哪里？它里面蕴藏着什么样的文明？在当代的中国考古学上这类问题还不能回答，但是解决这类问题的线索现在已经积累了不少，在这篇文章里我们便把这些线索提出来讨论一下。

我们的讨论不妨从"商"这个名字开始。从现存最早的文献材料看来，商这个字广义指名字叫做商的一个统治王朝，狭义则指这个王朝的一个古都。前一个意义可能溯源于后一个意义，也就是王国维在《说商》[1]中所说的，"商之国号，本于地名"。

商这个名字在现存文献史料中最早出现于殷墟卜辞。卜辞中广义的商有下例：

己巳王卜贞：今岁商受年？王卜曰：吉。

---

*　在1993年5月26日北京大学"中国考古学进入21世纪"国际学术研讨会上宣读。

[1]　《观堂集林》，1921年。

东土受年？

南土受年？吉。

西土受年？吉。

北土受年？吉。(《甲骨文合集》36975；下简称《合》)

这段卜辞先广泛地问今岁"商"之受年，然后四方一一卜问。很清楚地"商"的范围要包括四土在内，它与卜辞中常见的"我受年？"中的"我"字是一样的，即指商王朝这个统制机构或商这个国家[1]，商字的这个用法，在传世文献中常见；《商颂·玄鸟》："天命玄鸟，降而生商。"《长发》："有娀方将，帝立子生商。"商在这里当不是个人的名字，而是指商朝统治集团而言的。

卜辞中狭义的商，即以商（在殷墟末期又称大邑商或天邑商）为邑名，例子甚多。有王在其处作告祭者：

甲午王卜贞：作余酙朕束……酙余步比侯喜征人方。二夒示□有祐，不遭戈卜。告于大邑商。无□在畎。王卜曰吉。在九月。遘上甲，飘隹十祀。(《合》36482)

丁卯王卜贞：今卜巫九备，余其比多田于……多白征盂方白炎，唯衣，翌日步……左自上下于敍示，余受有祐，不遭戈□，告于兹大邑商，无吉，在畎……弘吉，在十月，遘大丁翌。(《合》36511)

---

[1] 陈梦家《殷墟卜辞综述》，科学出版社1956年版，257页："似此'我'与'商'之受年或指商族商王国的受年。"

又有（王）入、入于、步自、至于、归于、在商者：

乙酉卜：王入商。(《小屯·南地》4514)
□子卜㱿贞：王入于商。(《合》7774)
辛酉卜，尹贞：王步自商，无灾。(《合》24228)
贞：不至于商，五月。(《合》7818)
贞：归于商。(《合》7820)
丙戌卜争贞：在商。无卜。(《合》7814 正)

含有商这个地名的卜辞从一期到五期都有，所以在殷墟期整个期间在殷商国内有名为商的一个大邑是无疑的。商邑在卜辞中常伴随着商王的行止提到，特别在五期王往伐人方和盂方时常要"告于大邑商"。董作宾云："大邑商……其地为殷人之古都，先王之宗庙在焉，故于正人方之始，先至于商而行告庙之礼也。"[1]

商这个字的字源可以支持董说。《说文》："商从外知内也，从㕯章省声"，不知何所云。卜辞中商作𠃼或𠃽，由两或三个部分合成，即辛、丙和口（口可有可无）。辛这个字与商人传说的高祖有密切的关系。商的始祖契，一说为帝喾之子，帝喾又名高辛氏。《说文》："偰，高辛氏之子，为尧司徒，殷之先也。"《诗毛传》："汤之先祖有娀氏女简狄，配高辛氏帝……生契。"都符合一般传说。卜辞里所记下来祭先祖的日子中，"在武丁和武乙、文武丁时代，从高辛氏一直到高祖王亥，祭先祖的日子以辛日为准"[2]。这种联系不可能是偶然

---

[1] 董作宾《殷历谱》，四川李庄，1945年，卷5，23页。
[2] 张光直《中国青铜时代》，台北，联经出版公司1983年版，203—204页。

的。但辛字与商人祖先的密切联系是从何而来的呢？[1]依拙见，辛字便代表祖先正面立像。吊或吊字上面是平顶头形，《说文》说从章是有道理的，盖即戴帽子的形状。（《礼记·郊特牲》："章甫，殷道也。"）殷商的统治阶级是戴帽子的阶级，与奚字所代表的露辫在顶的最下层阶级做鲜明的对照。商代考古遗址出土的玉雕人像如妇好墓所出[2]和哈佛大学美术馆所藏[3]的几件，想必是上层人物的形象（如衣锦），都是戴着方方平平的帽子的。反对者或说中国古代祭祖用主，现有的文献与考古材料中都没有使用祖先像的传统。[4]王充《论衡·解除篇》也说："主心事之，不为人像。"但中国古代文化不能说是纯一无变的，以祖先形象为祭拜对象的例子在文献材料中也偶见。《楚辞》宋玉《招魂》："像设君室，声闲安些。"《太平御览》卷79引《抱朴子》："黄帝仙去，其臣有左彻者，削木为黄帝之像，诸侯朝奉之。"考古学上未见祖先木像，原不为奇。所以凌纯声云："不可完全否定在中国文献和考古及民族学上，尚有许多刻木像人之主。"[5]换言之，商字上部的辛释为祖先像之象形不是不可能的。至于辛下面的丙字，叶玉森云"并象几形"；于省吾云："丙……即今俗所称物之底座。

---

[1] 杨亚长《试论商族的起源与先商文化》，《北方文物》1988 年第 2 期，13 页，说甲骨文中的商字，"下为房屋，上有高辛，实为房屋顶上插有高辛标志之象形"。杨氏认为这个高辛标志代表以鸟为图腾。李健武《浅谈契"封于商"和"契居蕃"》，《中原文物》1986 年第 3 期，70 页，也以商字上面部分代表鸟图腾，但说下面的半个字是穴居。

[2] 《殷墟妇好墓》，文物出版社 1980 年版，151 页。

[3] Max Loohr, *Ancient Chinese Jades*（Fogg Museum, 1975），p. 112.

[4] 徐良高《商周青铜器"人兽母题"纹饰考释》，《考古》1991 年第 5 期，446 页："商周文化是缺乏制造偶像的传统的。"

[5] 凌纯声《中国古代神主与阴阳性器崇拜》，《中央研究院民族学研究所集刊》（1959）8，23 页。

⋀之形上象平面可置物，下象左右足。"[1]殷墟出土物中有数件大理石制的几形器，一般称为石俎。[2]上面平可以置物，下有四足，很可以置祖先木像于上，放在祖庙中作为祭拜的对象。如是，则商字即是祖先形象置于祭几上之象形。下面另有口字，当指祭祖之时口中念念有词。商字源于祭祖，扩大的意义为商王祭祖之邑，更扩大则指称在商邑祭祖之统治王朝。

既然这个王朝名商，想自本朝很早阶段商邑便奠定了它作为祭祖中心的地位，所以商邑或商城应该是商代先公远祖的都。商先公的前三世，依《史记》系契、昭明与相土。契的都邑至少有二说：《史记·殷本纪》："契封于商。"《世本·居篇》："契居蕃。"契为神子（《殷本纪》："殷契母曰简狄，有娀氏之女，为帝喾次妃。三人行浴，见玄鸟堕其卵，简狄取吞之，因孕生契。"），其为商朝始祖，象征性大，为史实的可能小。下一代昭明之都邑，据《荀子·成相》："契，玄王，生昭明，居于砥，后迁于商。"到了昭明的儿子相土时，商的国势已很兴盛；《诗·长发》："相土烈烈，海外有截。"他的都邑在商丘，亦即是商；《左传》襄公九年："陶唐氏之火正阏伯居商丘，祀大火，而火纪时焉，相土因之，故商主大火。"是商朝最初三代之君都以商为都邑，商城在有商一代的崇高地位，与它作为商王祭祖的大本营，是可以理解的了。

这个在商史上占极重要地位的商城位于何处？我们应当到哪里去找到它，把它发掘出来，好知道商代最早的文明的面

---

[1] 李孝定《甲骨文字集释》，中央研究院历史语言研究所，1965年，4231—4232页。

[2] 如《侯家庄第五本1004大墓》，中央研究院历史语言研究所，1970年，56—59页。

貌？今人研究这个问题时，多从王国维说，以为商城位于今日河南东部商丘一带。王国维《说商》云：

> 商之国号，本于地名。《史记·殷本纪》云：契封于商。郑玄、皇甫谧以为上雒之商，盖非也。古之宋国实名商丘。丘者虚也。宋之称商丘犹洹水南之称殷虚，是商古宋地。《左传》昭元年：帝不臧，迁阏伯于商丘，主辰，商人是因，故辰为商星。又襄九年《传》：陶唐氏之火正阏伯居商丘，祀大火，而火纪时焉，相土因之，故商主大火。又昭十七年《传》：宋，大辰之虚也。大火谓之大辰，则宋之国都确为昭明、相土故地。杜预《春秋·释地》以商丘为梁国睢阳，又云宋、商、商丘三名一地，其说是也。

《史记》上说，武王伐纣以后，"封微子于宋以奉殷祀"。既然商王历代在商祭祖，把微子封在商的古都，"以奉殷祀"，是最合适不过的了，所以《汉书·地理志》也说，"周封微子于宋，今之睢阳是也。本陶唐氏火正阏伯之虚也"，亦即商丘。为何《史记》、《汉书》说封微子于宋而不直接说封微子于商呢？王国维《说商》云："余疑宋与商声相近，初本名商，后人以别于有天下之商，故谓之宋耳。"陈槃亦云："案宋之称商，旧籍习见。《毛诗·商颂》即宋颂。襄九年《左传》，商主大火。《正义》：商谓宋也。《庄子·天运》：商大宰荡问仁于庄子。《释文》：司马彪云，商，宋也。"[1]

---

[1] 陈槃《春秋大事表譔异》，中央研究院历史语言研究所1988年第3版，232—233页。

灭商后称商为宋,还有一个可能的解释。卜辞中有丧字,一释噩。[1]这个字在卜辞中主要有二义,即丧失之丧(如"丧众")与地名。作为地名,丧在帝辛十年伐人方的路程上面,其位置在"商"附近(见下文),估计距商有4天的路程。[2]这个字一般以为从口口桑声,但许进雄建议桑丧在古代是一个字;丧字是在桑树间加上口形,口形代表"采桑时所用的筥筐"[3]。如丧即桑,卜辞中叫丧的这一个地方可能是商附近名桑的一个地点,亦即周以后之宋。按宋与桑不但音同,而且有密切的关系。陈槃引孙志祖云:"古木字有桑音。《列子·汤问篇》:越之东有輒木之国。注音木字为又康反。《山海经·东山经》:南望幼海,东望榑木。注扶桑二音是也。字书木字,先载桑音,人多如字读之,误矣。"[4]宋与桑关系之密切,又可能与桑林有关。陈槃引高氏《地名考略》:"襄十年,宋公享晋经于楚丘,请以桑林。荀偃、士匄曰:鲁有祷乐,宾祭用之。宋以桑林享君,不亦可乎?……盖桑林者,宋人享祖庙之乐也。又《书传》言:汤伐桀之后,大旱七年,汤祷于桑林之社而雨大至。是桑林实有其地,乃《吕氏春秋》曰:立汤后于宋,以奉桑林。又昭二十一年,宋城旧鄘及桑林之门,可见桑林即在商丘之境,明矣。庙社所在非旧都而何?"[5]从这些可作的推论是宋即卜辞中之丧,亦即桑,在商的附近,也在商丘一带,在商代时是商王田猎区之一,也是举行仪式的场所。商亡以后,周公封微子于桑,即宋,以承商祀。依吴郁芳的近

---

[1] 李孝定《甲骨文字集释》,433—441 页。
[2] 岛邦男《殷墟卜辞研究》,东京汲古书屋,1958 年,363 页。
[3] 许进雄《识字有感》,《中国文字》(1980) 1, 55 页。
[4] 《春秋大事表谳异》,234 页。
[5] 《春秋大事表谳异》,238 页。

说，"商丘本为桑丘，商之国名得之于杜桑"[1]。学杜预的说法，桑、宋、商、商丘四名一地，是有可能的。[2]

但是我认为把商定在商丘的最坚强的证据，仍在卜辞与考古发掘。本文开始便指出卜辞中有商邑。董作宾《殷历谱》中把帝辛十年到十一年东征人方的路径，用沿路占卜的记录排列成序，是对殷代地理研究的一大贡献。这次征伐路线上所见地名有商也有亳，是把商代的商城定在商丘地区最有力的一项证据。据帝辛日谱，王在十年九月甲午出发，闰九月癸亥，"王在雇"。十一月壬寅（五月），"王在商"。是帝辛自安阳出发走了两个多月辗转到商。这次征人方前后共用了12个月，走的路线分成7段：（1）由殷都至于商；（2）由商至攸；（3）从攸侯喜征人方；（4）在攸；（5）由攸至齐；（6）由齐再至于商；（7）由商返回殷都。其中攸国地望是决定商城所在的一个关键。董氏说："攸，殷之侯国，在江淮之间……以为即鸣条。"

> 攸国的方向既定，则上列第二段"由商至于攸"自然是由西北向西南而行了。卜辞中的商也称大邑商，为今河南商丘无疑……这一次征人方经过的商，就是商代的旧京（这里有先公先王的宗庙，所以征伐时要来"告"

---

[1] 吴郁芳《说"商"与"桑"》，《东南文化》1989年第2期，22—24页。
[2] 卜辞中有宋字，有显为地名的（"于宋"，"在宋"），有与子连用的（"子宋"），有与伯连用的（"宋伯"），是为封邑无疑。孙淼据此认为微子封于宋。宋乃是此宋而不是商（见孙氏著《夏商史稿》，文物出版社1987年版，254—255页，及《古商丘考》，《先秦史研究》，1987年，222—235页），但卜辞中之宋地在今何处无法断定，但知不在帝辛伐人方路上亦不在宋国商丘附近。

祭）。[1]

董作宾这个定位，得到许多其他研究卜辞学者如岛邦男[2]、钟柏生[3]和丁骕[4]等人的支持。

如果商城不但是帝辛告庙之邑而且是商王先祖的古都，这个位置在当代考古学看从空间上就是完全合适的。郑州和安阳殷墟遗址所代表的殷商文明包含许多东海岸的成分，而商丘（或说从山东西南角向南一直到安徽北部这一块地区）一带正好位于河南腹心地带与东海岸之间。在十几年前所写的《殷商文明起源研究上的一个关键问题》这篇文章里面我曾指出殷商文明中下列成分与山东和苏北大汶口文化之间的关系比较密切：厚葬、木椁与二层台、龟甲、若干陶器形制与白陶、骨匕、骨雕、松绿石嵌镶，及装饰艺术中的纹样——"绝大多数是与统治阶级的宗教仪式生活和艺术有关的"[5]。近年来对东海岸新石器时代文化的考古研究得到更多的成果，把商代和东海岸（大汶口文化和良渚文化）的关系更为加强。尤其值得注意的是1987年在苏北新沂花厅村遗址南区发掘的大汶口晚期（距今约5000年前）的二十几座墓葬中，有贫富分化的现象，而在代表上层阶级的大墓中，有殉人，有精美的玉器，包括饰有浙江反山和瑶山式的良渚文化的人兽纹样的玉琮

---

[1]《卜辞中的亳与商》，《大陆杂志》（1953）6, 8—9页。
[2]《殷墟卜辞研究》，361页。
[3]《殷商卜辞地理论丛》，台北，艺文印书馆1989年版，39—48页。
[4] 丁骕《重订帝辛正人方日谱》，《董作宾先生逝世十四周年纪念刊》，台北，艺文印书馆1978年版，16—35页。
[5]《中国青铜时代》，80—85页。

和琮形石锥。[1]这些墓葬所代表的文化可以部分地反映殷商统治集团的祖型。从新沂向西到商丘，正在一条直线上，这条直线相当于今天的陇海铁路，东起江苏海岸的连云港，向西经新沂，走邳县、徐州、商丘、开封，一直到郑州。这也就是说商丘地区正好位于东海岸新石器时代文化与河南腹心地区殷商中晚期文化的中介地带。不论我们讨论早商（成汤立国初期）还是先商（成汤立国之前），我们都可以假设在商丘这一带有一个高度发达的文明与强有力的政权与西方的夏（二里头文化）分庭抗礼。根据郑州与殷墟的殷代文化内容与东海岸大汶口、龙山、良渚文化的比较，我们可以将商丘一带在公元前2000年前到公元前1500年左右之间这一段时间的早商或先商文明的内容作下面这样的一个拟测或重建：

（一）这个文化的聚落单位是有夯土围墙的城邑。城邑作方形或长方形，南北向，有城门，长宽约1000米左右。

（二）有显著的阶级分化。在考古学上的表现是在建筑上有一宫殿基地与半地下式灰坑的对照，在墓葬上有大木椁墓与小土坑墓的对照。

（三）下层阶级文化在考古学上最主要的表现是生产用的石器（石锄、石镰刀等）与生活用的陶器。在这个时代这个地区殷商陶器的形制与纹饰相信与豫东、鲁西的龙山文化与岳石文化的陶器极为类似。

（四）上层阶级的文化除了夯土城墙与宫殿基址以外，在考古学上最显著的表现包括厚葬、二层台、木椁，可能有腰

---

[1]《江苏新沂花厅遗址1987年发掘纪要》，《东南文化》1988年第2期，46—48页；《1987年江苏新沂花厅遗址的发掘》，《文物》1990年第2期，1—26页。

坑、青铜礼器、青铜兵器、殉人与牲。也可能有文字,即殷墟甲骨文的前身。文字的内容主要相关于统治阶级的宗教活动与政治活动。

(五)宗教礼仪性质的考古遗物可能包括骨卜、龟卜、龟甲在其他方面的使用、玉琮,与亚形的建筑(明堂或墓冢)。这种遗物表现巫觋人物的重要性,并反映巫觋系统的宇宙观。

(六)工艺美术上的表现有白陶、仪式用器具与器皿,尤其是青铜礼器,包括酒器。艺术品(木、骨、石玉,以及青铜制)上可能有动物纹样,包括饕餮纹。这个文化中的青铜礼器上的纹样可能比同时的二里头文化的要发达。

我相信这样一种文化在目前还埋在河南、山东、安徽,与江苏交界一带地区的土内。这个地区可能以商丘为中心,北到山东的曹县,南到安徽的亳州,也就是上面所说传统上就是商人立国的地区。早在1936年这个地区的考古调查便已开始,而调查的目的便是寻找殷墟文化的前身。作这次调查的李景聃报告他去调查的前因后果如下:

> 十几次的殷墟发掘揭开了殷墟文化的宝藏……这种登峰造极的地步,绝对不是一蹴可及的;这里面却包含着很丰富的遗传,一段很悠久的历史,这种文化究竟是在哪里萌芽然后发育成长的?哪里是它的前身?这是研究中国上古史的人所急于要寻找出来的……
>
> 在河南东部与江苏、山东接界的地方有一县名商丘,……这里靠旧黄河,很可能是商代发祥之地。历史上的记载又给予我们隐隐约约的印象。襄九年《左传》曰:阏伯居商丘,相土因之。盖阏伯封于商丘为火正,

现在商丘县城西南三里有阏伯台，台高十公尺以上，当是后代建筑以祀火神的。《史记》：汤始居亳。《括地志》云：宋州穀熟县西南三十里有南亳故城，汤所都。今城东南四十五里有穀熟集，相传即汉穀熟旧城。……王静安先生证汤之亳为汉之山阳郡薄县，即今山东曹县境，其地与商丘毗连，一部分原属商丘，后来才划归曹县的……

因为上面所述的原因，……河南古迹研究会25年下半季工作的时候，就指定豫东商丘一带的调查。……10月11日清晨自开封出发，……11月4日夜间返抵开封，此行计费时25日。秦汉以前的遗址只找到三处；商丘的青岗寺、永城的酂县城里的造律台，和新桥集北的曹桥。……查商丘屡遭河患，据县志所载，自宋太祖开宝4年（公元971年）至清康熙40年（公元1699年）720年间已遭河决、大水十七次……经过这样的水患，无怪旅行商丘境内触目沙田，一望无际！普通地面淤土深约五尺，其下即为黄沙，水井非用砖圈不可。……无怪乎汉代陶片都见不着，更谈不到史前遗址了！[1]

李景聃等人这次找到的史前遗址都认为是龙山时代的，在这以后，商丘邻近地区史前遗址有系统的调查要等到70年代。1976年商丘地区文物管理委员会与中国社会科学院考古研究所洛阳工作队，在商丘地区各县从事调查，次年又在调查的基础上进行了发掘。经过初步报告的遗址有永城黑孤堆、永城胡

---

[1] 李景聃《豫东商丘永城调查及造律台、黑孤堆、曹桥三处小发掘》，《中国考古学报》（1947）2，83—88页。

道沟、睢县周龙岗、民权县吴岗[1]、永城王油坊[2]，与商丘坞墙[3]。同在70年代，商丘以北曹县县境也经调查发掘，经过初步报告的遗址有华家集[4]和安丘堌堆。[5]这些遗址的内容多分类为"龙山文化"；其中商丘坞墙第五层文化被认为是与永城王油坊相当的龙山文化，但持续的时间可能较长，其"Ⅲ式深腹罐所饰大方格纹的风格，在豫西地区较多的表现在河南龙山文化晚期更晚阶段……向二里头文化早期过渡时期的一些陶器之上"。因此坞墙遗址被认为表现二里头文化向东伸及到豫东的一项证据。此外，1976年调查的遗址中有15处认为有"殷商文化"。其中柘城孟庄（心闷寺）与民权吴岗属于二里冈期，其他的属小屯期。分期的根据主要是灰色绳纹陶器，但所谓殷商文化遗址的内容都缺乏详细的报道，此外，邹衡认为在山东新辨认出来的与殷商文化同时的岳石文化的遗物也见于菏泽、商丘区域，但详情也待发表。综合这个地区已知的史前殷商文化遗址，可能有下面这样的一个层位序列：

龙山文化

岳石文化迹象；二里头文化影响

殷商文明：二里冈类型

殷商文明：殷墟（小屯）类型

这个序列有考古学发掘出来的地层表现，已经过发表的只

---

[1] 《1977年豫东考古纪要》，《考古》1981年第5期，385—397页。

[2] 《1977年河南永城王油坊遗址发掘概况》，《考古》1978年第1期，35—64页。

[3] 《河南商丘县坞墙遗址试掘简报》《考古》1983年第2期，116—132页。

[4] 《山东曹县华家集遗址试掘简报》，《考古》1980年第5期，385—390页。

[5] 邹衡《论菏泽（曹州）地区的岳石文化》，《文物与考古论集》，文物出版社1987年版，114—136页。

有商丘以南鹿邑的栾台遗址。这个1987年河南省文物研究所发掘的遗址包含了六期文化遗存：第一期，大汶口文化晚期；第二期，豫东类型的龙山文化；第三期，属于岳石文化系统；第四期，包含两段，第一段与郑州二里冈商文化相同，第二段与殷墟苗圃北地遗存相同；第五期，西周初年；第六期，春秋末、战国初。[1]商丘地区的古代文化史，现知的可以以此序列代表。这中间除了龙山文化所知较详以外，其他文化都还在商讨分类的阶段。如果其中有早商或先商文化，亦即与二里头文化同时，并且在文化势力上可以与之"平起平坐"的文化，那只能由岳石文化代表。严文明认为岳石文化中有与夏代文化同时的东夷人的文化。[2]商王朝本来是东夷中崛起的一个政权，代表东夷的岳石文化在商丘地区占据着早商或先商的年代地位是合情合理的；我们不能说，"岳石文化在豫东地区东部发现的同时也就宣告了商文化东来说的破产"。[3]但是上面所拟测的早商或先商统治阶级的文明成分，在现有的商丘地区及其邻近的考古材料中是辨认不出来的。现在天津市艺术博物馆收藏的有一件素面青铜爵，据说是1964年在商丘地区出土的。[4]这个爵在形制上与二里头文化的青铜爵颇为相似，如果的确是商丘地区的土产，很可能表示早商、先商文明的政治核心在这里存在的可能性。

如上引李景聃所说，商丘地区位于黄泛区内，在地表上掩盖着一层数尺厚的冲积性的黄泥沙土。"中国城邑自早期以来的

---

[1] 《河南鹿邑栾台遗址发掘简报》，《华夏考古》1989年第1期，1—14页。
[2] 《夏代的东方》，《夏史论丛》，齐鲁学社1985年版，155—180页。
[3] 殷宏振、张翠莲《豫东地区考古学文化初论》，《中原文物》1991年第2期，46页。
[4] 《河南出土商周青铜器》第1卷，文物出版社1981年版，22页。

特色，大多建于平坦之地"。[1]作为早商或先商政治中心的商城亦不例外，很可能建于当时商丘地区的平地上面，它的废墟想必深埋在淹水的淤泥下面，如今很难发现。另外一方面，这个地区在古代经历了相当复杂的地形变化的历史。在全新世的初期，距今约1万年以前，商丘一带是一片内海或沼泽地区，夹在山东高地与华北西部黄土高原之间。这片低湿地带，后来逐渐干燥，成为陆地，是受了两个因素的作用，一是黄海与渤海的海岸线逐渐上升，二是黄河中游冲刷出来的泥沙的淤积。

> 到了公元前2300年时，海水面比今日高约30—50米。黄河三角洲，已大致造成。原来低于海面，现在却高出水面，交成冲积扇，……这扇的轴在孟津。以孟津至商丘（河南）的距离为直径，作一圆弧，则扇的北端起河北邯郸，经内黄、濮阳、东明、河南商丘而南，再经淮阳以北到鄄城以西的地方，都是原来黄河的三角洲范围。愈近轴心，地面愈干。[2]

如果商人的老家在商丘一带，他们在那里卜居的时候，距三角洲冲积扇形成尚属不远。在这之前，龙山时代的住民选择高冈居住，"所以古代遗址多呈岗丘形势，而每个岗丘遗址都经过几个时代的居住，逐渐形成较高的岗岭和较大的堌堆"[3]。到了商人兴起之初，平地形成，包括商城在内的

---

[1] 杜正胜《城垣发展与国家性质的转变》，《考古与历史文化》，台北，正中书局1991年版，270页。
[2] 丁骕《华北地形史与商殷的历史》，《中央研究院民族学研究所集刊》(1965) 20，155页。
[3] 《1977年豫东考古纪要》，《考古》1981年第5期，386页。

城邑便建在平坦的低地之上，但岗丘地带仍有农村聚落，所以殷商时代的聚落有在平地上的，是统治阶级居住的城邑，也有继续建在岗丘上面的。今天在堌堆上发现的殷商时代遗物代表在岗丘的农村中生活的中下层人物，而作为统治阶级核心的城邑因为位于冲积扇的平地上，到了历史时代，由于黄河屡次泛滥，它们的遗墟便为数米深的泥沙所掩盖，所以到今天还没能找到。

殷周关系的再检讨 *

作者附记： 李济之和屈翼鹏两先生都是研究殷周史的，所以选了《殷周关系的再检讨》这个题目来纪念他们。济之先生著作等身，在中国考古学史上是开山的一代宗师，可是他透过宝鸡斗鸡台禁器物群对西周古代文化的研究，倒还没有引起后学者的普遍的注意。翼鹏先生之主张考古与经学并进研究古史，则是大家所熟知的。我相信他们两位对这篇文章所讨论的题目，一定是会有很大的兴趣，可惜我再也得不到他们的教益了。

1979 年 12 月 9 日

一、前 言

最近三年以来陕西中部前凤翔府地区扶风、岐山等县境周代早期文化遗址的发掘，在中国古史的研究上，是件划时代的大事。有人说，"岐邑的发掘，在考古工作中的重要性不亚于殷墟，它的学术研究前景，在某种意义上说，可能优

---

* 原载《中央研究院历史语言研究所集刊》（1980）51。

于殷墟"[1]。20世纪之初由甲骨文的发现而导致殷墟的发现与发掘,从而证实了殷商这一个朝代的信史地位,并且把中国古史与史前史基本上衔接了起来。[2]最近周原的调查与发掘导致了周代甲骨文的发现,为武王伐纣以前周人开国时期的文化与历史提供了新的资料;这批资料不但在周人的早期历史上有重大的意义,而且对中国三代期间城市文明的整个形成过程有非常要紧的启示。这个启示的焦点,可以说在殷周关系上面。

在古代文明的萌芽阶段,国家与国家对立关系,是国家与文明的产生程序中的一个重要条件。"国家的产生不可能是孤岛式的,而是平行并进的。……夏商周等列国在华北所占据的位置不同,所掌有的资源也不同。三个或更多发展程度相当的国家彼此在经济上的连锁关系造成全华北自然资源与生产品的更进一步的流通,对每个国家之内的财富集中和剩余财富的产生造成更为有利的条件。同时,依靠国外的威胁来加强对内的团结是古今中外共同的统治技术。……夏商周等列国彼此竞争的关系,以及各国由此在长期历史上所造成的国家意识,也是使各国内部政治稳定的一个必要条件。"[3]周原考古的新资料,使我们对于早周文明和社会(即伐纣以前的周代文明与社会)增加了新的了解,使殷周关系的研究有了事实上的基础,其重要性是显然的。

---

[1] 陈全方《早周都城岐邑初探》,《文物》1979年第10期,50页。
[2] 李济《安阳发掘与中国古史问题》,《中央研究院历史语言研究所集刊》(1969)40,913—944页;"Importance of the Anyang Discoveries in Prefacing Known Chinese History with a New Chapter",《中央研究院院刊》(1955)2,91—102页。
[3] 张光直《从夏商周三代考古论三代关系与中国古代国家的形成》,见本书。

周原甲骨文的发现，在这上面的意义更是空前的。殷墟的甲骨文使我们看到了在殷周关系上商人的一面；周原的甲骨文又使我们看到了在这个关系上的周人的一面。在全世界古代文明史的研究上，国家起源问题以及国与国之间关系问题，自然也有第一等的重要性，可是在其他的最早的古代文明中心，像我们所有的这样两个邻国都有文字史料而提供两方面不同看法的这种情形，如我所知，是没有前例的。所以岐山新出的这批甲骨文，从全世界古代文明起源问题上看，也是第一等的重要资料。

周原考古和甲骨文发现还只有两三年的历史，所发现的资料也还只有初步的报告。[1] 可是我们今天对中国古代史的知识，比起殷墟甲骨文初现的时代，要丰富一些，所以材料虽少，却不妨开始做初步的讨论。本文的目的，是就殷周关系问题上，自旧史料、考古、殷墟卜辞和周原甲骨文各方面检讨一下新旧问题之所在及前景。

二、旧史料中所见殷周关系

旧史料中所见周开国经过是大家都很熟悉的，[2] 但其中也

---

[1] 陈全方《陕西周原考古的新收获》，《文物与考古》（《光明日报》副刊）第107期，1979年7月。《陕西岐山凤雏村西周建筑遗址发掘简报》，《文物》1979年第10期，27—37页；《陕西岐山凤雏村发现周初甲骨文》，《文物》1979年第10期，38—43页；徐锡台《早周文化的特点及其渊源的探索》，《文物》1979年第10期，50—59页。

[2] 重要的研究论文有：徐中舒《殷周之际史迹之检讨》，《中央研究院历史语言研究所集刊》（1936）7，137—164页；顾颉刚《周人的崛起及其克商》，《文史杂志》第1卷第3期，1941，8—17页；许倬云《周人的兴起及周文化的基础》，《中央研究院历史语言研究所集刊》（1968）38，435—458页；屈万里《西周史事概述》，《中央研究院历史语言研究所集刊》（1971）42，775—802页。

有若干难以解决之问题。因最早期史料里没有殷周接触，而武王时代的接触关系资料则又非常丰富而且集中在伐纣上，所以这里只检讨太王、王季和文王三代。

太王自豳迁都到岐下的周原，开始与东面的殷商发生较密切的直接接触关系，这是史料中所公认的。《诗·鲁颂·闷宫》说：

> 后稷之孙，实维大王，
> 居岐之阳，实始翦商。

关于大王（即太王、古公亶父）居岐之阳事，《史记·周本纪》有较详的叙述：

> 古公亶父复修后稷、公刘之业，积德行义，国人皆戴之。熏育戎狄攻之，欲得财物，予之。已复攻，欲得地与民。民皆怒，欲战。古公曰：有民立君，将以利之。今戎狄所为攻战，……杀人父子而君之，予不忍为。乃与私属遂去豳，度漆沮，逾梁山，止于岐下。豳人举国扶老携弱，尽复归古公于岐下。及他旁国闻古公仁，亦多归之。于是古公乃贬戎狄之俗，而营筑城郭室屋，而邑别居之。作五官有司。民皆歌乐之，颂其德。

类似的描写，亦见于较晚的《帝王世纪》（《太平寰宇记》卷27及《长安志》卷2引），这一段故事的来源显然是《诗经》和《孟子》。《诗·大雅·绵》：

> 绵绵瓜瓞，民之初生，自土沮漆。

> 古公亶父，陶复陶穴，未有家室。
> 古公亶父，来朝走马，率西水浒，至于岐下。
> 爰及姜女，聿来胥宇。周原膴膴，堇荼如饴。
> 爰始爰谋，爰契我龟。曰止、曰时，筑室于兹。
> 乃慰乃止，乃左乃右，乃疆乃理，乃宣乃亩。
> 自西徂东，周爰执事。乃召司空，乃召司徒，俾立室家。
> 其绳则直，缩版以载，作庙翼翼。
> 捄之陾陾，度之薨薨。筑之登登，削屡冯冯。百堵皆兴，鼛鼓弗胜。
> 乃立皋门，皋门有伉。乃立应门，应门将将。乃立冢土，戎丑攸行……

关于古公亶父迁都到周原的原因，据《孟子·梁惠王》下所说是受了狄人压迫的缘故：

> 昔者大王居邠，狄人侵之。事之以皮币，不得免焉；事之以犬马，不得免焉；事之以珠玉，不得免焉。乃属其耆老而告之曰：狄人之所欲者吾土地也。吾闻之也：君子不以其所以养者害人。二三子何患乎无君，我将去之。去邠，逾梁山，邑于岐山之下居焉。邠人曰：仁人，不可失也，从之者如归市。

古公亶父虽然被迫去邠，到了周原以后却大兴起来：娶太姜为后（《史记正义》引《国语注》及《烈女传》），"生太伯、仲雍、王季。太姜有色而贞顺，率导诸子，主于成童，靡有过失。太王谋事必于太姜，迁徙必与"（同上引《烈女传》）。照

《今本竹书纪年》的说法，太王迁到岐周是在殷王武乙即位之后，武乙三年之后，"命周公亶父赐以歧邑"，是正式地承认了周人的地位。这虽与《鲁颂》上所说"实始翦商"的精神不同，都说明了自此殷周正式交往。《今本竹书纪年》并云武乙二十一年时"周公亶父薨"。他死后传位于三子季历，再传文王、武王，很快地便取殷而代之了。

古公亶父在岐阳定居开国这一段故事，虽然简单，却包含了好几个在古史学家之间争讼不一的问题。首先，古公亶父是否即是太王？旧史料中自《孟子》起一致说是，顾颉刚却以为不然。他认为古公亶父是周国开创时期的一个王，而太王则已是兴盛时期的周王了。[1]实际上，自太王到文王只有三代，其文化则自"陶复陶穴，未有家室"突然飞跃到三分天下有其二的泱泱大国，早已引起学者的怀疑。依顾氏的说法，则古公亶父属于周国的早期历史，其文化原始便不足为奇了。（另一个解决这个问题的办法，是将《绵》里"陶复陶穴"以前的"古公亶父"四字视为衍文，将"陶复陶穴，未有家室"视作"自土沮漆"这个区域的原始状况。[2]）可是专从旧文字史料上看，这个问题是无法充分解决的。第二个问题是逼迫太王自豳迁徙到岐下的狄人，是不是便是殷高宗（武丁）所伐的鬼方？徐中舒尝云"鬼方之本据原在山西，晋地之近境。当武丁之世，鬼方不胜殷人之压迫，转而西侵，故豳地首当其冲。以此大王不得不南迁于岐，以避其锋"。[3]这个问题也牵涉太王到文王、武王时期甚短的现象。上文引《今本竹书纪

---

[1] 引顾颉刚《周人的崛起及其克商》，14页，注5。
[2] 钱穆《周初地理考》，《燕京学报》（1931）10，1986页。
[3] 引徐中舒《殷周之际史迹之检讨》，140页。

年》谓太王迁岐乃在武乙之世。即使《今本竹书纪年》全不可靠,自武乙上到武丁,要经历祖庚、祖甲、廪辛、康丁四世,其中祖甲一世,依《无逸》所说便达33年之久。因此徐说在年代学上遭遇到很大的困难。[1]最后一个争讼的问题,是太王所迁去的周原的位置。过去古史家多以周原在今陕西岐山、扶风县境。[2]惟钱穆置岐于洛水下游之富平一带,在渭水下游,以符合他的周先世起源于山西汾河流域之说。[3]从新发现的岐山、扶风县境的"宫殿基址"和周初甲骨文看来,传统的说法恐怕比较可靠,这且留到后面再谈。

继太王为周人领袖的王季,在旧史料里也有不少事迹,看来曾在周人势力之扩张上有过很大的贡献,在其扩张过程之中也就与商人的关系日趋密切。按王季之继位本身便有一段众知的故事。《史记·周本纪》云:

> 古公有长子曰太伯,次曰虞仲。太姜生少子季历,季历娶太任,皆贤妇人,生昌,有圣瑞。古公曰:我世当有兴者,其在昌乎?长子太伯、虞仲知古公欲立季历以传昌,乃二人亡如荆蛮,文身断发,以让季历。

徐中舒"疑太伯、仲雍〔即虞仲〕之在吴,即周人经营南土之始,亦即太王翦商之开始",因为"大王之世,周为小国,与殷商国力夐乎不侔。当其初盛之时,绝不能与殷商正面冲突,彼必先择抵抗力最小而又与殷商无甚关系之地经略之,以培养其

---

[1] 引许倬云《周人的兴起及周文化的基础》,注43。
[2] 齐思和《西周地理考》,《燕京学报》(1946) 3, 79—82页;陈全方《早周都城岐邑初探》,《文物》1979年第10期,44—50页。
[3] 钱穆《周初地理考》,《燕京学报》(1931) 10, 1985—1992页。

国力"[1]。这个说法，在原则上是非常合理的，只是"荆蛮"所在的江汉流域却不能说是"与殷商无甚关系之地"。

《古本竹书纪年》中关于王季记载颇为不少：

> （武乙）三十四年，周王季历来朝。王赐地三十里，玉十珏，马八匹。（《太平御览》卷83引）
> 三十五年，周王季伐西落鬼戎，俘二十，翟王。（《后汉书·西羌传》注引）
> （大丁）二年，周人伐燕京之戎，周师大败。（同上）
> 四年，周人伐余无之戎，克之。周王季命为殷牧师。（同上）
> 七年，周人始伐始呼之戎，克之。（同上）
> 十一年，周人伐翳徒之戎，捷其三大夫。（同上）
> 文丁杀季历。（《晋书·束皙传》、《史通·疑古篇》、《杂说篇》引）

《今本竹书纪年》略同，仅在文丁时代增加了一条"五年，周作程邑"。以《古本》所记来说，季历时代，周人最重要的活动，一是"伐诸戎"（《通鉴前编》卷5注引《帝王世纪》），一是受殷王之封为"牧师"，或为《帝王世纪》（《毛诗·周南·召南谱正义》引皇甫谧）所说为"西长"。除此以外，王季的妃太任，也是自殷商娶来的。《诗·大雅·大明》：

> 挚仲氏任，自彼殷商。
> 来嫁于周，曰嫔于京。

---

[1] 引徐中舒《殷周之际史迹之检讨》，139页。

> 乃及王季，维德之行。
> 大任有身，生此文王。

《大雅·思齐》：

> 思齐大任，文王之母；
> 思媚周姜，京室之妇。

这位文王之母、王季夫人的任姓女子来自挚国。顾颉刚早曾指出周王的妃子不止一次娶自殷国境内，不但文王的一个妃子可能是帝乙的妹妹（见下），而且"王季的来……虽不是商的王族，也是商畿内的诸侯"[1]。殷墟武丁时代卜辞有妇妊[2]，也有子挚（或子执）[3]，可见这个挚国的任姓女子与殷商王室的关系是很密切的。

国与国王室公族之间的通婚在周代的后期，屡见不鲜，构成所谓"甥舅之国"[4]，甥舅之间的政治地位，似乎以甥为高，即娶妇国高于嫁女国[5]。殷周之间如果有婚姻关系，则其相对的政治地位正与此相反，即嫁女国高于娶妇国。其间变化的原因与细节，一时恐难搞得清楚，但这现象是值得注意的，因为文王的一个妃子似乎也是自殷商娶来的。《诗·大

---

[1] 顾颉刚《〈周易〉封爻辞中的故事》，《燕京学报》（1930）6，979 页。
[2] 丁山《甲骨文所见氏族及其制度》，1959 年，28 页。
[3] 岛邦男《殷墟卜辞研究》，东京，汲古书院，1977 年，444 页。
[4] 芮逸夫《释甥舅之国》，《中央研究院历史语言研究所集刊》（1959）30，237—258 页。
[5] 张光直《商周神话与美术中所见人与动物关系之演变》，见本书 423 页注①。

雅·大明》：

> 天监在下，有命既集。
> 文王初载，天作之合。
> 在洽之阳，在渭之涘。
> 文王嘉止，大邦有子。
> 大邦有子，伣天之妹。
> 文定厥祥，亲迎于渭。
> 造舟为梁，不显其光。
> 有命自天，命此文王。
> 于周于京，缵女维莘。
> 长子维行，笃生武王。
> 保右命尔，燮伐大商。

对此诗较明显的解释，是文王自莘国娶了姒姓的妻（又见《思齐》："太姒嗣徽音，则百斯男"），生了武王。莘国是伊尹所出，与殷商王室的关系也很密切；殷商以王畿内的挚、莘等国异姓的女子（妊、姒）嫁给周王，也许是在婚嫁两方的相对政治地位上看来比较合适的做法。可是顾颉刚根据《易卦》爻辞中的"帝乙归妹，以祉，元吉"（《泰六五》）和"帝乙归妹，其君之袂不如其娣之袂良，月几望，去"（《归妹六五》），认为《周易》中的帝乙归妹一件事就是《诗经》中的文王"亲迎的一件事"[1]。

> 帝乙为什么要归妹与周文王呢？……自从太王……以

---

[1] 引顾颉刚《〈周易〉卦爻辞中的故事》，979页。

来，商日受周的压迫，不得不用和亲之策以为缓和之计，像汉之与匈奴一般。所以王季的妻，就从殷商嫁来，虽不是商的王族，也是商畿内的诸侯之女。至帝乙归妹，《诗》称"俔天之妹"，当是王族之女子。（依《左传》哀公九年的话，这个妹是"帝乙之元子"。）后来续娶莘国之女，也是出于商王畿内的侯国的，……周本是专与姜姓通婚姻的，而在这一段"翦商"的期间，却常娶东方民族的女子了。[1]

据此高亨也说，"文王元妃，乃殷帝之子，……文王次妃即大姒，武王之母也。……帝乙所归之妹，疑因故大归，……故文王又娶大姒乃生武王也"。[2]又说，"帝乙归妹与文王，其娣媵从，其君之貌不如其娣之貌美"。[3]

这种种说法，都是非常有意思并且有重要性的，我们不妨把它们都记下来以"立此存照"。上面顾颉刚所说"商日受周之压迫"，也就是商周两国之间开始有严重的冲突，恐怕是王季与文王初年周王的一连串的征伐扩张行动所逐渐引起的，亦即《书序》《西伯勘黎》所说的"殷始咎周"。两国通婚其实是其冲突的一个象征；"文丁杀季历"的传说，是其更为直接的一个表现。但文王时周人势力之增大，"实开灭殷之基。《论语》谓：文王之时，已三分天下有其二，以服事殷……大抵至文王之时，周之势力已达于陕西全省，甘肃、山西、河南之一部，似可断言"[4]。文王扩张之经过

---

[1] 引顾颉刚《〈周易〉卦爻辞中的故事》，979 页。
[2] 高亨《周易古经今注》，香港中华书局 1975 年版，44—45 页。
[3] 同上，189 页。
[4] 引齐思和《西周地理考》，89 页。

照比较可靠的史料看来，初服虞、芮（《大雅·绵》），齐思和先生以今陇县境，在岐都之西北。[1]《书经》所记《西伯勘黎》之黎，一说是在骊山之下。[2]司马迁在《史记》里所列举的征伐，有犬戎（獯鬻之后，当在南方）、密须（《正义》引杜预谓在安定阴密县，在陇东）、耆国（即上述之黎）、邘（《正义》引《括地志》置于怀州河内县，属今河南沁阳）和崇侯虎（《正义》云在丰镐之间）。[3]伐崇之役，规模很大，《诗·大雅·皇矣》有生动的描写。这一役是成功的，其后便在崇地一带作丰邑，文王自岐下徙都于丰，作了向东进一步征服的准备。

周文王这一连串的征伐，自然引起殷商的关心。邘国已深入商王田猎区，是殷商经济的一个重心；《史记》只说"伐邘"，当未败灭，但用兵至此，已是很明显地捋商人的胡须了，正如李学勤所说的，"周文王伐邘一事是周商势力对比转换的标志，因为邘即沁阳的盂，文王伐此地，可以直驱而至商郊"[4]。灭黎（耆）之后，"殷之祖伊闻之，惧，以告帝纣，纣曰：不有天命乎，是何能为（《史记·周本纪》）"。在这种威胁之下，帝纣何以尚有心情和力量大举征人方，把兵力集中于东南，则是不可理解的。大概在文王时代，商周两国关系还在敌友之间。《史记·殷本纪》和《周本纪》都记帝纣封西伯为三公之一，但忽囚西伯于羑里，忽释西伯并赐以矢、斧、钺，大概二者之间的关系，在文王治周期内，已自大邦与

---

[1] 引齐思和《西周地理考》，83—84 页。
[2] 屈万里《尚书今注今译》，台北，商务印书馆 1972 年版，66 页。
[3] 国名、现地参看陈槃《春秋大事表列国爵姓及存灭表譔异》（增订本），《中央研究院历史语言研究所专刊》（1969）52。
[4] 李学勤《殷代地理简论》，1956 年，97 页。

附庸的关系,演进到相与拮抗的程度,殷商对周人好软硬兼施,虚与委蛇。《古本竹书纪年》记帝乙二年周人伐商(《太平御览》卷83引),但乏帝辛时代记述。照《今本竹书纪年》所列,商周关系在帝辛时代的发展如下:

  命九侯、周侯、邘侯。
  六年西伯初禴于毕。(据《汉书·刘向传》注,在丰西三十里)
  二十一年春正月诸侯朝周。
  二十三年囚西伯于羑里。
  二十九年释西伯,诸侯逆西伯归于程。
  三十年春三月西伯率诸侯入贡。
  三十一年西伯治兵于毕,得吕尚以为师。
  三十三年密人降于周师,遂迁于程。
  王锡命西伯得专征伐。
  三十四年周师取耆及邘,遂代崇,崇人降。
  三十五年周大饥。
  西伯自程迁于丰。
  三十六年春正月,诸侯朝于周,遂伐昆夷。
  西伯使世子发营镐。
  三十九年大夫辛甲出奔周。
  四十年周作灵台。
  王使胶鬲求玉于周。
  四十一年春三月西伯昌薨。

《今本竹书纪年》的记述,大家都公认是不能作为历史讨论的唯一基础的;事实上连《古本竹书纪年》的可靠性都有人怀疑。[1]不过上面所述事件，多半在其他史料中也有出现，似乎不是宋以后学者完全凭空伪造的，事件发生的顺序也大致合乎我们的理解，只是其确实的年代不尽可靠而已。

三、考古遗物中所见殷周关系

从考古学上看殷周关系可有两个研究的方面。其一，周因于商，周灭商以后中原文化遗物（以铜器为主）有多少是继承殷商一绪下来的，有多少是有所损益变化的？其有损益变化之处，是由于年代较晚所致之变化，还是反映着伐商以前周人文化的特质？其二，灭商以前的周文化遗物与同时的殷商文化异同如何？在中国考古学史上，灭商以前的周文化的发现是较晚近的，所以第一个问题是先有，而第二个问题是在近年才逐渐出现的。

首先有系统地讨论西周铜器形制花纹与殷商铜器异同的是高本汉氏。照他的说法，殷商与西周早年的铜器都是属于他所谓"古典式"的，中间实在没有什么重大的分别。他一度提出少数几点形制和花纹上的特征作为西周的新发明，如弯耳、钩状棱、举尾鸟、和盘，但后来又根据较新的考古发现取消了这个说法，而将殷到西周初年这一段的青铜器当做一个连续的整体来看待。[2]但关于武王伐纣以后西周青铜器及其铭文特征

---

[1] David N. Keightley, "The Bamboo Annals and Shang-Chou Chronology", *Harvard Journal of Asiatic Studies*, 38 (1978), pp. 423-438.
[2] B. Korlgren, "Yin and Chou in Chinese Bronzes", *Bull Museum of Far Eastern Antiquities*. 8 (1936), p. 110; "New Studies on Chinese Bronzes", Ibid, 9 (1937), pp. 3-4.

有何新发明的问题，陆续有其他的研究。[1]现在看来，新成分虽然不多，却是有的；问题是这些成分是不是代表原先存在的一个"周文化"的个别传统。

把西周铜器特征问题自周初变化有无提高到商代周人个别传统，是李济先生在研究宝鸡柉禁器群时明显地提出来的。这一群铜器一共有14件，传是端方（陶斋）在1902年在陕西宝鸡斗鸡台购买的。1924年端方后人将它们卖给了纽约市博物馆。照李先生的研究，这14件器物（觯4、尊1、卣2、觚1、爵1、角1、盉1、斝1、斗1、禁1）原来出土于一处的可能性是有的，但诸器制造的年代颇有先后。其中较晚的可能迟到西周初年，但多数都可能是属于殷商时代的。值得注意的是这些属于殷商时代的器物有若干具有它们的特色，很可能是当地周人的制品：

> 在青铜业在安阳地区高度发达的时候，在西北的西安府地区，周国都城所在，当时也有一个平行的发展。虽然当时在二区之间也许有过不少贸易和文物的交换，当初也一定有各区个别所有的地方产物……
>
> 〔地方性的青铜器〕两个例子可举斝和盉。在这两例上，虽然它们在功能上是相似的，端方器组与安阳器组之间在结构上的差异却特别显著。……安阳殷商时的斝的标本都具鼎足，而柉禁组中的斝则是鬲足。〔盉足亦

---

[1] 陈梦家《西周铜器断代（一）》，《考古学报》1955年第9期，138页；M. von Dewall. "New Data on Early Chou Finds: Their Relative Chronology in Historical Perspective"，《庆祝李济先生七十岁论文集》，台北，《清华学报》1967年，503—568页；黄然伟《殷周青铜器赏赐铭文研究》，香港，龙门书店1978年版。

同〕……此外，柉禁组中没有方彝或角形器，而此组中的禁和所谓尊也在安阳发掘品中找不到类似品。[1]

从上述的分析，李济所得的结论，是周文化在武王伐纣以前已经存在，并与殷商王朝有部分的对立，而这种文化中便可能包括若干有地方色彩的青铜器。宝鸡柉禁器群虽是西周初年的埋藏，其中个别铜器的制造却显然是在殷商时代。李济作此推论的当时，早周文化已经开始在关中文化史中建立，而属于殷商时代的铜器也已散见在关中各处[2]，而且最近在渭水流域中游的考古遗址中所发现的青铜器，不但有安阳殷墟时代的殷商式的，而且有郑州时代的殷商式的。[3]这些新的发现，证明了青铜器至少在殷商中期便已在关中出现。值得注意的是这些新发现的青铜器中所见的鬶多具鼎足，也许还代表殷商对关中周文化影响的早期阶段。要专从考古学的证据上看关中的殷商时代周人青铜器的特殊形象，我们还得等待更多材料的出现。

这些材料必将随着关中早周文化考古的进展而大量出现。关中地区西周时代青铜器（尤其是有铭文的）出土的历史已很悠久[4]，但周代及周代以前的田野考古则事属晚近。1943年1月到9月，本所的石璋如在关中的泾、渭、雍三水流域做考古调查，共发现了66处遗址，石氏分之为7期：龙马、

---

[1] Li Chi, "The Tuan Fang Altar Set Reexamined", *Metropolitan Museum Journal*, 3 (1970), pp. 7-71。
[2] 陕西省博物馆《青铜器图释》，1960年《扶风白家窑水库出土的商周文物》，《文物》1977年第12期，84—86页。
[3] 《陕西省岐山县发现商代铜器》，《文物》1977年第12期，86—87页。
[4] 其在岐都地区的，见陈全方《早周都城岐邑初探》，《文物》1979年第10期一文中的《两千年来岐邑出土西周青铜器简目表》。

邠县、丰镐、浐西、斗门、张家和鸣玉。当时对陕西史前史和古史的层序还只有初步的了解，这7期文化的绝对年代及其与早周和西周的卡合，还不清楚，但斗门期的"遗物中以灰色绳纹陶为多，其形制与安阳小屯殷商文化层中之遗物相类似"，[1]可供斗门及其前后数期断代的一个据点。石氏调查的区域，包括雍水流域的扶风、岐山县境；石氏在这个地区调查以后的观察如次：

> 岐本是山的名字，因为双峰对立故名岐，就是现代的箭括岭。岐的太王迁徙的地方，在岐山之阳，大家一致认为是现在的岐阳堡，大概没有什么错误，因为北面的岐山和南面的周原，确定了它的位置。1943年6月17日来此调查。从扶风的北关上到了原顶之后，一直到北面的清华镇，是一个辽阔的平原，再由清华镇向北直到岐阳堡，仍是这个平原向北的延展，北自岐阳堡南至扶风城北，相距约25公里。在这辽阔的平原上，尽是肥美的农田，所谓周原膴膴，真可谓名副其实了……
>
> 这里盗掘的情形，不算很厉害，地形的变化，也不如安阳小屯那样剧烈，如果他们真的在那里如此地经营建设，那么那里的地下可能埋藏着比较完整的宫室遗址，从那些基址上或者可能把周初的宫室复原起来。[2]

---

[1] 石璋如《关中考古调查报告》，《中央研究院历史语言研究所集刊》(1956) 27，315页。

[2] 石璋如《周都遗迹与彩陶遗存》，《大陆杂志特刊》(1952) 1，368—370页。同文又见《传说中周都的实地考察》，《中央研究院历史语言研究所集刊》(1949) 20，91—122页。

石璋如的这个预料，在30多年之后已经开始为大规模、有系统的考古工作所证实了。自"1976年2月开始，省文管会和有关市县文博单位，结合北京大学、西北大学历史系考古专业教学实习，对周原西周文化遗存进行了考古发掘……同时在岐山凤雏村和扶风召陈村、云塘村进行"[1]。目前已经报告的工作只有凤雏村的一片大型建筑基址；其始建年代，"有可能在武王灭商以前"，其使用下限，则"延长到了西周晚期"[2]。很可能这批材料就包含着太王、王季和文王三代周国国都岐邑的一部分遗物，其中的器物在讨论殷周关系上，自然是非常重要的材料。这批材料尚未详细发表，但在一个贮藏室中所发现的一批卜甲卜骨中有若干有文字的已经问世，见下文的讨论。专从基址的形状上看，其夯土技术及方向定位和殷商的基址相同，但这里的基址较大，它的四合院式的布局也与安阳小屯的有若干差异。

除岐邑的大型基址以外，早周遗址近30年来"在陕西渭水和泾水及其支流的宝鸡、凤翔、岐山、扶风、眉县、武功、兴平、周至、鄠县、长安、邠县、长武等地区"都有发现[3]，其中包括居住遗址、墓葬和窖藏，在墓葬和窖藏中多有青铜器的发现，已在上文提到。尤其值得注意的是这些遗址中出土的陶器有以下几个特征：

（一）夹砂粗灰、红陶、方唇、高斜领、带把手，或附加锯齿状泥条，横耳，以及无耳空心分裆袋足鬲，或圆唇高卷领瘪裆尖足鬲。

---

[1] 引《陕西岐山凤雏村西周建筑遗址发掘简报》，27页。
[2] 同上，34页。
[3] 徐锡台《早周文化的特点及其渊源的探索》，《文物》1979年第10期，50—59页。

（二）有些盆罐的壁中部饰方格纹，有的有雷纹中套乳钉纹；在陶器上饰雷纹的作风可能受了殷商铜器的影响。

（三）泥质灰（红）陶盆、罐的腹壁较薄，肩腹上部素面磨光。

（四）早周文化层内不见豆、盂，也无腰坑和狗架。[1]

照研究者的看法，"早周文化遗存存在着客省庄第二期文化中的某些因素的特征，再根据周文化遗存直接叠压着客省庄第二期文化遗存的关系，因此，我们认为早周文化可能是在客省庄第二期文化的基础上接受了齐家文化的一些因素发展起来的，换言之，早周文化起源于客省庄第二期文化，在它发展的后期，受了殷商文化的影响而形成西周时期的社会经济形态"[2]。

这种说法，似乎很有些道理，但要具体详细证明恐怕还得等待更多材料与研究结果的发表。目前不妨用作为进一步讨论基础的一个假设，即早周文化与殷商文化都是在中原龙山文化的基础上发达起来的；在发展过程中互相都有影响。殷商的发达程度可能较早，其较发达的物质文化与社会经济形态都对早周有一定的影响，但周文化自始便有其若干独特的特征。周文化是什么时候达到了青铜器时代与王国形态的政经组织，考古学上还不能判定。我们只知道：（1）殷商中、后期式的青铜器已在关中出现，并且有可能是在当地制造的，而且有些有本地的特色；（2）岐山的周原有大型宫殿基址和甲骨文发现，其时代可能早到

---

[1] 徐锡台《早周文化的特点及其渊源的探索》，《文物》1979 年第 10 期，58 页。
[2] 同上，59 页。

伐纣之前。

四、殷墟卜辞中所见殷周关系

殷墟卜辞里有地名作田或𠂤者，自吴大澄起释为周，今无异说。[1]岛邦男氏《殷墟卜辞综类》中收入有周字的卜辞82片，多属第一期，但第二、四两期的也有。[2]卜辞中之周自是三代夏商周中之周，所以卜辞中有关周的资料是从殷人的立场看殷周关系的最上资料。

卜辞中的周，在殷的西方，与文献和考古材料中所见的相符。岛邦男氏分析第一期（武丁时代）甲骨文中周人位置在"蒲县与秦州交界一带"[3]，定周方就是以岐山为中心的地方。这是岐山周原名周的最早证据。《史记集解》引皇甫谧云："邑于周地，故始改国曰周。"这与传统史料中太王迁于岐下之后才逐渐建立周国的说法是相符的。武丁与太王时代不符这一点上面已经提到。从殷墟卜辞的证据来看，周原的住民在武丁时代已是周国；当时周人的首领是古公亶父（与太王或非一人）还是古公亶父迁来以前的周原原有住民的首领，则目前还没有办法知道。

从殷墟卜辞所见周人的政治地位与殷周关系，自来有胡厚宣[4]、

---

[1] 李孝定《甲骨文字集释》，《中央研究院历史语言研究所专刊》（1965）50，385—388页。
[2] 岛邦男《殷墟卜辞综类》，东京，汲古书院1971年第2版；《殷墟卜辞研究》，东京，汲古书院1958年版，412页。
[3] 同上引《殷墟卜辞研究》，406页。
[4] 《殷代封建制度考》，《甲骨学商史论丛初集》，成都齐鲁大学，1944年，24—25页。

陈梦家[1]、岛邦男[2]与钟柏生[3]等氏的研究，其说法多集中在武丁时代殷周有无敌对关系这一点上。但凯特利（David N. Keightley）的研究后出为上，择其有关的讨论较详细的译引如下：

> 有的材料较不规则：在一个例子中周称为周方，是一个殷商以外的称呼，而且在另一个例子中商人期盼对周人有损害。但其他的材料（除另外注明的均属一期）都提供比较一致的以周人为商国成员的一幅图画：周人自商王并自另一国家分子接受命令；周人支持商王的行动；商王占卜周人将士及周人田猎；周人受封号；周人一般不称方；周人参与商祀；商王对周人生病表示关心并祈求周人无祸无祟……商人可能在周举行祭祀；周人为可能性的盟国；商王盼周人在战役中无伤亡；商周之间似乎有婚姻关系；周人并入贡占卜用的龟甲。……
>
> 另一方面，很清楚，周人不在商国的核心。周人未被"呼"作任何事，亦即他们不在呼唤范围之内；周人未曾来告；周人未尝来宾；亦未曾礼备商王所用卜甲。殷周之间的地理上与政治上的距离亦有见于下举证据：在第一期到第四期商王未曾在周人区域田猎、巡视或访问，也未在周人区域占卜出行或召集军士；也未指挥周人兵卒或命令其他将领来指挥周人兵卒。在农业活动上，周人未尝参加商王仪式，商王也未卜问周人受年。在周人服役方面，商王所

---

[1]《殷墟卜辞综述》，1956年，291—293页。
[2] 引《殷墟卜辞研究》，409—413页。
[3]《武丁卜辞中的方国地望考》，台北书恒出版社1978年版，18—20页。

用贞卜人物中没有叫周的，周人除龟甲外也未进贡其他财物。……换言之，商人对周人或周地直接的接触不多……

根据〔岛邦男氏所收集的〕八十二条卜辞，我们可以作结论说，在第一期，周人是构成商国一部而比较遥远的群体之一，商人对周人之控制既不坚强，亦不是连续的，可是商人对周人确有兴趣和关注。[1]

凯特利并继续指出从卜辞中所见殷周关系所牵涉的方面甚广，这也是周人在商王控制范围之内的一种迹象。

周人到底是商国之内的一个地方区域，还是与商国有密切接触关系的一个单独的国家？这是一个难以回答的问题，但这个问题却是研究殷周关系的出发点。中国古代"必也正名乎"的习惯，在殷墟卜辞中表现为商人对各地各人称为方还是称为侯、伯、田。第一期卜辞中称周方的有好几个例子（《乙》3536："周方弗其有祸？"《乙》2170："周方其无祸？"《丙》444："丙辰卜、宾贞：王叀周方，正？贞：王勿隹周方正？"），却没有称周为侯伯田的（称周侯有一例，在第四期：《甲》436："命周侯今月无祸？"）。固然武丁对周表示过关心，也曾令周"固王事"；另一方面也曾对周施过征伐。[2] 看来钟柏生的结论是可靠的：

我们可以说武丁时期，在某段时间周人曾不服于殷，经过征伐后，周亦臣服于殷，是故殷人才令周往于〔某地〕

---

[1] "The Late Shang State: When Where, and What?" Unpublished paper for the conference on the Origins of Chinese Civilization, June 1978, Berkeley.
[2] 看上引胡厚宣、岛邦男和钟柏生诸文的讨论。

并贡龟于殷。这种不稳定的关系，在第四期卜辞亦然。[1]

但第四期卜辞中无周方而有称侯的一例，已见上。看来自武丁征伐之后周一直臣属于殷，甚至为殷的侯国，这与文献上周文王称西伯是一致的。但名义上的对立关系与臣属关系是一事，实际上的敌友关系又是一事。第四期周虽偶称为侯，卜辞中仍有"戋周"的说法（《甲骨续存》下317）。

五、岐山甲文中所见殷周关系

岐山甲文的发现在中国古史学上的重大意义，在文首已经谈过。这批材料发现的经过和概况如次：

> 1977年7—8月，周原考古队在发掘岐山凤雏村甲组建筑基址时，发现了大批甲骨文。……甲骨文出土于建筑基址内西厢房第二号房间的一个窖穴里，编号为77OF-F1-H11。……窖穴打破了房屋台基，时代应晚于房屋台基。……
>
> 窖穴内共出土甲骨一万七千余片，其中卜甲一万六千七百余片，为龟的腹甲，卜骨三百余片，为牛的肩胛骨。目前已清洗出有字卜甲一百九十多片，在卜骨上未见有文字的，……目前发现的卜甲的总的字数为六百多字，每片上的字数多寡不等，少的一字，多的三十字。[2]

---

[1] 引《武丁卜辞中的方国地望考》，20页。
[2] 《陕西岐山凤雏村发现周初甲骨文》，《文物》1979年第10期，38—43页。

这批材料虽然重要,却尚未详细地发表。卜用甲骨的形制,有无钻凿,龟甲部位等都没有描写,而有字的190多片卜甲中,只有32片有释文、照片或描文刊出。现只拣数片在殷周关系上较有意义的提出来作初步讨论。

(一)岐山甲文 H11∶1

癸巳,彝文武帝乙宗。贞:王其邵祭成唐?囗鼎䢅示及二女?其彝血牡三?豚二?卤有足。

这片卜辞长达31(或32)字,大概是岐山甲骨文中最长的一片,其中所包括的问题也较多。报告者谓文武帝乙(即殷王帝乙)是周人祭祀("彝")的对象,如此则此片一定是帝辛时代的,亦即文王时代的。但"文武帝乙宗"亦可能是宗庙中的一个特定的祭祀地点;邲其卣二铭文曰:"乙巳,王曰䢅文武帝乙俎。"[1]与此片卜辞文义相似,也可能指祭祀("䢅")的一个地点("俎")。在周庙里这个地点,当是指定给"文武帝乙"的。既然后文贞问邵祭成唐,可见成唐(大乙)是可以在文武帝乙宗来祭祀的。这又使人联想到商王宗庙祭祀中的乙丁制。[2]换句话说,文武帝乙,可能指帝乙,但也可能不是专指帝乙的。这片卜辞的时代当不至于在武王伐纣之后;它可能是帝辛时代的,也可能早于帝辛。

"王其邵祭成唐"这一句中的王,想是指周王而不是指殷王,如此则这句话的意思便很大了。周王的卜人称他为王;这

---

[1] 赤冢忠《稿本殷金文考释》,东京,1959年,14—18页。
[2] 张光直《商王庙号新考》、《谈王亥与伊尹的祭日并再论殷商王制》,均见本书。

在过去经学与金文学者中多有争辩，但岐山的材料可以定案。可是周王不但在他的宗庙里摆设了专祭殷商文武帝乙的地点，而且还要用三羊两豕来祊祭成唐，这可以说是在这片卜辞书刻的时代周王在仪式上臣属殷商的表现了。

成和唐两个名字都在殷墟卜辞中常见，但把两字放在一起则这片卜辞还是首见。成汤这个名字来自成唐，过去早已推定，得此片可完全证实。

（二）岐山甲文 H 11∶84

贞：王其燊佑大甲？晢周方伯□唯足，丕左于受有佑。

这片亦称周王为王，但周王乞佑于殷王大甲（大甲又是乙丁制下乙组的王，又是值得注意的一点）。又说此王实为殷王，待考。

（三）岐山甲文 H 11∶3

衣王田，至于帛。王隻田？

衣王，即殷王，周人称殷为衣，见大丰（天亡）毁（"丕克乞衣王祀"）。殷王田所至之帛，不知何地。殷墟卜辞中亦有帛（《前编》2、12、4），亦地名。

（四）岐山甲文 H 11∶20

宙亡眚，祠自蒿于壹。

H 11∶27：

□孖洛。

H 11∶9：

　　大出于河。

H 11∶18：

　　出自𠼛。

H 11∶22：

　　虫白。

H 11∶45：

　　毕公。

H 11∶8：

　　□鬼夒乎宅商西。

以上这 7 片中有若干地名与国名，对周之四至有所启示。"河"在殷墟卜辞中指黄河，在此当同。"洛"当指陕西泾洛之洛。"蒿"或指镐京。"虫白"据报告者推测或即"崇伯"，不知何所据？崇伯之崇来自嵩或自柳，似与虫字无关[1]。《左传》昭公十九年有虫，但在邾境内，今山东济宁市境，不会是岐山周文所指。又甲文之𠼛，即鼍字。卜辞有龟氏，地望不明。[2] 毕，"文之昭也"（《左传》僖公二十四年），亦在咸阳市境。[3] 鬼，或即鬼方；商，当即大邑商之商；此地据文义，或指殷商之商。

（五）岐山甲文 H 11∶4

　　其微、楚□㞢賓，师氏受蠱。

---

[1] 陈槃《春秋大事表列国爵姓及存灭表譔异》，377 页。
[2] 丁山《甲骨文所见氏族及其制度》，22 页。
[3] 陈槃《春秋大事表列国爵姓及存灭表譔异》，329—330 页。

H 11∶83：

　　曰今秋，楚子来告……

这两片中都有楚。上文引徐中舒主张太王开始翦商，实以向江南之开辟为始。岐山甲文中重复提到楚国，并云楚子来告，是非常值得注意的。

（六）岐山甲文 H11∶68

　　伐蜀，兹。

H11∶110：

　　征巢。

这里所征伐的两国，都不是在旧籍中季历与文王所伐的对象之中，可见当时记载远不完全。同时，两国都在南方，进一步加强了徐中舒周初经营南土的说法。周初之蜀，一说在汉水上流[1]，而巢亦楚地群舒之国[2]。

（七）岐山甲文 H11∶2：

　　自三月至㫃三月月唯，五月盂尚。

H 11∶13：

　　匕贞：既魄？

H11∶26：

　　匕贞：既吉？

H11∶55：

---

[1] 陈槃《不见于春秋大事表之春秋方国稿》，《中央研究院历史语言研究所专刊》(1970) 59，17—23 页。

[2] 陈槃《春秋大事表列国爵姓及存灭表譔异》，369—371 页。

隹十月既死□，亡咎？

H 11∶64：

六年。

以上五片说明周人的历法与殷商有显著不同，而与西周金文中的历法有关。《尔雅·释天》："夏曰岁，商曰祀，周曰年。"岐山甲文中已有年。又金文中月相名称的词汇为既、吉、魄、死、月唯等，在岐山甲文中也有。这也是讨论殷周文化异同上极为珍贵的资料。

岐山的这批甲文资料，可作之问题至多，将来资料陆续公布，当可继续研究。从目前已经发表的材料看殷周关系问题，至少有值得注意的两点：其一，早周的文字、文法、占卜制度、地名、祭祀等文物制度与殷墟所见大同小异，但其中所见历法及另外一种文字（不识，未引）表现了周文化的地方特色。其二，衣王的祖先，为周王祭祀求佑的对象，是周王在祭仪上臣属于商王的具体表现。但周王自称王，同时进行征伐及经营南土。可见殷周关系，错综复杂，不是简单的"敌对"或"臣属"两字便可以包括完全的。

六、小　结

近年来考古资料出土很多，不但在古史研究上提供了许多新的史料，而且提供了对旧史料重新加以评价、吸用的新证据和新标准。在殷周关系上，新史料给了我们这样的新认识：

从考古材料上看，殷周文化各渊源于不同区域的龙山文化，而且在形成过程中互有影响，因此两个文化是属于同一个文化传统——中原文化——的，但殷文化形成较早，影响力较强,同时周文化也有他的地方性、区域性的特色。武王伐纣以后,西周文化继承了殷商文化的一绪,同时也将他们的固有文化加入了中原文化的主流。

从殷墟卜辞上看,周人自成一个政治体,自武丁时代便在殷商的西方活动,与殷商的关系一直是比较密切的臣属关系,第五期帝乙帝辛的卜辞中还没有看到关于周人的记录,这是比较难解的。周人之成为殷商心腹大患应该是在这一个时代发生的。

从周原新出土的甲文看,周人在武王伐纣之前已自称王,对殷商王朝而言是在祭仪上有臣属的关系。但同时甲文里亦富有征伐与开辟江汉的迹象。从文化上看,他们属于殷商的一系,但也有显著的区域特征。

从各方面新资料来看,传统的文献对周人开国经过的记述,以及近人对这些资料的研究,在基本上有许多可信之处。《诗经》里面周人的自述,更证实了它的历史性。目前所看得到最大的问题,是武王伐商以前周人开国的时代。看来周人之兴起,成一强大国家,不止太王、王季、文王三代。文王以前周人系谱究竟如何,他们在岐山定都多久,这都恐得等更多的资料出现以后才能得到解答。

商王庙号新考 *

一、商王庙号的意义

殷代以十干（甲至癸）与十二辰（子至亥）结合为纪日周期之单位，而十干尤为重要：十日称为一旬，卜辞中常有"卜旬"的记录；卜辞虽以干支纪日为常，却有省支之例。[1]商王自上甲微以后，都以十干为谥；[2]在殷王祭祖的祀典上，以各王之谥干定其祭日：祭名甲者用甲日，祭名乙者用乙日。[3]此皆可见十干在商人观念上的重要性。

商王世系，在甲骨文的发现与研究以前，以《史记·殷本纪》所载的为最重要的史料；此外，《三代世表》、《世本》（注疏引文）及《汉书古今人表》中也有少数重要的资料。现在且把《殷本纪》里的世系抄在下面（表一、横线表世次，在左之名为父，右为子；竖线示兄弟关系，在上为

---

* 原载《中央研究院民族学研究所集刊》(1963) 15, 65—95 页。
[1] 董作宾《论商人以十日为名》，《大陆杂志》第 2 卷第 3 期，1951。
[2] 屈万里《谥法滥觞于殷代论》，《中央研究院历史语言研究所集刊》(1948) 13。
[3] 王国维《殷礼征文》，《殷人以日为名之所由来》节。

兄，下为弟）。

依下表可见，自帝喾到振的一段，商王不以十干为名。微，《鲁语》作上甲微，《山海经·大荒东经》郭璞注引《竹书》作"主甲微"。王国维认定即卜辞之田[1]，亦有甲字。是自上甲微至帝辛止，三十七王，无不以十干为名。帝辛子武庚，亦不例外。现在卜辞学者多同意殷王世系自上甲以上无征，为神话时代或传说时代[2]；卜辞周祭祀典亦始于上甲。[3]因此下文的讨论，亦自上甲开始。

商王以十干为名，是死后而非生前，这是研究这个问题的人都一致同意的。[4]商王的名字，用于生时的，也见载于史，如天乙之名履，帝辛之名受，而以《纪年》所存最全。死后始用十干为庙号。司马贞《殷本纪索隐》引《古史考》："谯周以为死称庙主曰甲也。"又引同书："谯周云：夏殷之礼，生称王，死称庙主，皆以帝名配之。天亦帝也，殷人尊汤，故曰天乙。"在卜辞所见的殷王祀典中，祭祀各个先王的日子依其在世系中的次序及其日干庙号而定，故商王之以天干纪日为决定祭日的因素，而祭日在后，起谥在先。因此祭日虽与商王以十干为名有密切的关系，却非后者来源上的解释。

自上甲以下商王为什么以十干为谥？古今学者提出过不少的解释，归纳之可以分为四说，列举如下：

---

[1]《殷卜辞中先公先王考》。
[2] 如陈梦家《殷墟卜辞综述》，1956年；周鸿翔《商殷帝王本纪》，1958年，香港。
[3] 见董作宾《殷历谱》，《历史语言研究所专刊》，1945年，李庄。
[4] 如上引屈万里《谥法滥觞于殷代论》；董作宾《论商人以十日为名》；杨君实《康庚与夏讳》，《大陆杂志》第20卷第3期。

表1 《殷本纪》殷王世系

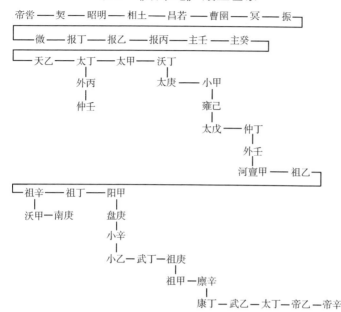

（1）次序

陈梦家作《商王名号考》[1]及上引《殷墟卜辞综述》（下文简称《综述》）主张此说。《综述》页404—405云："我们从周祭祀谱中，知道周祭先王先妣的次序，主要的是依了及位、死亡和致祭的次序而分先后的。……卜辞中的庙号，既无关于生卒之日，也非追名，乃是致祭的次序；而此次序是依了世次、长幼、及位先后、死亡先后，顺着天干排下去的。凡未及王位的，与及位者无别。"这段文字，费解得很，作者承认没能看懂。大意似乎是说，同代则自长而幼，异代则自父而子，先死者，谥甲，甲日祭之；次死者，谥乙，乙日祭之，以此顺推，

---

[1]《燕京学报》（1950）27。

至癸为止，再回到甲，反复不歇。后日祀谱中的名字并不依十干的次序，乃是因死者太多，不重要者逐渐被淘汰之故。

李学勤《评综述》[1]谓此说实创于清吴荣光的《筠清馆金文》卷1："甲乙丙丁犹一二三四，质言之如后世称排行字"。

（2）卜选

李学勤上引文反对陈梦家的次序说，主张"殷人日名乃是死后选定的"，并引祖庚时代卜辞中小乙故事为例。按小乙死于八月己丑：

〔癸〕未〔卜〕□〔贞：旬〕亡祸？己丑小乙死，八月（《明》1，983）

〔丁亥卜〕□贞：其有〔来〕艰？二日己〔丑〕，小乙死，八月（《掇》1，210）

七日后丙申卜"作小乙日"，贞问以"癸"为其日名之可否：

丙申卜，出贞：作小乙日，叀癸？八月（《后》下，9，3，10，1；《簠》人4）

卜问的结果似得祖先之同意，小乙的庙号乃定为癸，祭小乙在癸日（《簠》人5，《珠》1，055）。此外李氏又举下例：

乙巳卜，帝日叀丁？叀乙？叀辛？（《库》985＋1106）

---

[1] 载《考古学报》1957年第3期，123页。

谓是武乙为其父康丁选择日名之卜："帝日"是宜在丁？乙？抑辛？乙辛二名之下均记曰："有日"，故选定"丁"为康丁的庙号。

（3）生日

此说出现最早，亦最通行。《白虎通·姓名篇》云："殷人以生日名子何？殷家质，故直以生日名子也。以《尚书》道，殷家太甲、帝乙、武丁也。"《易纬乾凿度》亦云："帝乙则汤，殷录质，以生日为名，顺天性也。"同说亦见于皇甫谧《帝王世纪》；司马贞《史记索隐》引："微字上甲，其母以甲日生故也；商家生子以日为名，盖自微始。"又《太平御览》卷83亦引："帝祖乙以乙日生，故谓之帝乙。"屈万里上引《谥法滥觞于殷代论》，从之，但纠正"生日名子"之误，谓谥号乃在死后依生日而定。

（4）死日

董作宾主张此说[1]，在上引《论商人以十日为名》文中谓（页10）："汉人以为甲乙乃生人之名，所以解以'以生日名子'，这是合理的。现在既由甲骨文字证明了甲乙不是生前的名字，只是死后神主之名，当然以死日忌日为神主之名、祭祀之日，最为合理。若说甲乙是死后的神主之名而取生日为标准，就未免迂远而不近人情。固然，从残缺的贞卜文字里，找出某人的生日，以证明神主甲乙命名的来源，是绝不可能之事；找死日也同样不可能。"

上举四个说法，到底哪一个是合乎事实的，卜辞学者之间尚未有一致意见。其中似以死日说最为合理，但乏确证；小辛以己日死而癸日祭，受辛以甲日死而以辛为庙主，都是不利于

---

[1] 见《殷历谱》、《断代研究例》。

此说的证据。生日说为古人之说，古人去殷较今人为近，所传的说法值得郑重地考虑；古人固然未见卜辞，而卜辞对庙号并无直接的说明。以生日为名，在世界其他各地亦不乏其例，古如中美文明，近如非洲之 Ashanti。陈梦家的次序说，李学勤的书评中已作有力的反对。李氏本人的卜选说，倘所举卜辞的实例可靠，倒是非常值得注意的。

但是，如果我们把殷王的世系拿来仔细地观察，将各王的庙号彼此之间的关系加以考查，则我们马上就发现，这四种说法似乎都不能对庙号在世系中出现的方式作圆满的解释。以上这四说，固然彼此不同，却有一共同之点，即以各王庙号序列为偶然的选择的结果，统计学上所谓"抽样"。生日、死日，都非商王本人所能控制的。次序说亦同：甲至癸的顺序依出生及死亡的次序而定，亦非任何人所能任意先后的。卜选说，倘非把庙号的决定归之于神意或祖先的意旨，则也非把它归之于偶然的因素不可——如卜兆的形状及对它的解释。假如李氏所举的例子可靠，我怀疑这很可能代表一种对社会习俗的仪式性的认可（ritual ratification），而这种社会习俗的来源则另有所自。总而言之，现有的四说却不能解释殷王世系中的庙号的一种现象，即庙号在世系中的出现是有规则的，似乎是经过缜密的计划的结果。为了说明庙号出现的规律性，我们须把《殷本纪》的世系作一番检讨与修正，并考察世系以外的若干有关事实；这些都留在后面再说。在这里我且只举下列的四种现象。

（1）庙号虽以十干为名，但各干在殷王世系中出现的次数不一。以《殷本纪》为据：名甲的有七、名乙的有六，名丁的有八；上甲以后三十七个商王之中，甲、乙、丁三个日名占了二十一个，在半数以上。其余十六王之中，名丙的二、名戊的一、名己的一，名庚的四、名辛的四、名壬的三、名癸的一。

故十干之中的五个（甲、乙、丁、庚、辛）占了三十七王中的二十九，几达六分之五。这是无论生日说或死日说都难以解释的：何以殷王六分之五都生或死在一旬中的甲乙丁庚辛五日？

（2）甲乙丁三个干，不但占商王庙号半数以上，而且极有规则地出现在商王世系表上。自天乙到祖乙七世诸王庙号如下（仲丁到祖乙二世依卜辞改正）：

　　　　天乙——太丁——太甲——沃丁——小甲——
　　　　仲丁——祖乙

又自祖丁到帝乙九世直系诸王庙号如下：

　　　　祖丁——小乙——武丁——祖甲——康丁——
　　　　武乙——太丁——帝乙

在这两段系谱里庙号之使用天干似有极严格的规律性：甲或乙与丁作隔世代的出现。如以甲与乙为A，丁为B，则二者历世出现的规律如下：

　　　　A——B——A——B——A——B——A——B……

这个规律适用于上甲以后殷王直系的大半。所未及的有三段，其一是上甲微到主癸，其二是祖乙祖丁两世，其三是帝辛一世。第一段后文再谈。第二段《殷本纪》如下：

则乙与甲似相继出现于前后二代，以公式表之为：

B(仲丁)——A(祖乙)——?(祖辛)——B(祖丁)——A(阳甲)
　　　　　　　　　　｜
　　　　　　　　A(沃甲)

但《殷本纪》以沃甲为祖辛弟之说，在卜辞中证据不明。

商王庙号新考　179

《佚》986武乙卜辞曰："□未卜，伴自主甲、大乙、大丁、大甲、大庚、大戊、中丁、且乙、且辛、且丁十示，率牡。"其中且辛、且丁之间无羌甲（沃甲）。但《粹》250祖庚、祖甲卜辞则记曰："己丑卜，大贞，于五示告：丁、且乙、且丁、羌甲、且辛。"第一个名字当是父丁，即武丁，其次为武丁父小乙，再次为祖丁、羌甲、祖辛。祖辛到武丁间五世，只有直系先王，如羌甲为旁系，则不应跻身于五示之列（《综述》页462引此辞，以五示为祖辛到小乙三直系，加上羌甲与武丁兄丁；其说无据）。而且卜辞祖甲祀典祀羌甲奭妣庚。按卜辞祀典一世只一直系，祀其先妣，无例外。依《史记》，祖辛、沃甲兄弟都有子为王，都够直系资格，故可说祖甲祀典中有羌甲为直系，而帝乙帝辛时加强执行一世一直系的规则，不复祀羌甲奭妣庚。但卜辞世系在此与《殷本纪》不同，以南庚为祖丁弟而未必为沃甲子。因此倘沃甲如《史记》所说为祖辛之弟，又无子为王，其妣见于卜辞的祖甲祀典，与常例不合，无法解释。因此，羌甲很可能是祖辛之子而祖丁之父：

B（仲丁）——A（祖乙）——B（祖辛）——A（沃甲）——B（祖丁）

如是则前世甲（或乙）后世丁的规则至此并未破坏，并可证明"辛"与"丁"互不排斥，如是则帝辛之接帝乙，专就庙号的规则来说，一如帝丁接帝乙是一样的。这样看来，自汤开始，到殷之亡，商王直系诸王之选择天干为庙号，并不是偶然的，而是有规律性的：甲或乙名一世，丁（或辛）名其次世，再下一世又回到甲或乙，无一例外。上举庙号四说任何一说对此无法解释（旁系诸王的问题下文再讨论）。

（3）第三个庙号出现之规律性，是在同世兄弟诸王之间，甲或乙与丁或辛不同时出现；换言之，及位的兄弟中如有名甲或乙者，则必无名丁或辛者。按此一规律有三个例外：仲丁弟河亶甲；祖辛弟沃甲；阳甲弟小辛。但三个例外都可能有其他解释（辛的分组问题，见下节；此暂以辛为丁组）。

先说仲丁弟河亶甲。按《殷本纪》云：帝中丁崩，弟外壬立；帝外壬崩，弟河亶甲立；河亶甲崩，子帝祖乙立。《书序正义》亦同："仲丁是太戊之子，河亶甲仲丁弟也，祖乙河亶甲子也。"但《古今人表》列祖乙为河亶甲弟，倘依《古今人表》说，则有两种可能：其一，仲丁、仲壬、河亶甲、祖乙四人为兄弟；但此可能性不大，因卜辞祀典一世一直系，而仲丁祖乙先妣都见于祀典，是同为直系，非属于二世不可。其二则以河亶甲为仲丁子，祖乙为河亶甲弟。如是则仲丁之世的甲下移一世与祖乙同世，与上述原则又相合。

再说祖辛弟沃甲。上文已提到沃甲为祖辛之子的可能性；则此一例外亦不必存在。

最后说阳甲弟小辛。《古今人表》谓小辛为盘庚子，阳甲之次世，则又不构成上述原则之例外。但《古今人表》之说似不得卜辞的支持，见后文。作者并不主张这三处都如此的改订。如不改订，不妨视之为例外。如不容例外，这三处正好在文献中都有异说，则不足为上述原则之有力的反证。

（4）庙号在殷王世系中出现之规律性的最后一项，是祖甲、帝乙、帝辛祀典中所记录的先妣，没有与其配偶的先王同庙号的；这一点杨树达已先我而言。[1]先妣的庙号，不见于《殷本纪》，须求之于卜辞。据陈梦家《综述》[2]，卜辞所见先王配偶名称甚多，与先王亦可能有同庙号的，如武丁卜辞中的配偶名自甲至癸，包括名丁的在内。但其中多数不见祀典，

---

[1]《耐林顾甲文说》，《说殷先公先王与其妣日名之不同》节，1954年。
[2] 陈梦家《综述》，447—448页。

其见于祀典的,所谓"法定配偶",则为数极少,且绝无与配偶先王同名之例。祀典中先妣之数,各参考书如《通纂》、《殷历谱》与《综述》中所见有小异;以《综述》晚出为准,则乙辛祀典中先妣名称及其配偶如下:

  妣甲——示癸(主癸)、祖辛

  妣丙——大乙(天乙)

  妣戊——大丁(太丁)、武丁、祖甲、武乙

  妣己——中丁(仲丁)、祖乙、祖丁

  妣庚——示壬(主壬)、祖乙、祖丁、小乙

  妣辛——大甲(太甲)、武丁、康丁(庚丁)

  妣壬——大庚(太庚)、大戊(太戊)

  妣癸——中丁(仲丁)、武丁、文丁(太丁)

上表所示的事实至少有四项:其一,祀典中的先妣无以乙及丁为庙号的;其二,祀典里仅直系先王的先妣有干名记录,其余先妣的日名多不详;其三,先妣与其配偶没有同干名的;其四,先妣的日名与其配偶先王的日名有一定的结合的规律的倾向,如甲不配乙,癸只配丁,戊己庚辛则丁乙皆配,壬则乙丁俱不配。下文对此再详论。以上关于先妣的四点现象,又非解释庙号四说之任何一说所能说明的:倘使先王有半数以上生或死于甲乙丁三日,而先妣则偏偏不生或死于乙丁两日,这话是无论如何说不通的。杨树达上引文云:"岂殷家王朝有同生日之男女不为配偶之习惯,与周人之同姓不婚相同欤";这或不失为一种说法,但我们实有更为合理有据的说法在。

  上面所举的四项庙号在商王世系中出现的规律性,使我们不得不对既有的解释庙号诸说表示极端的怀疑。但是我们又当作怎样的解释?作者在本文里拟提出一项新的假说。提出这项假说以前,让我们先复习一下关于庙号的两件事实:

——商代先王先妣以日干为谥；日干为"庙主"（谯周说），易言之，王及其配偶死后以神主代表，置于祖庙中享祭，而神主以甲至癸称之；

——商王世系中可以见到庙号在各世代中出现的规则性；易言之，个别的先王先妣之以个别的十干称之，受一定原则的支配，而这原则自太乙至帝辛不变。

根据这两项事实出发，我们拟提出的假说如下：

（1）先王妣之以十干为名，系商人借用在日常生活中占重要地位的天干（事实上亦即号码）[1]，对祖庙或庙主的分类的制度；王及其配偶死后之归于何主，或其主归于何庙（换言之，分之于第一号庙，第一号主，之类），有一定之规则。

（2）商代庙主之分类，亦即王妣之分类；分类的原则，系商王室的亲属制度与婚姻制度，及王妣生前在此种制度中的地位。

（3）从庙号上所见商王室的亲属婚姻制度，与王位之继承法及政治势力的消沉有密切的关系。

要证明与详细解说我们所以做此说法的根据，头绪相当纷繁，但其中的道理实甚简单。下文试作一步步的分析与说明。

二、从商王庙号所见的王室亲属婚姻制度

本文不详论商代的亲属制度，但为说明庙号的意义，若干有关的事实亦不能不涉及。我们先来看看，在商王室的亲属制度上，有哪些基本的事实，根据文献的记录或是卜辞的研究，可以认为是已经成立而可以作为讨论新问题的基础的。

（1）第一点可以确立的事实，是商代王位的继承是由父

---

[1] 郭沫若《释支干》，《甲骨文字研究》。

传子或由兄传弟的；换言之，是男系的继承法。卜辞里所见的亲属称谓，多在王室的祭祀中运用，所以亦以男性为自我（ego）；其亲属的分别，向上伸两世（父、母，祖、妣），向旁及于一世（妻、妾、配、母、奭，及兄、弟），向下及于一世（子、妇、生）。再向外则为这一个小圈子亲称的扩展，有时加以区别词区别之；如祖以上皆称祖，其配偶皆称妣；父母之亲堂表兄弟皆称父，父母之亲堂表姊妹皆称母；己之亲堂表兄弟皆称兄弟，己之子与兄弟姊妹之子皆称子。[1]用乔治·默多克（George P. Murdock）[2]的术语来看，卜辞的亲称似乎既不重视 collaterality，又不重视 bifurcation；换言之，父与其兄弟之间，母与其姊妹之间，父之姊妹与母之姊妹之间，与父之兄弟与母之兄弟之间，似乎都没有分别的倾向。但 seniority 的原则则有时颇重要，如兄弟之分及小父小母之名；《六父戈》的大父、中父、父三称的分别，或亦与此有关。这些亲称材料在本题的研究上有两点意义：（一）王位的男系继承，可能伴以亲属制度上男系传嗣的制度；换言之，所谓"男系"，兼指 succession 与 descent。（二）卜辞中所称父不一定是生身之父，子，不一定是亲生之子，兄弟，不一定是同父之兄弟。次代之王之为前代之王的子或弟，固可能为其亲子或同父之弟，亦可能为其兄弟姊妹之子或其父的兄弟姊妹之子，而且此所谓"兄弟姊妹"均不必是同胞所生，亦不必是一父所生。这一点，李玄伯与陈梦家等多人都已提到[3]。

（2）第二点可以确立的事实是商王都是子姓的，共溯其

---

[1] 李学勤《殷代的亲族制度》，《文史哲》，1957 年；《综述》，483—490 页。
[2] Social Structure, New York, McMillian, 1949, pp. 141-142.
[3] 李宗侗《中国古代社会史》，台北，1954 年，134 页；《综述》，370 页。

来源于同一个神话中的始祖。《殷本纪》曰："殷契母曰简狄，有娀氏之女，为帝喾次妃。三人行浴，见玄鸟堕其卵，简狄取吞之，因孕生契。契长而佐禹治水有功……封于商，赐姓子氏。"《论衡·姞术篇》亦云："古者因生以赐姓，……商吞燕子而生，则姓为子氏。"子之为姓，来源其说不一，不详论。[1] 卜辞记"族"，约有四种，曰王族、三族、五族及多子族。[2] 王、三、五以称族皆易解，而多子族或即径指子姓众族而言。无论如何，商王之私名及庙号虽异，其同为子姓则一。是则姓之继承在商亦为男系。子姓的特征，至今所举已有三点：姓及始祖诞生神话，亲称所示之范围及王位之传承。

（3）第三点或可确定的事实，是天下土地与财富的理论上皆为王有，因此亦在子姓之内沿男系继承。换言之，子姓亦为一财产所有之共同体。这一点在卜辞中不甚明，但西周时代"溥天之下莫非王土"的观念，恐怕亦见于商代。商王似在理论上对土地有所有权，而赋使用权于诸侯，故王室卜辞卜受年卜及封君，可见侯白之田为王室注意所及，而侯白田的收成，王室当亦有份。卜辞又有封君告边患的记录，足证封君虽用其土地，而殷王仍有防患保土的义务。故胡厚宣谓："殷代既有封建之制，则其土地或本为国家所有，经王之分封，乃属于封建侯白，或土地本为诸部落国族所有，经王之封而承认其为自有之土地。"[3] 这段引文里所谓"属于"及"自有"，恐怕都须加引号，因为我们未必能明确地区别使用权与所有权。

（4）由以上的三点，可见殷王室的子姓，合乎现代社会

---

[1] 参见李宗侗《中国古代社会史》，30—33 页。
[2] 《综述》，496—497 页。殷始祖诞生神话之历史，可参见本书《商周神话之分类》。
[3] 《甲骨学商史论丛》初集，《殷代封建制度考》，1994 年。

学及民族学上所谓"氏族"（clan，sib，gens）的条件。我们可作结论说：殷王上至少自上甲，下及帝辛及其后裔，属于同一个男系的氏族，有共名、共同财产、共同神话，王位的继承也在氏族之内由男系相传。祖先祀仪之隆重，亦可以表示氏族共同祭仪之重要性。

但子姓之为氏族，并不一定是说子姓氏族也一定是个外婚的单位。"同姓不婚"之说，见于东周以来载籍[1]；是否可以向上推到殷代，卜辞中并无确证。《礼记正义》："殷无世系，六世而昏，故妇人有不知姓者。"王国维据之云："然则商人六世以后或可通婚，而同姓不婚之制实自周始。"[2]胡厚宣则主张卜辞中有殷人行族外婚之证：

> 殷代……男女……死后皆以甲乙为其祭祀之庙号，但其生前则皆自有其名，如前举子渔、子画之类，皆男子之名也，帚矮、帚好之类，皆女子之名亦即姓也。观武丁之配，有名帚嫘、帚周、帚是、帚杞、帚矮、帚妹、帚庞者，……皆其姓，亦即所自来之国族。他辞又或言，取奠女子。奠即郑，取即娶。此非族外婚而何?[3]

丁山也同意，"凡是卜辞见的如'某'，某也是氏族的省称"。[4]但指出武丁的诸妇中也有"妇好"，准此。

殷商王朝可能是与古代埃及希腊一样，也是实行族内

---

[1] 见本书《商周神话与美术中所见人与动物之演变》中的论证。
[2] 《观堂集林》，《殷周制度论》。
[3] 《甲骨学商史论丛》初集，《殷代家族婚姻宗法生育制度考》，1944年。
[4] 丁山《甲骨文所见氏族及其制度》，28页。

婚制。男女辨姓，礼之大防，而春秋时代的齐国，襄公与其妹妹文姜的关系，喧传于列国；桓公好内，姑姊妹不嫁者多人；这多少反映出一点族内婚的遗迹，或者是染受殷商的遗风。[1]

不论族外婚或族内婚之说，立说的根据都是卜辞中"帚"底下的一字：碰到好字，则是族内婚，碰到周楚等字，则是族外婚。其实，帚下的字到底是族名还是私名，恐怕还是未定的问题。[2]假如是族名的话，则武丁的"妇"有数十个，个个不同，莫非各娶自一族，合乎李玄伯所谓"多妻多姓制"？郑樵《通志氏族略》云："三代之前，姓氏分为二，男子称氏，妇人称姓。"合乎东周文献中孟姬齐姜等称呼之例，卜辞中的帚某系指族姓，并非绝无可能。但这项材料，显然不是证明殷代族外婚有无的上等材料。在民族学上，氏族常行外婚，但不行外婚的氏族也不少见，尤多行于王族，与同一社会里平民的氏族婚制或同或异。因此，假如我们要说子姓王室在氏族内通婚，并非一件奇怪的事。

由以上的讨论，我们对于殷王室所属的男系子姓氏族的若干特征，有了若干具体而比较可靠的认识。以此为基础，我们可以再回到商王的世系上来看看，诸先王先妣的庙号可能代表怎样的一种分类，这种分类自然要合乎已知的亲属制度的规模，但不妨加以补充说明。

《殷本纪》的世系表，十之九都经卜辞证实，但卜辞对之不无修正，同时加上了先妣的名号，如表2所示。

---

[1] 丁山《甲骨文所见氏族及其制度》，56页。
[2] 《综述》，497—498页。

表2　卜辞殷王世系配偶表 *

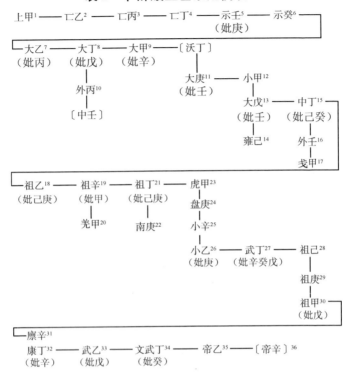

依表 2 所列举的先王世系，再回到上文已提过的问题上，我们马上注意到甲、乙、丁三个庙号出现的规律性。上文还提到过

---

*　横竖线意义同表 1。王名右上角数字示及位次序，依《综述》。六角括弧内的王名卜辞周祭祀典中所缺。妣名依《综述》；依《殷历谱》则祖乙有妣己无庚，祖辛有妣甲及庚，祖丁除妣己、庚外尚有辛、癸。此皆依乙辛祀典，惟文武丁妣癸依金文补。依祖甲祀典则羌甲（沃甲）有妣名曰庚。此表与《殷本纪》世系（表 1）比，相异诸点如下：（1）匚乙匚丙匚丁三世的次序；（2）大丁、外丙、中壬、大甲四王及位的次序；（3）雍己与大戊的长幼次序；（4）仲丁、河亶甲与祖乙三人的关系；（5）祖丁、羌甲、南庚三人的关系；（6）祖己虽未及位而见于祀典。

另外两个现象：其一，及位之兄弟的庙号彼此之间，有的有互相结合的关系，另外有的有互相排斥的关系。其二，先王及其配偶庙号之间的关系。对初民社会有兴趣心得的人，看到这些现象，马上就会想到子姓氏族王室之内分为两组的可能性。我们试将各王庙号依其不同的组合而排为两组，如表3。

表3　商王庙号之分组

世代	A组	不合规律及暂不分组之庙号	B组
（每格代表一世）	上甲		
		匚乙	
		匚丙	
			匚丁
		示壬	
			示癸
	大乙		
			大丁、外丙、〔中壬〕
	大甲		
			大庚〔沃丁〕
	小甲、大戊、雍己		
		戋甲	中丁、外壬
	祖乙		
		羌甲	祖辛
		祖丁、南庚	
	虎甲、小乙	盘庚、小辛	
			武丁
	祖己、祖甲	祖庚	
			廪辛、康丁
	武乙		
			文武丁
	帝乙		
			帝辛

商王庙号新考

依表3，A组有甲、乙、戊、己4干，B组有丙、丁、辛、壬、癸5干。以庚为名的，依世次排下来，属A、B组者各2，暂不归组。表中列37王，其合乎A、B组之分划的27王（A组13，B组14），其不合的7王，其不定的4王（庚）。这个数字（27/37，或3/4弱）已不是偶然的因素所能解释的了。如以庚为名的四个庙号归入A或B，则不合者与合者之比成为29/39，或约3/4。但不合的7王，再经检讨，则多有可商，我们甚至可以把合乎规律之庙号的比例增加到百分之百。今检讨这7王庙号如下：

（1）匚乙、匚丙、示壬：依《殷本纪》报丁、报乙、报丙的顺序，则与本文的规律相合：（上）甲——（匚）丁——（匚）乙——（匚）丙。但祀典卜辞上甲到匚丁4世的顺序，自王国维以来，已成定论，因此我们只好从这不合规律的卜辞，而舍弃那合乎规律的《史记》。但上甲到示癸六世，在汤立国之前，其可靠程度，远不如大乙以后的世系。匚乙如为上甲之弟或其孙，匚丁若为匚丙之弟或其孙，示壬若为匚丁之弟或其孙，则其依世次的分组亦与后世的规律相合。事实上，这几世代表多少实际上的先王，恐怕还是未知的。总之，其次序与组合对本文的结论无大影响。（写到此处，不免要提一句：《殷本纪》之错，错得奇怪！甲乙丙丁的次序，自殷到今日，中国人无不熟稔，何以在世系上搞错成甲丁乙丙？而何以偏偏错了以后又正好与后世之规律相合？我颇疑心这是太史公或其前人有意修改的——改的对，因改了以后合乎殷代后世的规律；但也改错了，因为殷人自己没把这几世先王的关系说清楚。）

（2）戋甲依庙号应属于A组，但依《殷本纪》为仲丁之弟，应与仲丁同属B组，与规律不合。按《古今人表》以戋甲为祖乙之兄，上文已详细讨论。因此，我们不妨把戋甲拉下一世,放入祖乙的一格内,则合。

(3) 羌甲依庙号应属于 A 组,但为祖辛弟、祖乙子,故按世次应属 B 组,不合。按上文已详细讨论羌甲为祖辛子的可能性;如是则庙号世次又无不合。

(4) 祖丁依庙号应属 B 组,依世次则属 A 组。倘如以上所推测,以羌甲为祖辛之子,祖丁当为羌甲之子,于世次庙号均合,属 B 组。

(5) 小辛依庙号似属 B 组。辛之出现除小辛外虽只两次(祖辛、帝辛),但其与 B 组其他庙号不相排斥则无疑义。依世次,小辛为虎甲、盘庚弟、小乙兄,非属 A 组不可。按《古今人表》以小辛为盘庚子,如依之,挪小辛于 B 组,则小乙又非是小辛之子不可。这种办法,似与卜辞不合。《乙》2523 武丁卜辞文曰:"不佳父甲、不佳父庚、不佳父辛、不佳父乙。"其甲庚辛乙四父的顺序与武丁四父全同,足证这四人实是兄弟辈而不是祖孙辈。固然倘以小乙为武丁父,而以小辛为其祖父,阳甲盘庚为其曾祖父,也未必说不通,因小乙的兄弟仍可能有以甲、庚、辛为庙号的。但如持此说,恐怕有些过分强辩,我们只好仍存小辛为不合之例,或把辛提出来与庚同样看待,暂不分组。如是则先王庙号可以分为两组:

A 组:甲、乙、戊、己;嗣后称为甲乙组(直系皆甲、乙)

B 组:丙、丁、壬、癸;嗣后称为丁组(直系皆丁,仅一例外)

此外,庚、辛之分组暂不决定,或称之为第三组。以上的分组,照 A—B 历世次顺序轮流出现这一条规律而言,在商王世系中,可以说是没有例外的。由此,我们发现商王世系庙号所透露的一个大原则:及位诸王隔世代有相同性;易言之,兄弟与祖孙属于同组,而父子属于异组。这条原则,在社会人类学上,是个常见的现象,所谓"祖孙世代相结合的原则"(The principle of the combination of alternate generations)。[1]但是,正因为这个原则在各社会里出现得太普遍了,要深究它在殷王室亲属制度上的特殊意义,我们还得发掘一些另外的事实出来不可。

庙号的分组在亲属制度上的意义,由祖妣庙号的关系上,应该得到更进一步的启示。假如先王的庙号系以亲属制度为基础的一种分类,则先妣的庙号也应该是同样的一种分类。固然,先王庙号与先妣庙号并不一定属于同一个系统;换言之,先妣庙号中的甲,未必便与先王庙号中的甲是同属一组的。但是上文已举出过一个现象,即先王及其祀典上的配偶的庙号不同;如果先王与先妣的庙号属于两个不同的系统,则无法对此加以解释。因此我们不妨假定,先王庙号的分组,同样适用于先妣。

除此以外,先祖先妣的庙号中还包含两个重要的现象。第一,在祀典中先妣排列的次序,依先王的长幼与世次而定;"妣某"的地位,全靠其为"且某奭",因此在祀典里,商人所彡、翌、祭、壹、肜的永远是"且(兄)某奭妣某"。换言之,商王及其配偶的世系,代表一个亲属系统;先妣在其中似乎不构成一套独立的架子。第二,祀典中所祭先妣的数目及庙号,与下一代的先王的数目及庙号没有直接的联系。祖丁有妣己与妣庚,却有虎甲、盘庚、小辛、小乙四子,是一个例子。

上举的若干现象,从现代社会人类学的知识来分析,可能

---

[1] A. R. Radcliffe-Brown, *Structure and Function in Primitive Society* (Clencoe: the Free Press), 1952, p. 69.

有好几种不同的解释。[1]作者试从不同的角度作了几种不同的尝试，发现只有一种解释，最为简单合理，而不须更改既有的史料。即，子姓氏族的王室，不是个外婚的单位；王室本身包括两个以上的单系亲群，互相通婚。通婚的方式，照我们的材料上看，可能性有两种：双方的交表婚配（bilateral cross-cousin marriage）或父方的交表婚配（patrilateral cross-cousin marriage）。若使前者讲得通，我们必须把子姓氏族王室亲群摆成四个婚姻组，四组之间有一定的婚姻关系。若确立这个现象，我们非得把王室世系及王妣的关系作若干假定性的修改不可。假定后一种婚姻方式，即每隔一世行父方的交表婚配（从男性说），则现有的材料全部可以讲得通，但我们非得做两个大胆的假设不可：（1）殷王世系中的"父子"，全不是亲的父子；子，在实际的血亲关系上，全是甥，亦即姊妹之子。（2）在世系中有地位，亦即及位的王的亲子，必有一以甲乙或丁为庙号的配偶，与其本人属于异组（即丁之亲子娶甲乙；甲乙之亲子娶丁）。但此子绝不及位为王，其本人及其妣亦不在祀典中出现——亦即祀典中无以乙及丁为庙号的先妣之故。此子的亲子则绝不以甲乙或丁为庙号的女子为配偶，同时却有资格及位为王。换言之，商王世系中只有亲祖孙的关系，而无亲父子的关系；如下代名丁的王可能为上代为丁的王的亲孙，却不是上代名甲或乙的王的亲子。其间的关系，如表4。

---

[1] 最令人跃跃欲试的，是把 Marcel Granet 对西周制度的解释搬上殷代；但如此作，远不如本文的方法简单。参见其 "Catégories Matrimoniales et Relations de Proximité dans la Chine Ancienne", *Annales Sociologiques*, Série B, Fasc 1-3, 1939, Paris。

表4　商王父子祖孙关系

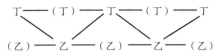

表中横线为父子关系，斜线为王位继承关系。我们现在把以上的假定试加以详细解释。

上文已自商王庙号出现的世代看出，商王虽同为子姓，却可分为两大组及若干小组。大组之一以名甲乙者最多，且直系诸王属于这一组的都以甲乙为名，可称之为甲乙组。另一组以名丁的最多，且直系诸王之见于祀典的除祖辛外都以丁为名，可称丁组。这个"组"，相当卜辞中何字，亦即殷人自己用什么名称来称呼它，一时不易决定；也许这就是"宗"字用法之一，为姓以下族以上的一个单位。[1] 商人在称呼这些亲群时，未必以"甲""乙"等十干称之，而每一干所指者亦未必是一组或一群。十干为名的庙号，似乎只是对这些亲群的分类——一方面便于祭日的安排，一方面又使之在亲属上不相冲突而已。

关于这两组以上亲族的事实，我们所知的至少有两件：（1）第一代王，如出于甲乙组，则第二代王必出于丁组，下一代再回到甲乙组；倘兄终弟及在一世之内，则王位或在甲乙或丁之内相传，或传入与甲乙或丁相近的其他诸号内，而绝不出于对立的一组。换言之，甲乙组与丁组似乎是子姓王室之内政治势力最大的两支，隔代轮流执政。（2）祀典中的先妣无以乙丁为名的。

据此，则倘以甲乙、丁二组以外诸宗（丙，戊——癸）以×号表之，则子姓王室内的婚制，或可以表5示之（表内填

---

〔1〕见《综述》，469页；金祥恒《卜辞中所见殷商宗庙及殷祭考》，《大陆杂志》第20卷第8期。

表 5　殷王室二大支及其婚配亲属关系

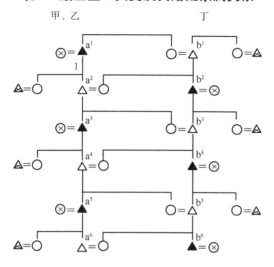

黑的三角形示及位之王，空的三角形示及位王的亲子）。

表 5 里的甲乙与丁两系，是子姓王室中政治势力最大的两支亲群。表中所示的婚姻关系及及位次序可以解释商先王先妣庙号所示的各种现象（旁系问题，见下节）。倘以 a^1 为王，出自甲乙组，则 a^1 不能娶丁组之女，因丁组同世代之女子皆属 a^1 亲母的宗族（见下），而以亲母之父系宗族为乱伦禁忌范围为世界各地父系氏族社会中所习见。不娶丁组之女的原因，也许还包括政治地位问题的考虑，因为婚姻的关系常伴以政治地位与义务上的关系。但因 a^1 不娶丁组之女，而只能娶一异宗之女，则 a^1 的亲子 a^2 的政治地位因之而减低；相反，在丁组中则 b^1 可以娶甲乙组的女子为妻（原因见下），因此其亲子 b^2 以甲乙、丁二组为父母，政治地位高于 a^2，因此继 a^1 为王。a^2 则因不是执政的王，同时 a^2 的亲母不来自丁组，于是 a^2 可以娶丁组之女，以恢复其政治地位；但此一婚姻，因 a^2 未及

位为王之故，不记于祀典。a^3 则父母二人来自甲乙及丁组，政治地位又比 b^2 的儿子 b^3 为高，于是又继 b^2 为王。以此类推，因此，a^2、a^4、a^6，及 b^1、b^3、b^5 未及位为王，乃不见于祀典，也是以乙丁为号的先妣不见于祀典的缘故。依此说，则王位之传递之自父传子，乃是亲称上的父传子，而实际上是舅传甥。王之亲子恒娶王之姊妹之女为妻，王之孙乃又可以自王之甥传接王位，因王之孙又成为王之甥之甥也。这一系统可以把世系中直系庙号的所有现象说明清楚，而其本身亦不是特别奇怪的邪说，因这种婚制及继承法则在初民社会中也有出现的例子。现举殷王世系中自武丁至帝乙的一段为例，把上述的原则作一具体化的表演（见表6）。

表6中填实的三角为及位的王，实线打圈的妣为及位王的配偶，均见于祀典；中空的三角及虚线打圈的妣均为祀典上所不见，但为解释庙号的各种现象不能不构想其存在。祖甲因而不是武丁之子而是武丁的甥（姊妹之子），康丁是武丁之孙，也是武丁的外甥女的儿子，又是祖甲的外甥。这么一来，《殷本纪》及卜辞上的世系，视似全部搞乱，其实一字不改，改的是父子兄弟等字的切实意义，而如此看则世系上的庙号问题全通。

假如商代的王制，作如此的解释，不但世系中的庙号问题可以迎刃而解，在文献及卜辞中关于殷代若干迄今不得解释的史实，亦得做初步的解释。这些史实中重要者留待下节再谈，此地先举两件。

《尚书·高宗肜日》记武丁肜日祀典有雊雉之异，王以为不祥，祖己训王称："呜呼，王司敬民，罔非天胤，典祀无丰于昵！"其中"罔非天胤"一句，不像商人的观念，大概是周朝人代笔的。最后一句，典，常也；昵，旧有两说。一说为《伪孔传》："昵，近也。祭祀有常，不当特丰于近庙，欲王因

表6　武丁至帝乙婚姻亲属制度法则之构想

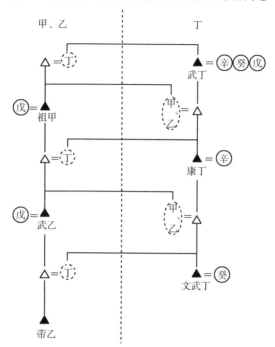

异服罪，改修之。"另一说为《经典释文》引马融："昵，考也，谓祢庙也。"据《尔雅·释亲》，考为亡父之称；父庙可称为近庙矣，二说并不冲突。何以武丁祭先父特丰而引起了灾异，是千古的疑案。现在看来，很可能武丁祭祀时"丰"了生父即丁组父庙，相对地就薄了乙组小乙的庙，为殷王制典祀所不容。如此《高宗肜日》这句话乃一说得通的解释。

另外一件，是殷代的所谓"旧臣"在政治上似乎有很大的力量。如伊尹权势之盛，可以放逐大甲，同时在宗族上亦有相当大的地位，为武丁时代王室祀典所收。假如我们认为子姓王室之内两大政治集团的交替，依照严密的法则，始终殷代数百年间不变，则其中必有极大的维持力量在。社会传统、宗教信仰与婚姻制度，都是使王位在甲乙、丁二组之间作规则性的轮流的维系力量。但除此以外，很可能也有政治上的实力加以维持，而或即一种氏族长老的评议会（council of the elders）之类的机构。于是旧臣之具有实力，是亦有其原因在。大甲属甲乙系，应当遵守同系先祖大乙（汤）的旧制，但《孟子·万章》说他"颠覆汤之典刑"，《殷本纪》说他"不遵汤法"，于是被重臣伊尹"放之于桐"。这里面似不无捕风捉影之嫌，但细思之，足备一说。

三、与商王庙号有关的若干其他史实

上节提出对商王庙号的新解释，包含好几个重要性不一与可靠程度有差的要点：（1）商王室虽属子姓氏族，却分为两大支派与若干小支派；（2）两大支派轮流执政；（3）其具体的方式为王位传甥，亲子娶姊妹之女。上面的（1）（2）两点，从庙号的分析来看，似乎是无可怀疑的史实。第（3）点为解释以上两点及若干与庙号有关的现象的可能假设之一。进一步的探讨，则有待于民族学家与卜辞学者一起朝这个方向仔细考查一下所有有关的史料。

从庙号分析所得上述的结论，不但圆满地解释了庙号出现的规律性，而且对若干殷周史料中未决的问题，也能提供一些新的有用的启示。下面是已经可以看到的几点。

（1）商王继承法

在上节里，我们详细地说明了我们的新说对于直系诸王庙号的解释，但是尚未涉及旁系的问题。把这个问题留到这里来讨论的原因，是因为它在商王继承法问题上的重要性。商王继承的法则,一向是一笔糊涂账。依《殷本纪》,商王之继统,或父死子继,或兄终弟及。《史记·宋世家》:"父死子继,兄死弟及,天下通义也。"《鲁世家》:"一继一及,鲁之常也。"但二者既不能同时进行,商王世系又证明二者并非作规则性的交替,故在怎样的情形下为子继,在怎样的情形下为弟及,则为史籍所不能说明。王国维主张:"商之继统法,以弟及为主,而以子继辅之,无弟然后传子。"[1]李玄伯从其说:

> 商至少在成汤以后,尚实行兄弟共权制度;彼时政权尚未集中在每代的长子身上,而为一代所共有,所以一帝之终,不必须传位于其长子,且须传位与其弟兄,候这一代陆续享有政权后,始传给下一代的人。事实上虽然全族的人不必能皆做首领一次,但在学理上全族的人皆有做首领的机会;事实上全族的人不必皆平等,但学理上全族的人皆平等与权。商人至少在武乙以前,仍在这种阶段中。[2]

陈梦家《综述》则不然其说:"若是商人是以弟及制为主的,则必无弟才传子,此与商人的婚制不合。据卜辞,商王是多配偶的,则其多子的可能性很大。即使某王本身不育,商人兄弟不限于同父母,故凡从兄弟均有继为王的权利。……弟及制并非轮及每一个弟,据卜辞同辈兄弟及位者其数不过四,而卜辞一辈的兄弟往往不止于四,如祖甲世除祖己、祖庚、祖甲外,尚有兄壬、兄癸,均未及王位。"他的结论是:"由此可见商

---

[1] 《殷周制度论》,《观堂集林》。
[2] 李宗侗《中国古代社会史》,133页。

代传统法并没有一种固定的传弟传子法，凡弟或子所以及王位必另有其法规，可惜我们无法推知。"[1]

这"另有"的"法规"，在上述对庙号的解释下，可以很简单地"推知"。假如商王的继承，虽在亲称上是父子相传，而在实际上是舅传于甥，则在两种情形之下，王位不能传到下世而只能传于本世：（1）王逝世时，合法的继承人年龄太小，或在其他体心方面不够条件；（2）王无姊妹，或其姊妹非前王姊妹之女；换言之，王无甥，或其甥不是前王之孙（见表5）。在这两种情形之下，王位传不下世，乃兄终而弟及，而及位之弟仍限于兄的同组之内，因同组之内同世的兄弟之间与现王同为前王之甥的人选可以不止一个。第（2）种情形可以说明大庚—沃丁、虎甲—小乙、祖己—祖甲、廪辛—康丁四世，而第（1）种情形或可以说明其他兄终弟及诸世。此说是否可以在卜辞上证明，是要请卜辞学者指教的；但依此说，则何则子继何则弟及，在原则上有了个一致的说明，而我们从庙号分析上对商王继承法所得结论，适与王国维相反：子继为常，而弟及为变。

（2）卜辞中的"旧派"与"新派"

卜辞的分派研究，是董作宾继分期研究对甲骨学的又一大贡献。[2] 依此说，商王自盘庚迁殷以后，分为新旧两派，二派在祀典、历法、文字与卜事上均有若干不同，其代表人物如下：

旧派：武丁　　　　文武丁
新派：　　　祖甲　　　　帝乙

---

[1]《综述》，370—371页。
[2]《殷历谱》、《乙编自序》、《甲骨学五十年》。

以武丁代表旧派，则祖甲为革新的创始者，文武丁又复古，帝乙又回到新派，代表商代王室之内新旧两派政治势力与思潮的起伏循环。

上文对商王庙号新说在研究商史上最重要的后果之一，是依此种说法则卜辞中新派旧派之分，可以得到加强的证据与一圆满合理的解释。换言之，旧派的典章制度代表丁组的传统文化，而新派的典章制度代表甲乙组的传统文化。二者固然大同，皆为殷文化的代表，但亦有小异，为殷文化以内小集团的小文化（sub-cultures）。甲乙组执政时，有行甲乙组礼制的倾向，而丁组掌政时有行丁组礼制的倾向，固不必视其一为革新，另一为守旧也。事实上，依此说则祖甲、帝乙的"新派"，其实是大乙一系的旧政，而武丁、文武丁的"旧派"，反而是与汤法相对立的制度。

但二组礼制的交替，亦不必如此的规则。《殷历谱》与《甲骨学五十年》中新旧派之分大同小异，列举如表7。

其不同之处在武乙：《殷历谱》分之于新派，而《甲骨学五十年》分之于旧派。这个改变，不知是武乙卜辞研究的新结果，还是基于武乙、文武丁卜辞同属第四期旧说的考虑。事实上，武乙在位不过四年，留下来的卜辞为数必少，未必够作分派的确实证据。《殷本纪》记武乙为恶，被雷震死，似乎与"淫乱"的祖甲同一待遇。因此武乙之属于新派似非全无可能。但这点关系不大，因自卜辞所见，为新旧两派代表的，仍以武乙、祖甲、文武丁与帝乙四人为最清楚明白，其分组是与我们的新说相合的。不合诸王，如小乙属旧派，廪辛、康丁属新派，或因其卜辞的断代尚不太明了，或因二派礼制之交替只是倾向而非必然，均不足构成对于新说的有力的阻碍。

表7　殷王分派及各王在位年数

	《殷历谱》	《甲骨学五十年》
旧派	盘庚（14）、小辛（21）、小乙（10）、武丁（59）、祖庚（7）	同左
新派	祖甲（33）、廪辛（6）、康丁（8）、武乙（4）	祖甲、廪辛、康丁
旧派	文武丁（13）	武乙、文武丁
新派	帝乙（35）、帝辛（63）	同左

（3）昭穆制问题

殷周异姓，其活动中心在地理上亦有相当的距离，其亲属制度与继承制度不必相同，而且据史籍看来，可能很不同。但商王庙号的分组说与周的昭穆制，未尝不可相互发明。昭、穆之称，散见《诗》、《书》、《左传》。《左传·僖公五年》："太伯，虞仲，太王之昭也；太伯不从，是以不嗣；虢仲、虢叔，王季之穆也。"《二十四年》："管、蔡……文之昭也；邗、晋……武之穆也。"《定公四年》："曹，文之昭也；晋，武之穆也。"故西周初年王室的几代，其昭穆之分均为固定的：太王为穆、王季为昭，文王为穆、武王为昭。《周礼·春官·小宗伯》云："辨庙祧之昭穆。"《正义》："祧，迁主所藏之庙。自始祖之后，父曰昭，子曰穆。"《礼记·王制》："天子七庙，三昭三穆，与大祖之庙而七；诸侯五庙，二昭二穆，与大祖之庙而五；大夫三庙，一昭一穆，与大祖之庙而三。士一庙。庶人祭于寝。"

近人研究昭穆的，以葛兰言（Marcel Granet）、[1]李玄伯[2]

---

[1] M. Granet，前引书。
[2] 李宗侗《中国古代社会史》。

与凌纯声[1]三先生为最著,均以为代表婚级,在初民社会中不乏其例。这个问题牵涉周代整个亲属制度,本文里不遑详述。[2]在这里我们只提请读者对古代文献中所见昭穆制的三点特征的注意。其一,昭穆显然为祖庙的分类;周代先王死后,立主于祖庙,立于昭组抑穆组视其世代而定。周王如用庙号,则必是太王穆、王季昭、文王穆、武王昭一类的称呼,与康丁、武乙、文丁、帝乙相类。其二,昭穆制的作用,古人明说为别亲属之序,亦即庙号之分类,实代表先王生前在亲属制上的分类。《礼记·祭统》:"凡赐爵,昭为一,穆为一,昭与昭齿,穆与穆齿,此之谓长幼有序。"又云:"夫祭有昭穆;昭穆者,所以别父子、远近、长幼、亲疏之序,而无乱也。是故有事于太庙,而群昭群穆咸在,而不失其伦,此之谓亲疏之杀也。"按祖庙之祭倘非分为昭穆二系而不能"别父子远近长幼亲疏之序",则这种"序"显然不是简单的祖—父—子—孙相承的直系。其三,在昭穆制下祖孙为一系而父子不为一系;《公羊传》所谓"以王父之字为氏",似与此也有消息相关。《五经通考》引刘歆曰:"孙居王父之处,正昭穆,则与祖相代,此迁庙之杀也。"《礼记·曲礼》:"君子抱孙不抱子,此言孙可以为王父尸,子不可以为父尸。"《曾子问》:"祭成丧者必有尸,尸必以孙;孙幼则使人抱之,无孙则取于同姓可也。"这些都是极可注意的现象。李、凌二先生均以母系半部族之制来解释。由上述商王庙号来看,昭穆制实与商王室甲乙、丁二系之分相似。李玄伯云:"昭穆两字至今未见于甲骨

---

[1] 凌纯声《中国祖庙之起源》,《中央研究院民族学研究所集刊》(1959)7。
[2] 周代亲属制度,芮逸夫先生研究最力,论文散见,不俱录。作者的研究,将在另文讨论。

文。商人或无分级，或有分级而另用他种名称，不以昭穆为级。"[1]本文提出，商人亦有分系，姑称之为甲乙组与丁组；商人自己的名称，则有待卜辞学者的指教。倘把卜辞分组与昭穆制相比，则商人宗庙之制实包括无数之问题，有待研究。小屯遗址的乙区[2]，据石璋如的推测，是宗庙之区，其布局虽不全部了然，但其左右东西对称之局则甚明。是否商代的祖庙有分为甲乙与丁二列的可能？尚待学者进一步的研究。作者相信，小屯遗址布局的研究及甲骨文里关于宗示等行祀之所的字眼的研究，大可以对这些方面的了解加以扩展与推进；上文所说的不过是个引子而已。

（4）古史帝王世系上的启示

假如本文所提出的对商王庙号的解释，能够成立到相当的程度，则我们对古籍所载的若干帝王传说，亦可以据以作若干新的理解。李玄伯早已提出，"尧舜禅让尚能以另一个假设解释，……即王位似由舅甥以传"[3]。这里的问题，是李玄伯所用舅甥二字，乃是广义的解释，指岳父与女婿而言；尧舜是否是母之兄弟与姊妹之子的关系，则恐不能证实。但舜为东夷之人，陈梦家[4]以为即是帝喾；倘舜果得王位于其舅（母之兄弟），不但与殷制相合，尚不妨视为殷人体制在神话上的表现。

古帝王世系常见的又一现象为"一分为二"，即王位自上代传到下代时，继承的系统分为二支，二支各再分二。如

---

[1] 李宗侗《中国古代社会史》，53页。
[2] 《殷虚建筑遗存》，1959年，台北。
[3] 李宗侗《中国古代社会史》，126页。
[4] 《商代的神话与巫术》，《燕京学报》（1936）20。此说虽不创于陈，此文则集其大成。

《国语·晋语》记少典子有黄帝与炎帝；《大戴礼·帝系姓》记轩辕二子玄嚣、昌意；昌意子颛顼又分二系，其一为穷蝉及鲧，其二为女禄之子老童。《帝系姓》另一值得注意的现象，是次代所分的两支中，常只有一支记其配偶之名，如表8。

表8 《帝系姓》古帝分支及其配偶

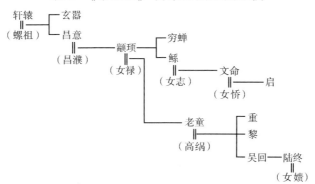

岂非与殷王世系中一世只一直系而直系记其配偶之制相似？固然《大戴礼》的帝王世系为东周时代神话人化的结果，[1]但如李玄伯所云：“纵令其为周以后人所伪造，但伪造者亦必有较尧舜为后的若干史事为模仿，所谓'欲仇伪者必假真'（《法言重黎篇》）。"[2]又《大戴礼》中所记玄嚣之后，帝喾有四妃，其姜嫄所生之子后稷，简狄所生之子契，庆都所生之子放勋，常仪所生之子挚。是则后稷、契、放勋与挚是同父（与父同组）的四个兄弟辈，俱立为王，与商人兄终弟及，而兄弟不必来自同宗之制也有相似之处。

像殷代王室那种制度的氏族内部区分，经长期的演变，与

---

[1] 见本书《商周神话之分类》。
[2] 李宗侗《中国古代社会史》，127页。

人口的增加，必然导致氏族的分裂（fission），氏族内有的组或宗分出去成为独立的氏族，其间的政治地位与婚姻关系乃成为氏族之间的关系，《殷本纪》所谓："契为子姓，于后分封，以国为姓，有：殷氏、来氏、宋氏、空同氏、稚氏、北殷氏、目夷氏。"其中有的也许保持子姓，有的则以氏为姓。《国语·晋语》四：

> 同姓为兄弟。黄帝之子二十五人，其同姓者二人而已，惟青阳与夷鼓，皆为己姓。青阳，方雷氏之甥也；夷鼓，彤鱼氏之甥也。其同生而异姓者，四母之子，别为十二姓。凡黄帝之子，二十五宗，其得姓者十四人，为十二姓：姬、酉、祁、己、滕、箴、任、荀、僖、姞、儇、依是也；惟青阳与苍林氏同于黄帝，故皆分姬姓。

或方雷氏与彤鱼氏是轩辕氏以外有政治地位的大族，故其甥（婿）继承姬姓的统；继姓统的有二人，是值得注意的。余子则分支出来各立己姓。这一段话在商王庙号新说解释之下豁然可通，也正是民族学上氏族分裂（fission）与分支（segmentation）在中国古代的例证。

除此以外，殷周史料中待用现代社会科学方法研究的尚多，上文所举的几点不过是从商王庙号的解释上可以立刻想到的而已。[1]本文立说之是否可靠，与在其他史料上应作何等的运用，全有待古史学界的师友，有以教我。

---

[1] 例如中国古代的连名制与排名制，似乎也可用本文的说法加以重新分析研究；见凌纯声《东南亚的父子连名制》，《大陆杂志特刊》第1辑；杨希枚《联名与氏姓制度的研究》，《历史语言研究所集刊》（1957）28。

校后记

初稿草成以来,续作商周亲属宗族制度各方面的探索,觉得殷的乙丁制与周之昭穆与宗法的解释,有不少可以启发之处,同时与东周宗法与姓氏的变化都有密切的关联。此虽为另文《商周亲属宗族制度初探》才能详论的问题,此地不妨举例一二,以见乙丁制或系三代所共有,非殷人所特有也。

《史记·夏本纪》及《纪年》的夏世系如下:

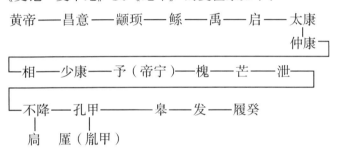

杨君实上引《康庚与夏讳》一文指出康或为庚,帝宁或即帝丁,是则夏之世系中以十干为名者出现之世次如下:

依殷代世系隔世相同之规律,则甲与庚一组,丁与癸为一组。甲与丁之对立,及丁与癸之同组,均与殷制相同。汤(天乙)之灭桀(癸,丁组),是以商之甲乙组,灭夏之丁组。不知此对于夏商二代接而为一之说者有无关系?

至于周之昭穆制,则问题远为复杂,非一言可以了者。但昭穆与乙丁之类似,除文中所列举者外,尚可以下述诸点加以补充。

其一，周人以十干为名的尚多，为金文所常见（见吴其昌：《金文世族谱》）。是以日干为庙号，殷周相同。如庙号在商人有上述之意义，周人者当亦有类似之意义。

其二，若干周代系谱中之以十干为庙号的，其出现的世代顺序与商相同。穆王时代的袤殷二器，一曰"用作文且辛公宝鼎殷"，另一曰"用作文考乙公宝尊殷"。是祖名辛，父名乙，与殷王世系中乙辛顺序在世代上相同（如帝乙帝辛）。《史记·齐世家》，太公子为丁公，丁公子为乙公，乙公子为癸公。此中可注意的更有两点：（1）庙号之十干在世代中出现的顺序，即丁—乙—癸（丁组，夏商均然）之次，与殷王同。（2）如以太公为太祖，则其子为昭世而名丁公，丁公之子穆世而名乙公。《通志·氏族略》第四，以次为世条，有丁氏："姜姓，齐太公生丁公伋，支孙以丁为氏。"郑樵的按语："谥法虽始有周，周自文王以后世世称谥，是时诸侯犹未能遍及。晋鲁，大国也；鲁再世伯禽，称鲁公，晋再世燮父，称晋侯。曹、蔡皆四世未称谥。齐再世伋，称丁公，三世得称乙公，四世慈母称癸公，五世哀公不辰而后称谥。得知所谓丁公者，长第之次也。"又《史记·宋世家》，帝乙次世为微子开及微仲，当为丁世，即帝辛之世，微仲之子为宋公，当为乙世；宋公之子又当为丁世，而其子确名丁公。宋制与殷制同不为奇特，但齐制与殷同，则值得重视。

其三，不特宋齐之制与殷人相似，宗周亦不例外。殷制以甲日祭甲，乙日祭乙，上文已说明清楚。西周之祭禘先祖，因无卜辞为证，其祭历颇乏材料可循。下举诸条，或不无发明的作用：

《令彝》：丁亥令矢告于周公宫（周公为昭世）

《剌鼎》：丁卯王啻……邵王（邵王世次见下）
《春秋》文公二年：春二月，丁丑，作僖公主；八月，丁卯，大事于大庙，跻僖公（僖公自周公向下推为昭世）。
《天亡殷》：乙亥……殷祀于王丕显考文王（文王为穆）
《春秋》闵公二年：夏五月乙酉，吉禘于庄公（庄公为僖公父，穆世）。

是西周及东周初年王公祭祖先的日子，好像也有一定，而以乙丁二日为多，好像乙日祭穆世的祖，丁日祭昭世的祖。加上上文所述齐太公以下先丁公（昭）后乙公（穆）的次序，岂不是丁即是昭，乙即是穆，而乙丁制与昭穆制实一制之两名么？可惜问题不是那么简单。第一，要使鲁僖公为昭世，非得以周公为昭不可。周公是文王子，武王的兄弟，在宗周而言，是属于昭世。但周公封于鲁以后是为鲁之太祖，还是鲁的宗庙中昭穆之次是自文王一直排下来的？这个问题不解决以前，我们就不能断言僖公是昭。齐太公为太祖，其子丁公才是昭，丁公子乙公才是穆。固然齐鲁一是异姓，一是同姓，其宗庙中昭穆之序未必是依一个原则开始的。但是我们还得提出些有力的证据。鲁庄公的昭穆世次，与此相连。第二，《天亡殷》铭文一开首的乙字，在原文中看不出来，是金文家依后文补的。其三，《令彝》中除了丁日"告"周公以外，还有甲日用牲于京宫，乙日用牲于康宫的记录。京宫康宫的问题，还有些待研究之处，见唐兰的《西周铜器断代中的"康宫"问题》（《考古学报》1962年第1期）一文。依唐兰，康宫为康王之宫，康王为古公以下第五世，有太祖的地位，故康王以后的昭王是昭世而穆王是穆世。依此说则《剌鼎》中的邵王是昭世，与丁是昭之说合。但依此说，则鲁庄公僖公的世次又得重新排过。

我们不能因邵王为丁日祭，采唐兰使邵王为昭世，而鲁僖公为丁日祭，则不采唐说，自文王一直昭穆昭穆向下排也。正如西谚所云：You can't have your cake, and eat it too. 事实上，唐兰用卿大夫的宗法制解周天子的世系，以凑合他的康宫说法，是否成立，尚未可知。因此，上举诸例中最大的问题在于丁卯日啻邵王一条，或《剌鼎》之邵王为某一昭世之王，未必即指昭王而言。总之，周之昭穆与殷之丁乙显然有密切的关系，但确实的联系，还待进一步的研究。

谈王亥与伊尹的祭日并再论殷商王制 *

一、王亥和伊尹祭日材料

十多年以前我写过《商王庙号新考》[1]一文,根据商王庙号在系谱上的分布现象,提出了一些新颖但是不很成熟的看法。引起我研究这个问题的兴趣的现象,是各种庙号在王妣系谱上面分布情形的规则性。我所作的建议,归纳起来,在基本上只有两点:(一)以十日(甲、乙、丙、丁、戊、己、庚、辛、壬、癸)为名的习俗不是照旧说根据生日(或死日)而来的,而是死后庙主的分类制度。庙主的分类反映活人的社会身份地位的分类。因此,商人的庙号可以当作研究商代王制的一把要紧的钥匙。(二)用这把钥匙,试开殷商王制的大门,我们可以很清楚地看见,在王室里面有两组主要的执政群,其一以甲、乙庙号为代表,其二以丁一个庙号为代表,两组轮流执政。以上这两点基本的建议,今日看来,仍然觉得不可动摇,而且有分量很重的新的证据来做进一步的支持,将在后文

---

* 原载《中央研究院民族学研究所集刊》(1973) 35, 111—127 页。
[1] 见本书。

提出。为了解释商王轮流执政的继承程序，我又提出来商王室内婚、娶姑父女、王位传甥的可能性。这是所提出的新说里次要的部分，是用以解释前述现象的可能模式之一。

《商王庙号新考》一文刊布以后，引起了不少同道学者的讨论兴趣。[1]其中丁骕和刘斌雄两先生更提出来值得重视的新的王室分组制度。但他们的建议，在商史的研究上，还仅发挥了理论上的刺激性，在具体的史实上尚未产生阐发的作用。我自己在这十余年来，对这个问题也一直保持着相当的兴趣，并且随时收集了一些资料。在这篇文章里，我想把这些资料描写一下，并将殷商王制问题再作检讨，把我现在对这个问题的看法提出来，请高明的人士不吝指教。

新搜集的材料里面最要紧的是伊尹和王亥的祭日。我便先从这里说起。

我们一般讲商史，讲到商人以十日为名的时候，都知道这个习俗是自上甲微时才开始的。"六世以上的先祖，见于武丁时祭祀者，如夒、土、季、王亥，皆不复追称以十日为名。"[2]固

---

[1] 丁骕《论殷王妣谥法》，《中央研究院民族学研究所集刊》（1965）19，71—79页；《再论商王妣庙号的两组说》，同上，（1966）21，41—79页；许倬云《关于〈商王庙号新考〉文的几点意见》，同上，第19期，81—87页；刘斌雄《殷商王室十分组制试论》，同上，89—114页；林衡立《评张光直〈商王庙号新考〉中的论证法》，同上，115—119页；许进雄《对张光直先生商王庙号新考的几点意见》，同上，121—137页；杨希枚《联名制与卜辞商王庙号问题》，同上，第21期，17—39页；伊藤道治《古代殷王朝のなぞ》，1967年，东京角川书店；林巳奈夫《殷周时代の图像记号》，《东方学报（京都）》第39册，1968年，1—117页；松丸道雄《殷周国家の构造》，岩波讲座世界史，（1970）4，49—100页；参见张光直《殷礼中的二分现象》，见本书。
[2] 董作宾《论商人以十日为名》，《大陆杂志》第2卷第3期，1951年，6—10页；8页。

然夏王也有以十日为名的（孔甲、履癸），但他们与商先世的关系到底如何，还没有人能够说定，所以夏王庙号在商王庙号起源问题的研究上还不能发挥直接的作用。我在《商王庙号新考》里，既已提出"先王妣之以十干为名，系商人借用在日常生活中占重要地位的天干（事实上亦即号码），对祖庙或庙主的分类的制度"的说法，我们便应当很自然地提出两个问题。第一，既然如此，则祖庙或庙主的分类制度应当在先，以十日为名应当在后。那么在商王根据庙号采用十日为名以前，即上甲以前，商王室（或公室）内有没有祖庙或庙主的分类制度？第二，如商王以庙制为十日为名的基础，那么贵族、大臣（不论是王族内还是王族外的）虽不以十日为名，却会不会有相同的庙制？

初步回答这两个问题的方法，是在卜辞里找以十日为名的王妣以外的重要受祭人物的祭日。我们都知道商王之名甲的，其有关祭祀常在甲日举行，名乙的常在乙日，余类推。如果对不以十日为名的人物的祭祀，也有集中在特别的干日的趋势的话，那么他虽不以十日为名，却也可以说在那以十日为名所代表的庙主分类系统里有他的一份地位。某人的祭日如常在乙日，便是老乙，常在丁日，便是丁公。卜辞里或史书里有没有这个名字并不影响他在那庙主分类系统里的地位。

有了这个想法以后，我便在卜辞里逐渐搜集这一方面的资料。岛邦男的《殷墟卜辞综类》（1967年，东京，大安）一书，在这一类的研究上，给了我们很大的方便，这是我们应当感谢的。材料累积起来以后，颇使我自己感到相当惊讶，因为在人物的祭日上，我们很清楚地看到了过去完全没有预料到的严整的规律性，好像这一套制度，都经过了一番缜密的安排。而且，它的规律性的基本性质，又与上述殷商王室二分的说法密密扣合。反过来说,这又使我们对王制的了解,增加了很大的信心。简单说来,祭日研究的结果,可有五点:伊尹祭祀在丁日;王亥祭祀常在辛日;夒的祭祀也多在辛日;羔(岳)的祭祀又是多在辛日;河的祭日分布则似较杂乱。如此看来,河或不是先祖,或河这一名所代表的神不限于先祖。[1]

先谈王亥。王亥的祭日是上甲以前商先公里面唯一经过学者热烈讨论过祭日问题的一个,但最初讨论的动机倒与十干无关,而是因为他的名字里有个亥字的缘故。王国维在《殷卜辞中所见先公先王考》(1917年)里说,"卜辞言王亥者九,其二有祭日,皆以辛亥,与祭大乙用乙日,祭大甲用甲日同例,是王亥确为殷人以辰为名之始,犹上甲微之为以日为名之始也"。王先生这个说法,我们都知道,是靠不住的。胡厚宣在一段讲王亥的文章里,"案王说不然。就以本文所引祭祀王亥的卜辞看来,祭王亥在辛未、甲戌、辛巳、甲申、丙戌、辛卯、壬辰、乙未、癸卯、乙巳、丁巳、辛酉,就都不是亥日"。[2]可是把胡先生"所引祭祀王亥卜辞"拿来看一下,就会发现,上举的那些日子,多是卜、贞的日子,而不一定是祭日。王国维在"卜辞言王亥者九"之中,已能认出来仅"其二有祭日"。胡先生却把这些材料囫囵吞了下去,说都是祭日,则不能不说是他千虑的一失了[3]。据岛氏《综类》所

---

[1] 见陈梦家《殷墟卜辞综述》,科学出版社1956年版,343—344页对"河"的讨论。

[2] 胡厚宣《甲骨文商族鸟图腾的遗迹》,《历史论丛》第1辑,131—159页。中华书局,149页。

[3] 随手举一个贞卜与祭日不同之例:"庚戌卜,贞:□于且辛?"(《甲骨文录》,295页);"庚戌卜,王贞:翌辛亥其又且辛?"(同上,297页)这是在庚日贞间次(辛)日又祭祖辛的事。又祭之日在辛而不在庚。

列，再加上后出的《殷墟文字丙编》等所收[1]，其中记王亥的已自王国维时代的 9 条，增加到 100 条以上。但其中有祭日的仅有 11 条：

（1）□□卜，争贞：翌辛巳乎奉，酒褰于（王）亥□？（《铁》114.3）

（2）贞：屮于王亥，四十羊，辛亥？（《前》4.8.3）

（3）甲辰卜，殻贞：来辛亥，褰于王亥，卅牛？（《后》上，23.16）

（4）翌辛亥酒王亥，九羌？（《林》1.9.1。《卜辞通纂》317 释：贞子渔屮从。□翌辛亥酒□王亥，九羌？）

（5）翌辛卯褰于王亥，三牛？（《零》18）

（6）来辛酉酒王亥？（《萃》76）

（7）乙巳卜，殻……贞：酒王亥？翌辛亥屮于王亥，四十牛？（《丙》117）

（8）贞：翌辛未酒，褰于王亥？（《藤井》1）

（9）甲戌酒王亥？（《丙》116）

（10）甲午贞：乙未酒高祖亥，囗，大乙，羌五牛三，祖乙，羌囗，小乙，羌三牛二，父丁，羌五牛三，亡囗？（《南明》477，《卜后》B2459）

（11）癸巳贞：于乙未酒高祖亥，卯于囗？（《南明》478；《卜后》B2466）

其中（1）—（8）条的祭日，都是辛日；其他三条，一个甲，两个乙。这三条非辛日的有一条是武丁时代的（9），一条是武乙时代的（10），另一条是武乙、文武丁时代的（11），所以祭日之不合不能以时代的变化来解释。但 11 条里有 8 条辛

---

[1] 张秉权著，上中下三册，历史语言研究所 1957—1972 年出版。

日，与一般遵循甲日祭甲，乙日祭乙的规则的卜辞的比例，恐差不远。周鸿翔（《商殷帝王本纪》，1958，香港，44页）所说"卜辞所见，其不于甲日祭甲王，乙日祭乙王者至多"，是治契学者在原则上都能同意的；这在旧派的卜辞中尤甚。上引第（10）条以乙未日将父丁（康丁）与诸乙同祭，便是一例。《甲》841："甲申酒小丁"，又是一例。既然卜辞是向祖先叩询可否的问题，在大部分情形之下，答案当是肯定的，但在少数场合之下，也当在问题中留着可作否定答案的余地。所以根据上举11个例子来说，"辛日祭王亥"这条祭法，是可以成立的。[1] 以成汤称为高祖乙之例，王亥就可以称为高祖辛。

"高祖辛"这个乌有的名字，却马上使我们想到历史上确有名字"高辛氏"，亦即商始祖帝喾的氏名。莫非帝喾也是个"辛"？卜辞里祭夔（帝喾）的有祭日的有4条：

（1）甲寅贞：辛亥酒賓于夔，三牛？（《南明》481；《卜后》B2429）

（2）己巳卜，其求夔，叀辛酉？（《南明》483；《卜后》B2171）

（3）贞：翌辛卯，灷，求雨夔？彳雨。（《佚有》519）

（4）丙午卜，旅贞：翌丁未，夔，賓告又彔□？（《续存》2.599）

其中果然有三条是辛！这样看来，帝喾亦名高辛氏，是有它的道理的了。可是合辙之处，尚不止此。再看羔（岳）的祭日，共有6条：

---

[1] 王亥祭日以辛为多这一点，伊藤道治先生（《藤井有邻馆所藏甲骨文字》，《东方学报》第42册，京都，1971年，67页）早已指出。他的解释与本文完全不同，可参考。

（1）	尞于羕☐夕羊，翌辛亥，酒、牢？（《库方》714）

（2）	贞：勿更辛未酒羕？贞：更牢未酒（羕）？（《萃》34）

（3）	己酉贞：辛亥其尞于羕？一宰、卯一牛？雨。（《掇》1.411）

（4）	癸亥卜，贞：翌辛未酒羕，三小牢，卯三牛？（《续存》2.49）

（5）	癸丑卜，行贞：☐……

甲寅酒于羕？（《续存》1.395）

（6）	甲辰卜，乙巳其尞于羕，大牢？小雨。（《萃》26）

其中4条又是辛日！除了夒、羕和王亥以外，商王的先公远祖还包括许多其他的名字，也承受商王祭祀的[1]，但他们还需要许多的整理工作。从卜辞上作商史的研究，在上甲以前这一段最有用武的余地。专从上举祭日来说，在武丁和武乙、文武丁时代，从高辛氏一直到高祖王亥，祭先祖的日子以辛日为准。换句话说，这一段历史时期虽然尚未有以十日为名的习俗，却已有祖庙或庙主的分类制度，而辛这一号的地位始终最为尊崇。

用同样的方法去看伊尹，我们就看出来伊尹虽在历史上不以十日为名，他的祭日规则却也在与商王妣一样的庙号系统之内。在卜辞里有祭日材料的，黄尹（武丁时代）有两条，伊尹或伊（武乙、文武丁时代）有三条：

（1）（丁）卯勿酒黄尹？（《铁》242.4）

（2）贞：来丁酉㞢于黄尹？（《簠人》18）

（3）甲子卜，又于伊尹，丁卯？（《珠》638）

---

[1] 陈梦家《殷墟卜辞综述》，333—361页；吴其昌《殷卜辞所见先公先王三续存》，《燕京学报》（1933）14，1—58页。

(4) 乙巳☐。伊尹☒于丁未☒?(《甲》564)

(5) ☒于伊,更,丁酉?(《南明》503;《卜后》B2512)

这几条卜辞为数虽少,意义却很显明,对殷商王制的新说,给了有决定性的支持。我相信将来再有新的卜辞材料时,其中如有祭伊尹的日子,十九会是丁日。因为在上文说过,少数的卜辞应当引致否定的答案,所以我不敢跟读者打赌,说若是有不在丁日祭伊尹的甲骨片子,我便步王懿荣老先生的后尘,把那片子煮汤喝。但是如果我们对王制的说法成立,伊尹的祭日便非是丁日不可,就好像董作宾排比五期祀典的时候,碰到有缺有漏的地方,就可以放心大胆地把它补齐一样。其实,这里面所以敢于预料的道理,也是相同的。

这些祭日的材料,对庙号和王制的研究,可有什么新的启示?我们且先回过头来把对庙号和王制的新看法,重新简述一下。

二、商人为何以十日为名?

《新考》根据十日在商王妣世系中分布的规则性,反对以生日为庙号的旧说,并提出庙号分类代表生前身份分类的建议。丁骕使用"开"方(Chi—square)的测验又从统计学上说明了王妣世系中庙号分布的规则性不是偶然的现象。我现在还可以提出来,铜器里以十日为名的材料,也有生日说的有力的反证。

在我与几位同好所搜集的一批4000多件有铭文的商周青铜器图录[1]里,其中有个"干"(甲、乙……)或"亲干"

---

[1] 张光直《商周青铜器器形装饰花纹与铭文综合研究初步报告》,《中央研究院民族学研究所集刊》(1972)30,239—315页。张光直、李光周、李卉、张充和《商周青铜器与铭文的综合研究》,《中央研究院历史语言研究所专刊》(1973)62。

（父甲、母乙……）的铭文的有1295件。自《考古图》《博古图》以来，讲金文的人都援商王的名字为例，解释金文里的"父甲"为某人生在甲日之父，亦即个人的庙号。这1295件铜器，依照这种说法，乃是代表做了1295件铜器的人死去的亲人，却不能说代表1295个人，因为有些成组的铜器，应当是做给同一个人的。但这种数目上的差欠情形，在十干的比例数上所引起的影响应当是一样的。十干在这1295件铜器的分布如下（图1）：

   甲： 30件

   乙： 274件

   丙： 21件

   丁： 270件

   戊： 55件

   己： 178件

   庚： 41件

   辛： 209件

   壬： 14件

   癸： 203件

这种分布情形，是生日说法不能解释的。这1000多件铜器，照著录的人的估计，属于商的有1102件，西周的有191件，不明的2件。西周的191件中能略定在成康以后的只有19件。这1000多件的铜器，可能在自商中叶到周初这400年间所有带这种铭文的铜器中，占一个相当大的比例。将来再有新的发现时，我们没有理由相信其中十日的分布不照同样的比例作相对性的增加。十日之中，有五个日子占1134件，占全数的86%。那数目多的五日又正好是双数的，即乙、丁、己、辛、癸这五天。何以当时的人多生在这五天？人的生日，在一旬或一周内的哪一天，从常识上说，应当是有均等机会的。我就近到耶鲁大学医学院附设医院（Yale-New Haven Memorial Hospital）的产科查了一下1973年出生记录，按星期几算了一下，结果如次（图1）：

星期一	534
星期二	591
星期三	577
星期四	658
星期五	551
星期六	583
星期日	502
共　计	3996

每天出生（以全年共计）都在500到600之间，但星期四特多，为例外，而星期天则略少。这虽只是一个医院在一年内的记录，而且一周之内的每天也有差异可言，但这批资料与我们依常理判断的可以相符，而十日在铜器中的分布则属于另外一类的现象。我相信我如果要说这十日在金文中的分布情形，不可能是生日在一旬里的分布情形，大概大多数的读者都会首肯罢。说不是生日，就同时否定了其他归因于偶然因素（如死日）的说法。

既不是偶然性的，那么它的规律性是从什么基础而来的？人死之后，谥称甲乙，照谯周说（《史记索隐》引《古史考》）"死称庙主曰甲"曰乙。"庙号"这两个字也就由此而来。这个"号"大概是指字号之号，其实如解释为号码的号恐怕更近原意。在家庙或宗庙里，可能有甲号的主或一组主，有乙号的主或一组主。人死之后，或在甲、乙等号的主上加一个名字，或在甲乙等号的位置之内加个新主。这些个主也许再

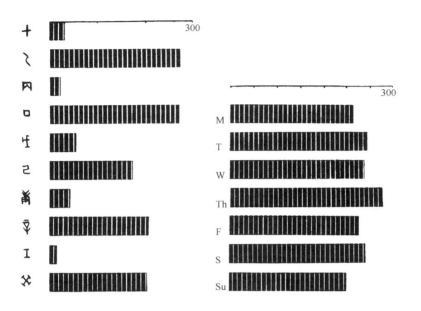

图1 a（左）1295件铜器中十日的分布
　　b（右）耶大医院1973年出生婴儿在星期内各日出生数目

进一步照世代和性别分开：祖主、妣主、父主、母主、兄主等。某父死了以后，他的新主就归到了宗庙里父辈甲号（或其他号）的位置里去，"死称庙主"便称父甲。但甲乙一共只有十号，使用这十号的原因，大概是为了祭祀的方便。可是宗庙里的人口一定远在十个人以上。因此，"父甲"一名，一方面可能是个人的称呼，一方面又可能指称一个"主群"，而个人的称呼实由后者而来。譬如全中国姓张的可有数百万或数千万，但人仍可称我做老张。我相信，金文里父甲、母乙的称呼，除了少数及晚期或指个人而言以外，多半是作为铜器在宗庙里使用起来所属地位的一个记号。好比说我做了一套铜器，放入张家的宗庙，上面刻上了字，指定给我甲组父辈祖先作祭祀时使用的，表示不是全家的公器。

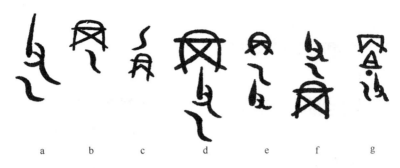

图 2　青铜器上记号式的文字（采自《三代吉金文存》）

我这个说法，不仅仅是"想当然耳"，而且有好几样重要的根据。商周的金文，从繁简上分，大致可分两类：简的，可称为记号；繁的，可称为记述。前者只有名词，没有把名词连在一起的动词、连接词，与前置词。图 2 是在《三代吉金文存》里随手抄出的 7 个例子。前 6 个例子（a—f）是举、父、乙三字的不同方式的结合。举字和乙字都单见，图 2 未收。图 2 里父乙、举乙、乙举、举父乙、举乙父、父乙举这几种方式都可使用，可见这三个字恐怕并不代表举族的父乙某人，而是用这三个字——族徽、世次、干号——来标识这件铜器用于哪个宗庙，及在宗庙里面祭祀使用的范围。图 2 第七个字（g）里的族徽可能是个丙字，不是举字，但要紧的部分是那"祖丁父乙"四个字，表示若干彝器之使用或从属可能伸展到两代，但这两代的干号则一定不同。（传保定出土的商三戈，祖、父、兄三代的干名相同，与上面所说的相违。同时，在我们的材料里，刻铸有父甲、母乙之类铭文的铜武器，绝无仅有；大概武器不是宗庙祭坛上"标准配备"的一部分罢。单从这两点来看，商三戈的铭文就有赝刻的嫌疑了。）

在器物上做记号以作所有权、使用权、使用位置或其他作用的标志，是中国古器物里很老的一个传统。最近由于新石器

图3 新石器时代陶器刻画符号举例（A. 西安半坡 B. 历城城子崖 C. 高雄凤鼻头）

时代陶器上有不少刻画记号的发现（图3），[1]学者对中国文字的起源问题提出了一些新的看法。[2]这些符号多半是作标志用的，其中可以认出来1到10之间的不少数字，却乏天干可寻。固然七也可能是甲，圆圈可读做丁，但是严格地说来，在这里面是找不到全套的天干符号的。新石器时代的陶器，是活人使用的器物，而不是庙堂的祭器。甲乙等十日用于铜器，很清楚地说明以十日为名是一套仪式性的制度。

人死以后作仪式性分类的根据为何？以生日为根据，确是个最简单的说法：甲日生、死后归甲主，在甲日祭，以甲为名。但如此说仍不能解释十日在商王世系里面分布的规则性。

---

[1] 石兴邦等《西安半坡》，科学出版社1963年版；李济等《城子崖》，中央研究院历史语言研究所，1934年；K. C. Chang et al., *Fengpitou, Tapenkeng, and the Prehistory of Taiwan*, Yale University Publications in Anthropology No. 73, 1969。

[2] 唐兰《在甲骨金文中所见的一种已经遗失的中国古代文字》，《考古学报》1957年第2期，33—36页；李孝定《从几种史前和有史早期陶文的观察蠡测中国文字的起源》，《南洋大学学报》1969年第3期，1—28页；郭沫若《古代文字之辩证的发展》，《考古学报》1972年第1期，1—13页；郑德坤《中国上古数名的演变及其应用》，《香港中文大学学志》第1卷，1973年，41—58页；Ping-ti Ho, *The Birth of China*, The University of Chicago and the Chinese University of Hong Kong Presses in Press。

我们唯一能做的合理假定，是人死以后之在宗庙内归于何主何号，是由他在生前的身份地位而定。假如用这个解释可以把庙号分布的规则性解释清楚，那么这个说法便有很大的可靠性。这点下文再谈。

那么与死后的庙号系统相等或相当的生前的身份地位的分类系统是什么，叫什么呢？庙号只有十号，那么生前的身份地位单位是不是也有十组呢？对这些问题，我没有答案，只有若干想法。这种生前的分组也许是为了迁就死后祭祀与旬配合的必要而也分为十组的，而十组名称也用甲、乙，只是这个称呼不用于个人身上，或日常生活活动上，因为它们是"死称"，而不是"生称"的。这种想法的一点证据，留到下节之末再说。我又怀疑，古代的"姓"的观念，也包括这种姓族之内较小的区分在内。《左传·襄公二十五年》有这样一段故事：

> 齐棠公之妻，东郭偃之姊也。东郭偃臣崔武子。棠公死，偃御武子以吊焉。见棠妻而美之，使偃取之。偃曰：男女辨姓。今君出自丁，臣出自桓。不可。

东郭偃这个"不可"的理由，说来令人奇怪。二人既都姜姓，"男女辨姓"，只要指出"君姜也，臣亦姜也"，不就一棒把他拿回，与出于丁出于桓有何关系？查一下齐公的家谱，原来从丁公伋到桓公无知，中间隔着九世，所以丁桓二公同一昭穆。东郭偃好像是说，你我同一昭穆，违反"男女辨姓"的原则，不可。如此则"姓"也包括以世次的昭穆群在内，亦即庙号的系统。是不是因商王室内婚，其外婚单位之"姓"亦包括庙号群在内？如此则商人以十干在宗庙内细分世系的原因之一，莫非便是为了控制婚姻系统的方便？而周初以后公室内婚较少，即在王公族之内姓族也成为外婚单位，这是否便是到了周初以后，纵然自《左传》看来姓的一个古义和昭穆古制仍有存在之例，而以十日为名之制度则趋于衰落的一个原因？这些似乎都是值得作进一步探讨的问题。

三、再论殷商王制

商王世系是表现庙号与庙号之间关系的最好的资料，因此，从庙号看商代制度所看到最要紧的制度便是王王关系，亦即王的继承制度。我在《商王庙号新考》里所推测的王制，今天看来，还不能做基本的修改，但在细节上我有一些不同的看法。我觉得，在作《商王庙号新考》的时候，因为是在一个新的境地里面摸索，唯恐有不周到的地方，所以尽量求全，从头到尾，不愿留一点破绽，尽量想设计一种制度，又能在社会学上讲得通，又要能把所有的材料照顾完全。这个目标，在那时没有达到，在今天也做不到，在将来也未必做得到。丁骕说得好："商王世代承继之法则，显有一固定之线索，诚如张氏所言者。惟此法则当然受人事之左右。兄弟争位、传弟不传子；或因世变、天灾、人祸，甚至王无子可立，皆在意中，故未必上自成汤下至帝辛皆必遵照者也。"[1]我们自然要根据资料，综合出一套法则来，但不妨在这套法则里多留一些活动的余地。

剑桥大学人类学教授杰克·古迪（Jack Goody）比较了现代和民族史时代王权社会的承继制度，将它分为四种基本

---

[1] 丁骕《论殷王妣谥法》，《中央研究院民族学研究所集刊》19，71页。

的类型（图4）：[1]（1）男系家族制，即父传子、无子传弟。（2）双系家族制，如现代英国皇室，以传子为主，无子传女。（3）贵族制，即两个以上血统不同之贵族，都有为王执政的资格。（4）王族制，即王位在唯一的血缘族群之内传递。在贵族制与王族制里常见的一种继承制度，是所谓"轮流继承制"（Circulating succession）。在贵族制之下，数个贵族轮流执政，彼此并做有规律性的（氏族外婚）婚姻联系。在王族制之下，则由王族之内的各组轮流执政，而各组之间发生氏族内婚的关系。古迪氏在讨论这种轮流继承制时，特别强调了两点。第一，轮流的方式并非机械式的，或完全自动的，而经常要受人事力量的阻扰与改变。第二，在这种制度之下，其继位诸组，常有二分的倾向。一边的首领为王的时候，另一边的首领便常为其副手。

从这个一般性的分类来衡量商制的话，我们自然马上看到轮流继承制的可能性，而且是王族制的。我们学历史的人，知道历史的进展是向前，不是向后的。自秦汉以后，中国皇帝传位的方式，一直以男系家族制为主，所谓"家天下"。我们回头去看商制，也就带了先入为主的成见，觉得商朝也该是同样的制度才对，才正常。但是秦汉的帝制是商周的王制演变出来的；商周的王制不是秦汉的帝制演变回去的。我们讨论商制，最好不存成见，以史料为最终的凭借，并采用比较的眼光，好知道把哪些破碎零星的材料凑在一起，可以根据哪些合用的蓝图。有一两位批评《商王庙号新考》的同道，说我的做法是把史料去凑合民族学的理论。

---

[1] Jack Goody（ed.），*Succession to High Office*（Cambridge University Press），1966, p. 26.

这是一种很大的误解。民族学的模式，并不是什么理论，只是一些比较研究的蓝图，供我们研究史料的参考而已。研究商史的同道，假如存有客观的心理，并不认为商史商制都已搞得清楚不必再行研究的话，一定会发现那些民族学上描述轮流继承制的一些文献，对商代制度的研究上，有极大的启发性。尤其是东南亚和大洋洲的一些王国，与中国古代的民族文化还说不定可以搭上些亲戚关系，他们的王制，尤其值得参考。[1] 古利克（Gullick）的书里讲马来亚西部国王在几个单位之间轮流继承的制度，读起来处处好像在读商王的历史一样，研究商代的制度是不可能做民族学田野调查的，但是这一类的调查的报告却可以给我们很大的启示。

我所拟测的殷商王制，可以归纳成 6 条法则（见图 5）：

（1）商代的政权为一个子姓的王族所掌握。王族里与王位有关的成员，在仪式上分为甲、乙、丙、丁、戊、己、庚、辛、壬、癸十群，我们姑称之为天干群。天干群是祭仪群，但也是政治单位，并且是王族之内的外婚单位。这十群之间的地位并不平等：有的政治力量较大、人口较多、或宗教地位较高。甲、乙、丁三群便是地位最高的三群。

（2）十个天干群彼此结合分为两组，且称之为 A 和 B 组（写中文在这种情形下普通便会称之为甲组乙组，可是在这里

---

[1] F. L. S. Bell, "A Functional Interpretation of Inheritance and Succession in Central Polynesia", *Oceania* 3（1932）: 167—206; J. M. Gullick, *Indigenous Political Systems of Western Malaya*, L. S. E. Monographs on Social Anthropology, No. 17, 1958; A. M. Hocart, "Chieftsinship and the Sister's Son in the Pacific", *American Anthropologist* 17（1915）: 631—646; Robert W. Williamson, *The Social and Political Systems of Central Polynesia*（Cambridge University Press）, 1924; Jack Goody（ed.）, *Succession to High Office*（Cambridge University Press）, 1966.

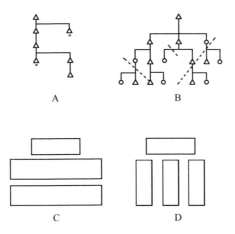

图 4 王位继承制度的四种类型
　　A. 父系家族制。
　　B. 双系家族制。
　　C. 王族制。上面短长方块代表世袭王朝,可分为数组轮政。下面长长方块代表王族以外的公族。
　　D. 贵族制。每一长方块均代表一单系亲群,均有为王资格。x,无后。虚线表示王位之断绝传递。

显然不能用甲、乙称之。昭组穆组是周人的名称,也许可以借用,但是我们还不能十分地肯定哪组是昭哪组是穆。见《商王庙号新考》里关于昭穆的讨论)。甲群和乙群显然属 A,丁群显然属 B,各为该组政治势力的核心。其他诸群则丙属于 B,戊、己属于 A,壬、癸可能属于 B,庚、辛或超然在外,或属于 A,B 以上或以外的另一单位。但辛在多半场合之下与 B 组同进退。

（3）王位继承法则之最严格执行的只有两条。第一条是王位不在同一天干群内传递。第二条是,王位如留在同组（A 或 B）之内,则新王一定要是老王的同辈,即兄弟辈;如传入另外一组,则必须是由晚一辈的人承继。换言之,传弟同组,传子异组。庚、辛算 A 也算 B,但也遵守世次和组的原则。

（4）国王掌政,由正式或非正式的大臣会议协助。大臣

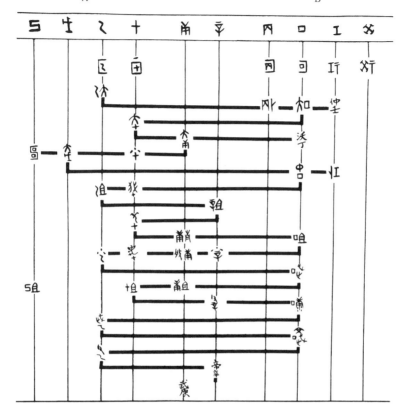

图 5 拟测商王承继法则图
细直线示天干组内的嗣系,粗线示王位之传递。戈甲和羌甲两世依《商王庙号新考》修改。(关于戈甲,又见陈梦家《甲骨断代学甲篇》,《燕京学报》(1951) 40, 14 页及许进雄《对张光直先生的〈商王庙号新考〉的几点意见》,《民族学集刊》(1965) 19, 123 页。关于羌甲的新证据见张秉权《殷墟文字丙编》,460—462 页,但见张先生的讨论。)

中的首相,或者叫次级领袖,常由王的异组(王 A 则 B,王 B 则 A)的长老或首领担任。王的继嗣人,大概在王生前便行选定,但王死后自亦有新王崛起的可能。次王选立的标准,首先要看有没有和有多少有继承资格的人,其次要看这些人的能力与势力如何（见下条）。这中间可能有过流血或不流血的政变和斗争。王权传递的时候，首相本人虽因世次昭穆都不合而没有继承的资格，却可能在继承人的选择上发生很大的力量。从首相的立场说，传下世当胜于传同世，因为传下世，则将王位传入首相的一组里来，还说不定有传给他自己儿子的可能。

（5）王族内的男子如果符合下述的条件便有做继承人的资格：健康和心智胜任王位（因做王要做政治、军事、宗教的首领，不是单讲享受的事）；属于适合的世次（与同组的王同辈或比异组的王低一辈）；不在现王的天干群内；其母来自王族。如果两个以上符合条件的人相竞争，则各人的军事实力、政治势力、体智能力和母亲的地位，都可能是决定成败的因素。

（6）王族内婚，其十个天干群亦是外婚单位。若干天干群可能被认为是若干其他天干群理想配偶的来源，但我还看不出来这十群连锁在一起构成规则严密的婚姻组，或与王权的 A、B 组相符合的 A、B 两个外婚单位的可能。（刘斌雄先生的十个婚姻组和丁骕先生的王妣两分组都有道理，[1]但也都有缺点。刘先生的分法过于复杂与机械化，在王室这一个小人口群内恐难以实行。丁先生只照顾了两组，对每组之内各天干群之间的关系，尤其是异世间的，没有交代。我觉得庙号中所吐露的消息，研究王制为主，婚制为次。）王子的身份与继承王位的机会，恐怕有很大一部分都靠母亲的天干群的地位高下而定。卜辞新派祀典里，有所谓"先妣特祭"

---

[1] 刘斌雄《殷商王室十分组制试论》，《民族学研究所集刊》（1965）9，89—114 页；丁骕《再论商王妣庙号的两组说》，同上（1966），41—79 页。

的现象；学者多同意，先妣之入不入祀典，要看他有没有及位的儿子而定，亦即所谓"母以子贵"。[1]但子亦以母贵以母贱。《史记·殷本纪》："帝乙长子曰微子启。启母贱，不得嗣。"

在《商王庙号新考》里我提出父方交表婚制为两组轮流执政的具体方式。我仍觉这种婚制是最重要的方式之一。

关于这第（6）点天干群之间的婚姻关系，我们顺便提一下《尚书》里的一个小小的老问题，因为它在本题上有重要的意义。《皋陶谟》里大禹说了这样一段话："无若丹朱傲，惟慢游是好，敖虐是作，罔昼夜頟頟，罔水行舟，朋淫于家，用殄厥世。予创若时，娶于涂山，辛壬癸甲，启呱呱而泣，予弗子，惟荒度土功。"这一段不大好讲，"辛壬癸甲"四字尤其至今无善解。《伪孔传》说，禹在辛日娶了涂山氏，在家里只住了三天，到了甲日就离家从公，可见他治水的努力。后来学者，想不出更好的解释，只好从之。上面说到十干之间有若干天干群是理想的配偶，有的不是。从这个观点再看上文，我想可将那"辛壬癸甲"四字做这样的一个新解释：禹是述他自己的行为比起丹朱来如何的正派，如何的努力。丹朱"朋淫于家"，而禹则娶于涂山，是名门正户，适当的配偶，是"辛娶壬"，"癸娶甲"的一类。《诗·陈风·衡门》："岂其取妻，必齐之姜？岂其取妻，必宋之子？"语气是相似的。周公室氏族外婚为常，配妻的理想是姬取姜、取子、或取姞（《左传·宣公三年》，"姬、姞耦，

---

[1] 郭沫若《卜辞通纂》，东京，文求堂1933年版，60页；许进雄《对张光直先生的〈商王庙号新考〉的几点意见》，《民族学研究所集刊》，第19期，127页。

其子孙必蕃"），而夏商王族内婚的情形下则理想上是辛娶壬、癸娶甲、或大禹娶涂山。大禹与涂山当时有没有庙号制度，他们的庙号为何，我们不得而知。但《皋陶谟》举例的配法，是与商王妣之配相符合的。商王只一癸（示癸），其妣果然是妣甲，有四辛：祖辛、小辛、廪辛、帝辛。从乙辛祀典上看得到的王妃名称，只有直系的祖辛有配，其妣有三：妣甲、妣庚、妣壬。壬虽不是祖辛主要的配偶，却确是他的配偶之一。这样看来，"娶于涂山，辛壬癸甲"这句话是可以讲得通了。

如此则甲、乙、丙、丁等十日也是生人分类的称呼。但以个人称名，则生时不用庙号，死后才用。

再看上节里面（图1）十日在铜器中的分布，以乙、丁、己、辛、癸五日远占多数。这是不是因为这五干的男子多娶另外五干的女子的缘故？假如壬配辛、甲配癸，如《皋陶谟》所例示，是不是丙配乙、戊配丁、庚配己，好像刘先生的十个婚姻组那样？我上面说刘说在王室内不便实行，但如将人口扩大到全部的贵族，并且把这种配合只当做理想，不看做必然，则从《皋陶谟》和铜器上十日分布情形来看，其可能性是有的。但是作这种解释所引起的问题还很多，有待进一步地讨论。

四、再看伊尹和王亥

从庙号与王制的解说，再回头看伊尹和王亥的祭日问题，我们很快便可看出，这些祭日的材料有重大的意义。我们先说伊尹。

从大乙到大甲这一段王位继承的经过，旧史料里有相当复杂的变化。[1]用上述王制的法则来看，我们对商代开国的这一段史实，可以采取一套崭新的看法。商朝建国，汤为王，是以A组的首领执政。伊尹大概便是B组的首领，做汤的副手。这个安排在汤在世的时候，没有什么风波，但汤死了以后，A、B两组之间可能经过了一段钩心斗角的争位事件。按上述法则，汤死后应由太子大丁继位，则是把王位传递到伊尹的B组。但大丁先死，所以汤死后，伊尹立了B组外丙和仲壬出来，前后做了六年。仲壬死后，伊尹把王位让回给A组的大甲，可能是不得已的举动。嗣后伊尹之放逐大甲，以及大甲杀伊尹的传说（《纪年》），可能便代表这中间A、B两组以伊尹为中心的争权故事。伊尹是B组的英雄，却不见得也是A组的英雄，战国时代对伊尹出身贵贱两说可能即本于此。伊尹死后，葬他的又是沃丁，祭他的又是武丁、文武丁。这中间的扣合，已远超过"蛛丝马迹"的范围了。

伊尹祭日为丁日这一发现，可以说是把这个新的解释从可能性提高到史实的关键。自此讲商史者，当以此说为本。

再谈王亥。

上甲以前的商史，有多少是神话，有多少是历史，还是难说的。从新派祀典始自上甲来看，"殷的先世大抵自上甲以下入于有史时代，自上甲以上则为神话传说时代"的说法，是很有道理的。[2]可是在新旧史料之中，有几个祖先人物，似乎有特殊的重要性。卜辞里称高祖的只有三人：高祖夒、高祖王亥、高祖乙。[3]夒是始祖，乙是成汤，其特殊地位不容怀疑。

---

[1] 见陈梦家《甲骨断代学》甲篇，《燕京学报》(1951) 40, 22—25 页。
[2] 《卜辞通纂》，362 页。
[3] 胡厚宣《甲骨文商族鸟图腾的遗迹》，150—151 页。

可是王亥凭什么如此重要？又，《楚辞·天问》里，从开天辟地问到当代，给商朝的篇幅，只有短短一段。在这短短的一段里所提到的人物，想必是商史关键人物，其中包括：简狄、喾、季、该、恒、昏微、成汤和有莘小臣。换成卜辞与《殷本纪》的名字，便是夒（喾）和简狄夫妇；季（冥）、王亥（该、振）、王恒、上甲微三代；和成汤和伊尹。季、王亥、王恒有何重要，可以与其他的诸人相比？又，《礼记·祭法》说："殷人禘喾而郊冥，祖契而宗汤。"《国语·鲁语》也说："商人禘舜而祖契，郊冥而宗汤。"冥为何如此重要？

把这些问题综合起来，我们便可以看到，从季到上甲三代，是商史上的一个关键阶段。为何如此，则可能有好几个不同的答案。商史学者最近有不少讲王亥的[1]，他们对这段历史的重要性的说明，都集中在"王亥作服牛"的传说上，亦即以王亥为商代的文化英雄。这种说法，恐怕不中亦不远。以牛在商人的宗教（卜辞祭祀、考古遗迹）和经济（《书酒诰》："肇牵车牛远服贾。"）上的重要性看来，王亥服牛的功绩，属于《管子·轻重戊》所说"殷人之王，立帛牢，服牛马，以为民利而天下化之"的一类，可以说是把商族自野蛮转入文明的英雄人物。可惜王恒的史料太少；岛邦男的《综类》里只收了11条（479页），没有一条有祭日的。但卜辞里的恒字有的写在一个大弓里面。不知王恒和殷人使用的弓有没有传说

---

[1] 王国维《殷卜辞中所见先公先王考及续考》（1917）；内藤虎次郎《王亥、续王亥》，原载《艺文》1916—1921，收入《内藤湖南全集》第7卷，1970年，469—500页；顾颉刚《周易卦爻辞中的故事》，《燕京学报》（1930）6，971—975页；吴其昌《卜辞所见殷先公先王三续考》，《燕京学报》（1933）14，1—58页；陈梦家《商代的神话与巫术》，《燕京学报》（1936）20，502—507页；胡厚宣《甲骨文商族鸟图腾的遗迹》。

上的关系？与传说中的羿有无关系？这些都是我很想知道而一时没有答案的。

除了文化发明的功绩以外，王亥、王恒兄弟在商人的王制史上是不是有关键性的转捩点的意义？这也是我很想知道的。吴其昌先生根据《天问》里"何变化以作诈，而后嗣逢长？"这一问怀疑上甲不是王亥之子而是王恒之子。[1]《天问》在这一问之上还有"眩弟并淫，危害厥兄"两句，意义虽不甚明，却好像王亥、王恒兄弟有过争斗之事。

本文开头便指出，自帝喾到王亥的先公远祖的祭日以辛为常。辛是近 B 组的。A 组之执政，始于上甲而完成于成汤。假如王恒是上甲的先人，则季、王亥、王恒与上甲这三代，便包括了商史上的一个大的转捩点，即自以辛或 B 为首领的制度，转为 A、B 两组轮流继承的制度。因此王亥王恒兄弟才有在《天问》里与帝喾和成汤并行出现的资格。这也可以解释为何武丁和武乙、文武丁的卜辞里祭王亥的多祭王恒的少。这一段历史与汤之伐桀及夏史商史相重叠的问题，也是值得仔细研究的题目。我想这个想法足备一说。将来如果在卜辞里找到王恒的祭日，是在甲、乙两日，或甚至戊、己两日，便能得到初步的证实。

---

[1] 吴其昌《卜辞所见殷先公先王三续考》，45 页。

殷礼中的二分现象 *

一、从小屯与西北冈说起

早在孔子的时代,殷礼的文献已经"不足征"。但孔子死后 2000 多年,殷代的史料突然大量地出土;其中最要紧的是安阳的甲骨卜辞与安阳及安阳以外许多遗址发掘出土的殷代遗物遗迹。1960 年出版的郑著《商代中国》[1]是近半个世纪中对商殷文物制度的新资料与新研究的一个很有象征性的代表。固然从大处、从长久看,殷礼的研究只是刚刚开始,但现有的材料已经可供给我们对殷代制度的不少细节做深入的研究了。

殷礼中的二分现象便是可做深入研究的细节之一。这种现象并不是我头一个提出来的。董彦堂在《殷历谱》[2]里曾提出安阳殷礼分为新旧两派的假说;旧派又称保守派,新派又称革新派,自盘庚以降,两派的政治势力,起伏消长,轮流执政。瑞典的高本汉,研究殷周铜器,把殷周铜器美术分为古

---

* 原载《庆祝李济先生七十岁论文集》,353—370 页。
[1] *Archaeology in China*, Volume 2. *Shang China*, Cambridge, Heffer & Sons, 1960.
[2] 《中央研究院历史语言研究所专刊》,四川南溪李庄,1947 年

典、中周、与淮式三期。其中古典式始自殷代而终于西周初叶，高氏又分之为三组：A、B 及 C。A 组的装饰纹样在同一器上多不与 B 组的装饰纹样相共，但与 C 组的装饰纹样结合；B 组者与 A 组有相斥的趋势，但与 C 组的可以并存。因此殷代的铜器花纹亦有二分的趋势：A、B，与中立的 C。高氏认为 A、B 之分的主要原因，是起源年代之异，但他又觉得或亦与殷都社会的分群有关。[1] 董、高二氏的说法，都未为殷礼学者一致接受，而谈殷代文明者，常以殷礼为一单纯和谐的单元。

我个人对这问题的兴趣，始自数年前对殷代神话与美术的研究。我渐渐深切感到，董、高二氏所发现的殷礼二分现象，不但在大体上本身可以成立，而且恐怕还不是孤立的现象；很可能的，二分制度是研究殷人社会的一个重要关键。为解释我这个说法，不妨先从安阳小屯与西北冈考古遗址中的若干不寻常的现象说起。

中央研究院历史语言研究所考古组自 1928 到 1937 年在河南安阳殷墟发掘的经过，以及收获之丰富，资料之重要，是大家都已熟知的了。但安阳的发掘资料重要到什么程度，在我个人来说，是到小屯陶器[2]、小屯建筑遗迹[3]，与西北冈第 1001 号大墓的发掘报告[4]出版以后，才深切具体地体会到的。李济在大墓报告的序里说，安阳的材料，要么不发表，要

---

[1] Bernhard Karlgren, "New Studies of Chinese Bronzes", *Bulletin of the Museum of Far Eastern Antiquities*, No. 9 (1937), pp. 1—117, Stockholm.

[2] 李济《小屯陶器》，上辑，《中央研究院历史语言研究所中国考古报告集》，台北，1956 年。

[3] 石璋如《小屯建筑遗存》，《中央研究院历史语言研究所中国考古报告集》，台北，1959 年。

[4] 梁思永、高去寻《一〇〇一号大墓》，《中央研究院历史语言研究所中国考古报告集》，台北，1962 年。

发表就得印第一等的报告；在这之外没有第三条路好走。对这种决定，我觉得我们是应当感谢的。迄今所出版的正式报告里，材料之丰富，描述之详实，都是写考古报告者的范本，使读者自己可以充分利用研究。这些报告的出版，很坚实地加强了过去对安阳殷都布局的假定：小屯是殷王室宫寝祖庙的所在，在洹水对岸，小屯西北约3公里的侯家庄西北冈则是主要的王陵区域。

小屯的建筑遗迹（以基址为主）分为甲、乙、丙三区，自北朝南成一线排列：甲区在北端，乙区在中间，丙区在西南隅。照石璋如的研究，小屯遗址的分为三区，主要是代表年代的先后：甲区最早，乙区次之，丙区最晚。但他又认为这三区基址的性质也有不同：甲区为宫寝，乙区为祖庙，丙区为一宗教性的建筑群。其中乙区的基址，与一群群复杂的墓葬有关，后者似乎是建筑基址过程中各种宗教仪式中的殉人，与西北冈大墓与小墓的关系相仿佛；说乙区是祖庙基址所在，似乎是颇有道理的说法。这一区中已发掘的基址，共有21个，但发掘区域的东南很可能还有若干基址，为洹水所浸没。这些基址的排列，主要是形成南北一线，东西两列，以北端的黄土台基为起点。这种布局很像中国历史上天子上朝，坐北朝南，朝臣自北而南成两线排列的样式。但小屯的乙区，如上文所说，乃是宗庙区域，并非殷王上朝的地方。殷王的宗庙何以作两线南北排列？这倒与晚周与汉代所记载的周人昭穆制的宗庙安排的方式很相像。但殷人有无昭穆制度？

在西北冈的王陵区域，我们又劈面碰到一个类似的问题。照高去寻的报告，"墓地分为东西两区，两区之间为约100米宽的空地。考古组的发掘已找到了墓地西区的东、西、北三缘；虽然南缘尚未找到，但是我们可以相当准确地推测，西区的南边更无大墓。东区发掘的面积约有 15000 平方米，找到了东与北两边的边缘。我们估计，东区已发掘的部分，只是东区的西北角，全区面积的四分之一。……1950 年科学院的考古研究所恢复安阳的发掘，在所谓武官村地区掘得了 1 个大墓和 26 个小墓。其实武官村的墓葬仍在西北冈东区的范围之内，其大墓距我们在 1936 年在东区东北角所发掘的两排小墓之南不过数米"[1]。总而言之，战前在西北冈的发掘共得殷代墓葬 1232 座，其中有大墓 10 座，在西区的 7 座，东区的 3 座。10 座大墓都南北向，椁室作长方形或亞形，各有墓道二条或四条；有两条墓道的都是只有南北而无东西；有四条墓道者南道最长，北道其次。加上武官村大墓，则西北冈大墓一共有 11 座，7 在西，4 在东。这种布局很显然代表一种特殊的意义，而且我们不免要问：大墓之南北方向及 11 个大墓之分为东西二组，与小屯宗庙的布局是不是有意义上的相似？石璋如觉得小屯之建庙与西北冈的筑陵是彼此相关的，但他不能断言，是不是在西北冈埋了一个王，就在小屯乙区立一个庙，还是在乙区的既有的一个宗庙中立一个主。无论如何，小屯与西北冈之宗庙与陵墓在布局上的相似是很显然的。但是西北冈的大墓何以在西区有 7 座而东区只有 4 座？

要回答这一类的问题，光靠考古的材料显然是不够的。我们且来看看，在文献资料中殷礼的若干二分现象，然后再回头来检讨一下小屯与西北冈遗迹布局的可能含义。

---

[1] 高去寻《安阳殷代皇室墓地》，《国立台湾大学考古人类学刊》第 12、13 合期，1959，1—2 页。

二、殷王世系中的昭穆制

昭穆是周人的制度。它的详情如何,今日已不得而知,但下列的几点特征或许是大家都能承认的。(1)照可靠的周代文献的记载,昭穆制确实盛行于西周的初叶,但西周初叶以后至少还通行于中国的一部分。(2)昭穆制的骨干是世代之轮流以昭穆为名,而某人或属于昭世或属于穆世,终生不变,如王季为昭,文王为穆,武王为昭,成王为穆。换言之,宗族之人分为昭穆两大群,祖孙属于同群,父子属于异群。(3)昭穆制与宗法有关。大宗如果百世不迁,其昭穆世次亦永远不变,但如小宗自大宗分出,则小宗之建立者称太祖,其子为昭世之始,其孙为穆世之始。(4)昭穆制与祖庙之排列有关。太祖之庙居中,坐北朝南,其南有祖庙两列,"左昭右穆";换言之,昭世祖先之庙在左,即在东列;穆世者在右,即在西列。昭穆两列祖庙之数有定,依宗族的政治地位而异。这种昭穆制度的背后,有什么政治社会或宗教的背景或因素,我们在史籍上无明文可稽。近代学者之研究,或以为与婚姻制度有关[1],容后文再详谈。

商人有无昭穆制?关于这个问题,我们只能回答说,史无明文。但李玄伯早就说过,"昭穆两字至今未见于甲骨文。商人或无分级,或有分级而另用他种名称,不以昭穆为级。若观

---

[1] 如 Macel Granet, "Categories Matrimoniales et Relations de Proximité dans la Chine Ancienne", *Annales Sociologiques*, ser. B, fasc, 1—3, 1939, Paris;李宗侗《中国古代社会史》;凌纯声《中国祖庙之起源》,《中央研究院民族学研究所集刊》(1959) 7, 141—184 页。

分级为初民社会常有的现象,或以后说为然"[1]。我在最近的《商王庙号新考》一文里,提出商王世系中商王庙号之分布可为昭穆制度之证据的假说。这个假说是本文讨论问题的一个关键,不妨在下文撮述一次。

依历史记载及近人对卜辞的研究,商王的世系,除了早期神话性的一段以外,包括下举的诸王:

上甲——匚乙——匚丙——匚丁——示壬——示癸——大乙——大丁、外丙、仲壬(相连的名字为同一世代的王,所谓兄弟)——大甲——沃丁、大庚——小甲、大戊、雍己——仲丁、外壬、戋甲——祖乙——祖辛、羌甲、祖丁、南庚——虎甲、盘庚(迁安阳)、小辛、小乙——武丁——祖庚、祖甲——廪辛、康丁——武乙——文武丁——帝乙——帝辛

在这一点上我们不妨温习一下关于商王名号的一些常识。商王生时各有私名,死后则有谥号,而谥号自上甲以来俱是十干之一,即甲至辛。祭祖王的日子,在一旬之内,依其谥号为定:名甲者甲日祭,名乙者乙日祭。以某一干为名的王在两个以上时,后世的记录中常在名的前面加字以区别之,如上甲、大甲、小甲之类。因十干的起源本是数目字,我们为眉目清楚计,不妨用1至10的数目把上引的世系换成下列的数目字表:

1—2—3—4—9—10—2—4,3,9—1—4,7—1,5,6—4,9,1—2—9,1—4,7—1,7,8,2—4—7,1—8,4—2—4—2—8

这个表所吐露的消息显然是非常有趣的。照过去的解释,商人的谥号,依其生日为准:生于甲日者,死后称甲,在甲日祭,

---

[1] 李宗侗《中国古代社会史》,上册,10页。

余类推。但仔细检查上表，则这个"生日说"显然有许多致命的破绽：（1）十干之中，商王的庙号以甲乙丁三日为主，不像是"生日"这一类偶然因素所能造成的。（2）把这世系表从头向尾看，甲、乙与丁有隔一世一出现的倾向。第一世有甲或乙，则第二世有丁，第三世又回到甲、乙，第四世又回到丁，等等。（3）同一世代的诸王名号中，甲乙与丁有互相排斥的倾向；换言之，兄弟诸王中有名甲乙者则无名丁者。上面（2）（3）两条都有例外，在上揭文里有详细的说明，不再赘述。总而言之，由庙号在世系中的排列，我们可以把商王分为下面的五组：

（1）甲、乙

（2）丁

（3）与甲、乙相结合而不与丁相结合的（同世或隔世）：戊、己

（4）仅与丁相结合的：丙、壬、癸

（5）与甲、乙、丁相自由结合的：庚、辛

以上五组更可以并成三群：乙组（甲、乙、戊、己）、丁组（丙、丁、壬、癸）、与第三组或中立派（庚、辛）。假如我们假定，商王的庙号并不是由生日而来，却是各王生前与死后所属的社会群的一种传统的称号，则上文的分析很明显地可以看出来，商的王室可以分为两个大支，而两支轮流隔世执政。这种制度——姑称之为乙丁制——很显然与周的昭穆制有若干密切相似之处；我觉得这两个名字实际上代表同一种制度。

至于乙丁制应当如何解释，则是另外一个问题。对初民社会有兴趣的人也许会马上想到，乙丁制或可以用双系制（double descent）或母系半部族制（matrimoiety）来说明。换言之，依这种看法，商王的谥号因其母或妻的亲属群的分类而

定。事实上，这种解释也正是近人葛兰言（Granet）与李玄伯对昭穆制的解释。从这来看商的乙丁制，这种说法有一个最大的漏洞，即殷王配偶的庙号不与这种制度相合。凡见于祀典的商王所谓法定配偶，其庙号多有记录。商王的庙号很少与其母的庙号相同，而永远不与其法定配偶的相同。事实上，法定配偶的庙号，根本没有乙丁两个日名。因此我们只好作结论说，如果商王的庙号代表一种社会群或亲属群的分类，则其配偶的庙号是属于商王系统的，而不是相反的情形。

　　我想用下述的假说来对商王的乙丁制作一个初步的解释。商代子姓的王族，至少可以分为10个宗族，或其宗族可以分为10组。其中以乙丁为庙号的两宗大概政治地位最高，政治实力最强。其余诸宗，甲、戊、己三支与乙相近，统称为乙组，而丙、壬、癸三支与丁相近，统称为丁组。庚、辛两支则可称为"中立派"（甲乙等称，自然只代表仪式性的宗族类名，而各宗或另有专名）。乙宗的一个男子为商王时，因婚姻与政治之间的关系的考虑，王乙多半不能娶丁宗的女子为正式的配偶。王之亲子的亲母必须来自另一个在政治上地位较低的宗支，因此王之亲子的政治地位或因之为减低。但丁宗与王乙同代的兄弟，则没有这种政治性的考虑，可以娶乙宗的女子为妻，所生的子于是以乙丁二宗支为父母，其地位乃较王乙的亲子为高。王乙死后，继立为王的，乃不是王乙之亲子而是王乙在丁宗里的外甥。王丁立后，再重复上述的手续，其继嗣的王又来自乙宗。这种继嗣法的规则性，有时为种种因素所破坏，乃发生不规则的现象，但乙丁二组之分是始终维持的（同代则同组，异代则迁组）。质言之，从商王世系里我们可以看到下述的现象：（1）商的王位在王室中政治力量最大的两个宗支（乙丁及其"朋党"之宗）之间交替；（2）王室的婚姻为父系内婚制与父方交表婚制；（3）王位的传递，在两代内由舅传甥，在三代内由祖父传孙。这样一种继嗣的制度，乍看起来，好像很是奇怪特殊，其实这三种现象在民族志上都不难找到。这种解释，是唯一的可能把文献记载上的各种现象都能贯穿说明的假说。与这种系统最为相似的民族学上的例子，见于波利尼西亚西部蔼理斯岛（Ellice Islands）上的 Funafuti 人中：[1]

Funafuti 人……有一种轮替继承王位的系统……照 Turner 氏的报告，王位在四五个有领导地位的家庭中轮替，王死后，继位的王在轮到的一个家庭里选出。有人告诉 Hedley 说，在岛上曾经盛行过一种政府制度，包括一个王与一个次级领袖；王死后，次级领袖继任为王，而王子继任为次级领袖。Sollas 说过，以前曾有二支王族，王死后其继任者经常选自另外的一支……

即有的历史资料似乎证明，这种奇异的双重继承制度……绝不是普遍性的，但这种制度颇在史料中可以看得出来，尤其是如果只有两支轮替的王族的话。在这种情形下，在当时不执王政的一支应当在政治上有很高的地位，其成员很可能就占有"次级首领"的地位。因此，Tilotu 很可能属于 A 支，而他的次级首领 Paolau 属于 B 支。等到 B 支的 Paolau 继任王位的时候，A 支 Tikotu 的子女就成为他的副手。

---

[1] Robert W. Williamson, *The Social and Political Systems of Central Polynesia*（Cambridge University Press）, 1924, Vol. 1, pp. 378—379. 又据说西藏 Khasa 地方的首领继承也有类似制度，待考。

与商制相似的王位继承制度之见于波利尼西亚，本身便是一种值得注意的现象。波利尼西亚人公认是与中国大陆古代的住民有密切的历史关系，而其政治宗教制度之与中国古制相似的又屡见不鲜。[1]可惜的是上引资料所出自的 Williamson 氏的一书，并不以材料之确实可靠著称，而蔼理斯岛人最近西化之彻底更使上引说法进一步探索与证实成为不可能的奢望。

上引的一段文字，颇使我们想到所谓"旧臣"在商代卜辞与历史文献里的重要性。例如伊尹是大乙时代的重臣，在卜辞祀礼中的隆重地位与先王相似。说不定伊尹是大乙时代的次级首领，或即是王族丁组当时的首长。古典中伊尹放逐大甲的故事，与卜辞中武丁时代对伊尹祀礼的繁重，都是值得深思的史料。

卜辞与古籍中还有很多名字，所谓"先公"的，因为不以十干为谥，我们无从知道，这些名字中包括乙丁二系的祖先，还是只包括其中一支的先祖。与此有关的，还有夏之世系。古史传说夏在商先，但大乙既与桀同时，则商之先公实与夏之帝系平行。按《史记·夏本纪》的夏世系如下：

黄帝——昌意——颛顼——鲧——禹——启——太康、仲康——相——少康——予（帝宁）——槐——芒——泄——不降、扃——孔甲、厪（胤甲）——皋——发——履癸

杨君实说康或即是庚，帝宁或即是帝丁。[2]如是则夏王里以十

---

[1] 见凌纯声先生在《民族所集刊》最近数篇论文。
[2] 杨君实《康庚与夏讳》，《大陆杂志》第20卷第3期。

日为名的有六,包括甲、丁、庚、癸四个干。使用商王隔代干名相同的原则,则甲与庚二干属于一组,丁与癸属于另一组。甲与丁的对立,与丁与癸之同组,都是与商相同的制度。另外一点有趣的现象是汤之灭桀,适是乙组之接丁组,换言之,夏商之际固是改朝换代,却兼是丁乙交替。这件事实的真实意义,一时还不能说定。

重要性远在这以上的,乃是商的乙丁制与周的昭穆制的相似性。为节省篇幅,我把前揭文中关于这一点的讨论引在下面:

昭穆与乙丁之类似,除(上文)所列举者外,尚可以下述诸点加以补充。

其一,周人以十干为名的尚多,为金文所常见(见吴其昌:《金文世族谱》)。是以日干为庙号,殷周相同。如庙号在商人有上述之意义,周人者当亦有类似之意义。

其二,若干周代系谱中以十干为庙号的,其出现的世代顺序与商相同。穆王时代的录毁二器,一曰"用作文且辛公宝鼎毁",另一曰"用作文考乙公宝尊毁"。是祖名辛,父名乙,与殷王世系中乙辛顺序在世代上相同(如帝乙帝辛)。《史记·齐世家》,太公子为丁公,丁公子为乙公,乙公子为癸公。此中可注意的更有两点:(1)庙号之十干在世代中出现的顺序,即丁—乙—癸(丁组,夏商均然)之次,与殷王同。(2)如以太公为太祖,则其子为昭世而名丁公,丁公之子穆世而名乙公。……又《史记·宋世家》,帝乙次世为微子开及微仲,当为丁世,即帝辛之世,微仲之子为宋公,当为乙世;宋公之子又当为丁世,而其子确名丁公。宋制与殷制同不为奇特,但齐制与殷同,则值得重视。

其三,不特宋齐之制与殷人相似,宗周亦不例外。殷制以甲日祭甲,乙日祭乙,上文已说明清楚。西周之祭禘先祖,因无卜辞为证,其祭历颇乏材料可循。下举诸条,或不无发明的作用:〔例略〕。是西周及东周初年王公祭祖先的日子,好像也有一定,而以乙丁二日为多,好像乙日祭穆世的祖,丁日祭昭世的祖。[1]

在这里我们不妨回头看一下安阳西北冈大墓的布局。上文已经说过,西北冈的殷王陵墓区分为东西两区;准左昭右穆的规矩,则东区为昭,西区为穆。属于昭区的大墓有4,属于穆区的墓有7。大家都知道,安阳是盘庚所迁之都,自盘庚到帝辛,更不迁都,中间一共有12王。除帝辛自焚死,其余的11王依其乙丁世次可以分为两组:

丁组(或为昭):4王(武丁、廪辛、康丁、文武丁)

乙组(或为穆):7王(盘庚、小辛、小乙、祖庚、祖甲、武乙、帝乙)

这样看来,把西北冈大墓比对殷王,则我们发现两点巧合:(1)11王,11大墓;(2)11王中属丁(昭)者四,属乙(穆)者七!而11大墓中在东(昭)者四,在西(穆)者七。这种巧合,乍看起来,似乎不无石破天惊的阵势,但我们绝不能以为定论之证,因为西北冈墓地东区的发掘尚未完成,是不是地下还有大墓尚未出土,我们还不知道。

依李济从地层与形制学的研究,西北冈西区大墓第 HP-

---

[1] 引《商王庙号新考》文,见本书。

KM1001号是西区最早的一个大墓。[1]假如这个说法可以依据，则依上文的假说，这个墓便非是盘庚本人的墓不可！这个结论如果能够成立，则我们对于安阳初立时代殷文明的认识，便不能不加以若干新的估价，同时也得对小屯区早于HP-KM1001大墓的基址不能不做一些新的解释。

三、卜辞中的"新派"与"旧派"

上面所举的资料与讨论，似乎可以证明，殷代的王室分为两个大支，这两支隔世轮流执政。古代的文明，常常以王室为发展的前驱与持续的主力，因此我们不免要接着问的一个问题，便是殷代的文明内部有没有二分的趋势？反过来看，殷文明内部的二分现象，适可以为上述的假说的一种有力的佐证。我个人的看法，是殷礼果然有若干二分的现象；这些二分现象之中，有的与王室的二分制有很明显的联系，而另外的则其联系不如此明显。我们且从卜辞中的所谓新旧派说起。

董彦堂继卜辞分期研究之后，又提出新派与旧派的分别的主张，这是研究殷史的人都习知的。他认为自盘庚迁殷到帝辛之亡，273年之间，殷王室的礼制分为新派（或革新派）与旧派（或保守派）。二派卜辞之异，不但见于历法，而且表现于礼制全部。273年的殷代政治史，乃是新派旧派政治势力起伏循环的历史。大体言之，分为四期：[2]

第一期，遵循古礼，包括盘庚、小辛、小乙、武丁、祖庚。

---

[1] 李济《从笄形演变所看见的小屯遗址与侯家庄墓葬的时代关系》，《中央研究院历史语言研究所集刊》（1958）29，台北。
[2] 《殷礼中的旧派与新派》，《大陆杂志》第6卷第3期，1953年。

第二期，创制新法，包括祖甲、廪辛与康丁。

第三期，恢复旧制，包括武乙与文武丁。

第四期，新法复行，包括帝乙、帝辛。

董师在好几篇论文里，举出卜辞各期在祀典、历法、文体与卜事上的差异，来证明新旧派的说法。详细的证据，在此不必列举；我想我们都可以接受在卜辞中两派文物制度的对立，以及各王的卜辞属于不同派别的主张。董师的说法，不是所有的卜辞学者都一致同意的，而主要的论争集中在文武丁时代卜辞的认定问题。有好几位学者，都主张董师归入文武丁期的卜辞，实在多是武丁时代的。[1]果然则他的第三期复古之说，就少了很多证据来支持。这是一个卜辞专家才能判断的问题，我自己是没有置喙的资格的。我们目前的问题，是卜辞中的两组礼制，与上述的商王之分为两组，有无直接的联系。上举的《商王庙号新考》一文里，我曾经建议过，所谓旧派的卜辞或者代表丁组的礼制，而所谓新派乃是乙组的礼制。我现在的看法，是现在也许还不到作这种肯定的联系的时候。但是我们或者都可以同意下列的现象之存在。

（1）安阳出土各期的卜辞，彼此之间确有差异变化，而略其小异，综其大同，可有两派可分。

（2）安阳时代第一个丁世的王武丁时代的卜辞很多，所示的礼制相当清楚。武丁以后继位为王的祖庚，在位或只七年，其礼制如何，因卜辞数少，相当模糊。但自武丁的礼制到下一任王祖甲的礼制，则无疑有一番相当明显的变化。武丁时

---

[1] 如陈梦家《殷墟卜辞综述》，1957年；贝冢茂树、伊藤道治《殷代卜辞断代の法再检讨——董氏文武丁时代卜辞を中心として》，《东方学报》第23卷，京都，1953年。

代所祭祀的若干祖先或神祇，到了祖甲时代不再出现，而祖甲时代祭祀日程的整齐规模——所谓祀典——则是武丁时代所无的。祀典制度到祖甲以后在卜辞中又形迹不明，而帝乙时代则重新明现。换言之，礼制的变化固然未尝不可说是革新复古式的起伏循环，但亦未尝不是和乙丁的分组有相当的联系。问题是是否所有丁世王的卜辞都表现武丁派的礼制，而乙世的王都倾向于祖甲式。照目前卜辞学家的知识，好像乙丁二派礼制的交替，只是趋势，而不是必然，但我希望卜辞学家肯用上述的假说再回头检讨一下新旧的史料。

（3）除了董彦堂师已经举出的所谓新旧派礼制之对立现象以外，若干其他的材料，也不妨用这种观点来看，看看是不是乙丁两派的王多少遵循多少不同的礼制。我们现在立刻可以建议的一个研究途径，是贞人的进一步研究。贞人的研究自董师的《断代研究例》以来，资料已经非常丰富，但既有的研究，多注目于年代学。古语说，"一朝天子一朝臣"。如果商王来自不同的两派，我们自然很想知道，不同组派的王的朝廷是不是也由不同的官吏组成。初步研究最近贞人资料的结果[1]，似乎颇有兄弟（或偶尔祖孙）有用同名贞人的例子，而邻王为父子的其贞人集团亦迥然不同。我觉得这个问题，以及贞人同官吏与王世的交替关系，都值得作深入的研究。

四、殷铜器装饰美术的两派

瑞典的高本汉在商周铜器花纹研究上的贡献，是不待详细

---

[1] 陈梦家：上引《综述》；饶宗颐《殷代贞卜人物通考》，香港大学出版社1959年版。

介绍的。高氏分殷周铜器的装饰美术为三期：古典式，中周式，淮式。其中古典式的时代是殷代（亦即商的安阳时代）与西周初叶。[1]在1937年的《中国铜器的新研究》里，高氏进一步把古典式的装饰母题单元分成三组：A，B，C。这篇文章里所收的材料，一共有1294件古典式铜器，散见中外著录。在这1294件铜器上，A、B、C三组花纹在个别铜器上的分布如次："其中517器上仅有A组花纹一件或数件（与C组相结合或单独出现）而无B组花纹；549器上仅有B组花纹一件或数件（与C组相结合或单独出现）而无A组花纹。仅在14器上A、B两组花纹同时出现。"至于"无A组亦无B组而仅有中立的C组花纹之器，有214器"[2]。因此，高氏的结论，分殷代铜器美术花纹包括A、B两大派；两派的花纹彼此之间在原则上不在同一器上出现，但都可以与中立的第三组，即C组相结合。在近十年来，高氏又研究了1937年以来出现的新材料，把他的成说做了若干支节上的补充。[3]他的分类标准，可以撮述如下：

（1）所谓古典式的一般特征："整个采自动物界的一套装饰母题；相对立的形相环绕着一个中心形相作对称的安排的一种固定的布置；对装饰颈带的一个不变的规则；以及一系列的属于两派花纹诸组的'中立性的'装饰特征。"

---

[1] Bernhard Karlgren, "Yin and Chou in Chinese brinzes", *Bulletin of the Museum of Far Eastern Antiquities*, No. 8（1936），Stockholm.

[2] Karlgren, 上引"New Studies", pp. 72, 75。

[3] Karlgren, "Marginalia on Some Bronze Albums", *Bulletin of the Museum of Far Eastern Antiquities*, No. 31（1959），pp. 289—331；"Marginalia on Some Bronze Albums II", *Ibid.*, No. 32（1960），pp. 321—324；"Some Characteristics of the Yin Art", *Ibid.*, No. 34（1961），pp. 1—28.

（2）属于 A 组的特征有：饕餮面；有体饕餮；牛首饕餮；蝉纹；直体龙；单元文饰。属于 B 组的特征有：分解饕餮；三层兽带；断尾鸟；带眼回纹带；带对角线的有眼带；圈带；带新月形的方块；复合菱纹；乳钉；连锁山纹；直肋纹。属于中立的 C 组的特征有：变形饕餮；龙化饕餮；各种龙纹（有体龙、带喙龙、带颚龙、回首龙、有羽龙、有翼龙、S 形龙、变形龙）；鸟；蛇；涡纹；三角纹；带眼三角纹；回纹（及云雷纹）。

（3）A、B 两组文饰之对立亦与器形有相当的联系。

高本汉对两组花纹对立这种现象的解释是双管齐下的。他把 A 组的花纹叫作"原生式"，把 B 组花纹叫作"次生式"，相信后者在来源上比前者为迟。照高氏的看法，到了安阳时代，A、B 两派都已存在，两者在安阳时代的铜器中是并行的关系，但到了本期之末，B 组的成分增加而 A 组减少，这亦是很少真正 A 组花纹的铜器可以断代于周初的缘故。但在另一方面，高本汉又提出对 B 组花纹之产生及 A、B 两组花纹在安阳时代并存的一种社会学的解释：

> 我们可以很合情理地推测，在一个金属工匠的家族之内，在一个自父亲当作神圣的遗产传给儿子的工场之内，铜器的形态与花纹的特征说不定常常很虔诚地当作制造在祖庙中祭祀之用的新器时的一种神圣不可侵犯的规范。因此，一种新的花样（B 组的花纹）的创造，也许是新成立的，对既有的相对立的铜匠家族的成就，其创造的基础是 A 派，而其成品与 A 派又截然相异。我们很可以想象得到，这较古老的家族的头人仍旧连续多少代不断地重复早期的花纹形制……与其较后进的对手相并存。我们还可

以想象得到，一派的铜业服役于一支贵族，而另一派则服役于与其相竞争的另一派贵族。[1]

高本汉的分析研究，有不少处是可以批评的；事实上，反对他的学说者大有人在。我们可以举出他的研究方法上两个最大的弱点。第一，高氏的研究，很自然的要受到他所用的材料的限制——而他的材料多半是多少年来骨董市场选择淘汰的结果，出土地点多无记录，而且在时代与地域上的来源成分非常的驳杂。第二，高本汉对 A、B 两派花纹的年代学的解释——A 早于 B——整个基于一个简单的进化论的观点。但是本文的目的，不是要批评高氏研究的缺点。我认为他的 A、B 两派之分，在他所用的材料的范围之内，是可以成立的。同时他对于 A、B 分派的社会学的解释，在上文的假说观点看来，很显然地产生了崭新的意义。可惜他在这一方面的解释，并无材料上的基础，而这种看法亦为后学者（包括他的信徒与反对者在内）所大致忽略。

假如我们的目的是检讨殷代青铜美术二分制在社会学上的意义，我们的方法就不能为高氏研究的范围所局限；换言之，只研究 A、B 两派文饰在单个的器物上的分布是不够的，而我们非得进一步研究这两派花纹在整个器物群里的分布不可。很显然的，美术花纹分组的社会因素一定是非常复杂的，而 A、B 两派花纹在不同的铜器群中的分布的意义也一定不是很单纯的。高氏说这两派花纹的铜器也许是不同的铜匠的家族所做的。这种说法的成立与否，我们可以很直接地靠铜作工场址出土的铜范上的花纹的全盘检讨来做一个判断。殷代铸铜工场址

---

[1] Karlgren，上引 "New studies"，pp. 91—92.

的发现虽多，这一项工作还未有人尝试过。进一步说，同一墓中的铜器的花纹，如果都属于同派，则很显然的这一派的花纹是墓主或其家族所喜爱的。这一类的研究并不困难，但是非得在殷代遗址的发掘报告里描写了有关的资料以后才能进行。

说到这里，我们不免要问一句：殷代铜器装饰美术里的二分现象，与本文所提出的商王分组及其礼制的二分现象，有没有彼此照应的联系关系？这个问题所牵涉的问题，可以说是非常的广，因为我们不但要顾及到美术二分现象的确实意义以及其在殷代内部的变迁经过，还要考虑到高氏对铜礼器的研究结果可否适用于殷代美术的别的领域的问题。根据目前的资料，我们只能说，殷礼的二分现象似乎是贯穿在殷代文物制度各方面的一种现象，因为 A、B 两派花纹的对立，不但见于个别的器物上，而且见于成群的器物组合上。

用现代考古学的方法发掘出来的殷代铜器群，迄今有详细的报告可以利用的，只有安阳侯家庄西北冈的 1001 号大墓。这个墓中所发现的装饰及其他的美术品，为数至伙，包括石玉雕刻、涂彩与镶嵌的木器遗痕、雕花的骨角、白陶以及青铜的礼乐兵车马器。依高本汉的分类，1001 号大墓中出土的铜容器如下：

HPKM1133：4，圆鼎（上引西北冈 1001 大墓报告 pl. 242：1；pl. 245：1）：西墓道中殉人墓；装饰花纹属于 C 组，或可说介于 B、C 二组之间。

HPKM1133：3，圆鼎（pl. 242：2；245：2）：多半得自木椁上的一殉人墓，装饰花纹分组同上。

3：1622 及 HPKM1133：2，鬲鼎（pl. 242：3；pl. 245：3）：碎为多片，多得自西墓道。C 组花纹。

R1068，爵（pl. 242：4；pl. 146：2）：西墓道；B 组。

R11001，爵（pl. 243：1；pl. 246：1）：多半得自木椁上；B 组。

R11002，爵（pl. 243：2；pl. 245：4）：得自翻葬坑；B 组。

R1030，觚（pl. 243：3；pl. 246：3）：西墓道；B 组。

R11003，觚（pl. 243：4）：翻葬坑；C 组。

R11004，觚（pl. 244：1）：多半得自木椁上；C 组。

R11021，罍（pl. 244：2；pl. 246：4）：多半得自木椁上；B 组。

R11028，鼎片（pl. 253：2；pl. 257：2）：翻葬坑；B 组。

碎片（pl. 253—255）：皆得自翻葬坑；装饰花纹有乳钉、复合菱纹及云雷纹化之饕餮，皆 B 组。

上述的铜容器皆出于大墓各部分的殉人墓，而其装饰花纹皆属于高本汉教授所谓 B 组或 C 组。最常见的文饰，是以云雷纹化的饕餮纹构成的颈带，包括高氏的变形饕餮与分解饕餮两种在内。其他 B 组的特征，如圈带纹、乳钉、复合菱纹，及三道兽带，也在本墓中常见。至于 A 组的特征花纹，本墓的报告中未见一例。[1]但在另一方面，本墓中铜容器以外的器物上，如雕花骨板及铜兵器上，则有典型的 A 组特征，如写实性的饕餮及牛首饕餮。这一种现象，即铜容器与铜容器以外的器物的装饰花纹分组上的不一致，无疑有很重要的意义，但

---

[1] 西北冈 M1001 自古有盗掘，大部分精美的铜器早流入国内外收藏家手中。这种遗物，记录自然不明，是得自 1001 大墓，或出于墓中何处，早已无从查考。上引梁思永、高去寻 1001 墓报告第 3 页，谓梅原末治《安阳殷墟遗宝》（京都、小林，1940）第 44—46 图版所载三铜盉系盗自 1001 号大墓。这三个铜盉的装饰花纹，都是典型的 A 派，与梁、高报告中所叙述的铜容器不同。但我们既无法查悉这三器是否确实是盗自 1001 号大墓，更无法探明倘是出自此墓，这三器究竟出于墓中何处，因此在本文的讨论中，我们只好置之不论。

专就高氏的分类而言，我们暂时无法对容器以外的器物作同样的分析。

照李济的报告，小屯遗址里出铜器的墓葬有 10 个，共出土铜容器 76 件[1]。小屯墓葬的详细报告尚未发表，我们能用的材料有 6 个墓，其中的铜容器照高氏分类如下：

（1）乙七基址附近的三墓：

  M 188：甗（李济上引报告图 11：6），带 B 组花纹；瓿（Fig. 146），B 组；鼎（pl. 9：4），B 组；斝（pl. 12：2），C 组。

  M 232：觚（pl. 5：10），B 组；瓿（pl. 6：1；pl. 7：4），B 组；瓿（Rg. 15b），C 或 B 组；爵（pl. 16：4）及二斝（pl. 11：2；pl. 13：2，3），似 C 组。

  M 238：罍（pl. 1：2；Fig. 17b），A 或 C 组；觚（pl. 5：4），典型 B 组；另二觚（pl. 5：11，12），C 组；二方彝（pl. 19：1，2），A 组；圆卣（pl. 8：2），似 A 组；壶（Fig. 13：6），似 A 组；爵（pl. 16：5），C 组；四足斝（pl. 18：4），C 组。

（2）丙一基址附近的三墓：

  M 331：二尊（pl. 3：1，22；pl. 7：3；Fig. 9：b），C 组；觚（pl. 5：6），B 组；觚（pl. 5：2），C 组；方卣（pl. 8：1），A 组；瓿（pl. 6：2），C 组；鼎（pl. 9：2），C 组；二斝（pl. 12：1；pl. 13：5），A 组；瓿（pl. 18：2），似 B 组；四足爵（pl. 18：3），似 A 组。

  M 333：觚（pl. 5：8），C 组；瓿（pl. 7：2），似 A 组；另一瓿

---

[1] 李济《记小屯出土的青铜器》上篇，《中国考古学报》1948 年第 3 期，南京。

(pl. 7∶5)，似 C 组；鼎 (pl. 9∶3)，B 组；爵 (pl. 16∶3)，B 组；斝 (pl. 12∶4)，B 组。

M 388：瓿 (pl. 3∶3；pl. 7∶1)，B 组；爵 (pl. 15∶1)，B 组；斝 (pl. 13∶1)，B 组。

上述的分析的结果，我们可以说，专就西北冈及小屯的已发表的材料看，同一墓中出土的铜容器装饰花纹，有专属 A 组或专属 B 组的趋势。据此，上举诸墓可以分为二类：（1）以 A 组花纹为主的：小屯 M238，M331；（2）以 B 组花纹为主的，包括西北冈 M1001；小屯 M188，M232，M333，与 M388（中立派的 C 组花纹为诸墓所共有）。这种现象的历史意义，恐怕得待更多的资料出土或出版以后才能加以澄清，但我们或可作下述的推测：

（1）专就安阳时代来说，A、B 两组花纹的年代先后，还没有足够的资料加以证明。但无论如何，高本汉之 A 组花纹渐为 B 组所取代的看法，是不能成立的。照李济对地层与骨笄及白陶花纹形制的研究，HPKM1001 在西北冈西区的 7 个大墓中时代最早，而其铜容器花纹以 B 为主。小屯的 6 个墓葬，依李先生的形态学研究[1]，其年代顺序如下：最早的：M188，M232，M388；次之：M331；再次之：M333；最晚的：M238。（但 M238 亦可能稍早于 M331）。在这些墓葬之中，M188，M232，与 M238 或与小屯基址乙七有关，而 M331，M333，M388 或与基址丙一有关。石璋如认为乙区基址一般而言早于丙区，而李先生觉得乙七基址与西北冈的 1001 号大墓大致同时。因此李先生按形态学所排的小屯墓葬的年代次序，很得到层位上的支持。上面我们已经看到，A 组花纹

---

[1] 李济《记小屯出土的青铜器》上篇，《中国考古学报》第 3 期，表 13。

频见于较晚的 M238 与 M331 里，而 B 组花纹反而见于较早的 M188，M232，与 M238。从这些事实中我们只能得到一个结论，即 A、B 组文饰之在各墓中的分布，不是从年代学上可以解释的。

（2）上文所讨论的现象，只适用于铜容器。同样的分析是否可以用于其他的美术品，及其结果如何，都有待将来的研究。我们目前所能看得清楚的，是 HPKM1001 里的铜兵器与石玉骨角木器的美术风格与铜容器未必在分类上相合，而小屯铜容器中的 A 组文饰常见于方器。也许这表示花纹的分类的确与工艺的分工有关。

（3）最要紧的一点，是上文所讨论的铜容器，都出于殉葬坑。大墓木椁之内与殷王同葬的铜器如何，我们尚无资料可供讨论。因此，我们现在的资料中的美术花纹的二分现象，是不是可以与上文所讨论的王室本身的二分现象，作直接的联系，是个目前不能决定的问题。

在安阳以外，商代或可能为商代的铜器，出土于华北华南的许多遗址，但只有下举诸址的材料可以稍供分析之用：

（1）豫北辉县琉璃阁：数个墓葬中出土铜爵、斝及觚，其时代据说与小屯的 M333 相当。其装饰花纹的主要特征有二项：变形及雷纹化的饕餮，及圈带纹，皆属高氏的 B 组。A 组的特征，未有一见。[1]

（2）河南孟县涧溪：一墓，出土二铜爵与一觚，其装饰花纹特征同上。[2]

（3）山西石楼二郎坡：数器，出土地不明；可见的装饰

---

［1］ 郭宝钧、夏鼐等《辉县发掘报告》，1956 年。
［2］ 刘笑春《河南孟县涧溪遗址发掘》，《考古》1961 年第 1 期，33—39 页。

花纹是清一色的 B 组（乳钉、圈带、带对角线的圈带）。[1]

（4）湖南宁乡黄材：数器，出土地不明；可见的装饰花纹是清一色的 A 组（写实饕餮、牛首饕餮）。[2]

（5）四川彭县竹瓦街：罍及觯，带 A 组的写实饕餮。[3]

这种清一色 A 或清一色 B 的现象，是非常值得注意的。由此可见，上文就安阳材料所作的观察，即 A、B 组花纹的分布，不但在独个器物上是有意义的，而且在成群的器物中也有意义，显然得到部分的证实与有力的加强。从卜辞，我们知道殷王曾有分封王室的亲戚为地方侯伯的制度[4]，而上举的五地都只能是诸侯的地域而非王都。这些地方有无治于王室二派之一的侯伯的可能？这里面有无地理上的因素（如华北华南之别）？这些问题的解答，只好待之将来。

五、结　语

（1）从上文的分析，殷礼中二分现象的存在，是不容怀疑的了。从商王世系的分析看，殷礼中的二分现象，与王室之内的分为昭穆两组，似乎有很密切的关系。

（2）二分制是世界各地古代文明与原始民族中常见的现象，其发生的因素也极复杂。专就中国古史而言，先殷的古史

---

[1]《山西石楼二郎坡出土的商周铜器》，《文物参考资料》1958 年第 1 期，36 页。

[2] 高至喜《湖南宁乡黄材的商代铜器和遗址》，《考古》1963 年第 12 期，646—648 页。

[3] 王嘉祐《记四川彭县竹瓦街出土的青铜器》，《文物》1961 年第 11 期，28—31 页。

[4] 胡厚宣《殷代封建制度考》，《甲骨学商史论丛》初集，济南，1944 年。

传说里的二分现象也很普见。本文的结论，只适用于殷礼中的若干现象；是否能适用于中国古史上的其他时代与地域，则不是本文之内所能解决的。

（3）殷礼中的二分现象，与殷人观念中的二元现象，甚至古代中国人的一般的二元概念，显然有相当的联系。但本文的讨论只及于礼制，而不及于哲学思想。

（4）本文的讨论的一个附带的产品是，在中国古史的研究上，非靠考古、历史、社会与人类诸学者的分工合作不可。专从某一个学科的观点来讨论，上文的现象就无法解释。

商代的巫与巫术 *

50多年以前,陈梦家先生在《燕京学报》第20期(1936)里发表了一篇叫做《商代的神话与巫术》的文章,利用卜辞与传世文献中的各种资料,讨论在商代文化研究上的一个关键题目,在当时是很富有影响力的一篇作品。关于这个题目的研究,在这50年以来,还没有看到有人接着再作系统性的讨论。在这篇文章里面,我想把自陈先生以来所产生的新材料与新看法初步地综合一下,看看今天在这个问题上是否可以有若干新的结论。我个人虽然没有见过陈先生的机会,却多少年来一直对他渊博的学问、创造性的见解,与大刀阔斧从事研究的魄力,感到十分倾倒。我在这个题目上的研究还在进行之中,在这篇小文章里只能提出一些初步的看法,也算是对陈先生《商代的神话与巫术》一文出版50余年和他逝世20余年的一点纪念。[1]

---

* "中国殷商文化讨论会"1987年在安阳举行。本文为提交论文。
[1] 关于中国古代巫术的一般研究,主要的可举:瞿兑之《释巫》,《燕京学报》等7期,1930年,1327—1345页;许地山《道教史》,上海商务印书馆1934年版,上册,161—182页;藤野岩友《巫系文学论》,东京大学书房,1951年;加藤常贤《巫祝考》,《东京支那学报》1(1955),2—48页;Chan

一、商代的巫

巫在商代王室中有重要地位,是商史上公认的事实,但商代巫师的有关资料,还需要系统地加以搜集。这些资料包括有关巫师巫术的文字上的纪录,和可能在巫术上使用或扮重要角色的法器的考古遗物。这些资料中其意义比较明确的下面一一举述。至于文字上的记录,甲骨文和金文中有若干殷商时代当代的记录,但多数的现有的记录都在传世文献里面,如《诗》、《书》、《三传》和《史记》等里面所保存的。保存巫师巫术资料最多的文献史料,常常是春秋战国时代楚国遗存下来的,如《楚辞》、《楚语》等。楚与殷商文化的关系特别密切,有不少学者相信楚文化与殷商文化一脉相传。[1]固然楚史不能做研究商巫的直接史料,可是用楚的资料来帮助复原殷商史,是可以有做旁证的作用的。

关于商代的巫与巫术的一般性质,《国语·楚语》下面这一段详细描述可能有很大的启示意义:

古者民神不杂。民之精爽不携贰者,而又能齐肃衷

(接上页) Ping-I. eung(陈炳良), *Ch'u Tz'u and Shamanism in Ancient China*, ph. Q. thesis, Ohio S. a. e University, 1972; David Hawkes (trans.); *The Songs of the South*, Pgenuine Classics, 1985; Rémi Mathieu, "Chamaneset Chamanisme en Chine ancienne", *L'Homme*, (1987) 27, pp. 10-34。

[1] 傅斯年《新获卜辞写本后记跋》,《安阳发掘报告》(1930) 2, 349—370 页;陈旭《商楚文化关系的检讨》,《楚文化研究论文集》,中州书画社,1983 年,107—123 页。

正,其智能上下比义,其圣能光远宣朗,其明能光照之,其聪能听彻之,如是则明神降之,在男曰觋,在女曰巫。是使制神之处位次主,而为之牲器时服,而后使先圣之后之有光烈,而能知山川之号、高祖之主、宗庙之事、昭穆之世、齐敬之勤、礼节之宜、威信之则、容貌之崇、忠信之质、禋絜之服,而敬恭明神者,以为之祝。使名姓之后,能知四时之生、牺牲之物、玉帛之类、采服之仪、彝器之量、次主之度、屏摄之位、坛场之所、上下之神、氏姓之出,而心率旧典者,为之宗。于是乎,有天地神民类物之官,是谓五官,各司其序,不相乱也。民是以能有忠信,神是以能有明德,民神异业,敬而不渎,故神降之嘉生,民以物享,祸灾不至,求用不匮。

照这一段文字的描写,在楚昭王时代(公元前515—前489)由楚国的专家所追述的古代宗教祭仪制度包含下述几个特点:(1) 宗教仪式行为的两方面是"民"和"神";(2) 民的中间有生具异禀者(先圣之后和名姓之后)称为巫觋,他们的作用是"明神降之",也就是说神"降"于巫觋;(3) 降神依仪式而行,仪式的主要成分是"以物享",即以动物牺牲供奉于神;(4) 巫觋之中有分工,大致而言,其中主持仪式形式的称为祝,管理仪式行为的称为宗。这一套春秋末年在楚国追述的制度有多少可以适用于商?照下文的分析,这一套巫术制度基本上在殷商时代是存在的,而且殷商的巫术制度比之还要繁缛些。

殷商时代不但有巫,而且巫师在当时的社会里占有很崇高的地位。史籍中有名的商巫有巫咸、巫贤、巫彭。《殷本纪》

里说"伊陟赞言于巫咸，巫咸治王家有成"，并说"帝祖乙立，殷复兴，巫贤任职"。王逸《楚辞注》："彭、咸，殷贤大夫。"这三个在史籍中屡次出现的殷巫中，彭、咸"其名并见于卜辞。彭之世次莫考，疑与大乙同时，咸当大戊之世"。[1]卜辞和金文中都有巫字，作十。一般解释这个字，多自《说文》出发："巫、祝也，女，能事无形以舞降神者也，像人两褎舞形，与工同意。"李孝定云，"惟巫字何以作十，亦殊难索解，疑当时巫者所用道具之形，然亦无由加以证明，亦惟不知盖阙耳"。[2]字形所像道具为何？周法高引张日昇云："窃疑字像布策为筮之形，乃筮之本字……筮为巫之道具犹规矩之于工匠，故云与工同意。"[3]实际上我们不如更直接地说巫师以"工"为象征形的道具。（图1）《说文》："工、巧饰也，像人有规矩也，与巫同意。"又巨下云："规巨也，从工像手持之。"许慎似是知道巫字本义的，所以工巫互解，而工即矩。矩是木匠用来画方画圆的工具。为什么古代的巫以矩为基本道具呢？[4]

这个问题的答案在《周髀算经》中。这本书一般相信是汉代定笔的，但其中所包含的内容较早，可能早到孔子时代，即公元前6世纪的后期，与《楚语》所代表的时代相近。[5]

---

[1] 严一萍《殷栔徵医》台北油印本，1951年，2页。
[2] 《甲骨文字集释》，《中央研究院历史语言研究所专刊》，(1970) 30，再版，1598页。
[3] 《金文诂林》，香港中文大学出版社1975年版，2893页。
[4] 下述巫、工、矩三者之间关系，以及《周髀算经》在这上面的意义，都是台北故宫博物院袁德星（楚戈）先生的看法。
[5] Joseph Needham（李约瑟），*Science and Civilization in China*, vol. 3 (1959), p. 20 (Cambridge Univ. Press); P. Y. Ho（何丙郁），*Li, Qi, and Shu*, (Hong Kong Univ. Press), 1985. p. 59.

图1　金文中的巫字和巨字（采自高明《古文字类编》，中华书局1980年版）

这本书中有一段讲矩：

> 请问数安从出？商高曰：数之法出于圆方。圆出于方，方出于矩。……
>
> 请问用矩之道。商高曰：平矩以正绳、偃矩以望高、覆矩以测深、卧矩以知远、环矩以为圆、合矩以为方。方属地、圆属天、天圆地方。……是故知地者智、知天者圣。智出于句、句出于矩。

如果这几句话代表古代的数学思想，那么矩便是掌握天地的象征工具。矩可以用来画方，也可以用来画圆，用这工具的人，便是知天知地的人。巫便是知天知地又是能通天通地的专家，所以用矩的专家正是巫师。矩的形状，已不得而知，但如果金文的巨字（图1）是个象形字，那么古代的矩便是工形，用工字形的矩适可以环之以为圆、合之以为方。（东汉墓葬中壁画常有伏羲、女娲，有的一持规，一持矩，规作圆规形，画圆，矩作曲尺形，画方，这可能表示规矩在汉代以后的分化，而《周髀算经》时代圆方都是工字形的矩所画的。）如果这个解释能够成立，那么商周时代的巫便是数学家，也就是当时最重要的知识分子，能知天知地，是智者也是圣者。（巫之为数学家，又见《山海经·海外东经》："帝命竖亥……竖亥右手把算〔筭〕，左手指青丘北。"）

既然巫是智者圣者，巫便应当是有通天通地本事的统治者的通称。巫咸、巫贤、巫彭固然是巫，殷商王室的人可能都是巫，或至少都有巫的本事。陈梦家说："由巫而史，而为王者的行政官吏；王者自己虽为政治领袖，同时仍为群巫之长。"[1]李宗侗亦云："君及官吏皆出自巫。"[2]商代第一个王商汤为了求雨亲自"斋戒剪发断爪，以己为牲，祷于桑林之社"（《太平御览》卷83引《帝王世纪》）。伊尹的儿子伊陟为帝太戊解释祥桑一暮大拱的意义，而武丁相傅说为武丁解释雉鸟飞于鼎耳，这都是巫师一类人物的本事。[3]可能商代专职的巫才称巫，而王室官吏虽有巫的本事却不称巫。

商代的巫师在中国古代可能是巫中之佼佼者。春秋战国文献中有关巫的材料很多，可见周人也用巫师；《周礼·春官·

---

[1] 上引《商代的神话与巫术》，535页。
[2] 《中国古代社会史》，台北，中华出版事业委员会，1954年，118—119页。
[3] 陈炳良据《新唐书》载吉尔吉斯语称巫为甘，建议殷相甘盘亦为巫；见 Chan Ping-leung 上引书，37—38页。

大宗伯·小宗伯》所记王廷官吏中属于巫师一类人物都有系统化的记载，可以为证。但巫的本事和巫在社会上的地位，在商代似乎远较周代为高。《礼记·表记》说："夏道尊命、事鬼敬神而远之。……殷人尊神、率民以事神、先鬼而后礼。……周人尊礼尚施、事鬼敬神而远之。"在夏商周三代之中，殷人似乎是与鬼神打交道打得最多的。对周人来说，殷人的巫师才是巫师中的高手。《尚书·洪范》记载周武王十三年（克殷后二年）武王访于箕子，箕子教他"彝伦攸叙"，其中便包括"稽疑"，即卜筮之道，和"庶徵"，即解释天象征兆，便都是巫师的专长。周人何尝不是卜筮的专家，还要请教箕子，可见箕子在周武王眼中的崇高地位。周原 H31.2 号甲骨有一段讲箕子的事。

    唯衣鸡子来降，其执暨厥吏在♂，尔卜曰南宫辞其乍？（图2）[1]

其中"衣"字或释为衣祭之衣，[2]但多数学者释为殷，衣鸡子即殷箕子。[3]"鸡子来降"的降字，释者或以为投降之降，[4]但卜辞中的降字一般意思是神降或降神之降；后者与《左传·庄公三十二年》"有神降于莘"和《离骚》"摄提贞

---

[1] 陈全方《陕西岐山凤雏村西周甲骨文概论》，《四川大学学报丛刊》第10辑，1982年，320页。
[2] 王宇信《西周甲骨探论》，中国社会科学出版社，1984年版，232页。
[3] 徐中舒《周原甲骨初论》，《四川大学学报丛刊》第10辑，1982年版，9页。徐锡台（《周原出土卜辞选释》，载《出土文献研究》，文物出版社1985年版，65页）释为奚子即疵子。
[4] 引陈全方书320页；王宇信书232页。

图 2　周原"鸡子来降"卜辞（采自陈全方，见注〔1〕）

于孟𠫔兮，唯庚寅吾以降"中的降字同义。[1]《周礼·春官·司巫》："凡丧事，掌巫降之礼。"郑注："巫下神之礼。"周原甲文"唯衣鸡子来降"就是说殷的箕子来举行降神仪式。箕子以专家的姿态到周来举行降神仪式，周王占卜如何加以接待，这与《洪范》中武王向箕子请教的精神是相符合的。如唐兰所说，商代重视巫师，而到了周代已较不重视，在《周礼》里面司巫列为中士，属于太祝。西周铜器铭文中讲巫的很少，可是史墙盘里提到巫保，"授天子绾命"。史墙的祖先也是殷的遗民，是自微氏迁到周地的史官，这一点也是值得注意的。[2]

如果商汤、伊陟、傅说、箕子等王室宫廷中的贵人也都具备巫师的本事，他们也就和巫咸、巫贤、巫彭等人一样也都是巫。上面说过，商代的巫可能有专业兼业之分，但是不

---

[1] 彭仲铎《屈原为巫考》，《学艺》14（1935），第 9 期，1 页。
[2] 唐兰《略论西周微氏家族窖藏铜器群的重要意义》，《文物》1978 第 3 期，21 页。

是照《楚语》那样分为祝和宗则在已有的材料中难作清楚的分辨。《左传·定公四年》记周公封他的儿子伯禽于少皞之墟的时候，分给他的商遗民中有"祝宗卜史"。商卜辞中祝宗卜史四种名称是齐全的，其中祝[1]和卜[2]这两种职称的研究更为精细。

二、巫的职务与技术

上文说到卜辞金文的巫字可能象征两个矩，而用矩作巫的象征是因为矩是画方画圆的基本工具，而由此可见巫的职务是通天（圆）地（方）的。古代神巫以通天地或贯通方圆为主要职务可以以玉器中的琮为最明显最尖锐的一个象征。[3]玉琮最流行的时代与文化是公元前2000年到公元前3000年的东海岸的良渚文化。商殷文化的意识形态与统治机构的主流似乎是从东海岸来的[4]，这又是说明殷代巫术盛行的一个因素。与东海岸关系很是密切的一个古代帝王颛顼，也就是《楚语》里面解释"绝地天通"时所说的开始独占巫术的古帝王。徐旭生对颛顼与中国古代巫术史的关系有很精辟的见解：

> 帝颛顼特别重要是因为他在宗教进化方面有特别重大的作用。大戴礼记五帝德篇……说他……"依鬼神以制

---

[1] 王恒余《说祝》，《中央研究院历史语言研究所集刊》（1961）32，99—118页。
[2] 饶宗颐《殷代贞卜人物通考》，香港大学出版社1959年版。
[3] 张光直《谈"琮"及其在中国古史上的意义》，《文物与考古论集》，文物出版社1987年版，352—360页。
[4] 张学直《殷商文明起源研究上的一个关键问题》，见本书。

义"……明指他是鬼神的代表,就是说他是大巫,他是宗教主了。……不唯如是,帝颛顼主要的事迹是命重黎"绝地天通"……

帝颛顼生当原始公社的末期,……"民神杂糅,不可方物:夫人作享,家为巫史"……人人祭神、家家有巫史,是原始公社末期巫术流行时候的普通情形……"地天"可以相通,在当日人的精神里面,是一种非常具体的事实,绝不只是一种抽象的观念。龚自珍说:"人之初,天下通,人上通;旦上天、夕上天,天与人,旦有语、夕有语。"也就是因为他看出"家为巫史"时代的情形……

帝颛顼出来,快刀斩乱麻,使少昊氏的大巫重为南正,"司天以属神"……说只有他同帝颛顼才管得天上的事情,把群神的命令会集起来,传达下来……又使"火正黎司地以属民"。就是说使他管理地上的群巫,……把宗教的事业变成了限于少数人的事业,这也是一种进步的现象。[1]

如果用帝颛顼代表中国古史上的一个演进阶段的话,他所代表的阶段应当是阶级社会开始成形的龙山文化时代。到了殷商时代,巫师与王室的结合已趋完备。巫师主要的职务应当还是贯通天地,但天地的贯通是只有王室才有独占的权利,所以巫术也和城郭、战车、刑具等一样是统治阶级统治的工具。上面这几点可说是公认的,但接下去要问两个具体的问题,却没有现成的答案:(1)巫师通天地工作能达到什么具

---

[1] 徐旭生《中国古史的传说时代》,科学出版社1960年版,76—84页。

体的任务？（2）为了达到这些任务他们采取什么样的具体手段？

上面已经说过"降"的意义，也就是说巫师能举行仪式请神自上界下降，降下来把信息、指示交与下界；这在《楚辞·九歌》里有生动的描写。卜辞里面的降字，左面从阜，示山陵，右面是足迹，自上向下走来（图3，右）。[1] 这个字的使用在卜辞中有两种方式。第一种是以降为及物动词，下面紧接着个名词，如祸、齿、莫、做、疒、伇等，都是各种灾难词；降祸即上界降祸于下界。第二种用法是以降字为不及物动词，常说为"帝降"或"其降"，下面不跟着一个灾祸之字。这种情形当指降神之降，即在人神沟通的意义上，神在巫师的邀请或召唤之下自上界以山为梯而走降下来。属于后一类使用法的卜辞有下面几例：

> □□卜㱿贞：我其祀宾、乍帝降，若？
> □□□㱿贞：我勿祀宾、乍帝降，不若？　（《粹》1113）

解释这一条卜辞的意义不妨参照另外几条：

> 辛卯卜㱿贞：祀宾若？（《粹》1115）
> 辛卯□□贞：我祀宾若？（《粹》1114）
> 辛卯卜㱿贞：我勿祀宾不若？（《佚》1119）

由"勿"和"不"两个字的位置来看，"祀宾"是一个辞，

---

[1] 李孝定，引《甲骨文字集释》，4139—4140页。

"若"是另一个辞,似乎是两种仪式,举行了这种仪式可以造成"帝降"。若然则"宾"和"若"在商代的巫术上都有基本的重要性。宾字一般解释为傧祭之傧,即祭鬼神。[1]郭沫若谓"窨乃小篆宆字所从出。说文:宆,宾合也"[2]。冥合适有人鬼相会之义,与卜辞宾字用法是一致的。若字卜辞金文像人跪或立举双手,而发分三绺,其义一般从罗振玉说,"象人举手而跽足,乃象诺时巽顺之状,……故若字训为顺"。叶玉森云若字并像一人跽而理发使顺状。[3]但为什么巽顺的人有挺拔摇荡的长发则不可解。依东周铜器花纹中仪式人像的形象看来,"若"字不如说是像一个人跪或站在地上两手上摇,头戴饰物亦剧烈摇荡,是举行仪式状(图4)。换言之,若亦是一种巫师所作之祭。金文古典籍中的"王若曰"这个成语,也可能与此有关。[4]宾、若这两个字还须进一步地分析研究。

与"降"相对的是"陟"。卜辞金文的陟字(图3)左面仍是山丘,右面的足迹则是自下向上走的。巫师举行的仪式,除了降神的以外有没有陟神的,即巫师到上界去与神祖相会的?《楚辞·天问》"启棘宾商、九辩九歌";《山海经·大荒西经》也说:"夏后开,开上三嫔于天,得九辩与九歌以下。"故楚国相信古代有陟神的仪式。至于楚国本身的巫师驾车远游的行动,《楚辞》中到处都有。《离骚》这一段说得再清楚不过了:

---

[1] 李孝定,引《甲骨文字集释》,2143—2153页。
[2] 《卜辞通纂》,15—16页。
[3] 李孝定,引《甲骨文字集释》,2051—2057页。
[4] 关于"王若曰",参见董作宾《王若曰古义》,《说文月刊》,(1944)4,327—333页;陈梦家《王若曰考》,《说文月刊》,(1944)4,335—340页。

陟

合 102	合 20271	撫續 20
一期	一期	四期
合 14792	合 30756	邢臺卜骨
一期	三期	周早

沈子它簋	瘋鐘	蔡侯申盤
周早	周中	春秋
班簋	猷簋	中山王壺
周中	周晚	戰國

降

合 808	合 13737	合 16478	甲 2383
一期	一期	一期	四期
合 7852	乙 6960	合 34712	周甲 137
一期	一期	四期	周早

毓且丁卣	大保簋	晉侯穌鐘	中山王鼎
商代	周早	周晚	戰國
天亡簋	虢叔鐘	函皇父盤	不降矛
周早	周中	周晚	戰國

图 3　卜辞与金文中的"陟"和"降"（采自高明《古文字类编》）

商代的巫与巫术

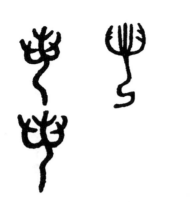

图4　金文中"若"字与东周铜器花纹中的舞人（金文采自容庚《金文编》；舞人像采自 Charles Weber, Chinese Pictorial Bronze Vessels of the Late Chou Period, 1969, Ascona: Artibus Asiae）

> 正驷玉虬以乘鹥兮，溘埃风余上征；
> 朝发轫于苍梧兮，夕余至乎县圃；
> 欲少留此灵琐兮，日忽忽其将暮；
> 吾令羲和弭节兮，望崦嵫而勿迫；
> 路曼曼其修远兮，吾将上下而求索。

楚巫陟天的形象，便是1973年在楚国境内出土的"人物御龙帛画"。画龙作舟形，"似是在冲风扬波，这应与古代人想象的神仙世界有一定的关系。古代传说中的神仙多在海中，因此求仙登天，必须经过沧海"。[1]

商代有没有像楚国这样的陟神仪式？卜辞有陟字，并与降字相连："贞：降陟？十二月。"（后下十一、十四）单出时，陟字显作动词用，当是祭名。有时与帝同出："兹陟帝"、

---

[1]《长沙楚墓帛画》，文物出版社1973年版，"说明"。

"陟帝用"；陟帝意盖指上去见帝。史籍中的一位殷巫伊陟名陟，应当不是巧合。扶风庄白出土痪钟甲组铭文有"大神其陟降"[1]的字样，这两个字在上下沟通意义之下的使用可以确定。这个用法也见《诗·大雅·文王》的"文王陟降，在帝左右"。大神可以陟降，巫中之文王也可以陟降。

三、巫师通神的工具和手段

上文说明巫师的主要职务是贯通天地，即上天见神，或使神降地。下面紧接着来的一个问题是他们如何达到这项目的？换言之，他们使用什么工具和手段来从事陟降的工作？从文献和考古资料看来，我们所能看到的，有下述各种：

（一）山

巫师之通过高山而进入神界，在《山海经》里面保存的材料最多。首先，山常为神之所居。《西山经》载"昆仑之山，是实唯帝之下都"；"玉山，是西王母所居也"；"长留之山，其神白帝少昊居之"。《中次三经》："青要之山，实唯帝之密都。"《海内西经十一》："海内昆仑之虚，在西北，帝之下都，……百神之所在。"与这个观念相关的，是以山为登天的阶梯。《海内西经第七》："巫咸国在女巫北……有登葆山，群巫所从上下也。"《大荒西经十六》："有灵山……十巫从此升降，百药爱在。"《海内经十八》："肇山，有人名曰柏高，柏高上下于此至于天。"从这些资料看来，毫无疑问，山是中

---

[1] 《陕西扶风庄白一号西周青铜器窖藏发掘简报》，《文物》1978年第3期，7页。

国古代巫师的天梯或天柱。《山海经》成书年代不一，大致自西周到秦汉，而对其产生的地域则有不同的说法；有人主张它代表楚国的巫觋文化。[1]如果《山海经》里面有关巫觋的资料，也像《楚辞》一样代表楚国的文化，便又产生了它有多少程度可以反映殷商文化的问题。

山字本身在卜辞中出现甚多，一般都是祭祀的对象；卜辞中又常见"十山"、"五山"等词，"似指当时所祭之山有一定的数次"。[2]山为祭祀的对象，是以山为神还是因为山为诸神所居？这在卜辞中还看不出来。卜辞中有王陟山的记载："壬申卜：王陟山？"(《遗》922)这也许仅指王登山，不一定上山去陟帝。事实上，卜辞中陟降两字都从阜，意足迹通过山阜而升降，这已经很清楚地表现了山阜在殷商巫觋作业中的重要性。

(二) 树

以树为登天工具的记载，最明显的是《淮南子》："建木，在都广，众帝所自上下。"《山海经》中有"扶木"的记载，扶木顶上并有乌鸟栖息；《大荒东经第十四》："大荒之中有山名曰孽摇、頵羝，上有扶木，柱三百里，其叶如芥。有谷曰温源谷，汤谷上有扶木，一日方至，一日方出，皆载于乌。"这里神木及鸟栖之说，在东周铜器的装饰美术中（图5）[3]和在汉代的画像石中[4]都是常见的。汤谷与扶木的传说，又与扶桑的传说有关。《山海经·海外东经第九》："黑齿国……下有

---

[1] 袁珂《山海经写作的时地及篇目考》，《中华文史论丛》第7辑，1978年，147—171页。
[2] 陈梦家《殷墟卜辞综述》，科学出版社1956年版，596页。
[3] Charles D. Weber 上引书，61页。
[4] 李发林《山东汉画像石研究》，齐鲁书社1982年版，25页。

图 5　东周铜器花纹中的神树与鸟（采自 Charles Weber 上引书）

汤谷，汤谷上有扶桑，十日所浴，在黑齿北，居水中有大木，九日居下枝，一日居上枝。"

古代传说中以桑为地名比较广见；普通常见的地名有桑、扶桑、桑林、空桑、穷桑等等。傅斯年认为这都指一处地名："曲阜一带，即空桑之地。穷桑有穷，皆空桑一名之异称。所谓空桑者，在远古是一个极重要的地方。少昊氏的大本营在这里，后羿立国在这里，周公东征时的对象奄国在这里，这些事都明白指示空桑是个政治中心。五祀之三，勾芒、蓐收、玄冥起于此地。……此地土著之伊尹，用其文化所赋之智谋，以事汤，遂灭夏。此地土著之孔子凭借时势，遂成儒宗。这些事都明白指示空桑是个文化中心。古代东方宗教中心之太山，有虞氏及商人所居之商丘，及商人之宗邑蒙亳，皆在空桑外环。这样看，空桑显然是东平原区之第一重心，政治的及文化的。"[1]

---

[1]《夷夏东西说》，《傅斯年先生集》（四），香港龙门书局1969年版，94页。

此指空桑在政治上及文化上的重要性是不错的，但把它当做一个固定的地理位置则是不可靠的。《史记·周本纪》正义引《帝王世纪》："黄帝由穷桑登帝位后徙曲阜。"可见穷桑与曲阜不是一处。黄帝与穷桑的关系又见《路史前记》卷7："轩辕氏作于空桑之北。"蚩尤战黄帝，"登九淖以伐空桑"（《初学记》卷9引《归藏》，《路史后记》卷4）。《天问》云"焉得彼嵞山女，而通之于台桑"，可见夏禹的传说也和桑有关。黄帝和夏禹的传说都与曲阜这个地点的关系不大。陈炳良搜集了许多资料，主张桑林（空桑、穷桑）是殷商民族，以及古代若干其他民族，祭祀祖先神明的圣地。[1]这个看法是比较可靠的。桑林之所以为圣地，自然是因为它有通天的桑树。《山海经·大荒南经》郭璞注引《归藏》："空桑之苍苍，八极之既张，乃有夫羲和，是主日月。"描写了空桑这株大树通到八极，羲和大概也是个巫，借此主日月。所以巫师通神的仪式，有时是借桑树的神圣性质而进行的；《离骚》描写巫师游行天界，到处经过桑树，也是这个道理。古籍中又见桑林这块地方有乐舞，又是男女相会祭祀高禖的场所，这也和"圣地"说法相符。[2]所以《淮南子》卷19"修务"说："汤旱，以身祷于桑山之林"；汤这个大巫求雨祭便在桑林举行。

（三）鸟

上面说到东周和汉代美术里面的神树顶上常有鸟栖。如果

---

[1]《中国古代神话新释两则》，《清华学报》新7卷2期，1969年，206—231页；又见 Sarah Allan, "Sons of Suns: Myth and Totemism in Early China", *Bull. Sch. On. d Af. St.* 44 (1881). 290—326。

[2] 见陈梦家《高禖郊社祖庙通考》，《清华学报》第12卷，1937年，445—472页。

树干是巫师通天的通道，那么树顶上栖息盘旋的飞鸟可以视作登天阶梯的延伸。中国古代有关鸟的传说甚多，[1]多集中于东海岸，这种情形与考古学上所见龙山文化、良渚文化中常有以鸟为美术造型的情况也是互相符合的。[2]殷商文化中鸟的重要性由玉器中鸟的形象之多和复杂可见。尤仁德将商代玉鸟分为三类：野禽类，有燕、雀、莺、腊咀、鹰、雁、长尾雉和鹗等；家禽类，有鸡、鸭、鹅、鸬鸪、鸽、鹦鹉等；神鸟类，有凤、人凤合体和龙凤合体等。[3]这些鸟的形象，不仅是为装饰而来的，而至少有若干在商人通神仪式中起过作用。卜辞里有这一类的字句：

于帝史凤、二犬（《卜辞通纂》398）（图6，左下）

郭沫若曰："盖视凤为天帝之使，而祀之以二犬。《荀子·解惑篇》引《诗》曰：有凤有凰、乐帝之心，盖言凤凰在帝之左右。"[4]又《殷墟小屯》文字丙编[5]有下条（图6）：

翌癸卯，帝不令凤？贞：翌癸卯，帝其令凤？（丙117）

---

[1] 孙作云《飞廉考：中国古代鸟氏族研究》，《华北编辑馆馆刊》第2卷第3、4期，1943年；《中国古代鸟氏族诸酋长考》，《中国学报》第3卷第3期，18—36页，1945年；《说丹朱——中国古代鹤氏族之研究》，《历史与考古》第1号，76—95页，1946年。
[2] 樋口隆康《商周铜器の鸟文试论》，《泉屋博古馆纪要》第1卷，19—33页，1984年。
[3] 《商代玉器与商代社会》，《考古与文物》，1986年第2期，51—60页。
[4] 《卜辞通纂》，东京，1933年，398页。
[5] 采自高鸣谦一《殷墟文字丙编通检》，中央研究院历史语言研究所，1985年，421页。

图 6　卜辞中帝史凤及帝令凤例（采自《卜辞通纂》398 及《殷墟文字丙编》117）

这条卜辞很是重要。王占卜问帝令不令风,风来不来?很清楚,风是帝与王之间往来的使者。卜辞中有四方风,[1]《山海经》中记述四方各有帝使:东方句芒、西方蓐收、南方祝融、北方禺疆。四方使者之中至少有两个与鸟有关:即东方句芒,"鸟身人面"和北方禺疆,"人面鸟身"。很可能这四方使者与四方风或四方凤有密切关系。《大荒东经》中又说"有人曰王亥,两手操鸟"。卜辞中有鸟书,王亥的亥字常从鸟。[2]照本文材料看,王亥也是大巫,两手操鸟便是他的法器或通天工具。

(四) 动物

各种野生家养的动物在殷商文化中的重要性是很显然的,但它们在宗教上所扮演的角色主要在两个方面上显示出来。第一是在祭仪上面殷人使用大批的牛、羊、犬和猪作为供奉的牺牲品。这在卜辞上和考古遗物中都看得很清楚。卜辞中卜同祭祀,"每每用牲,多则数百,少则几牢。……其牲或牛羊或犬豕"。[3]卜辞中所提到的几种牲物,在考古墓葬里都有发现。[4]以动物为牺牲而作祭,应当属于巫师职责范围之内,如《楚语》所说祝管"牲器时服",宗管"牺牲之物"。可是将这种动物牺牲(用燎、埋、沈等方式处理)的目的何在?是为祖先神祇"大快朵颐",还是借死去动物的灵魂为通神的

---

[1] 陈邦怀《殷代社会史料征存》,天津人民出版社1959年版,1—5页。
[2] 胡厚宣《甲骨文商族鸟图腾的遗迹》,《历史论丛》第1辑,1964年版,131—159页。
[3] 金祥恒《殷商祭祀用牲之来源说》,《中国文字》(1962) 8,1页。
[4] 石璋如《河南安阳小屯殷墓中的动物遗骸》,《台大文史哲学报》5,1953年,1—14页。

手段？对这个问题在考古材料中找不到答案，在卜辞的记录中也还看不到线索。

动物在殷人宗教上第二个重要的显示是当时美术造型中动物形象的丰富。不论是什么材料，是青铜、玉、漆、骨角或木头，殷商的器物中有纹饰的十之九是动物形的。[1] 器物上的动物形象在殷人宗教上有何作用这个题目在《商周青铜器上的动物纹样》这篇文章里已经作过比较详尽的论证，[2] 这里便不再重复了。从殷商美术上看，人与动物的关系是密切的；这种密切关系采取两种形式：一是人与动物之间的转形，一是人与动物之间的亲昵伙伴关系（图7）。

关于人与动物之间的转形，在中国古史传说中最著名的是夏王与熊的转化关系。《国语·晋语》："昔者鲧违帝命，殛之于羽山，化为黄熊，以入于羽渊。"《汉书》武帝本纪元封元年颜注引《淮南子》："禹治洪水，通辕辕山，化为熊。"商王或商人与动物转化之说在文献资料中不存，但艺术品中有其迹象。殷墟西北岗1001号大墓出土的虎头人身大理石像[3] 和殷墟五号墓出土的人形鸟尾玉像[4] 都可以解释为转形的象征（图7：上右、上左）。

（五）占卜

古代中国占卜术有多种。藤野岩友列举了粟卜、蠡卜、

---

[1] Cheng Te-K'un, "Animal in Prehistoric and Shang China", *BMFEA*35（1963）, pp. 129-138.
[2] 《考古与文物》1981年第2期，53—68页。又见本书。
[3] 梁思永、高去寻《侯家庄1001号大墓》，历史语言研究所，1962年。
[4] 《殷墟妇好墓》，文物出版社1980年版。

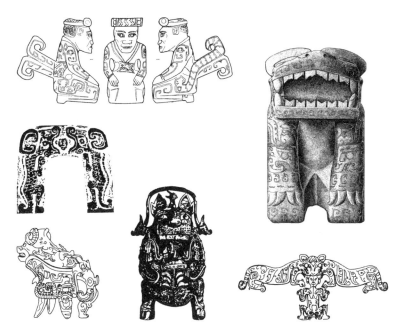

图 7　人与动物转形（上左，上右）及人与动物亲昵伙伴（上左：殷墟妇好墓；上右：殷墓西北岗 1001 大墓；中左：殷墟大柏树坟方鼎；下左、下中：国外博物馆藏品；下右：安徽阜南）

鸡卜、虎卜、鸟卜、樗蒲卜、十二棋卜、竹卜、牛骨卜、灼骨卜、羊胛卜、镜卜、响卜等，而以龟卜及易卜为要。[1]殷代占卜最为人所熟知的是龟卜和牛骨卜，其程序已研究得非常清楚[2]，而近来学者又找到殷人筮卜的证据。[3]《世本·作篇》和《吕氏春秋·勿躬》都曰"巫咸作筮"。看来甲骨卜和筮卜都是殷代巫师通神的方式。

---

[1]　《巫系文学论》，东京，大学书房 1951 年版。
[2]　见 D. N. Keightley, *Sources of Shang History*（Univ of Cal. Press），1978。
[3]　管燮初《商周甲骨和青铜器上的卦爻辨识》，《古文字研究》第 6 辑，1981 年，141—149 页。

（六）仪式与法器

殷代巫师沟通上下的具体手段，显然是一套套的仪式。卜辞里面看得到的仪式名称很多，有彡、壹、召、衣、勺、福、岁、御、𠂤、酹、帝、校、告、求、祝等等，其中最重要的有彡、翌、祭、壹、召五种："彡为鼓乐之祀，翌为舞羽之祀，祭则用肉，壹则用食（黍稷），而召则为合祭。……五种祀典皆同时用酒致祭，乐、舞、酒、肉、黍稷俱备。"[1] 这种对祭祀仪式形式的解释，多自字面推断，其详细手续程序已不可考，[2] 但在举行仪式过程中有一项重要的手续，值得特别提出来的，便是血在仪式中的作用。如陈梦家所说："卜辞祓禳，尚注意及巫术中的巫术物，而以血（尤其犬、豕、羊家畜的血）为最具有巫术能力的。祭祀与巫术在形式上无显著之别，但从用牲一项上可以分别之：巫术之祭的用牲重其血，因血可以祓禳一切，祭祀用牲重其肉，因为先祖可以享用它；巫术之祭用牲重于清洁，祭祀用牲重于丰盛。"[3] 这里强调血在殷代巫术上的重要性是值得注意的，但是所说巫术与祭祀的分别，在原始资料中看不出来。

商代祭祀一般用血，可以从"祭"和"彝"两个字的字形看得清楚（图8）。祭字《说文》云"从手持肉"。"卜辞亦像以手持肉于示前，⺊其湆汁也。"[4] 所谓湆汁，或可释为滴血，实

---

[1] 董作宾《殷历谱》上编，卷1，历史语言研究所，1945年，3页。
[2] 关于殷商仪式形式，又见岛邦男《殷墟卜辞研究》，东京，汲古书院，1958年，篇1章4"祭仪"；黄然伟《殷礼考实》，台湾大学文学院，1967年；许进雄《殷卜辞中五种祭祀的研究》，同上，1968年。
[3] 《商代的神话与巫术》，573页。
[4] 李孝定《甲骨文字集释》，0064页。

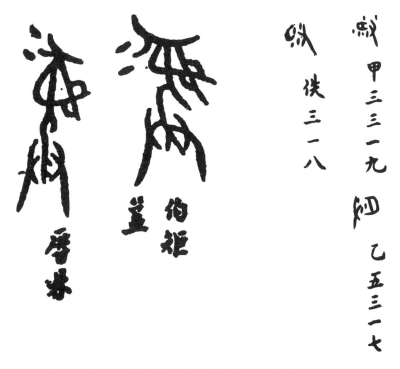

图 8 祭（右）彝（左）字象形滴血（祭字采自《甲骨文编》，彝字采自《金文编》）

即肉上滴血之象形。彝字从手持鸡，鸡头已被砍掉，颈中滴血。彝字为礼器通称，可见杀鸡沥血在古代仪式中的重要性。

从彝字的使用，使我们看到殷代青铜和其他质料的礼器实际上便是举行巫术时所用的法器。由中国古代礼器种类之繁多和复杂，又可以想见各种祭祀仪式的繁缛。在各种祭祀时所用的礼器种类、大小、数目，想必有一定的规矩，所以《楚语》里说祝负责管理"牲器时服"，宗要知道"彝器之量"。商代青铜礼器这一大批丰富的资料，是研究商代巫术的最重要、最直接的一笔材料。

除了青铜彝器以外，商代巫术所用法器有明证可据的还有

商代的巫与巫术　285

玉器。陈梦家云卜辞有"囗寅卜嬰（下25.15），像女以贝朋为颈饰立火上，疑即禜字，说文禜训禳风雨旱厉，一曰卫使灾不生。又有一字作𤐫（前6.21.5）亦像人胸佩饰立火上，或即赤之异文，盖巫者有所佩饰之形，而佩玉贝有御灾之效用"。[1] 把玉放在火上，可能指明用火烧玉可以达到通天的效果。《史记·殷本纪》记武王伐纣，"纣兵败。纣走入，登鹿台，衣其宝玉衣，赴火而死"。《正义》引《周书》："纣取天智玉琰五，环身以自焚。"是殷人有以玉器环身赴火的仪式。这又令我们想起江苏常州寺墩良渚文化第三号墓的一个青年男子的墓葬："先于死者葬地的头前和脚后铺上各十余件玉璧，然后放火燃烧，等火将灭未灭时，将死者安放于葬地，再围绕四周放置玉琮，并在头前、脚后放置陶器和其他玉石器，而将最好的两件玉璧摆在死者的胸腹之上，最后覆土掩埋。"[2] 这岂不便是取玉器环身以焚的仪式么？

玉制法器之中，琮对古代巫术最有象征作用。自良渚文化开始流行的玉琮，如上文所说，是一种内圆外方、中间贯通，表面常饰有动物纹鸟纹的一种筒形玉器。从上文所指出天圆地方这个观念在巫术作业上的意义来看，玉琮的形状和花纹是巫师贯通天地的本事和作业的一种清楚的象征，而这种器物更显示了良渚文化与殷商文化之间的连续性。

（七）酒与药物

酒在中国古代祭祀仪式中要扮演一个相当中心性的角色，如《左传·庄公二十二年》所说的，"酒以成礼"。从殷墟卜

---

[1] 《商代的神话与巫术》，566页。
[2] 《1982年江苏常州武进寺墩遗址的发掘》，《考古》1984年第2期，114页。

辞看来，酒在殷代的祭仪中是常常使用的，这是属于常识范围，不必赘谈。但是具体地说，酒的作用是什么呢？大致看来，有两种，与肉的情况相似。肉一方面似乎是供祖先享用的，一方面是通过兽血作为通神的工具或媒介。酒也是一方面供祖先神祇享用，一方面也可能是供巫师饮用以帮助巫师达到通神的精神状态。

前一方面的用途比较容易了解和证明。《诗·小雅·楚茨》中说："工祝致告：徂赉孝孙，苾芬孝祀，神嗜饮食，卜尔百福。……神嗜饮食，使君寿考。"卜辞里面常在祭祀祖先以前询问他（们）是否愿意接受计划中要供奉的饮食，想必是希望祖先对所供奉的酒食觉得满意。

但另一方面酒也是作祭的人自己饮的。《酒诰》谆谆告诫康叔，说周人不可像商人那样嗜酒，但是同时又不断地强调：你们在祭祀的时候要喝，尤其殷商的遗民在祭祀时是要饮酒的：

> 祀兹酒！
> 越庶国饮，惟祀！
> 又唯殷之迪诸臣、惟工，乃湎于酒，勿庸杀之，唯姑教之，有斯明享！

殷商诸臣、惟工之好饮是有名的，甚至帝王亦然。《殷本纪》："帝纣……好酒。……以酒为池，县肉为林……为长夜之饮。"帝纣固有恶名，但圣王亦好酒；汉孔鲋《孔丛子》云："昔有遗谚：尧舜千钟，孔子百觚，子路嗑嗑，尚饮十榼。古之贤圣，无不能饮。"古代酒的酒精成分较低，但千钟百觚这样喝下来，应该是可以喝醉的。祭祀时从事祭祀的人喝酒致醉，当与巫师作法的本事有关。东汉《神农百草经》讲大麻有这一条:"麻蕡,味辛平有毒,主五劳七伤,利五藏,下血寒气,破积止痹散脓。多食令见鬼狂走,久服通神明,轻身。"大麻这一类药物在世界上有许多巫师服用,目的便是帮助巫师产生幻象,"见鬼狂走","通神明"。它在中国历史上能不能上推到殷商,没有积极的证据。[1]但殷商巫师之饮酒是不成问题的,酒喝多了也可能有利于幻象之产生。殷代青铜器中酒器之数量和种类之多,其中包括盛酒器、温酒器和饮酒器,表示酒在祭祀时是服用的,而且是重要的。

(八) 饮食乐舞

上文指出商代艺术品实际上就是巫师的法器,它们的使用便集中在饮食舞乐上。巫师以歌舞饮宴为手段而沟通人神,这是研究古代文艺者所熟知的,而《楚辞》便是在这上面做研究的最好的资料。《楚辞章句》:"昔楚南郢之邑,沅、湘之间,其俗信鬼而好祀,其祀必使巫觋作乐歌舞以娱神。蛮荆陋俗,词既鄙俚,而其阴阳人鬼之间又或不能无亵慢淫荒之杂。"《说文》:"巫祝也,女能事无形,以舞降神者也。"楚汉的巫舞可以早到何时?商代的巫跳什么舞?

殷商考古遗物中可以定为乐器的很多,但关于殷代歌舞具体形式的资料是很稀罕的。古代最有名的巫舞,是夏启舞九代。《海外西经》:"大乐之野,夏后启于此舞九代。"夏后启无疑为巫,且善歌乐。《大荒西经》:"夏后开上三嫔于天,得九辩与九歌以下。"注引《竹书》:"夏后开舞九招也。"陈梦家说:"九代、九辩、九招,皆乐舞也。"[2]又说九代即隶舞;

---

[1] 见李惠林刊于 *Economic Botany* (1974) 28, 293—301 页及 437—448 页二文。
[2] 《商代的神话与巫术》,542 页。

隶舞见于卜辞，常为求雨而舞。商人亦以舞为著；《墨子·非乐》："先王之书，汤之官刑有之，曰：其恒舞于宫，是谓巫风。"《吕氏春秋·仲夏纪古乐》："汤乃命伊尹作为大护，歌晨露，修九招、六列，以见其舞。"卜辞中又常见"今囚巫九备"之语，各家注释不一。于省吾云："即今用巫九摇也……巫九摇犹言巫九舞。古者歌舞恒以九为节，巫祝以歌舞为其重要技能，所以降神致福也。"[1]

四、小 结

关于本文题目的研究，还在进行之中，上面所提出来的又只是残缺不全的资料，所以我们对商代巫术的特性还只有非常初步的若干认识。在这个小结里不妨将它的特征整理为下面的几点：

（一）商人的世界分为上下两层，即生人的世界与神鬼的世界。这两者之间可以互通：神鬼可以下降，巫师可以上陟。

（二）从商人占卜的频繁和内容我们可以知道在商人的观念中神鬼是有先知的；他们知道生人计划中要做的行为会有什么样的后果。生人对神鬼的这种智慧是力求获得的。进一步的自然推论是掌握有这种智慧的人便有政治的权力。因此在商代巫政是密切结合的。

（三）神巫降陟不是任意可以发生的，而是巫术的结果，并需要若干本领和道具。巫的本领是怎样来的，现有的材料中不明；可能巫是世袭的，但这一点还待进一步研讨。巫师所用的一些道具和法器，有若干是知道的：山、树、鸟、动物、占

---

[1]《双剑誃殷栔骈枝》，北京，函雅堂，1940年，29—30页。

卜、仪式与法器、酒（与药物）和饮食舞乐。在考古学上最要紧的是各种艺术品，亦即有关法器的表现。既然巫政是密切结合的，法器的占有便是掌握政权的一个重要手段，也就是说艺术品的掌握便是政治权力占有的象征。

（四）从考古和美术研究的眼光来看，在殷商巫术系统之内，人与动物之间的关系特别值得注意。代表这个关系的有两个观念，一是人与动物可以彼此转形，二是作为巫师的亲昵的伙伴的动物便是巫师作法的助手。

商名试释 *

自从商代的甲骨文在1895年（或1896年）在安阳殷墟发现，科学考古在1928年开始以来[1]，通过崭新的考古材料的发现、新挖出来的甲骨文字，以及社会科学模式的谨慎而且批判性地使用而获得的各种新资料的堆积，在中国上古史上所谓三代中的这个第二个朝代的历史的研究上，已经有了巨大的成果。[2]但是，商代为什么叫做商代，就是说商代的商这个字最初的意义为何，至今没有一致的解释。本文中试提出一个新的说法。这个说法如果能够成立，它对于商王朝的来源可能有所启示。

在商代的下一代，即周代，商这个名字首指一个政治上的统治王朝，或至少指一个显要的权力群体，如《诗·商颂》："天命玄鸟，降而生商。"《长发》："有娀方将，帝立子生商。"商字这个用法在商代已经为商王商臣所使用。《甲骨文合集》

---

* 本文内容采自1995年6月在台北中央研究院胡适104岁纪念讲演。
[1] Li Chi, Anyang: A Chronicle of the Discovery, Excavation, and Reconstruction of the Ancient Capital of the Shang Dynasty (Scattle: University of Washington Press) 1977.
[2] 现有最详细最完全的殷商研究书目可能是濮茅左编的《甲骨学与商史论著目录》，上海古籍出版社，1991。

36975号卜辞：

> 己巳王卜贞：今岁商受年？王占曰：吉。
> 东土受年？
> 南土受年：吉。
> 西土受年：吉。
> 北土受年：吉。

这段卜辞先广泛地贞问今岁"商"之受年，就是贞问整个属商的境域中的收成，然后再四方一一卜问。很清楚地，商的境域是要包括"四土"在内的。它与卜辞中常见的"我受年"中的"我"字意思是一样的，即指商王朝这个统治机构；从王的立场说，"我"字从戈，我所统辖的地域就是我武力所及的范围之内的地域，它的名字就叫商。商所以是周人称呼他们的上一代的名字，是因为商是他们上一代自己称呼自己这一个政治集团的名字的缘故。

商这个名字是怎么来的呢？王国维《观堂集林》的《说商》（1921）一文中说"商之国号，本于地名"，这个说法是学者都同意的。殷墟卜辞里面有一个叫做商的大邑，与王的行动密切相关。它在卜辞中出现的时候，王常在其地做"告"祭，或王入商、入于商、至于商、归于商、在商这许多种说法，从一期到五期都有。卜辞是在殷墟发现的，殷王在殷占卜国事的时候，他的首都在殷而不在商，这是古史上都知道的。但是在卜辞里面我们知道在以殷为国都的同时，又有一个与王有密切关系的商，又名大邑商。从上面所说，这个城邑常与王的行止有关，可见不是一个寻常的聚落；特别是五朝卜辞中提到王（帝乙和帝辛）东征人方和盂方时，一定要来"告于大邑商"。董作宾说:"大邑商……其地为殷人之古都,先王之宗庙在焉。顾于正人方之始,先至于商而行告庙之礼也。"[1]

殷墟卜辞里面出现的商是名叫商这一个城邑在现有文献中最早的出现。但是在一般都认为可靠的周代的文献里面也有商这个城邑名,果然是商代最早的三个祖先的古都。这三个祖先是殷商统治集团最早的三个王,但远在商汤立国之前。汤或大乙伐桀灭夏,开始商代,有商一代共30王,其世系在《史记》中有完全的记录。汤以前商王世系甚不清楚,但前三世一般的记录都是契、昭明和相土。契的都邑至少有两说。《史记·殷本纪》:"契封于商。"《世本·居篇》:"契居蕃。"下一代,昭明之都邑据《荀子》"成相":"契,玄王生昭明,居于砥石,迁于商。"在下一代,到了昭明的儿子相土时,商的国势已很强盛;《诗·长发》:"相土烈烈,海外有截。"相土的都邑也在商或商丘。《左传·襄公五年》:"陶唐氏之火正于伯居商丘,祀大火,而火纪时焉。相土因之,故商主大火。"(又见《昭公元年》:"帝不臧,迁于伯于商丘,主辰。商人是因,故辰为商星。")从这些文献看来,商确是商代最早的都邑;它的神圣地位和它为什么有资格作为祭祖的大本营是可以瞭望的了。

在这个背景之下,商这个字的来源就容易理解了。甲骨文和金文里的商字,从上到下由三个字组成,即辛、丙和口。口有时可以省去,当对这个字来源解释关系不大。过去对商这个

---

[1] 董作宾《卜辞中的亳与商》,《大陆杂志》6(1953),8—12页。

商名试释

字的解释，大致可分两派。[1]一派如《说文》："商从外知内也。从问，章省声。"重点在下面两字，上面的辛字是章省声。另外一派着重上面两字，释丙字为几，释辛字为几上放的一件物事，为祭祀的对象；是何物事则说法不一，有说为树木者，有说为黥刑之工具者，有说为火以像火星者。由于商与祭祀的密切关系，后面的一种说法，显然是占优势，即商这个字最初是一种祭祀的象形暨会意。下面的口字也对这个说法有支持的作用。但是要了解这是什么祭祀，关键还在于辛字的意义。

辛这个字与商人传说中的高祖有密切的关系。商始祖契，一说为帝喾之子，帝喾又名高辛氏；《说文》："偰，高辛氏之祖，尧司徒，殷之先。"《诗·毛传》："汤之先祖有娀氏女简狄，配高辛氏帝，……生契。"在卜辞里有记录的祭祀先祖的日子，"在武丁和武乙、文武丁的时代，从高辛氏一直到高祖王亥，祭先祖的日子以辛日为准"。[2]辛字和商人祖先的关系是如何来的呢？依我见辛字就代表祖先正面人像。如然则人像头顶是平的。《说文》说商从章，是有道理的。《礼记·郊特牲》："章甫，殷道也。"章甫是殷人所戴的帽子，殷商的统治阶级是戴帽子的阶级，与奚字所代表的翘辫在顶的最低层的阶级相对照。商代的玉人和殷墟妇好墓所出土的几件和哈佛大学赛克勒博物馆所藏的一件，显然是上层人物的形象，都是戴方

---

[1] 各家说法多收入李孝定《甲骨文字集释》，中央研究院历史语言研究所专刊第50种，1965年；周法高等编《金文诂林》，香港中文大学出版社，1974—1975年；周法高等编《金文诂林补》，中央研究院历史语言研究所专刊，(1965) 77页。为节省篇幅，不再一一列举。
[2] 张光直《谈王亥与伊尹的祭日并再论殷商王制》，《中央研究院民族学研究所集刊》，(1973) 35，111—127页。

顶帽子的。[1]我们可以假定辛字原来是代表王家的祖先像,在商这个字里这个祖先形象就放在一个祭几或祭坛上。商字中间的丙字代表供桌是没有问题的。叶玉森云:"天干中的丙字像几形。"于省吾云:"丙,……即今俗所称物之底座。W之形上像平面,可置物,下像左右足。"殷墟出土物中有大理石制作的几形器,一般称为石俎。这里面至少有一些便是可以将祖先像放在上面的供桌或祭坛。所以商字即是将(？木制);祖先形象置于祭几上之象形。下面如有口字,当指祭祖之人口中念念有词,整个字是"祭祖"或"祖先崇拜"的会意。这样看来,商字源于祭祖,扩大之意为商王祭祖之邑,再扩大指称在商邑祭祖之统治王朝。这样的一个解释应该是最简单,最合乎字意,又与它的使用诸义都可以贯穿在一起。简而言之,商就是祖。商城就是祖先之城,也是祭祖之城。

商名这个解释,对商城位于何处,今天到哪里去寻找这一类的问题,也有一些帮助,而商的地理位置也可以说给我们指出来商王朝起源的方向。传统上说,从契到汤,王都一共迁移了八次。从汤到商的最后一个王纣,都城又迁移了七次。在考古学上已经证实的商代文化,只有商代中、晚期的材料。晚期的来自殷墟,有宫殿、王陵、文字与精美的青铜艺术。较早的商文明来自郑州和河南的大部地区,可以推到商汤以后的几个王的时代,或可推到仲丁。这个时期的商代文明与殷墟的不相上下;虽然它的青铜器比较后期为古朴,当时也已有了城墙、釉陶和青铜重器。从这期再向上推,考古学上还是一片空白。

---

[1] 在他的《商周青铜器"人兽母题"文饰考释》,《考古》1991年第5期,446页。徐良高引《史记》主张在商周两代都没有制作祖先偶像来崇拜的传统。

邹衡先生在豫北、冀南漳河流域一带找到了"先商文化"，但它的内容只有日用的陶器，缺乏王族贵族的重器，不能作为统治王朝——殷商王朝——的代表。[1]

我相信本文所讨论的商城或说大邑商是照传统的说法在今天的河南东端商丘地区境内。我这个信仰是基于下面这几条考虑：

第一，商丘是传统的说法。传统的说法当然不一定就是可靠的，但是安阳殷墟、偃师尸乡商城以及夏墟的探寻历史，都证明了传说的不可忽视。商丘是大多数中国古史学者的选择；王国维的说法可为代表。他在《观堂集林》的《说商》里面的一段名言，所引的原始资料最为可靠，辩论最为谨严，其结论盖不可易："商之国号，本于地名。《史记·殷本纪》云：契封于商。郑玄、皇甫谧以为上雒之商，盖非也。古殷之宋国，实名商丘。丘者虚也。宋之称商丘，犹洹水南之称殷墟，是商古宋地。《左传·昭公元年》帝不臧，迁阏伯于商丘，主辰，商人是因，故辰为商星。又《襄公九年》传：陶唐氏之火正阏伯居商丘，祀大火而火纪时焉。相土因之，故商主大火。又《昭公十七年》传：宋，大辰之虚也。大火谓之大辰，则宋之国都确为昭明、相土故地。杜预《春秋释地》以商丘为梁国睢阳，又云宋、商、商丘三名一地，其说是也。"

其次，如上面所说的，殷墟卜辞里面有商或大邑商这个地名，其地理位置就在今商丘一带。董作宾的《殷历谱》中将帝辛十年到十一年东征人方的路程，用沿路占卜的记录，排列成序，是对研究殷商地理的一大贡献。这次征伐的路线上，经过了商城。也经过了亳都，这是将商代的商放在商丘最有力的证据。据帝辛日谱，王在十年甲午九月出发，闰九月癸亥，

---

[1] 邹衡《夏商周考古学论文集》，文物出版社1980年版。

"王在雇"。十一月五日壬寅,"王在商"。是帝辛自安阳殷都出发,走了两个多月,辗转到商。这次征人方前后共用了12个月,走的路线分成七段:(1)由殷都至于商;(2)由商至于攸;(3)从攸侯喜伐人方;(4)在攸;(5)由攸至齐;(6)由齐再至于商;(7)由商返回殷都。其中,攸国地望是决定甲骨文中商城所在地的一个关键。董作宾说:"攸,殷之侯国,在江淮之间。……以为即鸣条。"

> 攸国的方向既定,则上列第二段"由商至于攸"的方向,自然是由西北向西南而行了。卜辞中的商也称大邑商,为今河南之商丘无疑。……这一次征人方经过的商,就是商代的旧京。(这里有先公先王的宗庙,所以征伐时要来"告"祭。)[1]

董先生这个判断,是大多数的甲骨文学者可以接受的。也就是说,古文献中将商定在商丘的说法,是可以得到卜辞的支持的。

最后一点考虑,是中晚期殷商文明与东海岸晚期新石器时代文化间的关系,和商丘地区在这个东西关系上的枢纽地位。在20年前的一篇文章里,我曾经指出殷商文明中的下列成分与东海岸大汶口文化的关系比较密切:厚葬、墓壙与二层台、龟甲、若干陶器形制与白陶、骨匕、骨雕、绿松石镶嵌及装饰艺术中之纹样。——"绝大部分是与统治阶级的宗教仪式生活和艺术有关的。"[2]20年以来东海岸的考古新资料,进一步

---

[1] 董作宾《卜辞中的亳与商》,《大陆杂志》,(1953) 6, 8—12页。
[2] 见本书122页。

将上面这个结论做了有力的加强。尤其重要的，是良渚文化新发现的许多象征性的物事，指向一个巫师的宇宙观，这个宇宙观显然是殷商宇宙观的前身。良渚文化的这类象征物事，不但仍然是与统治阶级的宗教仪式生活有关，而且似乎有集中在巫师这个性格上面的趋势。其中最重要、最显著的，是各式的鸟纹和所谓"巫跻母题"。这些符号很清楚地表明，巫师在良渚文化里占有很大的地位，而且与王常常是一回事。巫师的这种地位，在中国已知的远古文化之中，目前只有在良渚文化和殷商文化里达到了这步水平。但是殷商文明与良渚文化之间的密切关系，只能看做是殷商与东海岸新石器时代文化后期一般文化之间的关系。从地理上看，殷商和良渚文化之间还有很大的空间，而这个空间之内还有许许多多的空白。将来的考古工作将这些空白填充了以后，相信巫师文化很可能笼罩着整个中国东海岸。从中国东海岸要和河南腹心地区联系起来，从古到今都是最好的一条通路，便是由江苏北部直向西指，经过徐州和商丘，略向北弯，经开封与郑州相会。这条路也正是今天陇海路的路线。如果沿着东海岸不西折而坚向北行，就碰到了山东高地及其以西的沼泽地带。位于东海岸与河南腹地之间的商丘，从地利上说正好是那从东海岸进来建立中国第一个巫师王朝殷商的最早的国都。

谈"琮"及其在中国古史上的意义 *

"琮"是中国古代经典里面提到过的一种玉制器物。《周礼·大宗伯》:"以玉作六器,以礼天地四方;以苍璧礼天,以黄琮礼地……"《典瑞》:"驵圭璋璧琮琥璜之渠眉;疏璧琮以敛尸。"《考工记·玉人》:"璧琮九寸,诸侯以享天子……璧琮八寸,以覜聘;……驵琮五寸,宗后以为权;大琮十有二寸、射四寸、厚寸,是谓内镇,宗后守之;驵琮七寸……天子以为权……瑑琮八寸,诸侯以享夫人。"这里面所说的琮是什么样的器物呢?《说文》解"琮"曰:"瑞玉,大八寸,似车釭。"《白虎通·文质篇》曰:"圆中牙身方外曰琮。"在古器物学上首次把琮这个名称和实物合对起来的,是清末的吴大澂(1835—1902)。他在《古玉图考》(1889)里面列举了31件器物,称之为"琮"、"大琮"(图1)、"黄琮"和"组琮"。其中30件所共有的特征,是外面方里面圆的柱形,好像方柱套在圆筒的外面,但圆筒较长,上下两头都露在方柱外面。圆筒内是空的,上下穿通。琮的外表,有的光素,有的有纹饰,后者作几何形或几何化的兽面形。这种短长不一、外方内圆的

---

* 原载《文物与考古论集——文物出版社成立三十周年纪念》,文物出版社 1986 年版,252—260 页。

筒形玉器就是经典中的琮的这个说法，今天讲古玉器的人一般是没有异议的。

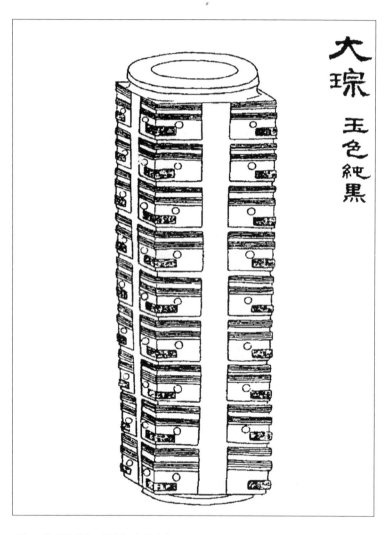

图1　吴大澂《古玉图考》中的大琮

传世玉琮的时代一直不明。吴大澂用《周礼》、《说文》为琮定名,意指为周汉时代器物。郭宝钧在1949年综合研究田野考古发现的商周及史前的玉器时,未列玉琮。据他的推论,古代的琮是"织机上提综开交之物",本是木制,传世玉制品中之长大者,是汉人之仿制。[1]美国的罗越（Max Loehr）在1975年出版的哈佛大学福格美术馆所藏中国玉器图录中著录了玉琮7件,其中2件他断代为商,余5件为西周、西周晚期,或东周[2],这是把琮的年代提早到了商代。商代考古遗址出土的琮,以1976年妇好墓出土的14件为著。[3]殷墟之前,则近年考古已将玉、石的琮上溯到新石器时代。出土最多的是浙江北部和江苏南部的良渚文化,而在山西龙山文化的陶寺遗址、安徽潜山薛家岗文化遗址,以及广东曲江石峡遗址也有石、玉琮的发现。事实上,良渚文化中的玉琮在30年代即已出土,但其年代和文化层位则要等到1973年吴县草鞋山良渚文化地层发掘后才得确认。[4]由于这些遗址的发掘,玉琮最早年代现在已可追溯到公元前3000年以前。

琮的用途和功能,一直是古器物学上最大的难题之一。根据《周礼》中的记载,"玉琮在祭器的范畴中,是祭地的礼器,在瑞器的范畴中,是女性贵族的权标"。[5]即使《周礼》所记是正确的,它也适用于周汉之间,新石器时代与商周的玉琮的用途未必相同;而且我们还必须了解琮的形状与它的用途

---

[1]《古玉新诠》,《中央研究院历史语言所集刊》第20本下册,1949年,42页。
[2] *Ancient Chinese Jades*, Fogg Art Museum, Harvard University, 1975.
[3]《殷墟妇好墓》,文物出版社1980年版,115—116页。
[4] 汪遵国《良渚文化"玉敛葬"述略》,《文物》1984年第2期。
[5]《中华五千年文物集刊·玉器篇·一》,台北,士林,1985年,186页;参见周南泉《试论太湖地区新石器时代玉器》,《考古与文物》1985年第5期。

之间的关系。照邓淑苹的撮述,近年有关玉琮诸家各有异说:

> 安克斯（Erkes）认为琮乃象征地母的女阴,并以其上驵纹近似坤卦。高本汉（Bernhard Karlgren）以为琮为宗庙里盛"且"（男性生殖器象征）的石函。吉斯拉（Giesler）以为琮为家屋里"中霤"即烟筒的象征,为家庭中祭拜的对象。郭宝钧认为琮的前身为木质,乃织机上持综翻交者……那〔志良〕曾以为琮为方瑑的扩大。林巳奈夫教授主张琮起源于手镯。[1]

邓氏则"推测琮是在典礼中套于圆形木柱的上端,用作神祇或祖先的象征"[2]。

究竟对这许多说法应当如何判断？我们不妨将过去各种说法暂且抛开不论,而把有关玉琮的已知的事实现象拿出来客观地检讨一下,并将这些现象在现在对中国古代文明发展史的知识的基础之上,做一番比较全盘性,比较有机性的考察。我相信我们目前已有足够的资料把琮的意义得到相当可靠的阐明了。阐明以后,我们可以很清楚地看出来玉琮在中国古史研究上有绝顶的重要性。

关于琮这种器物的事实现象,显而易见有这几点:（1）它们是外方内圆的;（2）它们是从中贯通的;（3）它们表面常常

---

[1]《中华五千年文物集刊·玉器篇·一》,台北,士林,1985年,186页;参见周南泉《试论太湖地区新石器时代玉器》,《考古与文物》1985年第5期。邓淑苹书,186页。

[2]《中华五千年文物集刊·玉器篇·一》,台北,士林,1985年,186页;参见周南泉《试论太湖地区新石器时代玉器》,《考古与文物》1985年第5期。邓淑苹书,163页。

饰以动物面纹，也有有鸟纹的；（4）它们多用玉制，也有石制的；（5）它们出土在墓葬里面。下面不妨就这几项事实将玉琮的意义试加讨论：

（一）把琮的圆方相套的形状用"天圆地方"的观念来解释，由来已久。滨田耕作说："琮在初始，或是一种有圆孔方柱形的实用品，以后偶然生出以内圆象天外方象地的解释，终则确定它作为地的表号，乃在外方柱上雕刻易的四象、八卦，以加深其替象的意义。"[1]内圆象天外方象地这种解释在琮的形象上说是很合理的，但后人受了《周礼》中"以苍璧礼天、以黄琮礼地"之说的束缚，只往"地方"一方面去捉摸。如那志良提出的疑问："祭天的礼器，仅用象征天圆的璧就够了，祭地的礼器，何必既象征'地方'，又象征'天圆'呢？"[2]可是琮的实物的实际形象是兼含圆方的，而且琮的形状最显著也是最重要的特征，是把方和圆相贯串起来，也就是把地和天相贯通起来。专从形状上看，我们可以说琮是天地贯通的象征，也便是贯通天地的一项手段或法器。

中国古代的哲学自三代以前开始一直到战国时代及其以后，显然经历了许多变化，包含许多学派。但研究中国思想史的学者承认中国古代宇宙观有若干共同的基调。[3]"天圆地方"便是这种共同基调的一个重要成分。甲骨文中的天字，常在人的头上顶着一个圆圈或圆点，使人推想商代已有天圆之说。《易》曰："乾为天、为圜。"《楚辞·天问》："圜则九

---

[1] 那志良、王循诒译《有竹斋藏古玉谱》，台北，中华书局1971年版，51页。
[2] 那志良《玉器通释》上册第1分册，香港开发公司1964年版，27页。
[3] 杜维明《试谈中国哲学中的三个基调》，《中国哲学史研究》1981年第1期，19—25页；F. W. Mote, *Intellectual Foundations of China*, New York, A, A, Knopf, 1971.

重，孰营度之？"周汉古籍中屡见"天道曰圜"这一类的词句。地为四方，则卜辞中四土、四风等观念更很清楚地表示出来，对此《周髀算经》里有两段很重要的文字：

> 请问数安从出？商高曰：数之法出于圆方。圆出于方，方出于矩，矩出于九九八十一。故折矩以为句，广三、股、脩四、经、隅五。既方外外半之一矩，环而共盘得成三四五，两矩共长二十有五，是谓积矩。故禹之所以治天下者，以数之所生也。

> 请问用矩之道。商高曰：平矩以正绳，偃矩以望高，覆矩以测深，卧矩以知远，环矩以为圆，合矩以为方。方属地，圆属天，天圆地方。方数为典，以方出圆，笠以写天。天青黑、地黄赤，天数之为笠也，青黑为表，丹黄为里，以象天地之位。是故知地者智，知天者圣。智出于句，句出于矩。夫矩之于数，其裁判万物惟所为耳。[1]

第一段中讲到圆方为万数之本，而圆出于方。第二段中讲到圆方均出于矩。使矩的专家，也就是能使用曲尺画方画圆的专家，便是能够掌天握地的专家；"知地者智，知天者圣"；能掌天握地的巫因此具备智人圣人的起码资格。甲骨文中的巫字作十，即两个 I 字相套。《说文》："工、巧饰也，像人有规矩也，与巫同意。"金祥恒《续甲骨文编》[2]把甲骨文的巫字排在"巨"字下，引《说文》："规巨也，从工像手持之。"这都明确地指出巫与巨的关系，也就说明了甲骨文中巫字的来

---

[1]《周髀算经》的重要性，是经袁德星（楚戈）先生提示的，特此表示感谢。
[2] 台北，中国东亚学术研究计划委员会出版，卷5，1959年，4页下。

源，即巫是使矩的专家，能画圆方，掌握天地。

（二）巫的本身首先能掌握方圆，更进一步也更重要的是能贯通天地。《国语·楚语》解释《周书·吕刑》上帝"命重黎绝天地通"故事，详述巫觋的本事和业务，是"神降之嘉生，民以物享"；民神之通亦即地天之通。颛顼命重黎绝地天通，于是天地之通成为统治阶级的特权[1]，而通天地的法器也便成为统治阶级的象征。《周礼》说"黄琮礼地"，所以历来谈琮的人多忽略了琮兼具天地的特形。方器象地，圆器明天，琮兼圆方，正象征天地的贯串。

（三）巫师通天地的工作，是受到动物的帮助的，所以作为贯通天地的法器上面刻有动物的形象必不是偶然的。《左传·定公三年》："昔夏之方有德也，远方图物、贡金九牧、铸鼎象物……用能协于上下以承天休。"便是明指礼器上的动物的功能是用来"协于上下"的。关于动物纹样在古代礼器上的这项功能，另文已有详论[2]，此处便不再重复了。上引《太上登真三矫灵应经》，其中讲龙虎鹿三矫，能助修道之士"上天入地，穿山入水"，很可能代表这种远古时代巫师与动物使者之间的关系。这套仪式的成分，有地方、天圆、白虎，而白虎是来帮助修道的人贯通天地之隔的。其中的观念与仪式的内容都与玉琮的成分若合符节。

（四）玉琮用玉作原料，很可能暗示玉在天地沟通上的特殊作用。玉在古代虽然在山水中都有发现，它与山的关系显然是特别密切的。《山海经》索引中"玉"一共出现了137次，

---

[1] 杨向奎《中国古代社会与古代思想研究》，上海人民出版社1962年版，162—163页。
[2] 《商周青铜器上的动物纹样》，《考古与文物》1981年第2期。

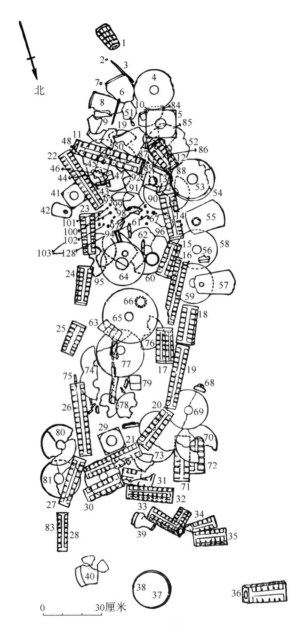

图 2 寺墩 3 号墓平面图（采自《考古》1984 年第 2 期）

其中 127 次是与山相结合的，多指某某山多金玉，多玉，或其山之阳或其山之阴多玉。[1]这 127 个山遍布东南西北山海诸经，可是我们知道中国海内外四方的山上不都是出玉的，所以玉与山在《山海经》中的结合，很可能只是表示玉在诸山中的使用，或以玉为山的象征。按古代的山也是神巫沟通天地的大道。《山海经·海外西经》："有登葆山，群巫所从上下也。"《大荒西经》："有灵山，巫咸〔等〕十巫从此升降。"《海内经》："有山名肇山，有人名曰柏高。柏高上下于此，至于天。"神山是神巫上下天地的阶梯，则为山之象征或为山石精髓的玉作为琮的原料当不是偶然的。

（五）在良渚文化的墓葬里，玉琮屡有发现，其中较重要的有常州寺墩 3 号墓，吴县草鞋山 198 号墓和上海福泉山 6 号墓。玉琮在这几个墓葬中出土的情况，是从考古学上看玉琮性质最好的资料。

1. 寺墩[2]　江苏常州寺墩两个良渚文化的玉器墓葬系 1979 年发现，1982 年发掘的，其中 M3 尤为重要（图 2）。"该墓无墓坑，无葬具，系掩土埋葬，头向 196°，为仰身直肢葬。人骨架保存头骨、肢骨残块和趾骨，股骨有明显的火烧痕迹。骨架长约 1.55 米，……为一年龄 20 岁左右的青年男性。随葬品有陶制生活用具、玉石制生产工具、玉制装饰品、玉制礼器璧琮等，共 100 多件。"玉制璧琮共 57 件，其中"玉琮 33 件，1 件镯式玉琮置头部右上方，32 件方柱形玉琮除置于头部正前方的一件和脚后的 4 件外，都围绕人骨架四周。值得注意的

---

[1] 袁珂《山海经校注》，上海古籍出版社（张明华编《山海经名物索引》，14—16 页）。
[2] 《1982 年江苏常州武进寺墩遗址的发掘》，《考古》1984 年第 2 期。

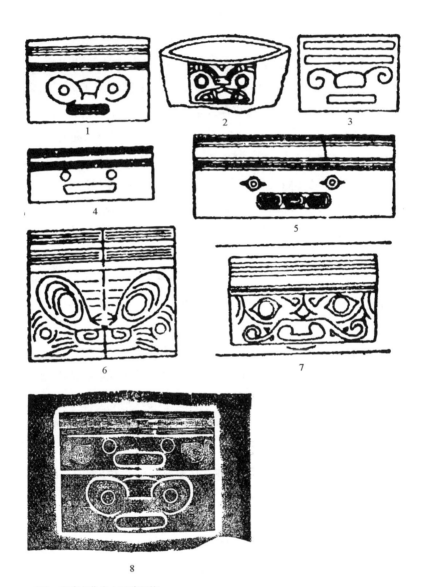

图 3　良渚文化出土玉琮面纹
1、4、5. 寺墩　2. 张陵山上层　3. 吴兴杨府山　6. 草鞋山二层　7. 广东石峡文化
8. 上海福泉山（1—7 采自《史前研究》1985 年 5 期；8 采自《文物》1984 年第 2 期）

是：玉璧中一件碎为数块的达 21 件，而其中的 13 件又有明显的经火烧过的痕迹；玉琮中分为两截或两半的仅 5 件，也有 8 件有明显的经火烧过的痕迹。……上述这些现象，说明在葬地曾举行某种殓葬的宗教仪式。其过程是：先于死者葬地的头前和脚后铺上各 10 余件玉璧，然后放火燃烧，等火将灭未灭时，将死者安放于葬地，再围绕四周放置玉琮，并在头前脚后放置陶器和其他玉石器，而将最好的两件玉璧摆在死者的胸腹之上，最后覆土掩埋"。

33 件玉琮除一件为镯式外，均为方柱体圆管形，外方内圆，二头一大一小，大头在上，表面皆有兽面纹，以凸棱构成嘴、眼和鼻子（图 3：1、4、5）。

2. 草鞋山[1]　吴县草鞋山遗址早在 1956 年便已发现，但发掘工作是 1972—1973 年才进行的，共发掘出来墓葬 206 座，另外有居住遗迹和 11 个灰坑，分属马家浜、崧泽和良渚文化层。良渚层中 M198 的随葬器物分为三组，似属于一个男性墓葬和附葬的两个女性二次葬。第一组器物属于男性墓葬，有玉琮 3 件，似在头部。第二组属于女性，有玉琮 1 件。第三组亦属于女性，没有玉琮。这是玉琮在良渚文化遗址中最早发掘出土的一批。

3. 福泉山[2]　上海青浦福泉山良渚文化墓 M6 是 1982 年发掘的，未见墓坑，可能有葬具，人骨头向正南，似为仰身直肢。"墓内随葬器物丰富……胸部右侧有……小玉琮 2 件……右臂骨……旁有玉琮 1 件……右下肢骨……右侧堆放……玉琮 2 件。" 5 件玉琮分为两种。3 件短筒形，上大下小，内圆外

---

[1]《江苏吴县草鞋山遗址》，《文物资料丛刊》第 3 辑。
[2]《上海福泉山良渚文化墓葬》，《文物》1984 年第 2 期。

方。"琮面以减地法凸出四块方座,并以四角为中线各刻一组兽面纹,上端有两组凸起的横棱,四角各有一只飞鸟。"(图3：8)另2件为长筒形小琮,也有凸起的兽面纹。

从这几个墓葬的出土情形看,玉琮是一种不一定有固定位置并且可以持佩的礼器。它们像后代的铜器一样在埋葬时作为葬仪的一个成分,同时也必有象征的意义。草鞋山遗址良渚墓葬的报告者说："玉璧、玉琮是祭祀天地的礼器,占有这些礼器的人,应掌握有特殊的权力。"[1]这个结论是与出土情况相符合的。结合上述有关玉琮本身性质诸特征来看,我们很清楚地看到在良渚文化社会中有权力有财富的人物,使用有兽面纹(图3)、内圆外方的玉琮,亦即使用贯通天地的法器,作为他们具有权力的象征。从太湖区域新石器时代文化的发展看来,自马家浜时代开始玉器便普遍出现,但玉琮的出现则要等到良渚文化时代。良渚文化以及与良渚文化同时的各地的龙山文化,是中国古代文明发展到有特权人物出现的时代。这时代普遍有了财富分化、生产分工、战争掠杀的考古证据。玉琮在良渚文化以及在其他龙山类型文化中的出现,[2]在时代上说不是偶然的现象而是与社会发展阶段有密切关系的。寺墩3号墓所埋葬的青年男子很可能便是良渚文化中的一个巫师,同时也是有政治权力的一个领袖。

由玉琮上所见的良渚文化的巫术成分以及巫术与政治的结合,并不是良渚文化和同时的龙山文化所特有的。其若干部分在时代上可以向上追溯,也可以向下看它进一步的发展。萨满

---

[1] 《文物资料丛刊》第3辑,12页。
[2] 其中最重要的是山西襄汾陶寺墓地出土的石琮和玉琮,见《山西襄汾县陶寺遗址发掘简报》,《考古》1980年第1期。《1978—1980年山西襄汾陶寺墓地发掘简报》,《考古》1983年第1期。

图4 中国北方新石器时代若干巫性美术（中采自吴山《中国新石器时代陶器装饰艺术》，文物出版社1982年版；其他采自《青海柳湾》，文物出版社1984年版）

式的巫术，即巫师借动物的助力沟通天地、沟通民神、沟通生死，在人类历史上源流久长，从考古学上所看到的证据至少可以追溯到旧石器时代的晚期。中国新石器时代中，北方仰韶文化的彩陶上有若干与巫术有关的图像（图4）。半坡遗址出土的彩陶盆上常见的带鱼形的人面（图4：左），很早便有巫师形象的说法。[1]《山海经》中所描写的巫师常常"珥两青蛇"，令人想到半坡巫师"珥两鱼"的可能性。甘肃半山彩陶中安特生氏曾报告过一个"爱克斯光式"或"骨骼式"的人像（图4：中）[2]，而且青海柳湾马厂期的彩陶中有一个兼具阴阳性器的浮塑人像的陶瓮（图4：右）。[3]根据现代民族里面萨满教和萨满艺术的研究，我们知道所谓爱克斯光式绘制人兽的方式和"阴阳人"的形象，都是萨满式

---

[1] 张光直《中国远古时代仪式生活上的若干资料》，《中央研究院民族学研究所集刊》（1960）9，253—270页。

[2] J. G. Andersson. "Researches into the Prehistory of the Chinese", *Bulletin of the Museum of Far Eastern Antiquities*, 15（1943），*PL.* 182, 1.

[3] 《青海柳湾》，文物出版社1984年版，116页。

美术中广见的母题。[1]从这些证据看来，巫术在仰韶文化中当是盛行的。同时，在南方的河姆渡文化遗址里，有不少刻有鸟形图案与鸟形形象的象牙和骨制的美术品发现，这显然是良渚文化玉琮上面的鸟的前身。以鸟为天地之间来往的媒介，在殷墟卜辞中"帝史凤"这种说法上已有明证，而且在中国东海岸的古代神话中，鸟要占有特别显著的地位。[2]《左传·昭公十七年》，"郯子云：我高祖少皞挚之立也，凤鸟适至，故纪于鸟，为鸟师而鸟名"。《山海经》记四方有使者为天帝与人间交往的媒介，即东方句芒、西方蓐收、南方祝融、北方禺疆；其中东方句芒是"鸟身人面"。这都明显地表示着殷代与东方的密切关系，也指出良渚文化在中国古代历史文明形成上的重要性。总之，从良渚的玉琮向上向下看，都看得出来中国新石器时代的巫术流播是普遍的，长远的。新石器时代的晚期，中国社会剧烈分化，而作为这种分化的一个明显的线索的巫术与政治的结合，就表现在这个时代的美术上面。

王权、巫术与美术的密切联系是中国古代文明发展上的一项重要特征，也是中国文明形成的一个主要基础。关于这一点我在另外几篇文章里已有比较详细的讨论。[3]如今新的考古材料指明在东海岸的良渚文化中，作为这种巫术与王权结合的最早的美术象征的玉琮，特别发达，这就表示出良渚文化，或甚

---

[1] 见 Joseph Campbell. *The Way of the Animal Powers* (Vol. I of *Historical Atlas of World Mythology*), A. van der Marck edition, 1983, pp. 131-133, 142。

[2] 孙作云《飞廉考》，《华北国立编辑馆馆刊》2卷3期，6/1—6/29，4期，7/1—7/22，1943年；《中国古代鸟氏族诸酋长考》，《中国学报》3卷3期，1945年，18—36页。

[3] 《中国青铜时代》，三联书店1983年版；《中国古代艺术与政治》，《新亚学术集刊》（艺术专号）Ⅳ，1983年，29—35页。

至于整个东海岸的史前文化在中国历史早期三代文化发展上的基础意义。30年前，凌纯声在《中国古代海洋文化与亚洲地中海》一文里指出："中国文化是多元的，文化的形成是累积的，最下或最古的基层文化，可说是发生和成长于亚洲地中海沿岸的海洋文化。"这种海洋文化，"中国古史称之为夷（义即为海）的文化，……其民族北曰貊，南曰蛮或越……来自……黄土高原的大陆文化，其民族为华夏，东来与海洋文化接触之后，经二千多年的融合，形成了中原文化，现在由考古学上能确定的殷商文化可为代表。殷墟出土的古物，有珠贝，金玉，有文身的石雕人像，有车马，虽未发现舟楫，然出土海产蚌贝和龟版之多，其必使用舟楫无疑。如以殷商文化的成分，作一分析的研究，其基层必为海洋文化"。[1]

这个见解，从今天新的考古材料看来，的确有很大的启发性。殷代出土的"金玉"中的玉琮，基本上便是东海岸的文化成分。到了殷商时代玉琮虽仍流行，已显然远不如良渚文化时代的辉煌，因为它沟通天地与权力象征两大作用到了殷商时代已由"九鼎"即青铜礼器所取代了，它上面的兽面纹也多消失了。由此看来，如把中国新石器时代和三代文化发展划成一条直线则可以分成几个清楚的段落，即：（1）石器时代，代表原始社会、阶级未萌的阶段；（2）玉琮时代，代表巫政结合，产生特权阶级的时代，亦即《国语·楚语》所说帝颛顼令重黎二神绝地天通的时代；（3）青铜时代，代表巫政结合进一步发展产生国家、城市、文明阶段；（4）铁器时代，代表工商业城市发达、农业技术跃进的时代。这个分法使我们想起大家都已知道的晋代袁康的《越绝书》所记风胡子的古

---

[1]《海外杂志》3卷10期，1954年，7—10页。

史分期：

> 风胡子对曰：时各有使然。轩辕神农赫胥之时，以石为兵，断树木为宫室，死而龙臧，夫神圣主使然。至黄帝之时，以玉为兵，以伐树木为宫室、斲地，夫玉亦神物也，又遇圣主使然，死而龙臧。禹穴之时，以铜为兵，以斲伊阙、通龙门，决江导河，东注于东海，天下通平，治为宫室，岂非圣主之力哉。当此之时，作铁兵，威服三军，天下闻之，莫敢不服，此亦铁兵之神，大王有圣德。

风胡子这个分期法，知之已久，但它在历史现实中有多大的基础，是现在才能看得出来的。这段话有两点值得注意。其一是把古史分为石、玉、铜、铁四个阶段，大致相当于传统古史中的三皇（轩辕、神农、赫胥）、五帝、三代和东周四个阶段。第二点是将这四个阶段的进展变化与政治力量相结合。这两点都很正确地将中国古代文明演进的经过的本质变化撮要出来了。西方考古学讲石器时代、铜器时代、铁器时代，比起中国来中间缺一个玉器时代，这是因为玉器在西方没有在中国那样的重要。玉器时代在中国正好代表从石器到铜器的转变，亦即从原始社会到国家城市社会中间的转变阶段，而这种转变在中国社会史上有它自己的特征。玉琮在中国古代文明史和社会进化史上的重要性在此。

说殷代的"亞形"*

中国古代青铜器上的所谓"图形文字"里面有亞字[1](图1),宋以来称为亞形。它有时单独存在,有时与其他的"族徽"相结合,有时作为整个铭文的外框。对这个字形最早的解释见于北宋的《博古图》(12世纪初)。《博古图》卷1"商亞虎父丁鼎"下云:"铭四字,亞形内著虎象。凡如此者皆为亞室,而亞室者,庙室也。庙之有室,如左氏所谓宗祐,而杜预以谓宗庙中藏主石室是也。"这个说法,就是把亞形当做古代宗庙或庙室建筑墙垣四周平面图形这个说法,可以说是宋以来说亞形意义的主流。[2]但近代学者中有不少对这个解释不能满意,这是因为一方面殷代考古学迄今没有挖出来一个平面做亞形的房屋建筑遗迹,另一方面自殷墟甲骨文发现以后,卜辞中屡见"多亞"与"多马、亞"等词[3],难用庙室解

---

* 原载《庆祝高去寻先生八十岁论文集》,台北,1989年完稿。
[1] 郭沫若《殷彝中图形文字之一解》,《殷周青铜铭文研究》,上海大通书局1931年版。
[2] 周法高等编《金文诂林》,香港中文大学出版社1974年版,7845—7865页;张光远:"Late Shang Dynasty Bronze Seals", *Natincal Palace museum Bulletin*, XXIII(1988), p.1—36,推测亞形代表大室北壁上放置祖示的框架。
[3] 岛邦男《殷墟卜辞综类》,东京,汲古书院1971年修订版,416页。

图1 金文中亞形例（左、中，选自《三代吉金文存》卷6，11；右，1981年出土于陕西长安普渡村西周中期墓）

说。于是有的学者参考《书·酒诰》："惟亞惟服"和《诗·载芟》："侯亞侯馬"等古代文献中有亞字的词句，转而主张金文与卜辞中的亞字与亞形乃是指称殷人身份的：有的以为指爵称[1]，有的以为指武官职称[2]，有的以为指"一种特殊身份的标记"[3]，还有的说是"有关祭祀之职称之标记"。[4]

学界中关于亞形意见不一的另一点是亞形的年代。一度有人相信凡有亞形的金文都是殷代的[5]，但现在知道这个字形

[1] 丁山《甲骨文所见氏族及其制度》，科学出版社1956年版。
[2] 陈梦家《殷墟卜辞综述》，科学出版社1956年版，508—511页；曹定云《亞其考》，《文物集刊》（1980）2，143—150页；《亞弜、亞启考》，载胡厚宣编《甲骨文与殷商史》，上海古籍出版社1983年版，191—213页。
[3] 王献唐《黄县曩器》，山东人民出版社1960年版，88页。
[4] 白川静说，引自周法高等编《金文诂林补》，中央研究院历史语言研究所专刊77，1982年，4116—4120页。
[5] 王献唐《黄县曩器》，84页；B. Karlgrin, "Yin and Chou in Chinese Bronzes", *Bulletin of the Museum in Far Eastern Antiquities*, No. 8（1936），p. 21.

到了西周初期还在继续使用。[1]（图1，右图亞形显然是西周的，而且是不能用殷遗民来解释的。）在这篇小文里面我们则只讨论殷代的亞形。我们讨论所得的结论应该一样适用于西周，但这里针对的是殷代的问题。

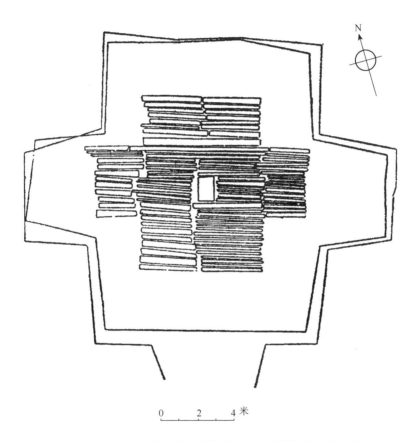

图2　安阳殷墟西北冈1001号大墓的亞形墓坑与木室（采自梁思永、高去寻：《侯家庄1001号大墓》，1962年，24页）

---

[1] 曹淑琴、殷玮璋《亞矣铜器及其相关问题》，《中国考古研究——夏鼐先生考古五十年纪念论文集》，文物出版社1986年版，197—199页。

假如亞形只是殷金文里面的一个图形文字，对它的正确解释，恐怕也和一般金文中所谓族徽一样，是很难下断语的。但是自从1928年起河南安阳殷墟发掘以后，亞形的研究就进入了一个新的境界。殷墟出土的大墓的墓坑与坑里面的木室有平面图做亞形的。对这种现象最初做详细讨论的便是高晓梅（去寻）先生。照高先生在1969年的综合整理[1]，殷墟一共出了12座殷代大墓，包括后冈大墓1座、西北冈西区大墓7座、东区4座（包括1950年发掘的武官村大墓）。这12座大墓里面，有5座有亞字形的木室，即（1）后冈大墓、（2）西北冈西区1001号大墓（图2）、（3）西区1003号大墓、（4）西区1004号大墓、（5）西区1500号大墓。在这5座有亞形木室的大墓中，只有2座（1001和1500）有相应的亞形墓坑（但1500号大墓墓口是方形的，只有底形才是亞字形的）。另外东区1400号大墓的墓坑也是亞形的，但是木室的形状因为破坏得太厉害了不能清楚辨认，但很可能也是亞形的。如果把1400号墓算进去，那么殷墟的大墓中可能有半数是有亞形木室的。

> 平面作亞形的木室……何以不避困难之增加、工料之多费而造成如此形制之木室，这很清楚的表示出它有一定的涵义，非如此不可。……不容怀疑的它应该是当时丧礼的一种制度建筑。这种丧礼制度的建筑可能是象征着当时贵族社会的一种礼制建筑，而非一般的住处。这种贵族社会的礼制建筑根据后世的记载，它是祭祀祖先的地方，也

---

[1] 高去寻《殷代大墓的木室及其涵义之推测》，《中央研究院历史语言研究所集刊》（1969）39，175—188页。

> 是祭祀上帝和颁布政令举行重要典礼的处所。它的名称，较早的说法是夏后氏称之为世室（即大室），殷人称之为重屋，周人称之为明堂，我们现在称它为古代的宗庙明堂建筑。[1]

至于为什么这种古代宗庙明堂的象征性的建筑平面做亞形，高先生则指出王国维在《明堂寝庙通考》（《观堂集林》卷3）中所拟定的明堂宗庙平面图都做亞形，即四合院式的布局，外围也做亞字形，与《艺文类聚》引《三礼图》所载明堂"周制五室，东为木室、南火、西金、北水，土在其中"相近，也与西周金文中有大室，一庙有四宫等资料相符合。高先生以殷墟大墓木室为宗庙明堂建筑之象征的说法，是不可易的。在他这篇文章出现以后，又有一些新的资料与新的研究可以把他的说法进一步地加强。我在这里便想把这些新的资料与研究提出来为高文续貂。从这些材料看来，王国维对宗庙明堂的复原图未必是解释亞形的唯一根据，甚至未必是解释亞形的最好的根据。

在高先生的文章里面，他还引用了1956—1957年在汉长安城南发掘的一个汉代礼制建筑（原报告者称为明堂或辟雍），它的平面也做亞形。高先生推测这个汉代礼制建筑做亞形，就反映了古代明堂也做亞形，因为"汉代去古未远，对古代明堂形制，还多少有些了解"。除了这个礼制建筑以外，汉代还有其他与天地之象有关的器物也与本题有关。这中间最显著的是汉代的日晷（图3，左）。"这个日晷只有一面有刻

---

[1] 高去寻《殷代大墓的木室及其涵义之推测》，《中央研究院历史语言研究所集刊》(1969) 39, 181—182 页。

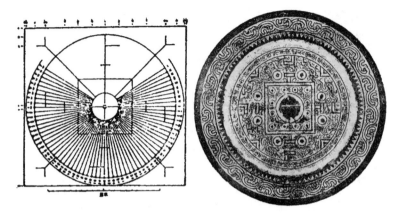

图3 汉代的日晷（左）与规矩镜（右）（左图采自李约瑟：《中国科学技术史》第四卷天学，312页；右图采自《文物》1987年12期，1117页，中国历史博物馆藏镜）

度。围绕着小孔或中心点有两个圆圈，画得很精确。圆圈的2/3划分为大小相等的小格，每一小格占圆圈的1%。各辐射线与外层圆圈相截的点是一连串的小圆窝，按顺时针方向依次标出、1至69的号码，书法是小篆。……此外还有4条到V形纹为止的对角线，4个从中间的方块和圆圈伸延出去的T形纹，4个以周围四方线为基础的L形纹。"[1]上述各种线纹中与日晷测定时间的功能显然有关的只有两个圆圈和辐射线，而T、L、V等三种纹饰，虽然李约瑟推测"最初……具有实用的和天文学的性质"，[2]他却不能确定地说明是什么性质。与汉代日晷划纹类似的平面图，还见于汉代的所谓规矩镜[3]，亦即西方学者所谓TLV花纹镜（图3，右）以及六博局盘上

---

[1] 李约瑟《中国科学技术史》第4卷"天学"，香港，中华书局1978年版，313—314页。
[2] 同上，320页。
[3] 周铮《规矩镜应改称博局镜》，《考古》1987年第12期，1116—1118页。

的画纹。[1]日晷、规矩镜与六博盘三者花纹是一个来源，这是可以公认的，[2]但是它们是从什么来源而来的则尚无定说。我们在这里特别注意的焦点是这些图形中的 V 字部分，即四个角的角隅为横竖短划界限出来。如果我们只看外面的方框，再加上四角的四个 V 字，则无疑的都是亞形。劳榦先生注意到六博"博局的布置是以古代宫室的形式为基础的。依照殷墟的发掘，以及早期青铜器亞字形的标记，可以推测出来，古代宫室的基本形式是亞字形……就是现在中国四合院房屋的早期形式"。[3]

由殷墟发掘，再加上汉代的资料来看，亞形是庙室平面图形的宗说，还是值得注意的。把亞形当做身份的标志，不能说明殷代大墓的亞形木室，因为如果殷墟大墓是王室的墓，莫非殷王同时担任相当低级的武官？最近艾伦（Sarah Allan）提出亞形是宇宙的中心的象征，其根据还是把亞字当做 5 个方块（东、南、西、北、中）拼合而成十形的传统旧说。[4]这个说法实际上与宗庙明堂的说法不相排斥，因为中国古代一般居室、宫殿、寺庙建筑的原则都是与四个方位与中央相配合的。[5]问题的焦点是亞形的来源，即为什么在方形建筑的四角各缺一角，或说为什么四角折入成方隅？金文里面的亞字大致有两式，一

---

[1] L. S. Yang, "An Additional Note on the Ancient Game Liu-po", *Harvard Journal of Asiatic Studies* 15 (1952), pp. 124-139；劳榦《六博及博局的演变》，《中央研究院历史语言研究所集刊》(1964) 35, 15—30 页。
[2] 李建民《汉代局戏的起源与演变》，《大陆杂志》77 (3/4), 1988 年。
[3] 劳榦：上引文，25 页。
[4] 艾伦《谈殷代宇宙观与占卜》，1987 年在安阳举行的国际殷商史讨论会上提出的论文。
[5] Nelson. Wu, *Chinese and Indian Architecture*, New York, G, Brazilier, 1963, pp. 11-12.

是方形框子缺四个角形成亞形，另一个是五个方块拼合成十字架状✚。这两个孰先孰后，对解释亞形的来源很有关系；如果是亞形在先，我们便须解释四个角的问题，如果✚形在先，那么四合院或"五行"一类的拼合办法便有道理了。我是主张亞先于✚的；汉代的礼制建筑、日晷、规矩镜和六博局盘上的花纹都是方框子（除了镜子是圆的以外）带四个角的。近年陕西凤翔马家庄出土了春秋时代秦人的宗庙，它都是略作方形的平面图，四角各有一"坫"，即角内堆土比较其他地面为高；《仪礼·释宫》说"堂角有坫"。[1] 这四个坫便构成亞字形（图4）。这种解释也与金文中亞形多做方框框的情况（图1）相符合。

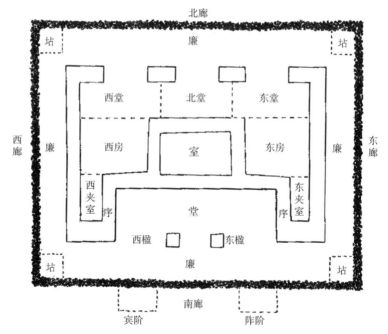

图4　凤翔马家庄秦人宗庙（采自《文物》1985年第2期，31页）

[1] 韩伟《马家庄秦宗庙建筑制度研究》，《文物》1985年第2期，30—38页。

照这样看来，要说明亞形的意义与起源，我们必须解释为什么方形的宗庙明堂的四个角都凹入以致形成亞形。我对这个问题有一个新的答案，而这个答案的启示来自新大陆的史前考古。在墨西哥奥尔美克（Olmec）文化的一个重要遗址卡尔卡金哥（Chalcatzingo）发现了两个石刻，都是地神的兽形刻像，张着大嘴，作为出入生死世界的门口；嘴形都是亞形的，四角凹入处各生长一株树木（图5）。[1]这个亞形的口便是奥尔美克人的一张宇宙图，张开的大口是天地的分界，而四角的树木是协助登天入地的四株"宇宙之树"。这幅宇宙图给我们的启示，是说大地本是方形的，但四角上各植一树，造成凹入的角隅，形成亞形。从这里我们再回头看亞形，便引起这样的一个问题，就是殷代的亞形会不会也是这样形成的？作为天地沟通的场所的宗庙明堂是不是在四隅都植有（实有的或象征性的）"若木"、"建木"，或"扶桑"这一类沟通天地的神木，而为了四木而造成四角的凹入？换言之，殷代宗庙明堂是否因为四角有四木而成为亞形的？

奥尔美克文化的亞形石刻与殷商时代是约略同时的。它们彼此相隔遥远，很难相信是彼此传播接触而造成的在亞形上的类似性。我们不妨视之为偶合，把奥尔美克文化的带四木的亞形当作纯然的启示。但我们也可以用另外一个角度来看。中国古代与美洲古代文明之间有许多在美术象征符号上的相似性，我最近提出一种假设，把殷商文明与中美的奥尔美克和玛雅等文明看做同祖的后代，把它们的祖型文化（可以追溯到1万多

---

[1] David Grove, *Chalcatzingo: Excavations on the Olmec Frontier*, London: Thames and Hudson, 1984, p. 50; David Grove, ed., *Ancient Chalcatzingo*, Austin, University Texas Press, pp. 124、125、141.

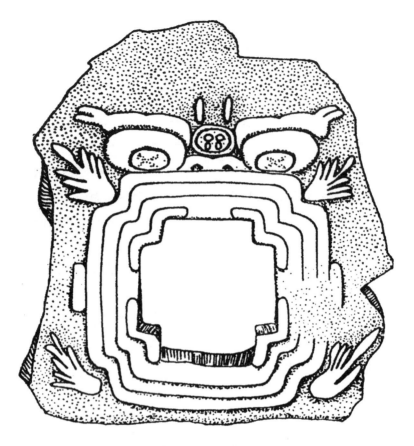

图5 墨西哥卡尔卡金哥遗址奥尔美克文化石刻第9号的亚形大口（采自 David Crave, *Chalcatzingo*, London, Thames and Hudon, 1988, p. 48）

年以前美洲印第安人祖先还在亚洲的旧石器时代）叫做"玛雅、中国文化连续体"[1]。如果用这个角度来看，殷代的亚

---

[1] K. C. Chang, Ancient China and Its Anthropo logical Signifcance, *Symbols*, 1984, pp. 2-4, 20-22（中译《古代中国及其在人类学上的意义》，载《史前研究》1985年第2期，41—46页）；张光直《考古学专题六讲》，文物出版社1986年版。

形代表一项非常古老的信仰观念，就是说在玛雅、中国文化连续体的阶段，已有宗庙明堂这种礼制建筑，而且已有四木的制度，同时也就有由于四木在四角这种情形而产生的亞形的宇宙图或明堂太室图。像这样看，宗庙明堂的礼制以及沟通天地与四木的信仰是在渔猎生活的旧石器时代便已存在的制度与信仰了。但这是题外之话。

与这个问题有密切关系的一项资料是 30 年代在长沙出土的楚缯书。这片缯书的文字是主要的资料，但它的四边有许多绘画，很有系统的安排为一面三位的十二神，另外四角有四木，即缯书文字中所说的青、朱、黄、黑四木，一说"代表春夏秋冬四季"。[1]"这四木的作用与古代出土占盘上面的四维相同。……马王堆帛书十六经果童：夫天有干，地有恒常；行守：天有恒干，地有恒常。四木也就是四天干。"[2]缯书有一种看法便是楚的明堂图。[3]缯书所代表的宇宙世界与宗庙明堂所象征的宇宙世界可能是一回事。缯书四角的四木便是古代宗庙明堂建筑角隅所种植的四木。明堂的墙壁到了四角为了四木的关系向里凹入，所以明堂的平面图便成为亞形了。如果将楚缯书加上黑框，再把四木的四角躲开，岂不是真真正正的一幅亞形明堂图么（图6）？如果楚的明堂是亞形的，它的四角每角便有两根柱子撑着屋顶，一共需要八根柱子，所以"天问"说，"八柱何当？"楚的明堂正好作为殷代亞形与汉代亞形的一个中介桥梁。

---

[1] 陈梦家《战国楚帛书考》，《考古学报》1984 年第 2 期，138 页。
[2] 李零《长沙子弹库战国楚帛书研究》，中华书局 1985 年版，69—70 页。
[3] 俞伟超《关于楚文化发展的新探索》，《江汉考古》1980 年第 1 期，23 页。

图6 楚缯书加上方框，躲开四木，构成亞形的明堂

上面说过，学者对"亞为庙室"的旧说不尽满意的原因之一是考古学者在殷代的居住遗址或宫庙遗址里面还没有挖出来一所亞形的房子。事实上，大墓中的木室是死去的祖先升天入地的场所，也是一种明堂，它的确有一半是亞形的。至于地上的建筑，我们并不能说没有亞形的。殷墟地上的建筑都破坏殆尽，墙和屋顶都无迹可寻，只能按础石的安排方式来推断房屋的形状。但是小屯的基址上础石完整的很少，房屋的形状到底是什么样子的，我们并不都知道。小屯的基址中面积较大而略作方形的有乙七、乙

十一和丙一等[1],尤其乙七与大片的仪式性的埋葬品相配合[2],都有做殷代宗庙明堂的资格。但是这几个基址上的础石都不完全,房屋的四角究竟是什么形状,我们根本无法判断。因此我们实际上是不能说殷代小屯的基址中是没有亞形的。

---

[1] 石璋如《殷墟建筑遗存》,中央研究院历史语言研究所,1959年。
[2] 石璋如《小屯C区的墓葬群》,《中央研究院历史语言研究所集刊》(1951) 23,447—487页。

濮阳三𫏋与中国古代美术上的
人兽母题 *

  1987年5月，豫北濮阳市文物管理部门在县城西南隅的西水坡一带，发现了一批仰韶时期的房基、窖穴、墓葬和器物。遗物中特别引人注意的是三组用蚌壳铺成的动物纹样。第一组出现于第45号大墓，墓中埋葬四人，其中主要的是一"壮年男性"，身长1.84米，头南脚北，仰身直肢。其左（西）侧有蚌壳摆塑的一个虎形，头北尾南，身长1.39米，体高0.63米，张口睁眼竖耳，牙齿外露，四肢交逆做行走状，尾下垂。其右（东）侧有蚌壳摆塑的一个龙形，头朝北。第二组在此墓之北，有一合体龙虎，龙虎为一躯，虎背上还有一鹿。龙的头部摆塑一蜘蛛，正对龙的前方摆塑一圆球。第三组动物在第二组以南堆积层中，有一蚌壳摆塑的龙，头朝东，背上骑一人；龙以北近处又有一蚌壳摆塑的虎，虎头朝西，做奔跑状。这三组动物群时代相同，又在同一平面上，"可能是在埋葬45号墓死者时搞祭祀活动而留下的遗迹"。[1]据初步报

---

*   原载《文物》1988年第11期，36—39页。
[1] 《濮阳出土六千年前的龙虎图案》，《中国文物报》1988年1月29日，第1版。

道,已知这里是仰韶社会中一个重要人物的埋葬。在他的尸体附近随葬有龙、虎、鹿的艺术形象,又有人骑龙的形象。龙、虎、鹿显然是死者驯使的动物助手或伙伴。

濮阳这些龙虎鹿摆塑艺术形象的发现使我们想到古代原始道教上的龙虎鹿三蹻。东晋葛洪(约283—343年)《抱朴子》内十五中说:"若能乘蹻者,可以周流天下,不拘山河。凡乘蹻道有三法,一曰龙蹻,二曰虎蹻,三曰鹿蹻。……乘蹻须长斋绝荤菜断血食,一年之后乃可乘此三蹻耳。……龙蹻行最远,其余者不过千里也。"是原始道士可以借龙虎鹿三蹻脚力,"周流天下,不拘山河"。这个"蹻"字,《说文》云:"举足小高也,从足乔声。"与这个有关的字,有趫、矫、翺、蛲等等,都与健行、迅行有关。龙蹻、虎蹻、鹿蹻的作用,是道士可以它们为脚力,上天入地,与鬼神来往,其中尤以龙蹻脚力最强。上引《道藏》收有《太上登真三矫灵应经》,对"三矫"的性能有较详的叙述:

> 三矫经者,上则龙矫,中则虎矫,下则鹿矫。……大凡学仙之道,用龙矫者,龙能上天入地,穿山入水,不出此术,鬼神莫能测,能助奉道之士,混合杳冥通大道也。……龙矫者,奉道之士,欲游洞天福地,一切邪魔精怪恶物不敢近,每去山川江洞州府,到处自有神祇来朝现。

用《抱朴子》和《三矫经》的记载是可以来解释濮阳龙虎鹿的形象的。这就是说,濮阳45号墓的墓主是个仰韶文化社会中的原始道士或是巫师,而用蚌壳摆塑的龙、虎、鹿乃是他能召唤使用的三蹻的艺术形象,是助他上天入地的三蹻的形象。可是现存有关三蹻的记载是公元三四世纪的,而濮阳的发现如果是仰韶时代的,则可早到公元前4000多年。二者中间要有5000年的距离。用三跻的观念来解释濮阳的龙、虎、鹿三兽的形象会不会过于牵强呢?我们是否可以有信心说中国的原始道教在仪式行为方面有自史前以来巫术一线持续下来的成分?是否可以说《抱朴子》和《三矫经》中的三跻有濮阳三跻这一个传统赓续流传下来的成分?

从考古学和美术史的资料来看,仰韶到魏晋这5000年间一直不断地有巫跻的符号存在,只是在过去我们没有把它的意义把握清楚,没有把这一类材料集在一起研究就是了。濮阳新发现的重要性之一,便是它在我们对历代巫跻符号的辨认上,发挥了点睛的作用。中国古代美术中常见的一个符号便是人兽相伴的形象,我们在这里不妨叫它做"人兽母题"或径称之为"巫跻"母题,也就是环太平洋地区古代和原始美术中常见的所谓 alter ego 或"亲密伙伴"的母题。[1]从濮阳发现的启示,我们确定地认识到,这个母题的成分便是表现一个巫师和他的动物助手或"跻"。

从时代较晚向上推,我们可先举战国时代一个龙跻一个虎跻的例子。图1(左)示一人左手执鞭驱赶一只龙形动物。这是日本京都太田贞造氏收藏的一件蟠螭蒙龙文卣上面的形象[2],是一个写实性的人兽符号,表现一个巫师在驾驭着他的龙跻。《左传·昭公二十九年》:"古者畜龙,故国有豢龙氏,有御龙氏。"这两氏很可能是专业的巫师,豢龙御龙以从事天地之事,所以《左传》接着说:"董父,实甚好龙,……

---

〔1〕 Douglas Frazer, et al, *Early Chinese Art and the Pacific Basin: A Photographic Exhibition* (New York: Intercultural Arts Press) 1968, pp. 65-66.
〔2〕 梅原末治《战国式铜器の研究》,东方文化学院京都研究所研究报告第7册,昭和十一年(1936),42—43页,图版77(2)。

图1 战国时代美术品中的龙（左）虎（右）跻

龙多归之，乃扰畜龙以服事帝舜，帝赐之姓曰董、氏曰豢龙，封诸鬷川，鬷夷氏其后也，故帝舜世有畜龙。及有夏，孔甲扰于有帝，帝赐之乘龙。"《左传》下面问道："今何故无之？"是说鲁昭公时已没有豢龙、御龙二氏了。但从战国这件器看来，豢龙、御龙的人在当时还是知道的。图1（右）示一人像驾驭一只猛虎，当是巫师驾驭着虎跻的形象。这是洛阳战国墓中出土的两件"伏兽玉人"之一，高2.6厘米、长1.8厘米、宽0.9厘米。人裸体骑在虎上，系白玉雕成，晶莹泽润。[1]

写实性的人兽符号是在战国时代写实性的艺术风格之下产生的。向上把这个母题追溯到商周，我们在艺术纹样中所看到的人兽符号便有了比较丰富浓厚的宗教气氛，其中最有名的便是由"乳虎食人卣"（《商代的巫与巫术》一文中图7，下中）和安徽阜南出土的龙虎尊（同上文图7，下右）所代表的人兽相依母题。关于这个母题，过去的研究较多，我在《中国青铜时代》一书中[2]已有较详的讨

---

[1] 《洛阳西郊一号战国墓发掘记》，《考古》1959年第12期。
[2] 三联书店1983年版，332—333页。又见本书456—458页。

论，在这里就不重复了。书中对这母题的解释是："有人指出张开的兽口在世界上许多文化中都作为把两个不同的世界（如生、死）分割开来的一种象征。这种说法与我们把怪兽纹样作为通天地（亦即通生死）的助理的看法是相符合的。而且这几件器物所像的人很可能便是那做法通天的巫师，他与他所熟用的动物在一起，动物张开大口，嘘气成风，帮助巫师上宾于天。"

人兽符号在殷商时代才有清楚的表现，但过去在传世的玉器上也见过不少人形与兽形的图像。虽然它们的时代不明，有不少学者相信这些有人形兽形的玉器中有"先殷式"的。[1] 最近几年来良渚文化的新发现把这个问题搞清楚了。自1972年以来，良渚文化中出土了不少玉琮，上面有兽面形的纹饰。南京博物院的车广锦最近在讨论玉琮纹饰的一篇文章里，提到了玉琮上面人兽母题的存在：

> 有些玉琮以次两节为一组合，上下节主体纹饰不同，上节顶部有两道凸横档，下节在眼外有椭圆形凸面表示眼睑，两眼之间有扇形凸面表示额部，这种纹饰可称为组合纹。[2]

过去我们常将组合纹上下两节都视为兽面纹，但车氏根据美国收藏的两件良渚文化玉器上面的花纹也分上下两部，而上部是戴羽冠的人面形，推论玉琮组合纹中上节为人面纹，下节为兽面纹。这个推论与余杭反山良渚墓地新发现的玉器图

---

[1] 林巳奈夫《先殷式の玉器文化》，Museum 334 (1979)，4—16。
[2] 车广锦《良渚文化玉琮纹饰探析》，《东南文化》1987年第3期。

像完全一致。反山出土的一件玉琮上也有清楚的人兽母题（图2）：

> 纹饰区之一是四个正面的直槽内上下各有一个神人与兽面复合像，共八个。……神人的脸面做倒梯形。重圈为眼，两侧有短线象征眼角。宽鼻，以弧线勾划鼻翼。阔嘴，内以横长线再加直短线分割，表示牙齿。头上所戴，外层是高耸宽大的冠，冠上刻十余组单线和双线组合的放射状羽毛，可称为羽冠；内层为帽，刻十余组紧密的卷云纹。脸面和冠帽均是微凸的浅浮雕。上肢形态为耸肩、平臂、弯肘、五指平张叉向腰部。下肢做蹲踞状，脚为三爪的鸟足。……在神人的胸腹部以浅浮雕突出威严的兽面纹。重圈为眼，外圈如蛋形，表示眼眶和眼睑……眼眶之间有短桥相连，……宽鼻，鼻翼外张。阔嘴，嘴中间以小三角表示牙齿。[1]

从这件"神人与兽面复合像"以及余杭瑶山良渚遗址出土的好几件有人兽母题的玉器[2]看来，人兽组合纹是良渚文化玉器上面的一个基本纹饰；其中上面的人形形象常趋简化，所以它的真实意义最近才确认出来。

从上面所举的这几个例子看来，从新石器时代的仰韶文化，经过较晚的良渚文化，一直到青铜时代，中国古代艺术里面有过一个赓续出现的重要母题，即人兽在一起出现。有的人形在上面或占笼罩性的地位，有的在下面或处于附庸的地位，

---

[1]《浙江余杭反山良渚墓地发掘简报》，《文物》1988年第1期。
[2]《余杭瑶山良渚文化祭坛遗址发掘简报》，《文物》1988年第1期。

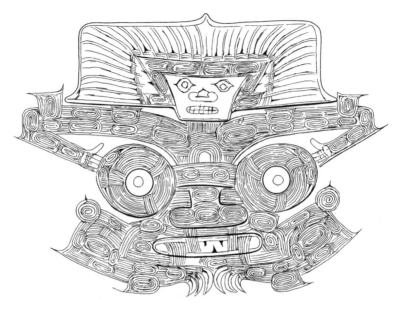

图2　良渚文化玉琮上的巫跻形象

也有的人兽各在器的一面。关于这些人兽纹样的宗教意义,历来美术史家很少讨论。[1]濮阳的新发现,与濮阳资料与古代道教中龙、虎、鹿三跻的密切联系,使我们了解到古代美术中的人兽关系就是巫跻关系。人便是巫师的形象、兽便是跻的形象;跻中以龙虎为主,其他的动物(包括鹿)在古代美术形象中种类也是很多的。在美术母题中人兽放在一起便表示巫跻之间密切和互相依赖的关系。濮阳墓葬中随葬的跻不是真的兽骨而是用蚌壳做的艺术品,这一点也应有重要的意义。固然龙的骨骼不能得到,可是虎和鹿是可以用真兽随葬的。但三跻在濮阳都用艺术品表示,使我们了解到在古代巫师的活动中,艺

---

[1] Doris J. Dohrenwend, Jade Demonic Images from Early China, *Arts Orientalis* X (1975), 55-78.

术形象似乎也可以发挥实际的作用。

以这个观点看中国古代艺术中常见的动物纹样,我们对它的解释就更增加了信心。在《商周青铜器上的动物纹样》[1]一文中,我曾提出动物纹样是巫师从事通达天地工作的助手的说法。如果古代艺术上的人兽母题正是巫跻关系的符号,那么中国古代艺术品上常出现的动物纹样便正是巫师役用的蹻,这对上文的说法又增加了一批坚强的证据。

---

[1]《考古与文物》1981年第2期。见本书。

中国古代的饮食与饮食具 *

现在郑重从事烹饪艺术之人类学研究的乃是法国学者[1]，这不是偶然的。从人类学的立场来看世界上另外一个值得注意的烹饪艺术，即中国的烹饪艺术的时候，也已该到了。[2]这方面的研究不妨自烹饪史开始，而我们除了好奇心以外，也还有充分的理由来问一问：中国人是从什么时候开始他们特有的烹饪与饮食方式的？

我之研究中国古代饮食方式，多多少少是身不由主的。在研究商周青铜礼器的过程中[3]，我逐渐觉察到要了解这些器物，必须先了解这些器物所用于其上的饮食。在商周的考古研究上，青铜和陶制的容具提供了最为丰富，最为基本的资料。

---

* 原为英文 "Food and food vessels in ancient China", *Transactions of the New York Academy of Sciences*, series II, vol. 35, No. 6, pp. 495—520, 1973。

[1] 例如 Claude Lévi-Strause, "Le triangle culinaire", L'Arc (Aix-en-Prov-ence), 26 (1965), 19-29; Lévi-Strauss, *Mythologiques II et III* (Paris: Plon, 1966, 1968); Yvonne Verdier, "Pour une ethnologie culinaire", *L'Homme* 9 (1969), 49-57。

[2] 如 E. N. Anderson, Jr., "Réflexions sur la cuisine", *L'Homme* 10 (1970), 122—124。

[3] 见张光直《商周青铜器器形装饰花纹与铭文综合研究初步报告》，《中央研究院民族学研究所集刊》(1970) 30, 253—330 页。

一般而言，它们的研究集中在形式、装饰以及铭文上，以求阐明古代中国人的历史以及装饰美术，并求阐明它们所在的考古遗址遗物的年代。这一类的研究是必要的，而且可能是很重要的。但是陶器和青铜容器不但是研究古代技术与年代的工具，同时更是饮食器具。固然有些是仪式用器，但是它们在仪式上的作用是建筑在它们在饮食上的用途上的。总而言之，要研究青铜容器和陶器，我们就得研究古代中国的饮食习惯，而在这方面的研究上，器物本身便是有用的资料。

但除此以外，这方面的资料还多得很。考古学上的器物群以及它们在地下出土的情状显然是有关的。例如容器常常在墓葬中成组出现，而各种类型的结合可能是有重要意义的。除此以外，宴饮、饮食与烹饪的图像，有时出现于东周时代的铜器的装饰纹样里；这种纹样常作为研究当时生活的对象。[1]在文献史料里面更有许多有用的材料。商代甲骨文字里面关于烹饪、食物和仪式的一些字的形状，常常反映这方面的一些内容（图1）。类似的字也见于商周的金文里面，而且这些金文偶然也提到在仪式中使用的饮食。但最丰富有用的材料，还是见于这两代的文献史料里面的。在《诗经》和《楚辞》里，我们可以看到许多对于宴饮和食物生产情况的生动的描写，而且食物和饮食在《论语》、《孟子》和《墨子》的许多有深刻意义的谈话里占显著的地位。但是在这方面是没有其他资料可以与三礼相比的。这些严肃的经书里几乎没有一页没有提到在祭祀

---

[1] 如林巳奈夫《战国时代の画像纹》，《考古学杂志》第47期，190—212页，264—292页；第48期，1—22页，1961—1962页；马承源《漫谈战国青铜器上的画像》，《文物》1961年第10期，26—29页；Charles D. Weber, *Chinese Pictorial Bronze Vessels of the Late Chou Period* (Ascona: Artibus Asiae, 1968)。

图 1　商卜辞中有关饮食文字
1. 屠宰；2—9，烹调；10—23，在各种场合中之盛用；24—32。祭祀用。（1，11，21，22，25，28 采自金文；2，3，7，9，10，12，23 采自《续甲骨文编》；余采自《甲骨文编》）

中所使用的食物和酒的种类及数量。

　　我在中国古代的文献里还没能找到现代中国人见面问候的客套话，"您吃过了没有？"但如果说吃饭在古代中国与在现代中国一样是人人注意的一个焦点，大概是不会错的。《论语·卫灵公》第十五说卫灵公曾向孔子（551 B. C.—479 B. C.）请教军旅作战之事，孔子的回答是："俎豆之事，则尝闻之矣，军旅之事，未之学也。"事实上，中国士大夫阶级的一件重要的资历是他在饮食上的知识和技能。照《史记》和《墨子》的说法，商汤的宰相伊尹原来是个厨子。照有些资料上说，伊尹之获得汤的赏识，最初是由他烹调的技术而来的。

　　在帝王的宫殿里，厨房的重要性可以自《周礼》所记载的人员名册上充分地看出来。在负责帝王居住区域的约 4000

人中，有2200多人，或60%以上，是管饮食的。这包括162个膳夫，70个庖人，128个内饔，128个外饔，62个亨人，335个甸师，62个兽人，344个敝人，24个鳖人，28个腊人，110个酒正，340个酒人，170个浆人，94个凌人，31个笾人，61个醢人，62个醯人，和62个盐人（《周礼》卷1《天官冢宰》）。这些专家所管的不仅只是帝王的口腹之欲而已，因为饮食还是非常严肃的事务。从《仪礼》里面可见，食物是与祭祀仪式分不开的。《礼记》里也充满了对各种场合的正确食物与在饭桌上的正确的礼节的参考资料，而且它里面也还有一些中国历史上最早的食谱。固然三礼多半是在汉代才写成的，但是这些书所表示的食物与饮食的重要性，不但适用于汉，而且适用于周。确实为周代的《左传》和《墨子》都提到以烹饪用的鼎为国家的最高象征。我可以很有自信地说，古代的中国人是世界上最讲究饮食的民族之一。而且如谢和耐（Jacques Gernet）所说的，"毫无疑问，在这方面中国显露出来了比任何其他文明都要伟大的发明性"。[1]有的人喜欢中国饭菜，有的人不喜欢，这是一个主观上的习俗与口味的问题。但是要测量不同文化文明的民族在饮食上面的创造性与讲究的程度则是可以使用客观的标准的。哪些民族对饮食特别注重？中国人是不是其中之一？我们如何衡量他们比起其他的民族来注重饮食的程度？也许我们可以使用下举的标准：数量的、结构的、象征的和心理的。

（1）从数量上看，最直接的衡量可以在食物本身上进行：

---

[1] *Daily Life in China on the Eve of the Mongol Invasion* 1250-1276（Palo Alto：Stanford University Press，1962），p.135. 编者注：又见中译本《蒙元入侵前夜的中国日常生活》，江苏人民出版社1995年版，99页。

它的备制有如何讲究？一个民族所能烹制的菜肴的数目也许是他们的烹饪讲究的程度的一个直接的指示，但是每一项菜肴的复杂性当然也很重要。食物的烹制愈是讲究，所花的时间愈多。在烹制食物上所花的时间较多的民族，很可能也就是对饮食比较重视的民族。

收入中花于食物上的百分比可以作为另一个衡量的数量上的标准。这个指文化之间的比较，而不指同一文化之内不同家庭或不同阶级的比较。例如在现代的美国人与现代的中国人之间，大家熟知中国人在他们的收入中花在饮食上的比例比美国人为多，因此，我们可以说前者比后者较集中其注意力于饮食。在这上面，我们当然知道这是和一个民族的贫富有关的。因为全世界各民族在营养上的需要应当是差不多的，所以任何民族对食物的需要都有一个最高的限度。贫穷的民族不可避免地要在比例上用较多的收入于饮食上，而这件事实自会在贫富民族之间在其文化内容上有一定的影响。同时虽然对食物的需要有一定的最大限度，一个民族所愿意花在食物上的数量则是没有限度的。两个民族可能在财富上相当，可是他们在花于食物上所用的成分有很大的不同。

（2）从结构上看，不同的文化在不同的场合或不同的社会或仪式的环境里，要使用怎样不同的饮食？一个民族可能将很少几样的饮食用于许多不同的情形之下，而另一民族可能需用很多。与不同种类的饮食相结合的器皿、信仰、禁忌和礼节也有其重要性。所有这些都可以自这个文化的食物和有关食物的物事和行为的一套特殊的名称系统来研究。在一个民族里面用来指称食物和有关物事行为的名词愈多，而这套名词系统所分层次愈为复杂，这个民族对食物的注意力便可以说是愈为集中。

（3）第三组的标准是象征记号上的。因为饮食常常作为传达信息的媒介而使用，我们也可以设法断定它在不同民族之间如此使用的程度。因为仪式是象征行为中最为繁缛的形式之一，食物在仪式上使用的程度与讲究的情形也可在这方面供给很好的指标。根据查理·弗雷克（Charles Frake）的民间术语假说来看，一个民族的名词系统在这上面也值得再次注意："个别现象的讯息在其内传达的不同社会场合越多，则那个现象所分的不同对比层次也就越多。"[1]

（4）第四组的标准是心理上的。一个民族在他们的日常生活中想念饮食到什么程度？换句话来说，就好像在一个人一生的长期计划上对死亡的预期要占很大的分量一样，在一个人日常的生活上，饮食对他的行为规制到什么程度？照佛尔兹（Firth）讲波利尼西亚的提克皮人（Tikopia）那样，"吃一顿饭是多半日子中一天主要的一件大事，而这顿饭不仅是工作之间的一小段，而它本身便是目标"。[2]关于心理上对饮食的集中注意的另一个例子是林语堂的这一段话："除非食物要很热心地预想了，讨论过，吃掉，然后再加以评论，它便没有真正的享受了。……远在我们食用任何特别的食物以前，我们便加以想念，把它在我们心中转来转去，把它预期为与一些最为密切的朋友共享的秘密的乐趣，而且在邀请的信里还要特别提到它。"[3]林语堂最欣赏的一位中国好吃者是两世纪半以前的李渔

---

[1] Charles Frake, "The Diagnosis of Disease Among the Subanun of Mindanao", *American Anthropologist* 63 (1961), pp. 113-132.

[2] Raymond Firth, *Primitive Polynesian Economy* (London: George Routeledge d Sons, 1939), p. 38.

[3] Yutang Lin, *My Country and My People* (New York: John Day, 1935), pp. 338-390.

（李笠翁）。李渔最喜吃蟹，他在《笠翁偶集》里有这么一段话："独于蟹螯一物，心能嗜之，口能甘之，无论终身一日皆不能忘之。至其可嗜可甘与不可忘之故则绝几不能形容之。"

这又把我们带回到中国人大概是世界上最讲究饮食的民族之一这个问题。我还没有将上列的标准来衡量现代的中国民族，但我相信如果这样做的话我们一定会有很丰富的收获。至于古代的中国民族，我们下面再详加讨论。但先让我们问这一个很自然的问题：一个民族或一个文化之集中注意于饮食或不集中注意有什么重要性？我相信我们的答案是这样的：这是比较不同的文化或民族的一个中心性的焦点，只要文化与民族要互相拿来比较，他们在食物上的特征便必须了解。但在更要紧的一层上，这些点说明了，在烹饪上面各个文化有所不同，而其不同之处远较烹饪方式为深刻。最近在好几本书里面，雷维·斯特劳斯（Lévi-Strauss）企图通过食物、烹饪、饭桌上的礼节和人们在这方面的一些概念来建立一些"人性"的普遍的表现。可是食物、饮食、饭桌上的礼节和人们对它们的概念是他们的文化中最尖锐的一些象征符号，而要去了解它们，我们必须首先了解它们的独特之处，以及它们独特的做文化的象征符号的方式。从这上面看，中国人对食物与饮食的集中注意这件事实便是它自己最好的说明。在过去曾有不少人尝试把中国的贫穷看作是中国烹饪术的资本。谢和耐说中国烹饪之富于创造性的原因乃是"营养不良、旱灾和饥荒"，因为这些现象迫使中国人"审慎地使用每一种可以食用的蔬菜和虫子以及动物的内脏"[1]。这也许是不错的，但贫穷和由之而来的对

---

[1] *Daily Life in China on the Eve of the Mongol Invasion* 1250-1276（Polo Alto: Stanford University Press, 1962），p. 135. 见中译本99页。

资源的彻底的搜寻，只能在烹饪的创造性上制造有利的条件，它们绝不能说是它的原因，不然全世界的贫穷民族不全就成为烹饪的伟人么？中国人在这方面有创造性也许正是因为食物和饮食是中国生活方式里面的中心事物之一。

我们现在再回到古代中国去看看食物和饮食如何独特地表现商周文化。下文只将可用的材料做一撮述。[1]

(一) 食物原料

从文献上看，食物原料可以很整齐地分成谷类、蔬菜、果实、兽类、鸟类、鱼类和贝类，以及其他。不但这每一类都有它自己的字来指称，而且在每一个类别之内的字常共用一个部首，如禾、草、木，等等。

在谷类食物中[2]，古代中国人有好几种粟米（Setaria italica, Panicum miliaceum, Panicum miliaceum glutinosa）、稻米（Onyza sativa）和麦子。在蔬菜中，李惠林列举了下面主要的几种：瓜（Cucumis melo）、瓠（Lagenaria sicenaria），芋（Colocasia esculenta）、葵（Malva verticillata）、芜菁（Brassica rapa）、蒜（Allium sativum）、薤（Allium bakeri）、葱（Allium fistulosum）、韭（Allium ramosum）、荏（Perilla frustescens）、蓼（Polygonum hydropiper）和姜（Zingiber officinale）。[3]李惠

---

[1] 前人的研究，见林乃燊《中国古代的烹调与饮食》，《北京大学学报（人文科学）》，1957年第2期，59—144页；篠田统《古代シナにおける制烹》，《东方学报（京都）》30卷，253—274页。

[2] 参见 Ping-ti Ho, "The Loess and the Origin of Chinese Agriculture", *American Historical Review* 75 (1969), pp. 1-36.

[3] Hui-lin Li, "The Vegetables of Ancient China", *Economic Botany* 23 (1969), pp. 253-260.

林的这张单子主要是根据5世纪和6世纪初的一部重要的书列出来的。从周代的文献上看，竹和芥菜也颇显著，而且大豆无疑是重要的一种粮食。至于次要的菜蔬和野草则其种类不胜其数。瓦维洛夫（N. I. Vavilov）曾经指出："在它特产种类的富有上和在它的栽培植物的潜在种属的程度上，中国在所有的植物形式起源中心中特别突出。而且它的各类植物一般由极多的亚类及遗传形式所代表。……我们假如更进一步把除了栽培的作物以外在中国用为食物的野生植物的繁多的数目也考虑进去，我们便更能了解多少亿的人口如何能在中国的大地上生存下来的。"[1]

在果树中下列各种在周代文献中出现次数较多：梨、山楂、杏、梅、李、桃、柿、栗、枣、榛、杞、花红和樱桃。在周代文献里最常见的食用动物有牛、猪、乳猪、羊、犬（以上家畜）、野猪、兔、熊、麋、鹿和麕（以上野生）。周代文献中较常见的家禽和野禽有鸡、雏鸡、鹅、鹑、鹧鸪、雉、雀和鹬。鱼的种类甚多，多属鲤类。其他水生动物有龟鳖和各种蚌贝。蜂、蝉、蜗牛、蛾和蛙等也见记载。调味品包括各种香料、木桂和椒。其他烹饪用品有盐（似属岩盐或池盐，做成各种形状）、兽油（分为有角兽与无角兽的两种）、豉和醋。

---

[1] N. I. Vavilov, "The Origin, Variation, Immunity and Breeding of Cultivated Plants", *Chronica Botanica* 13（1949/50），nos. pp. 1-6. 关于古代采食野生植物，可举《诗·召南·采蘋》为例：

"于以采蘋，南涧之滨，于以采藻，于彼行潦。
于以盛之，维筐及筥，于以湘之，维锜及釜。
于以奠之，宗室牖下，谁其尸之，有齐季女。"

(二) 烹调方法

一本现代的中菜食谱列举了 20 种烹调方法：煮、蒸、烤、红烧、清炖、卤、炒、炸、煎、拌、淋、速炸、涮、冷拌、快煎、腌、盐腌、渍、晒干和熏。[1] 在周代文献里，这些方法有些可以看到，但最主要的似乎是煮、蒸、烤、炖、腌和晒干。现代烹饪术中最重要的方法，即炒，则在当时是没有的。

造成中国饭菜的特征的除了烹调方法以外，还看在烹饪之前备制原料的方法以及各种原料结合而成不同菜肴的方式。像林语堂所说："整个中国的烹调艺术是依靠配合的艺术。"[2] 个别的菜肴是依据不同味道与原料之结合而设计的。这并不是说中国菜肴从来没有味道单纯的，只是说在中国菜肴的全部变化过程来看，它是以切碎了成分把各种味道掺和在一起这种方式为特征的。从这一点上看，周代的烹饪已经是不折不扣的中国烹饪了。周代文献上讲烹饪为"割烹"，即切割成分然后掺和烹调的过程，而最重要的一道菜便是"羹"，即一种肉汤或肉羹，以味道调和为特征。这在《左传·昭公二十年》(520B.C.) 晏子对齐侯的一段话可以清楚看出：

> 齐侯至自田，晏子侍于遄台。子犹驰而造焉。公曰：唯据与我和夫！晏子对曰：据亦同也，焉得为和？公曰：和与同异乎？对曰：异。和如羹焉：水火醯醢盐梅以烹鱼

---

[1] Buwei Yang Chao, *How to Cook and Eat in Chinese* (New York: Vintage Books, 1972), p. 39.

[2] Yutang Lin, *My Country and My People* (New York: John Day, 1935), pp. 338-390；又见 Hsiang Ju Lin and Tsuifeng Lin, *Chinese Gasironomy* (New York: Hastings House, 1969), pp. 12, 23, 30.

肉，燀之以薪，宰夫和之，齐之以味，济其不及，以泄其过。君子食之，以平其心。君臣亦然：君所谓可，而有否焉，臣献其否以成其可。君所谓否，而有可焉，臣献其可，以去其否。是以政争而不干，民无争心。故诗曰：亦有和羹，既戒既平，鬷嘏无言，时靡有争。先王之济五味，和五声也，以平其心，成其政也。

可是林湘如与林翠峰（译音）曾经建议说"古代中国的烹饪术还不是特殊中国式的"，因为"当时还没有字可以代表炒、涮，或其他比较高级的烹饪方式"，虽然他们也承认"各种味道的调和是很显著地达到了"[1]。但是烹饪的方法是有限的，而这些方法是在全世界都有分布的。个别的烹饪方式不完全是靠方法来分辨的，而是要靠成品的味道，而这又要靠各种成分的特征性的使用才能达到的。

(三) 菜肴种类

烹饪术的结果在中国古代与现代一样，一定包括了数百种乃至数千种的从最简单到最复杂的个别菜肴。由于文献资料的性质，我们所知道的菜肴多半是在仪式上用的，或是上层人物享受的宴席上用的。例如简单的蔬菜的菜谱便很少知道。但不管它们是简单还是复杂，许多的菜肴都是非常细心地制备的，而且它们是生活里最为珍视的一种享受。把这一点事实做最生动、最服人的证明的是《楚辞》里两首招魂的诗，用精美的菜肴做引诱，好叫死去的人的灵魂回来。《楚

---

[1] Hsiang Ju Lin and Tsuifeng Lin, *Chinese Gastronomy* (New York: Hastings House, 1969).

辞·招魂》：

> 魂兮归来，何远为些。
> 室家遂宗，食多方些。
> 稻粢穱麦，挈黄粱些。
> 大苦咸酸，辛甘行些。
> 肥牛之腱，臑若芳些。
> 和酸若苦，陈吴羹些。
> 胹鳖炮羔，有柘浆些。
> 鹄酸臇凫，煎鸿鸧些。
> 露鸡臛蠵，厉而不爽些。
> 粔籹蜜饵，有餦餭些。
> 瑶浆蜜勺，实羽觞些。
> 挫糟冻饮，酎清凉些。
> 华酌既陈，有琼浆些。

在另一首诗《大招》里当做贿赂而把灵魂引诱回来的菜肴和饮料是：

> 五谷六仞，设菰粱只。
> 鼎臑盈望，和致芳只。
> 内鸧鸽鹄，味豺羹只。
> 魂乎归徕，恣所尝只。
> 鲜蠵甘鸡，和楚酪只。
> 醢豚苦狗，脍苴蓴只。
> 吴酸蒿蒌，不沾薄只。
> 魂兮归徕，恣所择只。

炙鸹丞凫，煔鹑敶只。
煎鰿膗雀，遽爽存只。
魂兮归徕，丽以先只。
四酎并孰，不歰嗌只。
清馨冻歆，不歠役只。
吴醴白蘖，和楚沥只。
魂兮归徕，不遽惕只。

楚人的烹饪方式与华北的也许多少不同，但《楚辞》里描写的如此令人垂涎的菜肴，大概基本上与当时在北方的菜肴，像《礼记》这一类较晚期的文献所记录的相似。在北方，肉类或鱼类是在仪式上和宴席上使用的重要的菜肴的成分。有时肉类生食，有时整个一只动物烤食。但肉类通常是干制、烹制或腌制。干制时，肉切成方块或长条，抹以姜或肉桂等调味料，然后晒干或烤干。烹制时，肉切为带骨的大小块，片状，或末状，然后煮、炖、蒸，或烤熟。在烹制过程中，其他的成分逐渐加入。如果其他成分较少，其作用完全为调味，则所制的为肉肴。如果加入的有重要的平行成分以达成"味道的谐和"，而且如果烹制方法是煮或是炖，则所烹的便成为羹。除此以外，肉还可以腌制或做成肉酱。生肉和熟肉都可以用为原料，但制备的手续只有一个流传："醢（肉酱）者必先膊干其肉，乃后莝之，杂以粱麴及盐，渍以美酒，涂置瓶中，百日则成矣。"（郑注《周礼·天官》醢人）制成的肉酱常常用为一道热肴或羹的主要成分之一。腌制同时又是传说中食人的方式之一：《史记·殷本纪》"醢九侯"；《礼记·檀弓》记子路"醢矣"！

《礼记·内则》有数条古代菜肴的描写和制谱，录在下面以见一斑：

> 饭：黍、稷、稻、粱、白黍、黄粱，稰、穛。膳：
> 膷、臐、膮臐，牛炙。醢，牛胾；醢，牛脍。羊炙、羊胾
> 醢，豕炙。醢，豕胾，芥酱，鱼脍。雉、兔、鹑、鷃。

> 羞：糗、饵、粉、酏。食：蜗醢而苽食，雉羹；麦
> 食，脯羹，鸡羹；折稌，犬羹、兔羹；和糁不蓼。濡豚，
> 包苦实蓼；濡鸡，醢酱实蓼；濡鱼，卵酱实蓼；濡鳖，醢
> 酱实蓼。腶脩，蚳醢，脯羹，兔醢，麋肤，鱼醢，鱼脍，
> 芥酱，麋腥，醢、酱，桃诸，梅诸，卵盐。

所记为年老的人烹制的八项菜肴如下：

（1）淳熬："淳熬煎醢，加于陆稻上，沃之以膏曰淳熬。"

（2）淳母："淳母煎醢，加以黍食上，沃之以膏曰淳母。"

（3）炮："取豚若将，刲之刳之，实枣于其腹中，编萑以苴之，涂之以谨涂，炮之，涂皆干，擘之，濯手以摩之，去其皽，为稻粉糔溲之以为酏，以付豚煎诸膏，膏必灭之，巨镬汤以小鼎芗脯于其中，使其汤毋灭鼎，三日三夜毋绝火，而后调以醯醢。"

（4）擣珍："用牛羊麋鹿麇之肉必脄，每物与牛若一捶，反侧之，去其饵，熟出之，去其皽，柔其肉。"

（5）渍："取牛肉必新杀者，薄切之，必绝其理，湛诸美酒，期朝，而食之，以醢若醯醷。"

（6）熬："捶之，去其皽，编萑布牛肉焉，屑桂与姜，以洒诸上而盐之，干而食之。施羊亦如之，施麋施鹿施麇，皆如牛羊。欲濡肉，则释而煎之以醢，欲干肉，则捶而食之。"

（7）糁："取牛羊豕之肉，三如一小切之，与稻米、稻米

二肉一，合以为饵煎之。"

（8）肝膋："取狗肝一，幪之，以其膋濡灸之，举燋，其膋不蓼。取稻米举糗溲之，小切狼臅膏，与稻米为酏。"

(四) 饮食器具

依其在饮食制度里面假定的作用而做的中国青铜容器的考古学的分类是众所周知的，但是我所知道的任何分类系统，没有一个是建立在对它们在商周人的饮食制度的确实的研究之上的。根据过去青铜容器各种分类以及文献中各种原料所作的饮食器具的名称，我们可以将饮食器具分为下举诸类（图2）：

（1）食具

1. 炊具：鼎、鬲、甗、甑、釜、镬、灶。这几种炊具都有青铜的与陶土的两种，惟灶只有陶制的。鼎、鬲和镬，大概是用于煮和炖的，甗、甑和釜是用于蒸食的。

2. 保存与贮藏器：这是根据贮藏粮食的瓮罐的考古发现与文献上关于腌制的记载而推定的一类器具。青铜容器没有认为以此为主要用途的，可是若干酒器和水器（见下）也可能做保存与贮藏用。但无论如何这类器物主要是用陶做的。

3. 盛食器：这一类器皿下面有主要的四组：箸筷、勺子、盛谷类饭食的器皿和盛肉食蔬食的器皿。关于前两类，除了它们确曾在商周使用过（虽然手未必比筷子少用）以外，没有什么值得多说的。关于盛饭盛菜的器皿，其形状与原料都很复杂。前者即盛饭器皿，如簋、盨、簠和敦等是用青铜、陶土和编篮制成的，而后者即盛菜器皿如豆、笾和俎等则多以陶、木及编篮制成。其中的豆，可说是盛肉食用的最重要的器皿，在

图 2　商周主要饮食器具分类（1—4 炊具；5 储藏罐；6—13 盛食具；14—19 饮器）

商代是从来不用青铜做的。[1]另外一种说法是青铜制作的盛食器主要是盛谷类粮食而很少来盛菜肴。这是很重要的一项区别，下面还要再谈。

（2）饮具

1. 贮水、酒具：用青铜、陶、木等制作的。
2. 饮酒具：用青铜、瓠、漆器和陶器制作的。
3. 盛水、酒具（勺）：青铜、木和瓠制作。

(五) 宴席与餐饭

从营养学的立场看来，食物的原料一旦制成菜肴，它们便可以借器皿之助为人食用，食物进肚，饮食问题便告解决。可是从以饮食为生活的一个重大焦点的人的立场来看，一个人独食除了解饥以外，没有什么其他的结果，但是大家一起进餐，以及这后面的行为方式和理由，才是高潮。食物是为了延续生命而服食的，可是食物与其说是享用的不如说是赠送的与共享的。这种情感可以在《小雅·颊弁》里看得出来：

> 有颊者弁，实维伊何？
> 尔酒既旨，尔殽既嘉。
> 岂伊异人，兄弟匪他。

又在《小雅·伐木》里面，我们看到这样的感情：

> 伐木于阪，酾酒有衍，

---

[1] 石璋如《殷代的豆》，《中央研究院历史语言研究所集刊》（1969）39，51—82页。

> 笾豆有践，兄弟无远。
> 民之失德，乾餱以愆。

其他的诗描写酒宴上的气氛和丰富的酒菜（图3）。从这上面我们可以看到顾立雅在他对中国古代的研究上将饮食列为"生活中的享受"之下是不错的。[1]可是在另一方面，饮食也是在严格的规则所支配之下的很严肃的社会活动。如一位周代的诗人对一个供奉祖先的宴席所描写的："献酬交错，礼仪卒度，笑语卒获。"（《小雅·楚茨》）

先看一下进餐时的布置。在桌子和椅子上用饭在中国是比较晚的，大致不早于北宋（960—1126）。[2]在商周时期，上层的男人个别进餐，各人跪在自己的餐席上，旁边放一个矮几作为一个小案子或倚靠之用（图4）。[3]在每人之前或旁边放着一组餐具，盛着这一餐所用的食物和饮料。一餐饭或一顿饭的定义是很有意义的：它包括谷类食物、肉菜的菜肴和水酒。这点下面再提。每人每餐可吃四碗饭（《秦风·权舆》："每食四簋"），但菜肴的数目则依地位与年龄而异。依《礼记》，"天子之豆二十有六，诸公十有六，诸侯十有二，上大夫八，下大夫六"（《礼器》）。"六十者三豆，七十者四豆，八十者五豆，九十者六豆"（《乡饮·酒义》）。

---

[1] H. G. Creel, *The Birth of China* (New York: F. Ungar, 1937), p. 323.
[2] 尚秉和《历代社会风俗习惯考》，上海，商务印书馆1938年版，119页。
[3] 《诗·大雅·行苇》描写进餐情况如次："戚戚兄弟，莫远具尔。或肆之筵，或授之几。肆筵设席，授几有缉御。或献或酢，洗爵奠斝。醓醢以荐，或燔或炙。嘉殽脾臄，或歌或咢。"《大雅·公刘》也说："笃公刘，于京斯依。跄跄济济，俾筵俾几。既登乃依。"

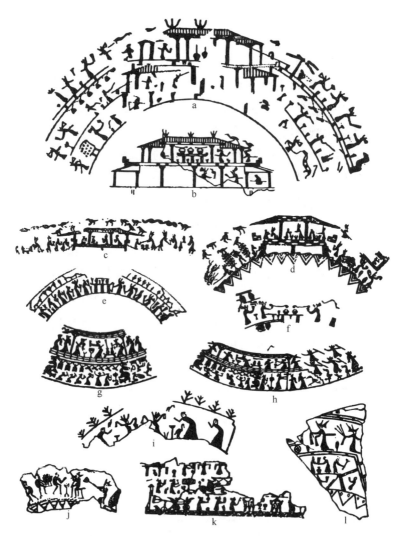

图3 东周铜器图纹中的祭祀宴席（采自 Charles Weber, Chinese Pictorial Bronze Vessels of the Late Chou Period, Ascona, Artikus Asiae, 1968）

图 4　汉砖所见宴饮图像（采自 Wilma Fairbank）

餐具与菜肴以下述方式在个人身旁排列："左殽右胾，食居人之左，羹居人之右。脍炙处外，醯酱处内，葱渫处末，酒浆处右。以脯脩置者，左朐右末。"（《礼记·曲礼》上）"客爵居左，其饮居右；介爵、酢爵、僎爵皆居右。羞濡鱼者进尾；冬右腴，夏右鳍。……凡齐（调味品），执之以右，居之于左。……羞首者，进喙祭耳。尊者以酌者之左为上尊。尊壶者面其鼻。"（《礼记·少仪》；参照《管子·弟子职》）顺便不妨一提的是，"子能食食，教以右手"（《礼记·内则》）。

最后一点是用餐饭时要遵守一定的规则。依《礼记·曲礼》和《少仪》所规定的一些规则中最为显著的如下：

中国古代的饮食与饮食具　355

（1）"客若降等执食兴辞，主人兴辞于客，然后客坐。"

（2）"主人迎客祭：祭食、祭所先进。殽之序，遍祭之。"

（3）"三饭，主人延客食胾，然后辩殽。"

（4）"主人未辩，客不虚口。"

（5）"侍食于长者，主人亲馈，则拜而食。主人不亲馈，则不拜而食。"

（6）"燕侍食于君子，则先饭而后已。……小饭而亟之，数噍毋为口容。"

（7）"共食不饱，共饭不泽手。"

（8）"毋搏饭、毋放饭、毋流歠、毋咤食、毋啮骨、毋反鱼肉、毋投与狗骨。毋固获、毋扬饭。饭黍毋以箸。毋嚃羹、毋絮羹、毋刺齿、毋歠醢。"

（9）"客絮羹，主人辞不能亨。客歠醢，主人辞以窭。"

（10）"濡肉齿决，干肉不齿决。毋嘬炙。"

（11）"卒食，客自前跪，彻饭齐以授相者，主人兴辞于客，然后客坐。"

上面这些餐席上的规矩，说是代表晚周时代上层阶级男人的习惯的。我们不知道当时的人对这些规矩是否严格遵守，它们的施用范围有未延展于华北之外及上层阶级之外，或者说商代及周代早期的人是不是也有类似的习惯。从《诗经》里面许多诗的描写看来，好像那时的餐饭与宴席上比《礼记》所说的要比较活泼有劲，而远不似那么拘谨。当孔子很豪爽地宣布，"饭疏食饮水，曲肱而枕之，乐亦在其中矣"（《论语·述而》）的时候，他显然是指最低程度的一餐饮食，完全没有那些规矩和习惯，但仍不失为一餐饭。可是从另一方面来看，孔夫子是不是只不过在发挥议论而已？（因为根据《论语·乡党》，孔子在饮食上是相当讲究而不好伺候的。[1]）穷苦的人是不是一定像个叫花子一样的饮食？他们在自己人之间是不是也有他们自己的一套规矩呢？应当是有的，可是在现存的记录中是找不到的。

(六) 关于饮食的观念

在中国古代的餐饭制度或饮食习惯里有没有一套玛丽·道格拉斯[2]所谓的准则（code）呢？中国古代文明的本质是不是透过古代中国人自己使用或享宴宾客的饭菜而以准则的形式表现出来呢？我觉得不必称之为"准则"，但下面这样的一种秩序似乎是可以建立起来的：

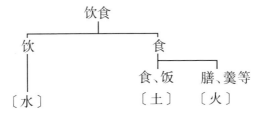

在饮食的食里面，很清楚地又分有狭义之食，即饭或谷类食物和肉蔬的菜肴（即现代话中的菜）的对立。这一语词以及与它相联系的信仰与规矩的一套系统照我的意见看来，是中国饭食方式的结构上的本质，自晚周到今天一直未变。

在古代文献里，只要饮食物被列举出来的时候，这种"饮""食"之间和在"食"内的"饭""菜"之间的对立便有表现。下举一些显著的例子：

---

[1] "食不厌精，脍不厌细。食饐而餲，鱼馁而肉败，不食，色恶不食，失饪不食、不时不食、割不正不食、不得其酱不食。肉虽多，不使胜食气。……沽酒市脯不食、不撤姜食。不多食。"
[2] Mary Douglas, "Deciphering a Meal", *Daedolus* (Winter, 1971), pp. 61-81.

贤哉回也。一箪食、一瓢饮，在陋巷，人不堪其忧，回也不改其乐。(《论语·雍也》)

齐大饥，黔敖为食于路，……黔敖左奉食，右执饮，曰：嗟来食。(《礼记·檀弓》下)

子曰：饭疏食饮水，曲肱而枕之，乐亦在其中矣。(《论语·述而》)

以万乘之国，伐万乘之国，箪食壶浆，以迎王师。(《孟子·梁惠王》下)

从这些句子里，我们可以清楚地看到，一顿餐饭的最低限度要包括一些谷类食物（以粟为主）和一些水。但是我们如果循着餐饭的规模向上走，走到士大夫甚至王公的餐饭，则在食与饮之外再加上第三个范畴，即菜肴。《礼记·内则》中食与饮之间增加了一项"膳"，在膳的下面列举了二十种用鱼和肉做的菜肴。《周礼·天官》中有"膳夫"，专掌天子的"食、饮、膳羞"，后者专指各种菜肴。因此，在"食"这个范畴之内，便有了狭义之食，即谷类食物与菜肴之对立。因为菜肴中常有肉类，这个对照有时便采取"食"与"羹"的对照形式："羹、食，自诸侯以下至于庶人无等"（《礼记·内则》），"箪食豆羹"（《孟子·告子》及《尽心》）。"豆饭藿羹"（《战国策·韩策》）。

中国式餐饭里面饭菜的对照到现在还是一个重要的活的制度。如杨步伟女士在她的食谱里所指出的：

在各处都有的一个重要的观念是"饭"与"菜"之间的对照。多半的穷人主要吃米（如果吃得到的话）或其他谷类食物为主食，而吃菜吃得很少。菜只是配饭的。……但即使是富家的小孩,如果他们肯多吃饭也是会被称赞的。这都把中国餐食中饭和菜的对立表示得很清楚。如果吃的是面条或馒头,它们还是当作饭的,即谷类食物。[1]

拿这段话与两千年前孔子所说的"肉虽多,不使胜食气"来比较一下,我们可以假定一定有很强烈的理由使孔夫子和杨女士笔下的中国孩子(或他们的父母)把谷类食物(是淀粉质的主食,也是最低限度的基本的绝对要紧的食物)与菜肴(用于配饭使饭吃起来较为容易有致)之间分得清清楚楚,并且使他们遏制着对菜肴的尽情享受。

饭菜之间的对立也许可以看为谷类食物与用火来烹煮的食物(以肉为主)之间的显要的差异。《礼记·王制》里对中国的少数民族做如下的分类:

> 中国戎夷,五方之民,皆有其性也,不可推移。东方曰夷,被发文身,有不火食者矣。南方曰蛮,雕题交趾,有不火食者矣。西方曰戎,被发衣皮,有不粒食者矣。北方曰狄,衣羽毛穴居,有不粒食者矣。

显然的,吃肉而不用火将肉烧熟,或者不吃谷类食物,都认为不是华夏民族,但两者不同。吃谷类的人不一定吃熟肉,吃熟肉的人不一定吃谷粒。这两种人都不是十足的华夏民族。华夏民族的定义是吃谷粒又吃熟肉的。很清楚地,谷粒与熟肉(菜肴的主要成分)在中国的吃食的系统里是两个对立的

---

[1] Buwei Yang Chao,同上引,p. 3.

范畴。

但在整个的系统里,肉食显然是次要的,是一种最低限度的生活上所不必需的奢侈品。菜肴的次要性不但可以从"食"这个字便包括广义的餐饭与狭义的谷粒食物两者在内,而且还可以自周制中的丧礼上看得出来。《礼记·丧大记》:"既葬,主人疏食水饮,不食菜果。……练而食菜果,祥而食肉。"这就是说"疏食水饮"是基本的饮食;如果超过基本之外,则第一步吃菜果,第二步再吃肉。恢复吃肉时,先吃干肉再吃鲜肉(《礼记·丧大记》、《闲传》)。

从上文看来,中国古代关于饮食的两个观念大概是可以确定下来的:其一,在食物这个大范畴之内有饭与菜这两个小范畴的对立。其二,在饭菜之间,饭较菜更高级,更基本。同时,在周代的文献里我们可以看到两个对祭仪的起源的不同的说明,其中的一个是环绕着谷类食物的,另一个是以用火烧肉食为中心的。前者见于《诗·大雅·生民》:

> 厥初生民,时维姜嫄。
> 生民如何,克禋克祀,以弗无子。
> 履帝武敏歆,攸介攸止,载震载夙,
> 载生载育,时维后稷。
> 诞弥厥月,先生如达,不坼不副,无菑无害。
> 以赫厥灵,上帝不宁,不康禋祀,居然生子。
> 诞寘之隘巷,牛羊腓字之,诞寘之平林,
> 会伐平林,诞寘之寒冰,鸟覆翼之。
> 鸟乃去矣,后稷呱矣。
> 实覃实訏,厥声载路。
> 诞实匍匐,克岐克嶷。

> 以就口食,荺之荏菽,荏菽旆旆,禾役穟穟。
> 麻麦幪幪,瓜瓞唪唪。
> 诞后稷之穑,有相之道。茀厥丰草,种之黄茂。
> 实方实苞,实种实褎,实发实秀,实坚实好。
> 实颖实栗,即有邰家室。
> 诞降嘉种,维秬维秠,维穈维芑,恒之秬秠。
> 是获是亩,恒之穈芑,是任是负,以归肇祀。
> 诞我祀如何,或舂或揄,或簸或蹂,释之叟叟。
> 烝之浮浮,载谋载维,取萧祭脂,取羝以軷。
> 载燔载烈,以兴嗣岁。
> 卬盛于豆,于豆于登。其香始升,上帝居歆。
> 胡臭亶时,后稷肇祀,庶无罪悔,以迄于今。

在这首诗里肉是提到了,但后稷从名字上面便可以看出来是以稷为名的,而他所创之祭祀乃是以谷类食物为中心的。另外一种关于祭祀起源的故事,见于《礼记·礼运》,则以祭祀与熟肉的关系为中心。《礼运》里面若干观念学者久疑为道家[1];下面这段故事可能比上面那段(为周王室传统的)更近于民间的传说:

> 夫礼之初,始诸饮食。其燔黍捭豚,汙尊而抔饮,蒉桴而土鼓,犹若可以致其敬于鬼神。及其死也,升屋而号,告曰:皋!某复!然后饭腥而苴孰。故天望而地藏也,体魄则降,知气在上,故死者北首,生者南乡,皆从其初。

---

[1] 高明《礼学新探》,香港中文大学出版社1963年版,38—41页。

昔者先王，未有宫室。冬则居营窟，夏则居橧巢。未有火化，食草木之实，鸟兽之肉，饮其血，茹其毛。未有麻丝，衣其羽皮。后圣有作，然后修火之利，范金合土，以为台榭宫室牖户，以炮以燔，以亨以炙，以为醴酪，治其麻丝，以为布帛，以养生送死，以事鬼神上帝，皆从其朔。

　　故玄酒在室，醴盏在户，粢醍在堂，澄酒在下。陈其牺牲，备其鼎俎，列其琴瑟，管磬钟鼓，修其祝嘏，以降上神及其先祖。以正君臣，以笃父子，以睦兄弟，以齐上下，夫妇有所，是谓承天之祜。

　　作其祝号，玄酒以祭，荐其血毛，腥其俎，熟其淆，与其越席，疏布以幂，衣其浣帛，醴醆以献，荐其燔炙，君与夫人交献，以嘉魂魄，是谓合莫。然后退而合亨，体其犬豕牛羊，实其簠簋笾豆铏羹。祝以孝告，嘏以慈告，是谓大祥。此礼大成也。

以上这两个故事（《生民》与《礼运》）各涉及饭菜对立的一面。为什么有这个对立？为什么饭菜各有一个故事单独加以强调？我们也许可以用两个不同的（阶级的或民族的）传统的混合的说法来解释中国饮食制度中这项基本的对照。我们也不妨注意这两个之间的老大（饭）反而是比较迟近的新发明，而它又是当作华夏之与蛮夷之辨的发明。但这些问题以及上引两个祭祀起源故事的详细分析，还有待将来更详尽的研究。但我想在这里回到饮食器具和考古学上去，因为在这方面我好像看到一线的光明。

　　我在上文说过商周的铜器和陶器应该在当时的饮食习惯的背景之下加以研究。现在我们提出来了一个初步的背景以后不妨一问，在食器的考古上有何新的看法？在我来说，最重要一点的认识是在研究饮食器物时，不能把我们的研究限制在一种材料之内。在考古学上，我们习惯于将铜器、陶器、漆器等当做个别的范畴来加以研究。但在器物之在餐食和祭祀的实际使用上，各种原料的器皿是混在一起使用的：铜器、陶器、葫芦器、木器、漆器、象牙骨器等等。在这上面一个很有趣的问题是：除了由于各种原料的物理上的性质而造成的原料与用途之间的联系（这种联系是可以想象的，但不是一定能够证明的）以外，还有没有控制各种原料所做器物的混杂使用的规则？

一个过去并没有看出来的规则是在盛食的器皿之中，青铜这种原料主要用于盛放谷粒食物和用谷粒做出来的酒。用盛肉肴的最要紧的两种器皿，笾和豆，都是用木头、编织物和陶器做的。它们在商代和周代早期是不用青铜做的。在周代后期一度有青铜豆出现，但为数远不如陶豆和木豆多，而且到汉初以后豆又恢复木制。[1] 石璋如企图用青铜器的物理性质来解释为什么殷人不用青铜做豆："殷代的铜质的容器，大都宜于盛流质的物品，不宜于放置固体的物品，豆似乎宜于放置固体物品的器物。……殷代所以不用铜铸豆的原因，是否因豆的质地不宜用铜铸造？"[2]

另一个可能的解释是商人在观念上将饮食器皿分为两组，一组盛谷类食物（饭或发酵的谷即酒），一组盛肉肴。黏土、木和编篮可以用做两种器皿，但是青铜只能用做盛饭器皿而不

---

[1] 石璋如《从笾与豆看台湾与大陆的关系》，《大陆杂志》第 1 卷第 4 期，7—10 页；第 5 期，16—17 页，1950 年。

[2] 石璋如《殷代的豆》，《中央研究院历史语言研究所集刊》（1969）39, 79 页。

能用作盛肉器皿。

为何如此，我们只能加以推测。也许商周人将饮食器皿分入不同的范畴中去，而在祭祀的场合不同的器皿的原料只能依照一定的规则与某种饮食物相接触。我们不知道五行（金、木、水、火、土）的观念可以向上追溯得多么古远。根据刘斌雄的看法[1]，五行观念在商代不但是一个无所不入的基本的宇宙观的系统，而且与王室的区分制度有关。可是照其他学者的看法[2]，则阴阳五行的学说起源较晚。但无论如何，在战国（《墨子》）及汉代早期（《淮南子》、《史记》）的文献里都说到火与金两者相克，而两者如果相接触，火通常可以胜金。我们在上面已经说过，谷类食物在周人思想中是与土相联系的，而以熟肉为主要成分的菜肴则是与火相联系的。土与金是相协的，而火与金则是不相协的。假如这种观念有较早的历史，它也许可以帮助来说明为什么青铜器皿不用来盛放菜肴。固然熟肉不是每一样菜里都有的，因为有些菜可能全是蔬菜做的。但是在为富人所用的祭用菜肴中是都有肉的，而青铜器皿正是为了他们之用而制作的。当祭祀师避免在若干器皿的范畴上使用青铜器的时候，他们必定有他们的理由。在《礼记·郊特牲》里我们屡次看到关于食物的种类与适宜的器皿的关系的讨论：

> 飨禘有乐，而食尝无乐，阴阳之义也。凡饮，养阳气也；凡食，养阴气也。……鼎俎奇而笾豆偶，阴阳之义

---

[1] 刘斌雄《殷商王室十分组制试论》，《中央研究院民族学研究所集刊》（1965）19，89—114页。
[2] 如李汉三《先秦与两汉的阴阳五行学说》，台北，钟鼎，1967年，47页。

也。笾豆之实，水土之品也。

郊之祭也，……器用陶匏，以象天地之性也。

恒豆之菹，水草之和气也；其醢，陆产之物也。加豆，陆产也；其醢，水物也。笾豆之荐，水土之品也。

依此，饮是阳而食是阴；但在食之内若干食物为阳若干为阴。用火烹熟的肉多半是阳的，而谷类作物生产的食物多半是阴的。金属器大概是阳的，而陶匏则大概阴大于阳。什么食物可用什么原料的器皿盛放大概是有一定规则的，而最基本的规则似乎是阳与阴接，阴与阳接。我们不知道具体的规则，但在饮食和饮食器皿上，我们可能又碰到了在社会组织上已经碰到过的两分现象。[1]至于这个阴阳两分现象与五行是如何结合在一起而运行的，则是一个非常有趣的问题。

若干与此有关的问题牵涉到器物的装饰与器物在商周饮食系统中的地位之间的可能联系。当时有无任何用食用的动物的图像来装饰盛放这种动物的肉食的器皿的企图？从表面上看来，答案显然是否定的，因为神话中的动物似乎不是食用的，而商周铜器上的装饰动物显然是神话性的。但是神话中的动物经常以实际的动物为基础，而其中最常见的是牛、羊和虎。这些多半都是食用的动物，也是祭用的动物，同时另外一些比较少见的动物也是如此，如鹿、象、犀和山羊。鸟类也是常见的装饰图样，而许多鸟类也是食物的原料，而且鱼类亦然（图5）。因此，这个问题还有待进一步的研究才能解决。

---

[1] 张光直《殷礼中的二分现象》一文，见本书。

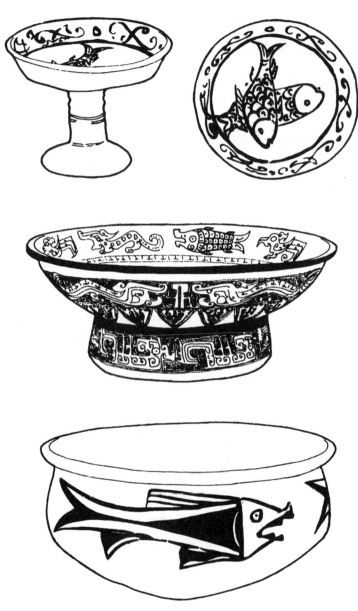

图 5 装饰鱼纹的饮食器（下：西安半坡仰韶文化，约 5000B.C.；中：商代或西周早期铜盘藏华盛顿弗烈尔美术馆；上：长沙出土楚陶豆）

另外一件有意思的现象是铜器上的许多神话动物图像，自宋以来便称为饕餮。用饕餮这个名字来指称铜器上的全部动物图像是有问题的，但《吕氏春秋·先识览》上说"周鼎著饕餮"，可见有若干器物上有此形象则是没有问题的。依《左传》文公十八年，饕餮是古代以贪食著称的一个恶人。在《墨子·节用》里我们看到古代圣王对饮食的指示是："古者圣王制为饮食之法曰：足以充虚、继气、强股肱，耳目聪明则止。不极五味之调，芬香之和，不致远国珍怪异物"。何以知其然？"古者尧治天下，南抚交趾，北降幽都，东西至日所出入，莫不宾服，逮至其厚爱，黍稷不二，羹胾不重。饭于土塯，啜于土形，斗以酌。俯仰周旋威仪之礼，圣王弗为。"这固然代表墨翟的思想，可是饮食过度在古今都是劝阻的。《论语》也说到孔子"不多食"。饕餮之见于铜器图像也许确是如古人所说，是以"戒贪饮"的，但如果历代对商人饮食习惯的记载是可靠的话，那么这种戒慎的措施是失败了。

可是只有上层阶级的人物，即青铜器的使用者，才有贪于饮食的能力。对大多数的人来说，最基本的饮食器皿都是陶器。在所有的材料里面，至少在不易损坏而在考古学上较为重要的材料里面，陶器似乎是可以用于所有的基本用途之上：烹饪、贮藏、保存、饮用和盛放饭菜。考古的遗物中可以看出，食物上的所有需要在陶器上都可以求得满足。在两组从早周到晚周的周代墓葬中，一组在西安[1]，一组在洛阳[2]，都有不少陶器出土。在出土陶器的墓葬中，绝大多数都有饮食用的陶器成组出现——包括烹煮和盛放谷粒的鬲和毁，盛放肉菜

---

[1]《沣西发掘报告》，文物出版社1962年版。
[2]《洛阳中州路》，科学出版社1959年版。

的豆，盛水的壶和贮物的罐。这种现象表明我们从文献上整理出来的周代器物的术语系统，在考古学上是有意义的。它也证明在中国古代的考古学的研究上，包括铜器与陶器的研究，文献资料与只有文献资料才能供给的消息，是不可缺乏的。

商周神话之分类 *

导　言

　　20年代期间疑古派与信古派的官司，今天已经不必再打，这是我们这一代学者的幸运。今天凡是有史学常识的人，都知道《帝系姓》、《晋语》、《帝系》、《五帝本纪》，与《三皇本纪》等古籍所载的中国古代史是靠不住的，从黄帝到大禹的帝系是伪古史。从1923年顾颉刚的《与钱玄同先生论古史书》与1924年法国汉学家马伯乐的《书经中的神话传说》以后，我们都知道所谓黄帝、颛顼、唐尧、虞舜、夏禹都是"神话"中的人物，在东周及东周以后转化为历史上的人物。"古史是神话"这一命题在今天已经是不成其为问题的了。[1]

---

* 原载《中央研究院民族学研究所集刊》(1962) 14, 48—94页。

[1] 对于古史的怀疑，其实在东周记述古史的时代就已经开始，见顾颉刚《战国秦汉间人的造伪与辨伪》，《史学年报》第2卷，第2期，209—248页，1935年。但是，把古史传说当作商周时代的神话加以科学性的分析与研究，则似乎是20世纪的新猷。在这方面开山的论著，从中国古代神话史研究史来看，始于1923年顾颉刚《与钱玄同先生论古史书》(《努力》杂志增刊《读书杂志》第9期，收入《古史辨》第1册)，及1924年 Henri Maspero：

但是，在另一方面，这些神话资料又当怎样研究？却仍是一个不得解决的问题。"疑古"的气氛极浓的时候，大家颇有把伪古史一笔勾销，寄真古史之希望于考古学上的趋势。[1]考古学在华北开始了几年，史前的文化遗物开始出现以后，史学家逐渐对考古资料感觉失望起来，因为在这些材料里，固然有石斧有瓦罐，但可以把黄帝、尧舜等古史人物可以证实的证据之发现，似乎渐渐成为一个渺茫的希望。30年代以后，有的史学家似乎逐渐采取了"各行其是"的态度——考古者考其古史，而神话资料上亦可以"重建"先殷古史。换言之，传统的先殷古史是神话，但其材料可以拿来拆掉重新摆弄一番，建立一套新的先殷古史。[2]这一类的工作，有蒙文通的三集团

（接上页）Légendes mythologiques dans le *Chou King*（*Journal Asiatique*, t. 204, pp. 1-100, 1924）。接着出现的早期论著，有沈雁冰《中国神话研究》（《小说月报》第16卷第1号，1—26页，1925年）、Marcel Granet: *Danses et Légendes de la Chine Ancienne*（2t., Travaux de l'Année Sociologique, Paris, Librairie Félix Alcan, 1926）、顾颉刚编《古史辨》第1册，北平朴社，1926年、Eduard Erkes: *Chinesisch-amerikanische Mythenparallelen*（*T'oung Pao*, n. s. 24, pp. 32-54, 1926）, John C. Ferguson: "Chinese Mythology"（in: *The Mythology of All Races*, Vol. 8, Boston, 1928）、玄珠《中国神话研究ABC》（两卷，上海世界书局1928年版）及冯承钧《中国古代神话之研究》（《国闻周报》第6卷，第9—17期，天津，1929年）。这些文章与专著，可以说是把"古史是神话"这一个命题肯定了下来，并进一步代表研究这些神话资料的各种途径。1931年以后，神话学者开始做深入的专题研究，但我们可以说中国现代古神话史研究的基础是奠立于1923到1929年这7年之间。

[1] 如李玄伯《古史问题的惟一解决方法》，《现代评论》第1卷第3期，1924年（收入《古史辨》第1册）。
[2] 李玄伯先生在1924年时主张"古史问题的惟一解决方法"是考古学，但到了1938年出版了《中国古代社会新研》（上海开明书局），几乎全部用的纸上的史料，可以代表史学界态度的一个转变。

说、[1]徐旭生的三集团说,[2]傅斯年的夷夏东西说,[3]以及埃伯哈德（W. Eberhard）氏的古代地方文化说。[4]新的先殷古史，固然仍使用老材料，但都是经过一番科学方法整理以后的结果，其可靠性，比之传统的神话，自然是大得多了。

从一个考古学者的立场来说，这些史学家对考古研究所能达到的"境界"的怀疑是有根据的，因为先殷的考古学恐怕永远是不能全部说明中国上古神话史的。考古学的材料是哑巴材料，其中有成群的人的文化与社会，却没有英雄豪杰个人的传记。假如夏代有文字，假如考古学家能挖到个夏墟，也许将来的考古学上能把三代都凑齐全说不定。但绝大部分的神话先殷史，恐怕永远也不可能在考古学上找到根据的。这是由于考古这门学问的方法和材料的性质使然，是没有办法的事。

但是上面所说，恐怕先殷的考古永远不可能证实先殷的神话，并不是仅仅着眼于考古学的性质所下的断语。我们说先殷考古中很难有先殷神话的地位，主要的理由是：所谓先殷神话，就我们所有的文献材料来说，实在不是先殷的神话，而是殷周时代的神话。固然殷周时代的神话所包含的内容，是讲开天辟地以及荒古时代一直到商汤以前的事迹，但就我们所知所根据的材料而言，它们实在是殷周人所讲的。殷周人的神话无疑是殷周文化的一部分，但它们未必就是先殷的史实，甚至不

---

[1] 蒙文通《古史甄微》，上海，商务印书馆1933年版。
[2] 徐旭生《中国古史的传说时代》，上海，中国文化服务社，1943年初版，1946年再版。徐氏对"重建上古史"的态度，见上书第一章：《论信古》，及与苏秉琦合著的《试论传说材料的整理与传说时代的研究》，《国立北平研究院史学研究所史学集刊》第5期，1—28页，1947年。
[3] 傅斯年《夷夏东西说》，《庆祝蔡元培先生六十五岁论文集》。
[4] Wolfram Eberhard: *Lokalkulturen im alten China*, I (Leiden, 1942), II (Peiping 1942).

一定包括先殷的史料在内。先殷的考古固然未必能证实殷周时代的神话，但殷周的考古与历史则是研究殷周神话所不可不用的文化背景。很多的史学家恐怕是上了古人的当：殷周人说他们的神话记述先殷的史实，我们就信以为然，把它们当先殷的史料去研究；研究不出结果来，或研究出很多古怪或矛盾的结果来，都是可能的。因此，我们觉得，研究中国古代神话的一个基本出发点，乃是：殷周的神话，首先是殷周史料。殷周的神话中，有无先殷史料，乃是第二步的问题。举一个例：周神话中说黄帝是先殷人物；但我们研究周代史料与神话的结果，知道黄帝乃是"上帝"的观念在东周转化为人的许多化身之一。[1]因此，如果我们把黄帝当作先殷的历史人物或部落酋长，甚至于当作华夏族的始祖，岂不是上了东周时代人的当？

我们在上面确立了"先殷古史是殷周神话"的前提，第二步便不能不接着问：什么是"神话"？殷周史籍里哪些材料是神话的材料？

稍微浏览一下神话学文献的人，很快地就会发现：研究神话的学者对"什么是神话"这个问题，提不出一个使大家都能满意接受的回答。再进一步说，我们甚至不能笼统地把神话的研究放在某一行学问的独占之下：文学批评家、神学家、哲学家、心理学家、历史学者、人类学家、民俗学家，以及所谓"神话学家"，都研究神话而有贡献。自从开始学人类学这一门学问以来，我逐渐发现，在我自己有兴趣研究的题目中，只有两个是几乎所有的人文社会科学者都感兴趣，喜欢从事研究的：一是城市发达史，二是神话。写这两个题目中的任何一个，或是其范围之内的一个小问题，有好处也有坏处。好处是

---

[1] 如杨宽《中国上古史导论》，《古史辨》第7册。

志同道合的人多，可以互相切磋琢磨；坏处是写起来战战兢兢，牵涉不少人的"本行"，挑错的人就多。

为什么神话的研究具有这种魔力？固然我不想给神话下一个一般的定义，却不能不把本文挑选神话材料的标准申述清楚；换言之，也就是说明所谓"神话材料"有哪些特征。这个说明清楚以后，我们就不难看出何以神话的研究使如许众多的学科都发生兴趣。

第一，我们的神话材料必须要包含一件或一件以上的"故事"。故事中必定有个主角，主角必定要有行动。[1]就中国古代神话的材料来说，一个神话至少得包含一个句子，其中要有个句主，有个谓词，而谓词又非得是动词。假如在商周文献里我们只能找到一个神话人物的人名或特征（譬如说"夔一足"），或只能找到两个神话人物的关系（譬如帝某某生某某），我们就没法加以讨论。

其次，神话的材料必须要牵涉"非常"的人物或事件或世界——所谓超自然的，神圣的，或者是神秘的。故事的主角也许作为一个寻常的凡人出现，但他的行动或行为，则是常人所不能的——至少就我们知识所及的范围来说。也许故事所叙述的事是件稀松平常的事——人人会做的——但那做事的人物则是个非凡的人物或与非凡的世界有某种的瓜葛牵连。换句话说，在我们的眼光、知识、立场来看，神话的故事或人物是"假的"，是"谎"。

但神话从说述故事的人或他的同一个文化社会的人来看却决然不是谎！他们不但坚信这些"假"的神话为"真"的史实——至少就社会行为的标准而言——而且以神话为其日常生

---

[1] Claude Lévi-Strauss, *Anthropologie structurale*, Paris, Plon, 1958, pp. 228-235.

活社会行动仪式行为的基础。[1]这也是我给神话材料所下的第三个标准。

从商周文献里找：合乎这三个条件的材料，我们就可以把它当做神话的材料，否则就不。说来这些"标准"好像有些含糊，有些飘荡，但在实际上应用起来则是非常清楚明白的。开天辟地的故事显然是神话故事，而中国上古这些故事并不多见。常见的是圣贤英雄的事迹；这些事件只要是带有"超凡"的涵义，同时在商周的社会中又有作为行为之规范的功能，则我们就把它看做神话的材料。在下文对商周的神话具体的叙述中，什么是商周神话，就将表露得清楚明白。事实上，当我们选择神话材料的时候，很少会有犹移的决定。

从本文所用的神话之选择标准——事实上也与其他学者选择其他民族或文明的神话之标准极相近或甚至于相同——看来，我们很清楚地就看出何以神话的研究引起许多学科的共同兴趣。首先，任何的神话都有极大的"时间深度"；在其付诸记载以前，总先经历很久时间的口传。每一个神话，都多少保存一些其所经历的每一个时间单位及每一个文化社会环境的痕迹。过了一个时间，换了一个文化社会环境，一个神话故事不免要变化一次；但文籍中的神话并非一连串的经历过变化的许多神话，而仍是一个神话；在其形式或内容中，这许多的变迁都压挤在一起，成为完整的一体。因此，对历史变迁有兴趣有心得的学者，以及对社会环境功能有兴趣有心得的学者，都可以在神话的研究上找到他们有关的材料与发挥各自特殊的心

----

[1] David Bidney, *Theoretical Anthropology* (Columbia University Press), 1953, pp. 294, 297; Read Bain, "Man, the myth-maker", *The Scientific Monthly*, Vol. 65. No. 1, 1947, p. 61.

得。同时，就因为神话的这种历史经历，它一方面极尖锐地表现与反映心灵的活动，另一方面又受到社会文化环境的极严格的规范与淘汰选择。完备而正当的神话研究，因此，必须是心体二者之研究，兼顾心灵活动与有机的物质关系，兼顾社会的基本与文化的精华。照我个人的管见，神话不是某一门社会或人文科学的独占品，神话必须由所有这些学问从种种不同的角度来钻研与阐发。因此我也就不能同意若干学者[1]对过去神话研究之"单面性"的批评：神话的研究只能是单面性的。[2]

因为有这个悲观式的看法，我要在这里赶快强调：本篇各文的研究多是单面性的研究。在这里我只提出下面的几个问题以及自己对这些问题所作的解释，而没有解决其他问题的野心：我们对商周文献中神话的资料可以作怎样的研究？这些研究对先殷文化史及商周文化史可有何种贡献？商周神话研究与商周考古研究可以如何互相发明辅翼？为了试求这些问题的解答，下文的研究自然要受到资料与方法两方面的限制。因此，在提出本文之研究内容以前，我们不得不先把资料的性质以及方法论上的若干基本问题作一番初步的说明。

本文所讨论的资料的时代为商周两代；周代包括西周与东周。传统的古史年代学上商周二代的年代分别为1766B. C.—1122B. C.，及1122B. C.—221B. C.。近年来学者之间对商代

---

[1] Ihan H. Hassan, "Toward a Method in Myth", *Journal of American Folklore*, Vol. 65, 1952, p. 205; Richard Chase. *Quest for Myth*, Baton Ronge (Louisiana State University Press), 1949; E. Cassirer, *Myth of the State*, London, 1946, p. 35.

[2] Joseph Campbell, *The Hero with a Thousand Faces* (New York: Pantheon Books), 1949, p. 381.

始终之年颇多异议，但似乎还未得到公认的定论。商周二代自然都是有文字记录的文明时代，并且大致言之，都是考古学上的所谓青铜时代，虽然自春秋末年以后铁器已经大量使用。

商周二代的所谓"文字记录"，照我们对当时文明的理解来推论，大部分是书之于竹或木制的简册之上。[1]这些商周的简册今日所存的极为罕少；而所存者其所包含的历史材料为量又极为有限。在商代，文字亦书之于占卜用的甲骨上，常包含不少商代文化社会上的资料，尤以宗教仪式方面的为多；这种甲骨文字在西周以后就行衰落，迄今很少发现。商周两代的铜器亦常铸有文字，多为颂圣纪功记录赏赐的词句，但各代文字的内容颇有不同，所包括的历史资料之量亦因代而异。除了这三种最常见的文字记录——简册、甲骨、吉金——以外，商周文字有时亦书写在其他物事之上，如陶器、兽骨及纸帛，但这类文字所存尤少。除文字记录以外，古人直接留下来的史料，自然以考古学家所研究的对象——遗迹遗物——为大宗，而其中也有若干相当直接地表达古人的思想观念，尤其是宗教神话方面的思想观念，如青铜器或陶器上的装饰艺术。

专就神话的研究来讲，我们的资料很少来自这些古人直接记录其上的文字典籍；我们所知的商周神话，绝大多数来自纸上的史料——这些史料在商周时代为口传及手缮，而传到后代为后人

---

[1] 参看 T. H. Tsien（钱存训），*Written on Bamboo and Silk, the Beginnings of Chinese Books and Inscriptions*（The University of Chicago Press），1962；陈槃《先秦两汉简牍考》，《学术季刊》第 1 卷第 4 期，1953，1—13 页；陈槃《先秦两汉帛书考》，《中央研究院历史语言研究所集刊》（1953）24，185—196 页；容庚《商周彝器通考》，北平，哈佛燕京学社，1941 年；李书华《纸未发明以前中国文字流传工具》，《大陆杂志》第 9 卷第 6 期，1954 年，165—173 页；孙海波《甲骨文编》，北平，哈佛燕京学社，1934 年，及金祥恒《续编》，1959 年。

书之于纸或刊之于梓。我们今日将这些纸上的史料当做商周的史料来研究，就不得不涉及它们的年代问题以及真伪问题。不用说，这些问题有不少是未解决的，而且有许多也许是解决不了的。

再专就神话的研究来讲，我们也许可以把古书之真伪及其年代问题分为两项大问题来讨论：（一）世传为商周的文献是否真为商周文献，其在商周二代1500年间的年代先后如何？（二）东周以后的文献是否有代表先秦史料而晚到东周以后才付诸载籍的？这两项问题看来简单，但每一个古代史的学者无不知其复杂与聚讼纷纭。我自己对古书之真伪及其年代考这一个题目，尤是外行。让我们先来看看，在这个大问题之下有些什么事实，而这些事实包括些什么较小的问题。[1]

在现存的历史文献中，真正的商代文献恐怕是不存在的。《书经》里的《汤誓》、《盘庚》、《高宗肜日》等历来认为是商代的几篇，至少是非常的可疑。其中或许有少数的句子，或零碎的观念，代表商代的原型，但其现存的形式无疑是周人的手笔。《诗经》里的《商颂》多半是东周时代宋国王公大夫的手笔，所包含的内容也许不无其子姓祖先的遗训，但其中的资料自然最多只能当做支持性的证据来用。因此，要研究商代的宗教和神话，我们非用卜辞来做第一手的原始资料不可。比起商代来，西周的情形好不了多少。《书经》里少数的几篇和《诗经》中的一小部分（尤其是《雅》），多半可以代表这个时代的真实文献。除此以外，西周的史料则零碎而不尽可靠。商代的卜辞到西周又成了绝响。幸而西周时代颇有几篇金文可用，可以补文献资料之不足。在商与西周二代，我们研究神话

---

[1] 关于古书的真伪及其年代问题的主要参考著作，在此无法一一列举。下文除特别的说法以外，其出处概不列举。

所用的资料,就只限于这几种。读者或觉此种限制失之太严。诚然,但凡严格精选的资料,可信性高,谈起来我们可以富有信心。拣下来的次一等的资料,也许可以做辅助之用。

到了东周,尤其是战国时代,我们可用的资料在数量上陡然增加。在诸子(尤其是《论语》、《老子》、《庄子》及《孟子》)、《诗》、《书》、《春秋三传》(尤其《左传》)、《国语》及《楚辞》中,可以确信为先秦时代的部分很多,其中又有不少富有神话色彩的资料。《山海经》、《三礼》和《易》,尤有很多先秦宗教与神话的记载。《史记》常用的《世本》显然是本先秦的书,虽然泰半佚失,仍有不少辑本可用。晋太康间河南汲县魏襄王冢出土的简册,包括《周书》(《逸周书》)、《纪年》、《琐语》及《穆天子传》等,固然也多半不存,所谓"古本"的辑文也未必代表先秦的本貌,而现存诸书中无论如何一定包括不少先秦的资料。

东周时代神话研究资料之陡然增加,固然是一件令人兴奋的事实,却也带来一个不小的令人头痛的问题。这个问题在我们讨论东周以后的文献资料——其中包含先秦文献所无的神话资料尤多——时,就更为显明。这一问题已在上文略略提到:若干商与西周时已经流行的神话,到了东周方才付诸记录的可能性如何?若干商周两代已经流行的神话到了汉代方才付诸记录的可能性又如何?换言之,我们是否可以把东周的文献中所记的部分资料当做商或西周的神话来研究?又是否可以把东周以后的若干新资料当做商周的神话来研究?[1]要回答这些问

---

[1] 见沈雁冰《中国神话研究》,《小说月报》第 16 卷第 1 期,1925 年,22 页; Bernhard Karlgren, "Legends and Cults in Ancient China", *Bulletin of the Museum of Far Eastern Antiquities*, No. 18, 1946;及 W. Eberhard 对 Karlgren 一文之 *Review* (*Artibus Asiae*, Vol. 9, pp. 355-364, 1946)中之讨论与辩论。

题，我们显然要把有关的典籍拿出来逐一讨论。一般而言，我们的回答似乎不出下面的三者之一：

（一）商与西周之神话始见于东周者，及商周之神话始见于秦汉者，为东周与秦汉时代的伪作，适应当时的哲学思想与政治目的而产生，因此不能为商与西周之史料。

（二）东周以后文字与知识普及，文明版图扩张，因此下层阶级与民间之神话以及若干四夷之神话到了东周时代为中土载籍所收，其中包括不少前此已经流传的故事，因此可为前代神话资料之用。

（三）不论后代所记之神话为当代之伪作或为前此口传故事之笔述，东周时代付诸记录之神话无疑为东周时代流行之神话，而可以作为——且应当作为——东周时代之神话加以研究。这些神话是否在东周以前已经有了一段口传的历史，对东周本身神话之研究无关，而对东周以前神话之研究的贡献亦在可疑之列。

上述三种可能的答案之中，第（三）显然是我的选择。这种选择无疑代表一种个人的偏见，但我对这种偏见可以加以下述的解释。

最重要的一点是我同意大多数研究神话学者把神话当作文化与社会的一部分的观念：神话属于一定的文化与社会，为其表现，与其密切关联。譬如东周的神话在东周时代的中国为中国文化活生生的一部分，而可以，甚至应当，主要当做东周时代中国文化之一部分加以研究。对商代的及西周的神话，我们所取的态度也是一样的。从现存的证据的肯定方面来说，我们就知道什么是商、西周与东周时代的神话资料。这三段时期的神话资料多半不完备，不能代表当时神话的全部；任何时候如有新的资料可以利用，我们便加以利用，加以补充。新资料积到一种程度使我们非修改我们对当代神话的了解不可的时候，我们便作适当的修改。假如我们采取"等待"的态度，也许我们就永远不必作古代神话的研究，因为资料完备的那一天我们也许永远等待不到。后代的资料，对前代的神话，只有补充参考的价值，因为前代自有前代的资料，而后代的资料主要是后代神话的一部分。

其次，我们对于商周文化的发展，从考古资料与历史资料为基础，事实上已有了一个相当清楚的认识。我们在研究每一代的神话时，并非仅用当代的神话资料做孤立的研究，而实际上对每一个朝代的神话之文化与社会的背景已经有了相当的了解。假如某一种神话在某一时期之缺如，在当时的文化社会背景来说是"合乎时代潮流"的，而其存在则在其文化社会背景上难以解释，则其缺如多半就不是件偶然的现象。换言之，我们在做神话史的解释时，有文化史的一般基础为核对的标准，并不是在做猜谜或是游戏。

最后一个理由，是商周神话史的本身，的确已有相当丰富的材料，纵然这些资料绝非完备，而且事实上也永远不会完备。自商代开始，我们从文字记录上已经可以看到一部商周文明各方面的资料；固然各种文字记录——典册、卜辞、金文，以及其他——保存的机会不等，专就其内容而言，我们实在没有根据来主张，保存下来的资料与未经保存的文献，记录全部不同的事件。换言之，我们没有根据来主张：现存的文献多保存非神话的部分，而佚失的文献里才有神话的记录。在商周时代神话为文化的前锋，其记录发现于各种典籍。现存史料中的神话资料很可能即代表当时社会上扮演重要作用的神话的一大部分。因此，现存史料中特殊神话之"有无"本身即具有极大的意义。

上文的说法，并非主张研究商周神话的资料在目前已经齐备了。事实上，如上文屡次强调，离齐备的一天还远。但在最近的将来，大批新史料的出现，虽非绝无可能，似乎是颇为渺茫的指望；同时，我相信，根据现有的资料我们已经可以把商周神话史做一个合理的解释。

　　商周神话史包括的范围甚广，牵涉的资料亦多。本篇就上文所界说的商周神话资料做一历史性的分类，下篇系对各类神话在商周二代之内的演变，做一个初步的诠释。神话之分类，一如任何文化现象之分类，[1]可以从不同的标准，做不同的归类，服用于不同之目的。本文分类的目的，是为历史解释上方便而做的，在下篇的讨论中可以明了。

　　我想把商周的神话分为四类：自然神话、神仙世界的神话与神仙世界之与人间世界分裂的神话、天灾的神话与救世的神话及祖先英雄事迹系裔的神话。[2]这四类神话之间的界限自然不能极清楚地完全分开，而相当程度的叠合是常规而非例外。下文把这四类神话分别叙述，并讨论其各自在商周史上出现的程序。

一、自然神话

　　任何古代文明都有一套特殊的对自然界的观念，但各文

---

[1] Clyde Kluckhohn, "The Use of Typology in Anthropological Theory", *Selected Papers of the Fifth International Congress of Anthropological and Ethnological Sciences* (Anthony F. C. Wallace ed.), University of Pennsylvania Press, 1960, p. 134.

[2] 关于中国神话的若干其他分类法，见沈雁冰《中国神话研究》；玄珠《中国神话研究 ABC》；郑德坤《山海经及其神话》，《史学年报》，第1卷第4期，1932年，134页；出石诚彦《支那神話伝説の研究》，东京，中央公论社，昭和十八年，18—63页；森三树三郎《支那古代神話》，京都，大雅堂，昭和十九年。

明之间对自然界秩序的看法与将自然神化的方式，则各因其文化与社会的特征而异，而且随文化与社会之变化而变化。从殷商的卜辞与东周的文献（如《周礼·大宗伯》），我们对商周的自然秩序的观念，颇有资料可供研究；而最要紧的一点，是在商周二代之内，自然观念与和自然有关的宗教信仰与仪式行为上都发生了显著的变化。这个问题我不想在此地详述，但只想从自然神话上指出若干与本题有关的重要的端倪。

商代卜辞中有对自然天象的仪式与祭祀的记录，因此我们知道在商人的观念中自然天象具有超自然的神灵，这些神灵直接对自然现象，间接对人事现象具有影响乃至控制的力量。诸神之中，有帝或上帝；此外有日神、月神、云神、风神、雨神、雪神、社祇、四方之神、山神与河神——此地所称之神，不必是具人格的；更适当的说法，也许是说日月风雨都有灵（spirit）。[1]在商代的神话传说中，也许这些自然神灵各有一套故事，但这些故事，假如曾经有过，现在多已不存。商代的自然观念大体上为周人所承继，如《诗经》与《周礼》中对自然诸神之记载所示。此外，星在周人观念中也有神的地位[2]，而其在商代文献中的缺如也许只是偶然的。商周两代文献中对这些自然神的神话，非常稀少，现存的只有有关上帝、帝廷、"天"的观念，及日月神的零星记述。

---

[1] 陈梦家《殷墟卜辞综述》，1956年，561页；陈梦家《古文字中之商周祭祀》，《燕京学报》第19期，1936年，91—155页；陈梦家《商代的神话与巫术》，《燕京学报》第20期，1936年，485—576页。
[2] 《诗·小雅·大东》："维天有汉，监亦有光。跂彼织女，终日七襄。虽则七襄，不成报章。睆彼牵牛，不以服箱。"

卜辞中关于"帝"或"上帝"的记载颇多。[1]"上帝"一名表示在商人的观念中帝的所在是"上",但卜辞中绝无把上帝和天空或抽象的天的观念联系在一起的证据。卜辞中的上帝是天地间与人间祸福的主宰——是农产收获、战争胜负、城市建造的成败,与殷王福祸的最上的权威,而且有降饥、降馑、降疾、降洪水的本事。上帝又有其帝廷,其中有若干自然神为官,如日、月、风、雨;帝廷的官正笼统指称时,常以五为数。帝廷的官吏为帝所指使,施行帝的意旨。殷王对帝有所请求时,绝不直接祭祀于上帝,而以其廷正为祭祀的媒介。同时上帝可以由故世的先王所直接晋谒,称为"宾";殷王祈丰年或祈天气时,诉其请求于先祖,先祖宾于上帝,乃转达人王的请求。事实上,卜辞中上帝与先祖的分别并无严格清楚的界限,而我觉得殷人的"帝"很可能是先祖的统称或是先祖观念的一个抽象。在这个问题上,以后还要详细讨论。在这里我们只须指出,商人的此种上帝观念,并未为西周全副照收。在周人的观念中也有上帝,周人的上帝也是个至尊神,但周人的上帝与"天"的观念相结合,而与先祖的世界之间有明确的界线。

日、月之名,都见于卜辞为祭祀的对象,但同时卜辞中又有"东母"与"西母"。[2]《山海经》中上帝称为帝俊[3],

---

[1] 陈梦家上引诸著;又见胡厚宣《殷卜辞中的上帝和王帝》,《历史研究》1959年第9、10期。
[2] 陈梦家《古文字中之商周祭祀》,122、131—132页。
[3] 玄珠《中国神话研究ABC》下册,86页云:"中国神话的'主神',大概就是所谓帝俊。"郑德坤《山海经及其神话》,146页云:"他(帝俊)在人事界占了很重要的位置,他的威权可以称为诸神之元首……可是他只见于《山海经》而别处反不见。"此外又见郭沫若《青铜时代》(重庆,文治出版社1945年版,8—9页)及徐旭生《中国古史的传说时代》的讨论。

在帝俊之诸妻中，有一个羲和，"生十日"（《大荒南经》），又有一个常羲，"生月十有二"（《大荒西经》）。《楚辞》的《离骚》，有"吾令羲和弭节兮，望崦嵫而勿迫"之句，是以羲和为日神（王逸《楚辞注》说羲和为"日御"之说或为后起），但《九歌》则称日为"东君"。卜辞中的"西母"，或许就是东周载籍中所称的"西王母"，为居于西方昆仑山中的一个有力的女王，与其月神的本貌已经相差遥远了。《山海经》里的西王母，"其状如人，豹尾虎齿而善啸，蓬发戴胜，是司天之厉及五残"（《西山经》），或"梯几而戴胜杖，其南有三青鸟，为〔其〕取食"（《海内北经》），或"戴胜虎齿而豹尾，穴处"（《大荒西经》）。但《穆天子传》里的西王母，则为穆王"享于瑶池之上，赋诗往来，辞义可观"（郭璞注《山海经》序）。

　　上面所叙述的是商周文献中所见的零星的关于自然世界的神话，似乎是文明开始以前原始中国社会泛灵信仰的遗留与进一步的发展。至于宇宙自然现象构成之来源的解释，所谓"创世神话"，则在东周以前的文献中未存记录。这一点反面的证据，绝不足证明商殷与西周两代对宇宙生成的来源不感兴趣。但是这种现象似乎正面可以说明，这种兴趣似乎到了东周时代才普遍付诸记录。为什么？这是个值得一问的问题。

　　在东周人的观念中，宇宙在初形之时是一团混沌，无有边际，无有秩序。《淮南子·精神篇》说："古未有天地之时，惟像无形，窈窈冥冥，芒芠漠闵，澒濛鸿洞，莫知其门"的说法，固然是汉人的宇宙观，但从《天问》"上下未形，何由考之，冥昭瞢闇，谁能极之"的两问，可见在东周时代，这种天地初为混沌的说法已经占有很大的势力。这种混沌的状态之形成天地分明万物俱立的自然世界，在东周的神话里有两种不同的解释，我们姑称之为"分离说"与"化生说"。

分离说的原则是细胞分裂式的：原始的混沌为"一"，"一"分裂为"二"，"二"在若干文献中称为阴阳。阴阳二元素再继续分裂成为宇宙万物。这种宇宙创造的神话在世界各地分布甚广，一般称为"世界父母型"（world parents）的神话，但在先秦的文献中没有这种神话的完整形式，虽然先秦诸子的哲学思想中颇富这类的观念。《老子》说："道生一，一生二，二生三，三生万物；万物负阴而抱阳，冲气以为和。"《易·系辞》云："易有太极，是生两仪，两仪生四象，四象生八卦。"在这种哲学思想的后面，很可能也有神话的支持；《天问》说："阴阳三合，何本何化？"《庄子·应帝王》有儵忽二帝为混沌开窍的寓言，也许都可表示若干的消息。《天问》中又提到天以八柱或鳌鳖负天盖之事："斡维焉系，天极焉加，八柱何当，东南何亏？""鳌戴山抃，何以安之？"都表现东周时代对天地组织的神话观念。这些零星的东周时代的分离说的宇宙形成与组成的神话，在汉代及三国的文献中发展成完整的世界父母型神话，如伏羲女娲传说[1]，及盘古开天辟地传说。[2]至于这种神话的成分在商与西周时代是否存在，是个目前不易解答的问题。世界父母型神话在世界分布之广，[3]或表示其起源时代之古；商代安阳西北冈殷王大墓出土木雕中

---

[1] 闻一多《伏羲考》，《神话与诗》，1956 年，3—68 页。
[2] 《太平御览》卷 2 引徐整《三五历记》："天地混沌如鸡子，盘古生其中，万八千岁，天地开辟，阳清为天，阴浊为地，盘古在其中，一日九变，神于天，圣于地，天日高一丈，地日厚一丈，盘古日长一丈，如此万八千岁，天数极高，地数极深，盘古极长，故天去地九万里。"
[3] Anna B. Rooth, "The Creation Myths of the North American Indians". *Anthropos* Vol. 52, No. 3/4, p. 501. 1957.

有一个交蛇的图案[1],似乎是东周楚墓交蛇雕像与汉武梁祠伏羲女娲交蛇像的前身。

化生说则在东周文献中比较多见;但这种神话所解释的宇宙形成经过只是比较个别的现象。其主要内容是说若干自然现象是由一个神秘的古代生物身体之诸部分化生而成的。《山海经》里提到三种这类的神物:(一)烛阴:"钟山之神,名曰烛阴,视为昼,瞑为夜,吹为冬,呼为夏,不饮不食不息,息为风,身长千里,在无䏿之东;其为物,人面蛇身,赤色,居钟山之下。"(《海外北经》)(二)烛龙:"西北海之外,赤水之北,有章尾山,有神人面蛇身而赤,直目正乘,其瞑乃晦,其视乃明,不食不寝不息,风雨是谒,是烛九阴,是谓烛龙。"(《大荒北经》)《天问》也说:"日安不到,烛龙安照?"(三)女娲:"有国名曰淑士,颛顼之子,有神十人,名曰女娲之肠(或作腹),化为神。"

在《山海经》中女娲虽然未尝化生为自然现象,但由《天问》"女娲有体,孰制匠之?"来看,女娲对世界或人类的产生必曾有过相当重要的贡献。东汉应劭《风俗通义》说女娲抟黄土作人;许慎《说文》说"娲,古神圣女,化万物者也",似乎都代表东周化生说宇宙神话的残留。三国时代所记盘古"垂死化身"的故事,便是这一系神话发展完全的形式。[2]

---

[1] Li Chi, *The Beginnings of Chinese Civilization* (Seattle, the University of Washington Press), 1957, p. 26.
[2] 《绎史》卷1引徐整《五运历年记》:"首生盘古,垂死化身,气成风云,声和雷霆,左眼为日,右眼为月,四肢五体为四极五岳,血液为江河,筋脉为地理,肌肉为田土,发髭为生辰,皮毛为草木,齿骨为金玉,精髓为珠石,汗流为两泽,身之诸虫为风所感化为黎甿。"《广博物志》卷9引《五运历年记》:"盘古之君,龙骨蛇身,嘘为风雨,吹为雷电,开目为昼,闭目为夜。"

二、神仙世界及其与人间世界分裂的神话

历殷周两代,历史文献中都有关于一个神仙世界的神话;与这种神话一起的还有关于生人或先祖之访问这个世界的信仰。但是,早期这个访问,或人神之交往,是个轻而易举的举动;时代越往后,神仙世界越不易前往,甚至完全成为不可能之事。

如上所述,卜辞中称先祖之谒上帝为宾;事实上先祖亦可以宾于自然界诸神。[1]这种现象,一直到东周的文献中仍可见到:《尧典》说尧"宾于四门";《孟子·万章》说"禹尚见帝……迭为宾主";《穆天子传》卷3说"天子宾于西王母"。尤其重要的一段神话是关于启的。《山海经·大荒西经》:

> 赤水之南,流沙之西,有人珥两青蛇,乘两龙,名曰夏后开。开上三嫔于天,得九辩与九歌以下。此穆天之野,高二千仞,开焉得始歌九招。

所谓"九辩九歌",即是仪式上的礼乐,而这个神话是中国古代神话很罕见的一个 Malinowski,所谓的"执照"(charter)的例子。《楚辞·天问》说"启棘宾商(帝),九辩九歌"。郭璞注《山海经》引《竹书》也说"夏后开舞九招也"。

东周的文献中,除了这种人神交往的神话之外,还有不少关于一个与凡俗的世界不同的世界的记录;这个世界常常是美化了与理想化了的,为神灵或为另一个境界中的人类所占据,

---

[1] 陈梦家《殷墟卜辞综述》,573页;《古文字中之商周祭祀》,122页。

偶然也可以为凡人所达。这种美化的世界似乎可以分为三种：

其一为神仙界，如《天问》、《穆天子传》、《九章》，以及《淮南子》之类的汉籍所叙述的"昆仑"与"悬圃"。《穆天子传》说："春山之泽，清水之泉，温和无风，飞鸟百兽之所饮食，先王之所谓悬圃。"凡人可能登达到这种仙界中去，有时借树干之助，而一旦进入，可以"与天地兮同寿，与日月兮同光"（《九章·涉江》）。《淮南子·地形篇》分此一世界为三层："昆仑之丘，或上倍之，是谓凉风之山，登之而不死；或上倍之，是谓悬圃，登之，乃灵，能使风雨；或上倍之，乃维上天，登之乃神，是谓太帝之居。扶木在阳州，日之所曊；建木在都广，众帝所自上下。"这最后一句中，颇得"扶木"与"建木"在这一方面所扮的作用。

其二为远方异民之国，如《山海经》之载民之国（《大荒南经》）、沃之国（《大荒西经》）与都广之国（《海内经》），及《列子》中的终北之国与华胥氏之国。这些远方异民之国都是一种乐园（paradise），其民生活淳朴，和平逸乐，与自然、百兽同乐。[1]

其三为远古的世界，此一世界与当代之间隔以无限的时间深度，一如上一世界与当代之间隔以无限的空间距离。这些深度与距离都不是可以测量的，或远或近，而其为另一世界是代表种类与品质的一个绝对的变化。这种远古的世界见于不少的东周的子书，如《庄子·盗跖》、《庄子外篇·胠箧》、《商君书·画策》、《商君书·开塞》，与《吕氏春秋·恃君览》；其中最为人所称道的是《庄子外篇·胠箧》的一段："昔者，容成氏、大庭氏、伯皇氏、中央氏、栗陆氏、骊畜氏、轩辕氏、

---

[1] 玄珠《中国神话研究ABC》，上册，99—105页。

赫胥氏、尊卢氏、祝融氏、伏羲氏、神农氏；当是时也，民结绳而用之，甘其食，美其服，乐其俗，安其居，邻国相望，鸡犬之声相闻，民至老死而不相往来。"东周人之设想此种远古的社会，很可能借用了民间关于古代生活的传说来作一个范本；在这里我们要强调的，是这一个古代的世界也是代表一个东周人设想中的乐园，与当代的文化社会生活有天渊之别。

上面引述的这些东周文献中对于"另一个世界"的神话描写的意义，我们可以用另一个东周时代的神话来点破；这即是重黎二神将神仙世界与人间世界分隔开来的神话。这个神话在东周古籍中见于三处。《山海经·大荒西经》：

> 大荒之中有山名曰日月山，天枢也，吴姖天门，日月所入。有神人面无臂，两足反属于头。山名曰噓。颛顼生老童，老童生重及黎。帝令重献上天，令黎卭下地，下地是生噎，处于西极，以行日月星辰之行次。

《书·吕刑》：

> 苗民弗用灵，制以刑，惟作五虐之刑曰法，杀戮无辜……皇帝哀矜庶戮之不辜，报虐以威，遏绝苗民，无世在下，乃命重黎，绝天地通。

《国语·楚语》：

> 昭王问于观射父曰：《周书》所谓重黎实使天地不通者何也？若无然，民将能登天乎？对曰：非此之谓也。古者民神不杂，民之精爽不携贰者，而又能齐肃衷正，其智

商周神话之分类

能上下比义，其圣能光远宜朗，其明能光照之，其聪能听彻之；如是，则明神降之，在男曰觋，在女曰巫。是使制神之处位次主，而为之牲器时服，而后使先圣之后之有光烈，而能知山川之号，高祖之主，宗庙之事，昭穆之世，齐敬之勤，礼节之宜，威仪之则，容貌之崇，忠信之质，禋絜之服，而敬恭明神者，以为之祝，使名姓之后，能知四时之生，牺牲之物，玉帛之类，采服之仪，彝器之量，次主之度，屏摄之位，坛场之所，上下之神，氏姓之出，而心率旧典者，为之宗。于是乎，有天地神民类物之官，是谓五官，各司其序，不相乱也。民是以能有忠信，神是以能有明德，民神异业，敬而不渎，故神降之嘉生，民以物享，祸灾不至，求用不匮。及少皞之衰也，九黎乱德，民神杂糅，不可方物，夫人作享，家为巫史，无有要质，民匮于祀，而不知其福，烝享无度，民神同位，民渎齐盟，无有严威，神狎民则，不蠲其为，嘉生不降，无物以享，祸灾荐臻，莫尽其气。颛顼受之，乃命南正重司天以属神，命火正黎司地以属民，使复旧常，无相侵渎，是谓绝天地通。

这个神话的意义及其重要性，以后将有详细的讨论。但在这里，有几点不妨提出来一说，以澄清木题下面所叙述的这一方面的神话资料上的若干问题。第一点我们可以马上指出来的，即在商周仪式上，假如不在商周观念上，人神之交往或说神仙世界与人间世界之间的交通关系，是假借教士或巫觋的力量而实现的。在商人的观念中，去世的祖先可以直接到达神界；生王对死去的祖先举行仪式，死去的祖先再去宾神，因此在商人的观念中，祖先的世界与神的世界是直接打通的，但生人的世界与祖先的世界之间,或生人的世界与神的世界之间,则靠巫觋的仪式来传达消息。但东周时代的重黎神话,说明祖先的世界或是人的世界都需要靠巫觋的力量来与神的世界交通,因此代表商周神话史的一个关键性的转变,即祖先的世界与人的世界为近,而与神的世界直接交往的关系被隔断了。它进一步说明东周时代的思想趋势是使这神仙的世界"变成"一个不论生人还是先祖都难以达到的世界;另一方面使这个世界成为一个美化的乐园,代表人生的理想。

三、天灾与救世的神话

上面已经说明,商人的宇宙观里,神的世界与人的世界基本上是和谐的,甚至于在若干方面是重叠、相符的。祖先和神属于一个范畴,或至少属于二个大部分互相重叠的范畴。在西周时代,这种观念已经开始变化,到了东周,则祖先的世界与神仙的世界在概念上完全分开。不但如此,祖先与人的世界和神的世界,不但分开,而且常常处于互相对立冲突的地位。神的世界,既有至尊的上帝在内,又控制人间依以求生的自然现象,乃有超于人间世界之上的权威与神力,但是在东周的神话里,已经表示对上帝或其神仙世界的权威加以怀疑或甚至挑战的思想。人之与神争,败者多是人,但也有的时候人能取得相当程度的胜利。不论胜负的结果如何,东周神话中有这种思想出现,本身就是件极其值得注意的事实。

例如《山海经》里有夸父的故事。"大荒之中有山名曰成都载天,有人珥两黄蛇,把两黄蛇,名曰夸父。后土生信,信生夸父。夸父不量力,欲追日景,逮之于禺谷,将饮河而不足也,将走大泽,未至,死于此。"(《大荒北经》)"夸父与日逐走，入日，渴欲得饮，饮于河渭，河渭不足，北饮大泽，未至道渴而死。"（《海外北经》）又有刑天的故事："刑天与帝争神，帝断其首，葬之常羊之山，乃以乳为目，以脐为口，操干戚以舞。"（《海外西经》）这都是与神争而败的例子。

《史记》里又记有"射天"的故事："帝武乙无道，为偶人，谓之天神，与之搏，令人为行，天神不胜，以僇辱之。为革囊盛血，仰而射之，命曰射天。武乙猎于河渭之间，暴雷，武乙震死。"（《殷本纪》）"偃自立为宋君，君偃十一年自立为王……乃以齐魏为敌国，盛血以革囊，悬而射之，命曰射天。淫于酒妇人，群臣谏者辄射之，于是诸侯皆曰桀宋。"（《宋微子世家》）照我们对殷人天道观的了解，武乙射天辱神的行为是不可理解的；说这是东周时代的举动，倒是很有可能。《史记》虽是汉籍，这两段所代表的观念倒未必不可以追溯到东周。

这类人神之争，可以再举共工为例。《淮南子·天文篇》："昔者共工与颛顼争为帝，怒而触不周之山，天柱折，地维绝。天倾西北，故日月星辰移焉；地不满东南，故水潦尘埃归焉。"《原道篇》："昔共工触不周之山，使地东南倾，与高辛争为帝，遂潜于渊，宗族残灭。"这固是汉代的记载，而《天问》所云："八柱何当，东南何亏？"与"康回凭怒，坠，何故以东南倾？"可证东周时代已有类似的传说。

人神之争以外，东周的神话又有很多天灾地变而英雄救世的故事。在这种故事的背后，似乎有这样一种思想：天是不可靠的；它不但遥远为人所不及，不但可以为人所征，而且常常降祸于人，而解救世界灾难人间痛苦的，不是神帝，而是祖先世界里的英雄人物。天灾之起，有的是上帝对人间恶行的惩罚，但也有时并无原因解释。天灾的种类繁多，如"天雨血，夏有冰，地坼及泉，青龙生于庙，日夜出，昼日不出"（《通鉴外纪》一引《纪年》)。如"龙生广,夏木雨血,地坼及泉,日夜出,昼不见"(《路史》后记十二注引《纪年》,墨子言);如"猰貐、凿齿、九婴、大风、封豨、修蛇,皆为民害"(《淮南子·本经》);如"猛兽食颛民,鸷鸟攫老弱"(《淮南子·览冥》);如"草林畅茂,禽兽繁殖,五谷不登,禽兽逼人,兽蹄鸟迹之道交于中国"(《孟子·滕文公》)。但最严重,在神话中最强调的天灾有两种:旱魃与洪水。

旱水两灾是中国有史以来最大的灾害,其在神话中的出现是自然现象的反映。卜辞与周文献中对这两者都记载不歇;《左传》屡言"秋大水";桓公元年《传》:"凡平原出水为大水",语气之下似是司空见惯不足为奇之事。但是值得我们注意的是,东周的神话以此种灾害为题材来表露人神关系的思想。

旱灾的神话有黄帝女魃之说,但最常见的是十日神话。东周的文献里没有十日神话的全形,但有零星的记录;如《庄子·齐物论》:"昔者十日并出,万物皆照。"《山海经·海外东经》注等引《纪年》:"天有妖孽,十日并出。"《通鉴外纪》二引《纪年》:"十日并出。"《山海经·海外东经》:"黑齿国,……下有汤谷,汤谷上有扶桑,十日所浴。"《楚辞·招魂》:"十日代出,流金铄石些。"《海内经》:"帝俊赐羿彤弓素矰,以扶下国。"《天问》:"羿焉毙日,乌焉解羽?"这些零碎的记载,似乎可以凑成《淮南子·本经》"十日并出,焦禾稼,杀草木,而民无所食……尧乃使羿……上射十日"这个完整的神话之在东周时代的原型。十日的故事与羿的故事,或许各有不同的历史。《山海经》上说十日与十二月,《左传·昭公元年》说"天有十日",杜注曰"甲至癸",可见十日之说或与古代历法有关。羿为古之射手,见于《孟子·离娄》,

《海内经》，与《左传·襄公四年》少康中兴故事。同时，不少的学者主张射日的神话与日食、祭日与救日的仪式有关。[1]但不论这个神话构成单元的来源如何，在东周时代这些单元结合成为一个天灾与救世的母题，而不妨从这一个意义上加以理解。

东周的神话中对于水灾的来源也有种种不同的解释。《孟子·滕文公》以"洪水横流，泛滥于天下"为"天下未平"的原始状态；但《国语·周语》说是共工为害所致。救洪水之患的英雄，众知为鲧或禹，不必举例证明。[2]但《山海经·海内经》有一段话很值得注意："洪水滔天，鲧窃帝之息壤以堙洪水，不待帝命，帝令祝融杀鲧于羽郊。"似乎鲧救民心切，偷了上帝的息壤；上帝有此宝物不但不用以救民，而且杀鲧以使之不成，好像是故意与人为难。

由这些例子里，我们可见在东周的神话中上帝与其神界有时被描写成人间世界的对头；人可以与神为敌，而且有时立于不败；神常致患于人，而人能拯救世界，驱退天患。也许有人要说：救世的禹与羿，其实也都是神，或是神所"降"，所以他们之救世，并非人力而仍是神力。禹与羿为神为人的问题，此地暂且不论；从下面即依讨论的资料上看，他们都是先祖，在东周的观念中属于祖先的世界而不属于神的世界。

---

[1] 贝冢茂树《龟卜と筮》，《京都东方学报》第19卷，1947年，4页；杉本直治郎、御手洗胜《中国古代における太陽説話について》，《民族学研究》第19卷第3—4期，1951年。
[2] 顾颉刚《洪水之传说及治水等之传说》，《史学年报》第2期，1931年，61—67页；赵铁寒《禹与洪水》，《大陆杂志》第9卷第6期，1954年。

四、英雄世系

上面所叙述的三类商周神话都是与宇宙之形成、起源及变化有关的。商周的这一类神话或非上述的资料可以包括殆尽，但上述的类型可以说是包括了所有已知的神话在内。对古代其他文明的神话多少有些知识的人，多半都同意，中国古代对于自然及对于神的神话，比起别的文明来，显得非常贫乏。[1]而且所有这些，又多半是由于其牵涉到人间的世界才记述的。这种现象是个很有意义的事实，历来的学者对之也有不少的解释，我们且留到下面再谈。

商周神话除了上述者以外，还有一大类，即所谓英雄神话（hero myths）。这一方面的资料，比起前者来，要丰富得多；事实上，文献中英雄的名字多到无法整理、收拾的程度，因为与个别的名字有关的故事则保存得较为有限。大多数研究中国神话的学者都相信，有很多的古代英雄是更早先时候的神或动植物的精灵人化的结果，所谓"神话之历史化"（Cuhemerization）。神话之历史化是在各国都有的一个程序，但在古代的中国特别发达，而这也许就是关于自然与神的世界的神话不多的主要原因。

商周神话中的英雄故事，又可以分成两个大类：（一）亲族群始祖诞生的神话，（二）英雄的事迹及彼此之间的系裔关系的神话。这两种神话的共同特点是"英雄即是祖先"这一个基本原则，所不同者，一个中的祖先与确实的特殊的亲族群有关，一个中的祖先比较空泛而不着根。

---

[1] 玄珠《中国神话研究 ABC》，上册，7—8 页。

丁山说，从卜辞中他可以辨认出两百以上的氏族来，各有其不同的"图腾"。[1]我们也许不能接受他所举的全部族名，但是我们没有理由怀疑，在商代的中国有许许多多不同的亲族群，可以适当地称之为民族学上的氏族（clan，sib，或gens）。我们不知道这许许多多的氏族是否各有其特殊的"图腾"，但是我们多半可以相信，每一个氏族都各有其自己的始祖诞生神话。在西周，从《逸周书·世俘解》上的"憨国九十有九……服国六百五十有二"的统计来看，大概氏族的数目及其始祖诞生神话的数目也不在少数。事实上，我们颇有理由可以相信，商周之初年神话里最盛的就是花样繁多的各种族原的神话。顾颉刚说：

> 我以为自西周以至春秋初年，那时人对于古代原没有悠久的推测。《商颂》说"天命玄鸟，降而生商"，《大雅》说"民之初生，自土沮漆"，又说："厥初生民，时维姜嫄。"可见他们只是把本族形成时的人作为始祖，并没有很远的始祖存在他们的意想之中。他们只是认定一个民族有一个民族的始祖，并没有许多民族公认的始祖。[2]

顾先生说这话时是1923年，学术界还未公认殷商时代的存在；我们现在可以把卜文"西周"二字改为"殷商"。但是，在殷商与西周两代的许多氏族始祖诞生的神话中，今天在文献中存录下来的，只有两个，即商的子姓与周的姬姓的始祖诞生神话。显然这是因为子姬两姓是商与西周的统治氏族的缘故。

----

〔1〕 丁山《甲骨文所见氏族及其制度》，1956年，32页。
〔2〕 顾颉刚《古史辨》卷1，61页。

子姓氏族始祖的起源神话，在东周的典籍如《诗·商颂》及《楚辞》的《天问》和《离骚》中都有详细的记录。大致的故事，大家熟知：简狄为有娀氏女，因与鸟的接触而怀孕生契，为商子之始祖。怀孕的经过，其说不一。或说玄鸟使简狄怀孕，或说简狄吞鸟卵而有孕。"鸟"皆称为"玄鸟"，传统的解释是燕；《说文·燕部》："燕，玄鸟也。"但郭沫若及少数其他学者认为玄鸟之玄，非指黑色，乃是神玄之意；玄鸟即凤。郭氏更主张，不论燕也好，凤也好，神话中之鸟都是《水浒传》李逵口中所说之鸟。[1]这种说法，也许不无道理，从弗洛伊德的著作中可以得到印证，但这是题外之话。除此以外，各神话中又指明简狄与上帝或帝喾的关联。《商颂·长发》说："帝立子生商。"而《玄鸟》说："天命玄鸟，降而生商。"东周时代之天即是上帝，这在上文是已经说明了的。《楚辞》也说："简狄在台喾何宜，玄鸟致贻女何喜？"（《天问》）"高辛之灵盛兮，遭玄鸟而致贻。"（《九章·思美人》）从这些东周的材料上，我们可以看出，商子的祖先是简狄与玄鸟接触所生，而简狄或玄鸟与上帝或其人化的帝喾有关。"《商颂》一般同意是春秋宋人所作"[2]，宋为子姓，商之遗民；而《楚辞》产生其中的楚文化，也有不少人相信曾继承许多商的文化。[3]因此，《商颂》与《楚辞》虽然都是东周的文学，其玄鸟的神话则颇可能为商代子族起源神话的原型。不但如此，而且帝喾简狄及娀的名字据说都见于卜辞，为殷人自己祈献的对象，而且殷金文的"玄鸟妇壶"又以玄鸟二字为

---

[1] 郭沫若《青铜时代》，11页。
[2] 王国维《殷周制度论》，《观堂集林》卷10，1923年，24—25页。
[3] 杨宽《中国上古史导论》，载《古史辨》第7册，1941年，151—153页。

族徽之用，因此关于上帝与简狄生子祖的神话在殷代已有的可能性非常大。[1] 傅斯年举出不少的证据证明鸟生传说或卵生传说在古代东夷中非常流行，而东夷与商文化关系之密切又是大家都承认的。[2]

周姬始祖的诞生神话，则直接见于西周时代的文献，即《诗·大雅》的《生民》与《閟宫》。[3]《生民》云："厥初生民，时维姜嫄，生民如何，克禋克祀，以弗无子，履帝武敏歆，攸介攸止，载震载夙，载生载育，时维后稷。诞弥厥月，先生如达，不坼不副，无菑无害，以赫厥灵，上帝不宁，不康禋祀，居然生子。诞寘之隘巷，牛羊腓字之，诞寘之平林，会伐平林，诞寘之寒冰，鸟覆翼之，鸟乃去矣，后稷呱矣。"《閟宫》云："赫赫姜嫄，其德不回……弥月不迟，是生后稷。"《生民》所记的，有两点特别有趣，一是"履帝武敏歆"，一是诞生以后动物对他的保护。前一句话意义，虽不甚明，基本上与《史记·周本纪》所说"履大人迹"是一回事。

如上文已提出，子姬两姓的起源神话是商与西周两代惟有的两个氏族始祖神话之保存于文献中的，虽然我们可以假定在这两代除了子姬以外的氏族尚可以十百计。到了东周，英雄诞生的神话突然增加许多，而这些英雄之中有不少是被当做当时族群的祖先的。在下文我将试求解释其所以然之故。在此，我

---

[1] 杨树达《积微居甲文说卜辞琐记》，1954年，32—33、40—41页；于省吾《略说图腾与宗教起源和夏商图腾》，《历史研究》1959年第11期，60—69页。
[2] 傅斯年《夷夏东西说》；又见三品彰英《神话と文化境域》，昭和二十三年，京都。
[3] 顾颉刚《古史辨》卷1，61页；闻一多《姜嫄履大人迹考》，《神话与诗》，1956年，73—80页。

不妨先指出，东周文献中的新的英雄诞生神话不外有下列的几个来源。

第一个来源可能是商殷或西周已有的氏族始祖诞生神话，在商代及西周（就我们所知）未付诸记录，而到了东周才被记载留存下来。为什么到了东周才见诸文字的原因可能很多，但我相信主要的原因有二：一是文字的使用到了东周普遍化，不复为王族公族所专用；二是姬族到了东周已经逐渐失去其在政治与文化上独占的权威，较小的氏族抬头，将其族源神话付诸记录以为其争取政治地位的执照。后文对此还有讨论。属于这一类的神话，或者包括少皞氏的神话与所谓祝融八姓的传说。[1]

第二个来源可能是在殷及西周为边疆的蛮夷而到了东周被吸收容纳到中原文明的氏族神话。上文已经说明，东周时代为中土文明大扩张的时代，不但与夷夏的接触频繁，不少在早先是"夷"的，到东周都成为正统文化的一部分，而他们的族源神话也就混入了东周的文献。属于这一类的，也许有伏羲氏的神话。[2]

第三个，同时也是最重要的一个来源，可能是古代以及当代的神物历史化、人化，而形成的英雄先祖。一个最熟知的例子，就是黄帝。黄帝很可能就是上帝尊神的一个人化的形式，到了东周的文献中如《国语》与《大戴礼》成为许许多多氏族的共同祖先。古史中的祖先人物原来是"神"这个说法，

---

[1] 李宗侗《中国古代社会史》，10—35页；闻一多《高唐神女传说之分析》，《神话与诗》，81—116页。
[2] 芮逸夫《苗族洪水故事与伏羲女娲的传说》，《国立中央研究院历史语言研究所人类学集刊》第1期，1938年。

本是顾颉刚[1]与马伯乐[2]等提出来的。杨宽在《中国上古史导论》里，孙作云在一连串的论文[3]中，都提出丰富的证据证明那些古代的圣贤王臣是那些神物变化出来的。杨宽的结论说：

吾人归纳言之，则古史中之圣帝贤臣，其原型如下：

（1）本为上帝者：帝俊帝喾帝舜大皞颛顼帝尧黄帝泰皇。
（2）本为社神者：禹句龙契少皞后羿。
（3）本为稷神者：后稷。
（4）本为日神火神者：炎帝（赤帝）朱明昭明祝融丹朱驩兜阏伯。
（5）本为河伯水神者：玄冥（冥）冯夷鲧共工实沈台骀。
（6）本为岳神者：四岳（太岳）伯夷许由皋陶。
（7）本为金神刑神或牧神者：王亥蓐收启太康。

---

[1] 顾颉刚《古史辨》卷1。
[2] Henri Maspero，上引 *Journal Asiatique* 一文，又见："Les Religions Chinoises", *Mélanges Posthumes sur les Religions et l'histoire de la Chine*, I, Musée Cuimet, Paris, 1950, pp. 179-180。
[3] 孙作云《蚩尤考》；《中国古代蛇族之研究——夏史新探》，《中和月刊》第2卷4期，27—50页，5期，36—57页，1941年；飞廉考《中国古代鸟氏族研究》，《华北编辑馆馆刊》第2卷，3、4期，1943年；《后羿传说丛考》，《中国学报》1卷3期，19—29页，4期，67—80页，5期，49—66页，1944年；《中国古代鸟氏族诸酋长考》，《中国学报》第3卷3期，1945年，18—36页；《说丹朱——中国古代鹤氏族之研究》，《说高跷戏出于图腾跳舞》，《历史与考古》第1号，1946年，76—95页，沈阳；《饕餮考——中国铜器花纹所见之图腾遗痕》，《中和月刊》第5卷，第1，2，3期，1944年；《说羽人》，《国立沈阳博物馆筹备会汇刊》第1期，1947年。

(8) 本为鸟兽草木之神者：句芒益象夔龙朱虎熊罴。[1]

杨宽的若干结论，即若干古史人物之还原，也许不无问题，但我们对他的结论中由神变人的一个大原则，则不能不加以赞同。下文即将讨论这种神话历史化的因素。

从以上及其他可能的来源而产生的英雄先祖，在东周的文献中真有济济乎之盛。这些先祖，照许多文献的解释，又互相之间有直接间接的亲戚关系。从《国语》、《世本》与《大戴礼》关于帝系的记录，我们可以做出整然有序的英雄族谱出来：契不仅是子姓之祖，弃不仅是姬姓之祖，二者还成了同父异母的兄弟，黄帝与嫘祖的后代。这些系裔关系从文末的几个表上可以看得很清楚。好几位前辈的学者，很严肃认真地在东周文献中的这些家谱上下功夫，把这些英雄先祖分成若干集团，把他们当做中国先殷时代的几个不同的民族看。[2]这一类的工作自然不失其重要性，但就其目的来说，似乎是上了东周古人的一个大当。为了解释这一点，我们便不能不了解东周时代神话人物转化为历史人物，而且这些历史人物又都发生了亲戚关系的根本原因。下面一篇文字的讨论便集中在这些问题之上。

上文对于商周神话的分类的讨论中，并没有把有关的资料一一征引出来。我只选择了一些重要的资料，在一个型式学的框架之下描述了出来。但是所有在文献中能够找到的商周神话

---

[1] 杨宽《中国上古史导论》序。
[2] 上引徐旭生《中国古史的传说时代》；蒙文通《古史甄微》，孙作云诸论文及 W. Eberhard《古代中国之地方文化》。

之有相当的实质内容而且又有重要的历史意义的,上文的分类事实上都已包含了进去;而且这里的分类所依据的标准仍是神话本身的内容与性质。所遗漏的资料,绝大部分都是只有断简残篇,无法处理的一些古人或神物的名字。就现存的文献而言,商周两代每一个时期的神话大概都包括在上面了。

我们似可把商周两代的神话史分为三个大的阶段:殷、西周和东周。商代的神话以氏族始祖之诞生,及自然神祇之组织为最主要的主题。始祖与神祇的分别并不明确,而其彼此的世界互相重叠。神界的上帝至尊神或为先祖的抽象观念或与某一个先祖相叠合。从现存的文献上看,商代没有宇宙起源的神话,没有神祖世界分离的神话,也没有天灾和救世的神话。或者换个说法,即使这些神话在商代有过,他们在仪式上的重要性与普遍性尚未大到在各种文献中出现的程度。

西周的神话与殷代的差不太多,从文献上看,西周也有氏族始祖神话,及自然诸神之神话,而其他神话诸型则仍未出现。但是在商与西周的神话之间,有一点非常基本的分别:商人的观念中祖先的世界与神仙的世界并未做清楚的分辨,而西周人则在这方面迈进了一步,把上帝及其神界放到一个新的范畴,即"天"里去,把人王当做"天子",而不复把人王之先祖与上帝合而为一。

东周(本文所说"东周",多指春秋中叶以后,并非皆自平王东迁之年始;但为说明叙述方便,即以"东周"概括之)的神话则自西周的基础上又发生了一连串的剧烈变化:(一)先祖英雄神话在文献中陡然增加;(二)很多超自然世界中的神祇灵物"人化"为传说历史上的英雄人物;(三)这些先祖英雄常互相有亲戚关系,可以溯为少数的几个系谱;(四)先祖的世界与神的世界明确地分为两个不同的世界,各自朝着不同的方向发展与复杂化；（五）这两个世界的关系常是互相敌对与竞争的；（六）人类世界由天降灾祸而受害，但灾祸继为先祖之英雄所消灭；（七）自然的世界既完全与人的世界分开，其形成、结构与起源乃有一套宇宙生成的神话来加以说明。

指出上述神话之变化的，绝不是自本文始；我也绝非第一个试求加以解释的。照许多学者的意见，商周神话之若干类型之"少"，或"多"，或"比其他文明为贫乏"这一类的特征，事实上代表一种反面的证据并反映古代文献之缺乏及保存不均衡的情况。换言之，我们所知道的商周神话只是真正的商周神话中极不完全极不富代表性的一些抽样（random samples）。根据这种看法，对商周神话整个的一般性的研究从根本上就非失败不可。另外有若干学者也承认"文献无征"这一条基本的假定，但使用所谓"民族学"的方法，宣称可以利用后代的材料来填充前代的空白。对于这两种说法，在上文都已经讨论过了。

还有的学者承认我们所知的商周神话是可靠而有相当的代表性的，同时进一步加以解释。例如，德克·卜德（Derk Bodde）就主张，中国古代自然创造神话之稀少是由于古代中国人对人类社会政治关系之集中注意及相应的对自然世界的疏略。[1]有几位很知名的学者曾经主张，中国古代神话之"不发达"是因为中国先天不厚，古人必须勤于度日，没有功夫躺在棕榈树下白日作梦见鬼。[2]这后一种说法，自然是很可

---

[1] Derk Bodde, "The Myths of Ancient China", in: (S. Kramer, ed.), *Mythologies of the Ancient World*, 1961, p. 405; Derk Bodde, "Dominant Ideas in the Formation of Chinese Culture", *Journal of American Oriental Society*, Vol. 62, No. 4, pp. 293-299, 1942.

[2] 如玄珠《中国神话研究 ABC》上册，8—10 页所引的说法。

笑的。

但是绝大多数研究中国古代神话的学者，都同意下面这一种有力而合理的解释：古代中国神话之少与在这甚少的资料中先祖英雄故事之多，主要的原因是商与西周时代神话的历史化；神话历史化的原因，一方面是东周与汉代儒家思想不容"怪力乱神"，因而有意识地将玄秘的神话加以合理化的解释，另一方面这也是春秋末年以迄战国时代人文主义与文艺复兴潮流下的必然趋势。杨宽举了很有力的例子来对这个理论加以说明：神话说黄帝有"四面"，孔夫子解释成为"四面灵通"的四面；神话说"夔一足"，孔夫子解释说：夔，有一个也就够了。[1]东周时代是中国文化、政治、经济与社会上大变革的时代；中国的文明同时在幅度上与深度上扩张，知识与技术普遍化甚而商业化。在这种情况之下，士大夫与平民之间都产生了在世界观上的觉醒，因而造成神话支配势力的减削与理性力量的发达。因此，我相信这种解释，即东周时代神话之历史化乃是人文主义与文艺复兴运动的结果，一如欧洲人文主义与文艺复兴征服了中世纪的宗教独霸思想，是一个合理的解释。

但是，我对这个解释并不觉得完全满意。这并不是说，这个解释本身有什么错误；我所不满意的，是这个解释还不能把东周时代文化社会的变化与神话上的变化很具体地扣合起来，还不能把致其变化的具体关键（mechanism）清楚地说明。我在下文以及其他数篇计划中的文字里，将进一步提出一个新的理论；这个理论在基本的原则上与既有的说法是相合的，但它能进一步把变化的种种细节说明，并将神话的变化与文化社会

---

[1] 杨宽《中国上古史导论》，125—126页；主张此说的，又如徐旭生及冯承钧及袁珂《中国古代神话》，1960年，17页。

的变化更具体地联系起来。简略说来，我想证明，中国古代的神话在根本上是以亲族团体为中心的；亲族团体不但决定个人在亲属制度上的地位，而且决定他在政治上的地位；从商到周末，亲属制度与政治制度之间的密切联系关系发生了剧烈的变化，而神话史上的演变是这种政治与亲属制度之演进所造成的。

为了证明这个理论，我们不能仅仅在神话本身里兜圈子，而非得先把神话变化之文化变迁的背景说明不可。下文代表朝这个方向努力的一个初步的尝试。

1.《大戴礼·帝系姓》世系表

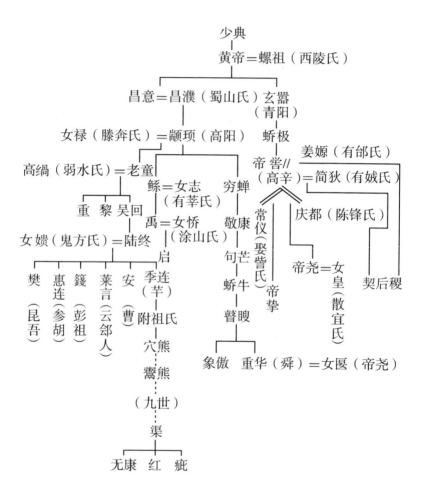

2.《世本・帝系》世系表

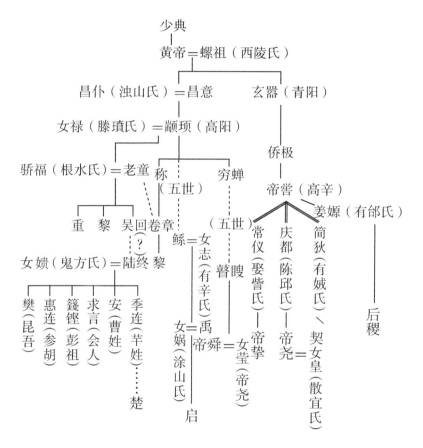

3.《国语·晋语》世系

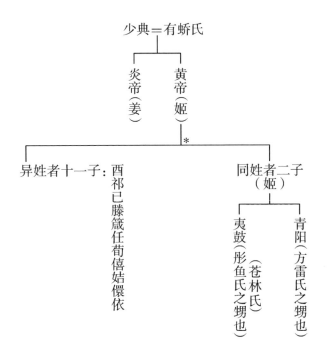

---

* 黄帝之子二十五人。凡黄帝之子二十五宗。其同生而异姓者四母之子,别为十二姓。其得姓者十四人,为十二姓。

商周神话与美术中所见人与
动物关系之演变 *

导　言

在这篇文章里，我想借对一个很小题目上的发挥，来做一点比较广泛的主张。题目是有关中国古代商周两代的神话与美术里所见的动物的意义与功能的若干方面。所作的主张是：要了解它们的意义与功能，把神话中或美术中所见的动物孤立起来研究是不充分的；我们不但得把神话中与美术中所见的动物都拿来讨论，而且要考虑神话中的动物与美术中的动物之间的相互关系，以及它们与商周文明其他各方面的特征的关系。另一方面，这种种的关系，要想一一认明，非得不仅是在静态的情况之下而且要在变迁的环境之中加以研究不可。

在商周的神话与美术中，动物占有很重要的地位。这个事实，我想是大家都承认，不待我多举例子来证明。在神话里，[1]动物所扮演的角色，从族群的祖先，一直到上帝的使

---

* 原载《中央研究院民族学研究所集刊》(1963) 16，115—146 页。
[1] 详见本书《商周神话之分类》一文。

者；从先祖英雄的伴侣，一直到为英雄所征戮的恶魔。动物在神话中的重要地位，甚至比表面看得出来的还要大些。若干历史学家，如杨宽，相信在中国古代圣贤豪杰的传说中，十个中有九个原是动物神灵的化身[1]；又如孙作云，认为许多神话传说中的英雄人物，本是以动物为图腾始祖的族群的酋长。[2]不论这种解释是否可以全部接受，我想要说动物是商周神话中最重要的角色之一似乎不能算是言过其实的浮言。在美术上，亘商周两代，种种的动物，或是动物身体的部分，构成装饰美术单元的一大部分，而出现于青铜礼器[3]、兵器、用器、车马器、乐器、数种的陶器、木、骨与玉的雕刻与镶嵌、漆器与青铜与骨制的饰物上。此外，动物且为木石雕刻造型的主要母题。[4]这些动物的种类，有一大部分是可以认出来的[5]，如

---

[1] 杨宽《古史辨》第7册，序，1941年，2—13页。如象（舜弟）本是象，伯益本是燕，禺本是龙，飞廉本是有翼神兽，祝融（朱明、昭明、丹朱、驩兜）本是日神，即赤鸟，蓐收本是虎。

[2] 孙作云《蚩尤考：中国古代蛇族之研究——夏史新探》，《中和月刊》2卷4期27—50页，5期36—57页，1941年；《飞廉考：中国古代鸟氏族研究》，《华北编译馆刊》2卷3、4期，1943年；《后羿传说丛考》，《中国学报》1卷3期，19—29页，4期，67—80页，5期49—66页，1944年；《中国古代鸟氏族诸酋长考》，《中国学报》3卷3期，1945年，18—36页；《说丹朱——中国古代鹤氏族之研究：说高跷戏出于图腾跳舞》，《历史与考古》第1号，1946年，76—95页；《饕餮考——中国铜器花纹所见之图腾遗痕》，《中和月刊》5卷，1—3期；《说羽人》，《国立沈阳博物馆筹备会汇刊》1期，1947年。

[3] 如容庚《商周彝器通考》，1941年，第6章《花纹》所举诸例。

[4] 见 Osvald Sirén, "Histoire des Arts Anciens de la Chine, I: La Période Préhistorique, L'époque Tcheou, L'époque Tch'ou et T'sin, " *Annales du Musée Guimet, Bibliotheque d'art*, N. S. 3 (1929), Paris et Bruxelles; L. Bachhofer, *A Short History of Chinese art*, New York, Pantheon Books, 1946。

[5] 见李济：Hunting Records, Faunistic Remains, and Decorative Patterns from the Archaeological Site of Anyang.《国立台湾大学考古人类学刊》第9、10合期，1957。

水牛、鹿、犀牛、虎、象、羊、牛及其他哺乳类；蛇及其他爬虫类，以及蚕、蝉和许多种类的鸟和鱼。另外还有些动物，则是神话性而为自然界中所无的，如饕餮、龙、凤及其种种的变形。我想要说商周的美术大致上是以动物形为支配纹样的美术似乎也不能算是言过其实的浮言。

研究中国古史的中外学者，已经写了无数卷的书籍文章，花了多少人平生的精力，集中研究商周的神话与美术。固然，未解决的问题仍然甚多，但是我们无论如何不能说，在这些问题上，我们是在荒芜的处女地上来探索。为了避免与前辈的学者作不必要的重复，我只想在这方面的许多问题中拣一个很小的题目做一点集中的讨论，也就是关于这些动物的意义上的若干问题。研究本题的学者，泰半都能同意，商周神话与美术中的动物，具有宗教上与仪式上的意义。[1] 我希望能借对于这些动物在商周的宗教仪式生活，以及宗教仪式以外一般的社会文化生活里所占的功能地位的一些讨论，来把商周神话与美术中的动物的宗教仪式上的意义作相当程度的澄清。

因为，不讲神话与美术中这些动物的功能上的意义，我们就无意义可以加以理解。所谓"动物纹样的美术"，或是"动物型态的神话"这类名词，实在是与"农业"或"陶器"在

---

[1] 如 Florance Waterbury, *Early Chinese Symbols and Literature: Vestiges and Speculations* (New York, E. Weyhe), 1942; William van Heusden, *Ancient Chinese Bronzes of the Shang and Chou dynasties*, Privately published, Tokyo, 1952; Phyllis Ackerman, *Ritual Bronzes of Ancient China* (New York: Dryden Press, 1945) 等书中所作的分析，及孙作云上引《饕餮考》; H. G. Creel, *Studies in Early Chinese Culture* (Baltimore, Waverly Press, 1937) 中对商周美术的评语。

同一个水平上的概念,它们在中国古代文化社会环境中的意义,必须从它们在这个环境中所占的地位上去理解。在讨论古代埃及与两河流域的美术时,已故的亨利·弗兰夫特教授曾经大胆地说,我们在这些美术的创作中所认识的,乃是"美术的灵感的产物,而不是智慧推敲的成品"。他说:"在古代的艺术家的心中的问题,并不是:'我当怎样把国王当作神或当做英雄而加以表达出来?'在他的心中,只是:'我现在要描绘国王陛下',而依其为一埃及人或一亚述人,其结果即如我们所见。"[1]所谓"意义",假如仅只是我们用于解释古代美术或是宗教的一个界说清楚的抽象概念,并不能作为结构分析的基础,亦不能用为历史比较的根据。因此,我的讨论将集中在一个问题之上,即我们当如何把古代神话或美术之作者的主观观点辨认出来。我在这里想提出来的一个看法,是我们可以借对于神话与美术作品本身所显露出来的他们对神话中的动物的态度的考察,来达到这个目的。

一、人对于动物态度之转变

上面已经提到,我们主张借对于种种相互关系在变迁的环境中的考察来研究我们的问题。我们现在不妨开始考查,在变化中的美术、神话,以及文化的其他境域中所显示出来的,商周时代的人对于神话动物的态度的转变。

一般来说,商周时代的美术风格可以分为三个不同而连续的"式",即高本汉所称的古典式、中周式与淮式,亦即郭沫

---

[1] Henri Frankfort, *Kingship and the Gods* (The University of Chicago Press), 1948, p. 11.

若所称的古典期、退化期与中兴期。[1]做这种分期的根据，包括金文的内容与款式、器物的形制，与装饰花纹的变迁，但在这里我们只讨论装饰美术中的动物母题。古典式的装饰花纹中的动物种类繁多，而且表现一种高昂的情绪，并给人以有力的感觉。最常见的动物母题为饕餮纹，而饕餮面形常常构成一个铜器全部装饰花纹的中心，为比较小而次要的装饰母题所环绕。"神秘"、"神奇"、"生动"、"有力"与"感人"，是一些常常用来形容这种古典式的动物美术的词句，而其中之动物的确有一种令人生畏的感觉，显然具有由神话中得来的大力量。人形在美术品上很罕见；偶尔出现时，他们对于装饰的动物而言似乎仅占有一种隶属性与被动性的地位（图1）。

  古典式流行的时代，是在商朝的后半与西周的初年。自公元前约950年起，——这是依照高本汉的说法——周代的装饰美术成为中周式的天下。在中周式底下，许多动物形的纹样趋向呆板与固定化，其形状所表现的神话式的力量显然递减，而古典式中占领导地位的饕餮纹几乎完全消失。在许多铜器的装饰花纹中，动物形的纹样仍旧保存，但他们的神话性与超自然的魔力则远不似古典式时代之显然。这一种演变的趋势，到了公元前650年以后，亦即春秋的中叶以后，美术史上的淮式时代，就更加显然与深刻化。古典式的许多动物纹样，包括饕餮纹在内，到了淮式里又重新出现，但它们的形状更加趋向因袭传统化，把在古典式时代中所具有的神异力量似乎都丢掉了。譬如，淮式的动物纹样常常用为器物装饰花纹中许多构成因素

---

[1]　见 B. Karlgren 的 "Yin and Chou in Chinese Bronzes" 及 "New Studies in Yin and Chou Bronzes" 二文，载 *Bulletin of the Muscum of Far Eastern Antiquities*, Nos, 8 and 9, 1936, 1937, 及郭氏的《青铜时代》，1945年。

图1 商代铜器上的人兽关系（安阳司母戊鼎，采自讲谈社《图说中国の历史》）

的小部分，独个的动物很少在面积上占很大的地盘。同时，淮式花纹里的一个新的特征，是所谓猎纹的出现——在猎纹的构图里，神异的兽鸟似乎为人间的战士所征服杀戮（图2）。简而言之，从古典式到淮式，专就装饰美术中的动物而言，似乎有两点重要的变化：第一，在早期，饕餮及其他的神异动物似乎具有很大的神力与支配性的影响，而到了晚期，这种有力生动的纹样变得因袭呆板，似乎不复具有那种神奇的力量。第二，在商代及西周早期的器物花纹里，人似乎仅有被动的与隶属性的地位，而到了东周时代人则变成了动物的征服者或至少是挑战者。换言之，从商代到战国，在美术中所见人与神异动物的关系，似乎经历了若干剧烈的变化，其主要的表现是老的饕餮纹样之因袭化与新的写实性的兽纹的出现，都呈示一种人对于这类神异动物的新的态度，一种不复能称为敬畏的新态度。

图2 东周后期美术品上人兽关系（洛阳战国墓出土玉人，采自《考古》1959年第12期，657页）

在商周的神话里，类似于此的变化也可以看得出来。在这里我们显然不可能详细讨论商周神话的年代问题；其实，即使能够讨论，恐怕也不能得到什么大家都能满意的结果出来。但是我相信，大家对下述这一点也许大致都可以同意：关于商周氏族祖先诞生的神话，多半起源于商周时代较早的时期，而天地开辟转形的神话与英雄救人世于天灾的神话可能起源于周代较晚的时期。[1]假如我们承认这一点是可以成立的——我相信可以举出详细的论证来证明其可以成立——，则在早期的神话里，动物所扮演的角色有下面这几种：为氏族始祖诞生之必要因素，如子姓与玄鸟的关系；为神之使者，如凤；为氏族始祖的保护者，如《诗·生民》里所述后稷之与牛羊鸟的关系；为祖先宾上帝之伴侣，如夏后启与两龙的关系。我想如说在较早期的神话中人对动物的态度为密切、尊敬与畏惧，恐怕是不中亦不远的。在东周时代的神话，这种态度不复为支配的态度。这时，动物不但不复为祖先诞生的帮忙者，且成为降祸于人世的恶魔，或为祖先英雄所驱除斩擒以立功勋的敌人。这些英雄之中之最熟知的，是羿，羿不但斩除地上吃人的蛇兽，且射了日中的金乌，因而解除了尧时的一大旱灾。

此种由美术与神话中所能看出来的人对于动物的态度的转变，在商周考古与历史的许多其他方面也留了显著的痕迹。在这里我只举出骨卜的历史为例。在华北新石器时代的龙山期，商代，及西周的初期，有所谓骨卜的习俗，即用牛、鹿、羊或猪的肩胛骨刮制以后用炙烧出裂纹，以为卜兆而审凶吉。骨卜之俗在商代为最盛，除肩胛骨以外尚用龟甲，并书刻卜辞于甲骨之上，这是大家所熟知的。从卜辞可知，商代的占卜乃是借

---

[1] 见本书《商周神话之分类》一文。

动物骨甲为媒介而与死去的祖先沟通消息。商亡以后,骨卜之俗顿衰,到了东周时代,有考古的证据说,虽然仍有施行的,但已不占什么重要的地位。从骨卜的历史我们也许可以作一大致性的推论,即在殷周之早期,生人可以借动物的骨质之助而与死者通达消息,而到了后期则动物骨骼不复有这种功能而占卜之行多借其他的媒介。

这些证据,合在一起,似乎很有力地对商周时代人对于动物态度之转变,提供了坚强的注脚。即在商周的早期,神奇的动物具有很大的支配性的神力,而对动物而言,人的地位是被动与隶属性的。到了周代的后期,人从动物的神话力量之下解脱出来,常常以挑战者的姿态出现,有时甚至成为胜利的一方面。对于这种现象,我们不禁要追问其原因,而不少学者已经作过解答的尝试。最常见的一种解释,求之于周代晚期智识之普及与深刻化,及当时由儒家所代表的人文主义的兴起。[1]我个人的看法,觉得这种解释是很合理的,大致上是对的,但是不够。其不够之处,主要是在没能把商周时代的文化与社会中与人对动物之态度最有密切关系的若干方面,具体地个别地指明,加以解释。

商周神话与美术中的动物的意义的直接有效的解释,必得从商周文化发展史开始。——这部文化发展史建立的基础,不但要靠考古学,而且得靠历史,不但包括美术与意识,而且包

---

[1] 如杨宽的《中国上古史导论》,载《古史辨》第 7 册;Derk Bodde, "Myths of Ancient China", 载 S. N, Kramer 编的 *Mrthologies of the ancient world*, New York, Doubleday & Co., 1961, 372—376 页的讨论;Henri Maspero 的 "Légendes Mythologiques dans la Chou King", 载 *Journal Asialique*, 204 卷, 1924, 1—2 页, 及马氏的 *les religions Chinoises*, *Melanges posthumes sur les religions a phistoire da la China*, I. Paris, Musée Guimet, 1950, 179—180 页。

括整个的文化与社会的构成。更具体地说，我想提出下面这一条假说：商周的神话动物，不管是从其特征上看还是从其演变上看，必须根据在商周时代世界观里面神、祖与动物之间的相互关系上来加以解释。我想以下述的步骤来证明这个假说。

二、商周亲族群之若干特征

要把"神圣的"世界里祖与神之间的关系弄清楚，我们不妨先把那"凡俗的"世界里祖与生人之间的关系搞明白。因此，我们先把商周的亲族制度作一个大略的说明。

商周时代的中国人大概组织成若干数目的单系亲族群，即氏族。已故的丁山相信他从商代的卜辞里可以认出200个以上有"图腾"意义的族名。[1]到了武王伐纣的时候，照《逸周书》的记录，与周有关系的"国"不下751个之多；有人说这"国"多半就是氏族。[2]商周的氏族，至少其荦荦大者，都是父系的；换言之，其系嗣族姓自父传子。[3]同时，这些氏族都是组织严密的所谓"共同体"（corporate groups）。各族各

---

[1] 丁山《甲骨文所见氏族及其制度》，1956年，32页。
[2] 《世俘解》："憨国九十有九……服国六百五十有二。"
[3] 东周时代及汉初的若干文献，如《庄子·盗跖》，《吕氏春秋·恃君览》，及《商君书·开塞》，都提到一个古代的社会，其时"民知其母而不知其父"。有的学者，如李玄伯先生（《中国古代社会史》，1954年，74—77页），主张这种记载也许表示中国远古社会有过一个"母系"或"母权"的时代；"母权"的问题在欧洲的汉学家里还很引起过一番辩论。这个问题，对本题的关系不大，因为商周时代的王室及世族，据我们所知的，都是父系的。商世系的远祖都是男性的祖，而西周王位之由父传子更是例行的典制。《诗·大雅·蓼莪》甚至说"父兮生我，母兮鞠我"，可以说是父系到了极点了！假如古代有母系社会，必在商代之前或商周的边疆民族。作者在《中国远古时代仪式生活的若干资料》一文中的讨论或者可供参考。

有一姓，因其始祖之"生"而得，沿父子系统而传。同族的成员共戴一姓，同姓的人彼此不相通婚。[1]"同姓不婚"之制，虽有破守之例[2]，大体上是严格遵行的规则。《国语·晋语》里对此有一段解释：

> 异姓则异德，异德则异类；异类虽近，男女相及，以生民也。同姓则同德，同德则同心，同心则同志；同志虽远，男女不相及，畏黩故也。

这段文字所代表的优生遗传学，显然是不甚科学，但如下文所述，其所代表的若干概念对我们在本题上的解释有很大的关系；这里暂且不提。总之，婚姻的规则很清楚地把亲族群的范围界限出来；氏族成员的范围界说，同时又可见于亲属称谓制，用社会人类学的术语说，所谓二分合并型的伯叔姑姨称谓与 Omaha 型的表堂兄弟姊妹称谓[3]以及在共同财产（象征性的以及实质性的）上的权利义务关系。后者包括土地所有权、使用权及特殊的技术知识之类。[4]

在这里我们感觉更大兴趣的是氏族成员的祭仪上的权利义

---

[1] 《左传·僖公二十三年》："男女同姓，其生不蕃。"《昭公元年》："内官不及同姓，其生不殖。"《晋语》："娶妻避其同姓。"《郑语》："先王聘后于异姓。"《曲礼》："娶妻不娶同姓，故买妾不知其姓则卜之。"
[2] 《论语·述而》；《左传·昭公元年》。
[3] 芮逸夫《论古今亲属称谓的异制》，《中央研究院院刊》第 1 辑，1954 年，53—67 页；《中国古代亲属称谓与奥麻哈型的相似》，《考古人类学刊》第 12 期，1958 年，1—19 页。
[4] 由《左传·定公四年》所记殷民族名，如长勺氏、尾勺氏及陶氏等，可见有的宗族或宗族以下的族群，以手工业为名。河南郑州殷代遗址所发现的若干铸铜作陶的工场，其附近住宅分布情形亦暗示特殊手工业与宗族或大家族的密切联系。

务。同氏族的成员皆溯其起源于男性的祖先,并以祖先崇拜为这个事实之象征性的结晶。从考古与历史文献的证据,我们颇知道一些祖先崇拜仪式的细节,以及与此有关的若干具体物事,如祖庙[1]祖先的牌位[2],以及祭祖用的陶铜器皿。《礼记·曲礼》上说:

> 君子将营宫室,宗庙为先、厩库为次、居室为后。凡家造,祭器为先、牺赋为次、养器为后。无田禄者不设祭器,有田禄者先为祭服。君子虽贫不粥祭器,虽寒不衣祭服,为宫室不斩于丘木。大夫士去国,祭器不踰竟。

祖庙及祭器的重要性很有力地反映了周代礼制中祖先崇拜的重要性。在这一点上,《礼记·祭统》里还有一段很重要的话:

> 凡治人之道,莫急于礼;礼有五经,莫重于祭。夫祭者,非物自外至者也,自中出生于心也。心怵而奉之以礼,是故惟贤者能尽祭之义……上则顺于鬼神、外则顺于君长、内则以孝于亲,如此之谓备。惟贤者能备,能备然后能祭。

为了保证这种"自中出生于心"之祭的切实遵行,"天子五年

---

[1] 见凌纯声《中国祖庙的起源》,《中央研究院民族学研究所集刊》(1959) 7,141—184 页。《左传·襄公十二年》:"凡诸侯之丧,异姓临于外,同姓于宗庙,同宗于祖庙,同族于祢庙。"
[2] 郭沫若《释祖妣》,载《甲骨文字研究》;凌纯声《中国古代神主与阴阳性器崇拜》,《中央研究院民族学研究所集刊》,(1959) 8。

一巡守……宗庙有不顺者为不孝，不孝者君绌以爵"。[1]

如果说祖祭的祭仪及其有关的物事如祖庙、牌位及祭器有加强与叮咛的作用，并为氏族团结之象征，则神话的功能在供给典章，与氏族团体的存在理由。《礼记》与《国语》都说：

> 子孙之守宗庙社稷者，其祖先无美而称之，是诬也；有善而弗知，不明也；知而弗传，不仁也。

在这种观念之下，每个父系氏族自然就与若干"传"祖先之美与善的神话相联系结合。[2]祖先之善美有各式多种，因时代而异，下文还要详谈。

对于商周氏族的特征，我们只能说到此为止。这里的说明，自然是不完备的，但我希望我们已经把神话在这一套亲族系统中的地位解释清楚。但是除了这些点以外，商周亲族制还有一项特征，上面还没有提到，但它对以后的讨论有极要紧的关系，不能不提出来详细讨论一下。这一点即是：在商周两代，亲族关系是直接决定政治地位的一个重要因素。

为了说明方便，我们不妨把当时的复杂情形简化，将不同的亲族群之间政治地位的差别分为三种：

（一）第一种情形是同一国之内的统治者与被统治者之间的关系，或公室与平民之间的关系。这两种政治集团常属于不同的氏姓，是大家熟知的事实。例如，吴、晋与虞各国的公室都是姬姓，周天子的宗室。吴之平民为所谓荆蛮，晋之平民为古唐国之

---

[1] 《礼记·王制》。
[2] B. Karlgren, "Legends and Cults in Ancient China", *Bulletin of the Museum of Far Eastern Antiquities*, No. 18, 1946.

遗，而虞之平民是有虞之后。这是傅斯年早已指出的。[1]

（二）第二种情形是同姓诸国公室之间的政治关系，如宗周与鲁晋卫虞诸国公室之间的关系。至少在原则上说，他们之间的政治地位是由宗法制度而来的——各代之长子继承各国的法统，而少子则迁出为藩屏公室，其政治地位对嫡长而言比降。分支分得愈远，其国其邑的政治地位就愈低。[2]这固然是周代的礼制，但不少卜辞学者都相信宗法制度的初型是在商代已经底定了的。[3]

（三）第三种情形是异姓诸国公室之间的政治地位关系，如鲁之姬姓公室与齐之姜姓公室之间的关系。异姓诸国公室间相对政治地位的维持与变化的因素，是个看来简单而深究起来非常复杂的问题，牵涉的范围亦广，在这里我们不准备加以详细的讨论。我只想指出，在这一方面，当时的亲族制度也起了很大的作用。亲族制度中对异姓诸国公室间政治关系最有关键作用的一点，是所谓母方交表婚制的存在。从男子的立场来说，母方交表婚制是与舅表姊妹通婚而与姑表姊妹禁婚的制度。英国的社会人类学家里奇（E. R. Leach）根据他在缅甸北部卡侵（Kachin）人中调查的结果，主张母方交表婚制经常为政治制度的一部分，因为在这种制度之下，不同的氏族之间妇女的交换

---

[1] 傅斯年《姜原》，《历史语言研究所集刊》第2本第1分，1930年。
[2] 周宗法的基本资料，见《礼记·大传》及《丧服小记》；近人的研究，如李安宅《仪礼与礼记之社会学的研究》，上海，商务印书馆1931年版，75—77页；李卉《中国与波利尼西亚的枝族制》，《中央研究院民族学研究所集刊》第4期，1957年，123—124页；孙耀《春秋时代之世族》，上海，中华书局1931年版。
[3] 如胡厚宣《殷代婚姻家族宗法生育制度考》，《甲骨学商史论丛》第1卷，1944年；杨树达《积微居甲文说·卜辞琐记》，48—51页；陈梦家《殷墟卜辞综述》。

经常不是对称性的，因而产生不均衡的权利义务关系。[1]根据东周时代的文献，我相信可以证明，母方交表婚是东周时代异姓公室之间通行婚制之一种，而这种婚制又与彼此的政治地位差异有密切的关系。[2]

---

[1] E. R. Leach, "The structural implications of matrilateral cross – cousin marriage", *Journal of Royal Anthropological Institute*, 1951. 在卡侵人里，照 Leach 的描写，"一男子以三种不同的方式与其同社的成员攀亲戚关系：他自己氏族成员（不论是否在一起居住）为其'兄弟'；……他自己及他的兄弟自其中娶妻的地方氏族群中的人为其 *mayu*；他的姊妹所嫁入的地方氏族群中的人为其 *dama*。"东周宗室因婚姻关系有"兄弟之国"，"舅国"与"甥国"之别（见下注），与卡侵人的情形可相比照。

[2] 东周列国之间的关系，照当代记载的大分类，可以分为两种：兄弟之国与甥舅之国。《左传·成公二年》："兄弟甥舅"。杜注："兄弟，同姓国；甥舅，异姓国。"同姓之国互称兄弟，有宗法制度可以解释，纵然这里面也非全无问题。但异姓之国何以互称甥舅？芮逸夫（《释甥舅之国》，《历史语言研究所集刊》第 30 本上，1959 年，237—258 页）广征博引，主张东周甥舅之国实为互相通婚之国，其说无疑可以成立。作者拟更进一步主张，异姓国之间婚制，在若干情况之下实以母方的交表婚制为原则。为篇幅所限，此地不能把这个问题作充分的讨论，但因问题之重要，我们不妨把最要紧的一些证据提出。

　　列国公室之间互相婚配，为众所知，而周姬与齐姜的婚媾，尤为学者所称引（如李宗侗的《中国古代社会史》，35—36 页；芮逸夫的《释甥舅之国》，238、245—247 页，及李亚农的《周族的氏族制与拓跋族的前封建制》，20—21 页）。在这个现象以外，学者又研究出来在中国古代亲属称谓制里世代的差异常被加以忽视。因此不少学者主张古有交表婚制（如 M. Granet, *Chinese Civilization*, 1930, p. 187；T. S. Chen and J. K. Shryock, "Chinese Kinship Terms", *American Anthropologist*, vol. 30, 1928, pp. 265—266；Han-yi Feng, *The Chinese Kinship System*, 1948, p. 45），而周之昭穆制度为由交表异代互婚所产生的婚姻组（如李宗侗的《中国古代社会史》，51—57 页）。由文献中少数公室婚例看来，中国古代似确有过双方交表婚的制度（bilateral cross-cousin marriage）。

　　但在周代文献中所吐露的若干另外的事实，并不能为此种假定做充分的解释。其一，互相婚配的列国彼此称甥道舅这一点本身便是个很值得注意的一个有趣现象。在双方交表婚制之下，男女两家的关系因世代而异，但东周甥国之为甥与舅国之为舅似乎是历代不变的称呼。《诗·陈风·衡门》："岂

我希望上面的讨论可以使我们作下述的几个假设：（一）在

（接上页）其食鱼，必河之鲂；岂其取妻，必齐之姜；岂其食鱼，必河之鲤；岂其取妻，必宋之子。"这首诗颇暗示当时必有姬姓男子有恒娶姜子两姓的事实。

其二，照《左传》等书看来，互婚二国之亲称，以二国为单位，未必依确有婚姻关系之个人而异。《左传·昭公十二年》："齐王，舅也。"杜注："成王母，齐大公女。"因此齐国似恒为周之"舅"；虽然齐王之娶姬女的记载也非全无，齐国并不因此而为周之甥。

其三，在《左传》里所能找到的鲁君家族的婚姻记录，似乎表示公族间的婚姻记录，似乎表示公族间的婚姻关系有"单行的"而非"互惠"的倾向。例如鲁君常娶齐姜为妇，但鲁君的女儿则很少嫁到齐国去的，而多出嫁到纪、杞、莒、鄫、郯、宋及邾等异姓国去；齐侯则嫔女于鲁、郏及周（例如《左传》隐公二年、七年，庄公二年、二十三年、二十五年、二十七年，僖公十一年、十五年、三十一年，宣公元年、十六年，成公九年、十一年）。这些例子说明：齐常为舅，而鲁常为甥，纵然相反的婚例不是没有。

其四，东周公室之间的婚制似包括所谓娣媵制（sororate），即姐妹共嫁一夫（李玄伯《中国古代婚姻制度的几种现象》，《史学集刊》第4期，1944年，1—19页），同时东周的亲属称谓制似有所谓 Omaha 的趋势（芮逸夫上引奥麻哈文）。D. B. Eyde 及 P. M. Postal（"Avunculocality and Incest," *American Anthropologist*, vol. 63, pp. 747 – 771, 1961）主张 matrilateral cross-cousin marriage 在父系氏族制度之下如与娣媵制相结合可以造成产生 Omaha 制的 cousin terminology 的有利条件。反过来说，东周时代 Omaha 制与娣媵制之同时存在，但母与舅表姊妹不同称谓（见芮逸夫《尔雅释亲补正》，《文史哲学报》第1期，1950年），似乎也就暗示当时有母方交表婚配制的存在。

以上所举资料，似可证明，在东周时代双方交表婚配的基础之上，或在此种制度之外，曾有母方交表婚制的产生，即男子只娶舅父之女而不娶姑母之女。在这种制度之下，Leach 谓："嫁女之群与娶妇之群彼此的关系是不对称的，因此其地位之悬殊乃成为一自然之趋势。……（但）我们无法从原则上米预料何者之地位为高。"在中国之现代，行母方交表婚的例子中，娶妇之族的社会上的地位似高于嫁女之族，亦即"甥国"的地位高于"舅国"（与卡侵人相反）（见许烺光 "Observations on Cross-cousin Marriage in China", *American Anthropologist*, vol. 47, No. 1, 1945）。东周的情形似亦相似。周姬及其兄弟之国在周代无疑享有政治上与社会上的尊崇地位（虽未必为实力），而以诸侯为其舅国。姬女所嫁之国，虽政治势力多属微弱，但如宋郯鄫杞等国为古氏族之遗，或在精神上占有相当的崇高地位。自然东周的情势远比卡侵为复杂，异姓列国间的关系亦非甥舅二字所能罄，但上文讨论的情形至少为异姓列国间相对地位之维持下了一个值得注意的注脚。

商周两代，社会地位之分化有很大一部分是以亲族制度为直接的基础——由不同的氏族与亚氏族之对于嫡长世系之距离以及对于土地及其他财货的占有与使用关系而决定。（二）上层阶级本身又分为政治地位相差异的集团，而这些集团之构成亦基于亲族制度。（三）从这方面来看，诸公室之权力争夺乃是亲族群之间的争斗。这里所说的"亲族群"，显然不专指氏族而言，而包括氏族以内的宗族在内。我们现在且以这三点假设为下文讨论的起点。

三、商周王权历史与人、祖、神诸观念之变迁

上述的这项特征，即亲族群的政治性，或说是政治集团的亲族性，固非中国古代社会所专有的一项特征，却是当时很重要特殊的一项特征。这项特征如何而来，不是本文所能讨论的问题，但我们颇有理由相信，它在新石器时代已经开始。在另文中我已经根据若干考古遗物与历史文献而推测：新石器时代龙山期的华北农民已经发展了规模具备的父系氏族，而且在当时社会地位之分化亦与其父系氏族系统有关。[1]

根据现有的考古资料，我们可以很放心大胆地说：商代的历史文明是在龙山期新石器时代的文化的基础上发展出来的。从龙山期到商代的文化连续性，不仅表现于文化的形式之上，而且呈露于社会经济的领域以内。[2] 假如我们对于龙山期宗教特征的推测全部或大部可以成立的话，则我们更可以说，商代

---

[1] 作者上引《远古时代仪式生活》一文。
[2] 见作者在 *Viking Fund Publications in Anthropology*, No. 32,（1962）中关于中国一文中的讨论。

自龙山期承袭了祖先崇拜与亲族群的政治性这两项重要特征。

从另一方面看来,我们当然也不会忘记商代在中国古代社会史上代表一个崭新局面的肇始。商代的文化,达到了所谓"文明"的境界,有前此所无的文字、城市、复杂的政治与行政、经济的分化,以及高度发达的青铜业。商代又是一个"朝代",代表肇源于少数的地方群对大片境域与多数地区的统治的一个传袭在一族之内的政治权力。换言之,龙山期仍处于野蛮的状态,而商代已进入于文明;龙山期的文化仍保持在村落的社会,而商代的统治已具备了王国的特征。

因此,我们相信商代的宗教在龙山期的基础上至少加上了两个新的成分,即上帝至尊神的观念,与将上帝与王室的子姓祖先相凑合的观念。

从一方面看,商朝代表一个地方群对其他地方群的王权统治,从另一方面看,它也代表一个氏族对其他氏族的集权政治。在商朝统治范围之内,可能有好几个以城市为中心的集团,每个集团各有一个政教的中心与农耕及营手工业的若干村落,而各集团合在一起组成以王都为中心的王国政体。在每个城市集团之内的统治者常为子姓氏族的贵族,而子姓氏族可以说是全国统治阶级的核心,国王权力的起点。

根据商代卜辞研究当时宗教信仰的学者都同意,上帝至尊神的观念在商代已经充分发展,而商代及其子姓王朝之统治一定在这种观念的发展上起过很大的促进作用。商代的上帝不但是自然界的首脑,也是人间的主宰,对水旱灾害有收降的力量,影响人王祸福,并统辖一个由自然界诸神与使者所组成的帝廷。[1]

---

[1] 关于商人的上帝观念,见本书《商周神话之分类》一文。

在另一方面，商代的上帝又有若干值得特别注意的特征。其一，上帝在商人的观念中没有一定的居所。其二，上帝不受人间直接的供奉。其三，上帝与子姓远祖之间的关系似颇有些纠缠不清；有几位远祖似乎是神，甚至于上帝的化身[1]，而且所有的远祖都可以很容易地宾见上帝或其他的神。郭鼎堂对这些现象所下的结论是：商的上帝就是帝喾，以一人而兼自然界的至尊神与商氏族的祖神。[2]我们不妨进一步的假说：上帝的观念是抽象，而个别的子姓祖先代表其实质。换言之，在商人的世界观里，神的世界与祖先的世界之间的差别，几乎微到不足道的程度。

商朝在公元前1122年前后为周朝所取代。在过去有不少史学家都相信商之亡与周之兴是中国古代政治社会史上划时代的大事，而且有民族史家主张周之亡商代表中国古代一大族群取代另一大族群为中国的统治者。

中国古代史上商周的冲突与巴比伦古史上苏美尔人与塞米提人之间的关系有若干相似之处。雅各布森（Thorkild Jacobsen）在他的名作《美索不达米亚早期历史中苏美尔人与塞米提人间假设之冲突》中[3]，有力地证明了，在美索不达米亚古代族群之间的冲突，主要是基于政治与地缘的因素，而非如前所相信的种族的因素。我希望强调地主张，商周之间的冲突亦基于相类似的因素。武王之伐纣，与其说是代表民族之间的冲突，毋宁说是一个文明之内不同的政治群之间的争斗。因为古代的政治群有不少亲族关系的组成基础，我们不妨进一步

---

[1] 殷王世系头顶上的高祖夒，到了东周文献里变成了帝喾、帝俊或者帝舜，所司之事及所备之能亦即上帝的化身。见本书《商周神话之分类》一文。
[2] 上引《青铜时代》，9页。
[3] 载 *Journal of the American Oriental Society*, vol. 59, 1939, pp. 485-495。

说，从这一方面看来，武王之伐纣代表一个氏族（姬姓）对另一个氏族（子姓）之征服。我们作此主张的根据，主要是鉴于从考古学的资料上看，商周之际，只有一个文明系统的继续发展，而找不到任何重要的中断与不整合的现象。[1]

从宗教上来看，商人宗教的几个根本特征，在武王伐纣以后，多为周人所承继。例如，繁缛的祖先崇拜与上帝的观念，都是自商到西周一贯相承的。[2]周人的统治，与商相同，也是一姓的朝代，因此周人之把上帝的至尊地位与上帝和统治氏族的祖先的密切关系加以继续维持，毋宁说是个自然的现象。姬姓祖先后稷的母亲姜嫄之怀孕生弃，乃是"履帝武"的结果；西周的诗《文王》也说，文王"在帝左右"。[3]

但是我们切切不能忘掉，周的王室属于与殷的王室绝然不同的氏族。不论周人承袭了多少殷人的"文化遗产"，这中间绝不能包括商代之把上帝与子姓祖先拉凑在一起这种观念。在武王伐纣的前后，周族的长老在这一点上显然有两条路好走：或者是把上帝与子姓远祖的关系切断，而把他与姬姓的祖先拉上关系，要不然就是把上帝与祖先之间的关系根本截断，把他们分到两个截然不同的范畴里去。姬姓始祖诞生的神话颇可证明[4]，第一条路并非完全没有尝试，但周代后日宗教观念的发展史实证明了，第二条路是周人所采取的办法，因而从西周

---

[1] 详见作者的 The Archaeology of Anciente China（Yale University Press, 1963）中的讨论。
[2] 商与西周宗教观念之比较，陈梦家的《殷墟卜辞综述》与《古文字中之商周祭祀》（《燕京学报》第 19 期，1936 年）中有详细的讨论。
[3] 金文中的《𤢞钟》也说："先王其严，在帝左右。"与《商颂·长发》中"帝立子生商"及卜辞中高祖宾帝之观念，若合符节。
[4] 《诗·鲁颂·閟宫》。

开始，祖先的世界与神的世界逐渐分立，成为两个不同的范畴。这个现象，是商周宗教史上的大事，它在历史上的表现，集中在下面这几点。

其一，在西周第一次出现了"天"的观念，并将在商代"无定所"的上帝放到了"天"上。天与上帝在西周仍是尊敬畏惧的对象，而周人的祖先仍与天、与神的世界保持密切的关系。与商不同的，周人的祖先本身已经不是神了。人王之治理人之世界，是因人王为天之子，受有"天命"。[1]但在另一方面，"天命"并非为周人所有不可——我们要记得，周是从同一个而且是唯一的上帝的手中把商人的天下夺过来的；假如天命不可变，则周人取代商人就少了些根据。何以天命现在授与周人？因为，第一，"天命靡常"；[2]第二，上帝仅授其天命予有德者。"德"，也是西周时代在王权观念上新兴的一样东西。[3]

---

[1] 《诗·大雅·云汉》："昊天上帝，则不我遗。胡不相畏？先祖于摧。"把"上帝"与"先祖"当作两个相对的观念。这一意义下的"天"字，始现于《周书》与《周颂》，以及成康时代的金文，如《大盂鼎》："丕显文王，受天有天命。"成康以后，金文中的王字，逐渐为"天子"所取代。见陈梦家《殷墟卜辞综述》，98页。
[2] 见傅斯年《性命古训辨证》中有关讨论。
[3] 西周王室虽有天命，是天子，而上帝所以授天命于周是有鉴于周人之德。在后稷与契的诞生传说中，二者都是上帝所生，但有一点有趣的分别：契生了以后，轻轻易易地就启了子姓的端绪，但后稷则不但受了许多辛苦，且因其耕稼的本事而有功于后人。《诗·大雅·皇矣》中在这一点上交代得再清楚不过了："皇矣上帝，临下有赫，监观四方，求民之莫。维此二国，其政不获；维彼四国，爰究爰度；上帝耆之，憎其式廓。乃眷西顾，此维与宅。"可见周人之为上帝所眷宠，乃是因其"政"较之二国（夏商）为"获"，而其"式廓"又不似四国之可憎之故。故西周时代之"德"，恐怕就包括"式廓"与"政"二者，亦即后来加以分立的"德"与"功"都在内。

商周神话与美术中所见人与动物关系之演变　　429

现在把上文所说的撮述一下：周之亡商，代表中国之统治者从一个氏族（子）的手里向另一个氏族（姬）的转换。商人的上帝观念及上帝为至尊之神，为西周所承继下来。周的祖先与上帝接近，得其宠眷，其子孙受其天命为人王。姬姓始祖诞生神话取子姓始祖诞生神话为王权的典章。另一方面，上帝与子姓始祖的合一性被切断，神的世界与祖先的世界成为两个不同的世界。周人祖先的世界为人间的主宰，一如上帝为神间之主宰。两个世界的关系，不是绝对不变的，故天命不是恒常不变的。有德者亦有天命有王权。自然，照周人的说法，周人是有德的，是受有天命的。

到了东周时代开始以后，这种种方面都发生剧烈的变化。平王在陕西的游牧部落的压力之下东迁王都于洛阳，并非一件孤立的政治事件，而是中国文化社会剧变的一个象征。在东周时代，宗周的政军教各方面的力量逐渐减小，而姬姓的王室以外大小宗及异姓氏族治下的诸侯力量则作反比例的增强。在这以前为宗周及其宗室所独占的中国文明，在地域上扩张，在深度上增进。学术、文字与科学及政治哲学不复为宗室所独有，到此逐渐传入边疆并深入民间。自春秋中叶以后，冶铁术逐渐发达，城市增多并且扩大，不但为政教中心，且为商工业所在。这些都是地方势力逐渐扩展的因素。历史学家多主张，自春秋时代开始为古代史上的文艺复兴与人文主义思潮抬头的时代。

这些在文化与社会各方面的变化在宗教与神话上的直接表现，是祖的世界与神的世界之间的距离更进一步深刻化，以及对于天的至上权威正面攻击的尝试。从东周文明的很多方面来看，当时的时代是一个分化与竞争的时代。从亲族制度上看，这是王室以外的姬姓各宗以及异姓诸国，在新获得的力量加强之下，互相争雄的时代。在此之前，宗周倚仗其与上帝与天的密切关系而握有政治与神话上的至上权威。因此，东周时代争雄争霸的事实在宗教与神话上的表现，便是对神祖之间密切关系的挑战，并对各自祖先的德功加以标榜与强调。

秦始皇统一六国，从历史上证明，争雄的最后结局主要靠政治经济与军事各方面的实力来决定。但在这个争雄的过程中，意识上的竞争也非不烈。专从神话上说，我们可以找到下举的这些表现。

首先，祖先的世界与神的世界之间的密切关系，现在整个切断了。上帝与诸神至今属于一个越来越为人迹所不能至的范畴。[1]既然没有任何一个氏族或宗族能把上帝或神界据为己有，人世间的争雄因此乃立于一个在宗教上公平不偏的基础上。

其次，东周时代的神话不但很清楚地要强调神界对人世上权威的支配力量的微弱，而且常常把上帝描述成一个与人为敌的形象。在政治思想上，争雄的各国君主对宗周的权威以及自己彼此之间挑战；在神话的宪章上，被挑战的对象是上帝、天，以及神与自然的世界。

由此可见，西周时代初见的"天命靡常"的观念到了东周时代更行加强。在《孟子》、《商君书》，以及汉代的《淮南子》里，却强调所谓"时变"。[2]天命无常，世无常主。谁得

---

[1] 见本书《商周神话之分类》一文。
[2] 《孟子·公孙丑》上："齐人有言曰：虽有智惠，不如乘势；虽有镃基，不如待时。今时则易然也。"《商君书·画策》："故时变也；由此观之，神农非高于皇帝也，然其名尊者，以适于时也。"《淮南子·泛论》："先王之法度，有移易者矣。……故王帝异道而德覆天下，三王殊事而名施后世，此皆因时变而制礼乐者。……先王之制，不宜则废之，末世之事，善则著之，是故礼乐未始有常也。"

天命？谁为世主？回答自然是：有"德"者——继承西周时代的"德"的观念并发扬之光大之。上面引过《国语》的话，说"同姓则同德"。因此，其始祖有德之氏族或宗族，当作一个群体笼统言之，是个有德的团体，其成员也就有资格承受天命。

由此可见，把神话与宗教自其与亲族群的政治史的关系上来研究，商周两代可以分为三期：商，周早期，周晚期。神的世界与祖的世界之分立，乃将"德"这一个观念作为这两个不同的世界之间的桥梁，乃是西周时代的新发展。东周后期的君主将这两个观念继续发扬，造成神话组织上的一个崭新局面。武王伐纣前后，西周的长老也许以为凭这两个观念的发展推行，姬姓之代子姓而有天下，乃可以充分合理化与正统化。他们也许没有想到，这两个观念在后日之进一步的发扬使得他们在东周时代的后裔失掉了神话上的权威。[1]

四、动物所扮演的角色

讨论至此，我们可以回到商周神话与美术中的动物所扮演的角色之变迁了。现在我们可以很清楚地看出来：在商周之早期，神话中的动物的功能，发挥在人的世界与祖先及神的世界之沟通上，而到了神祖之世界分离以后的周代后期，神话动物与神的世界被归入了一个范畴之内，而人之与动物为敌成为对于神的反抗的一种象征。

---

[1] W. Eberhard，对高本汉上引 Legends and Cults 一文之 Review（Artibus Asiae, vol. 9, 1946, p. 363）中，几乎把本节中所述的关键看破。但他把宗周的正统在东周时代的政治力量看得过大，同时又没有注意到德的观念的演变，因此，没有看到东周时代神话演变的真相。

《国语》所记的《重黎》绝天地通故事与古代的骨卜，证明在商周早期人的世界与神祖的世界的沟通，多半是借教士或萨满的"神通"。《山海经》说启宾天有两龙为伴；"两龙"在《山海经》里是不少"神"与"巫"的标准配备。[1]由此可见，说教士与巫觋通神的本事要借神话动物的助力，多半是不中亦不远的。芝加哥大学的米尔恰·伊利亚德（Mircea Eliade）研究全球不少民族中巫觋的本事，结论谓巫觋常为生死世界的沟通媒介，而动物常为其助手。[2]约瑟夫·坎贝尔（Joseph Campbell）说：

> 如 Eliade 所指出，萨满的本事是靠他能够任意使自己进入一种昏迷的状态。鼓和舞一方面抬高他自己的精神，另一方面召唤他的伙伴——他人所不能见，而供给他以力量，帮助他来飞翔的兽与鸟。……在他的昏迷状态之中，他似鸟一般地飞到上面的世界，或是像只鹿、牛，或熊一样降到下面的世界。[3]

　　在古代的中国，作为与死去的祖先之沟通的占卜术，是靠动物骨骼的助力而施行的。礼乐铜器在当时显然用于祖先崇拜的仪式，而且与死后去参加祖先的行列的人一起埋葬。因此，这些

---

[1] 《山海经》中之"乘两龙"者，除夏后开以外，有东方句芒（《海外东经》）、南方祝融（《海外南经》）、西方蓐收（《海内西经》）及北方禺疆（《海外北经》郭注）。

[2] Mircea Eliade, *le Chamanisme et les techniques archaiques de l'extase*, Paris, Payot, 1951, pp. 99—102.

[3] Joseph Campbell, *The Masks of God: Primitive Mythology* (New York, The Viking Press), 1959, p. 257.

表1 商周文化演变分期简表

年代(公元前)	朝代及史前文化期	技术	聚落与社群形态	政府形式	神话类型	若干宗教观念	美术风格	动物之角色
206	汉	铁器	城乡之分立；城为政治商业仪式与工业之中心，为农村所围绕	帝国	氏族始祖起源；天地分；宇宙形成与转变；英雄救世	神祖世界之隔绝；神之全能为人所怀疑；对个别群体之"德""功"的强调。	晚周式	"猎纹"；动物为人所征服；动物图纹之因袭化
221	秦							
450	战国 东周 春秋	青铜器		地方势力之争霸				
770				姬姓绝对		神之世界与祖之世界开始分立；神居于天；王统治人世，受天命，有德	中周式	动物图纹之因袭化
	西周		政教中心与工农业乡村之对立		氏族始祖诞生神话		殷周式 古典式	骨卜 动物形之图画字 动物图纹之神奇力量
1100		石器		国王子姓		上帝之观念；上帝与子姓祖先之不可分；祖之世界略等于神之世界	殷式 古典式	
1400	殷商		(城市兴起)				?	
1700	龙山期		定居农村	农村	?	制度化之祖先崇拜	龙山式	
	仰韶期		移耕农村			农业丰收祀	仰韶式	
	中石器时代		渔猎基地					

铜器上之铸刻着作为人的世界与祖先及神的世界之沟通的媒介的神话性的动物花纹，毋宁说是很不难理解的现象。

祖先与神之间的关系，到了中国古代史的晚期，经过一番相当基本性的变化。人间的事务不复为神所支配，同时在美术上我们可以看得出那些神奇动物的支配力逐渐丧失，占卜也采用了动物的骨骼以外的媒介。神的世界能为人及祖先所挑战，纵使争斗的结果未必总是人祖的胜利。在美术上与神话里，那些一直与神的世界属于同一范畴的动物，至此能为人所争战甚至于征服。神话里叙述鸟兽之为人害，实为上帝降祸于人的一部分，而人的祖先英雄，羿，将它们一一降除。降旱的虽是日神，羿的弓矢所射的乃是日中的金乌。我们还可以指出一个有趣而且有意义的事实，即饕餮一名，初见于《左传》，乃是"四凶"之一。[1]假使在东周时代曾经有过人文主义的思潮，把神化为人祖，把神奇的动物降为人所征服的对象，则我相信这种转化的具体过程与直接的动力，必须得在这些世俗的领域里寻找不可（表1）。

---

[1] 见常任侠《饕餮终葵神郁垒石敢当考》，《说文月刊》第2卷第9期，1940年，4—6页。

商周青铜器上的动物纹样 *

二十年以前在一篇叫做《商周神话与美术中所见人与动物关系之演变》的文章里，我曾对商周铜器上所见动物纹样的意义，做过这样的推测："在商周之早期，神话中的动物的功能，发挥在人的世界与祖先及神的世界之沟通上，……在古代的中国，作为与死去的祖先之沟通的占卜术，是靠动物骨骼的助力而施行的。礼乐铜器在当时显然用于祖先崇拜的仪式，而且与死后去参加祖先的行列的人一起埋葬。因此，这些铜器上之铸刻着作为人的世界与祖先及神的世界之沟通的媒介的神话性的动物花纹，毋宁说是很不难理解的现象。"[1]

这种现象虽然不难理解，它的证明却需要较多的证据和讨论。二十年来讨论商周铜器上动物纹样的文章不胜其数，上面引述的理论却没有引起学者普遍的注意。我在最近出版的一本《商代文明》（英文）的书里，很简略地引述了上举的说法，[2]

---

* 原载《考古与文物》1981年第2期。
[1] 见本书432—433页。
[2] *Shang Civilization* (New Haven and London: Yale University Press, 1980), p. 209.

却又引起学者的异议。[1]这篇文章的目的,是将这个说法比较详细地说明和引述一下:商周青铜器中动物纹样之多,与它的重要性是很显然的;但是对它的意义应当如何了解,还是多年来争议不休的问题。对它的意义的进一步了解,是在商周美术与商周制度的了解上,应有很大的启发性。

一、商周铜器装饰花纹中的动物纹样

商代和西周初期(下文简称商周)青铜器的装饰花纹之以动物纹样为其中心特征;是研究商周青铜艺术的学者们共同指出来的一件事实。[2]动物纹样的发达的形式在安阳殷墟达到了高峰,但兽面的原型,至少是两目和脸廓,在商代中期(郑州、辉县、盘龙城等)的铜器上已很显著,而且与东海岸史前时代的黑陶和玉器的若干装饰纹样可能有一定的渊源。[3]到了殷墟时代和西周初期,动物纹样已经复杂多样;容庚在《商周彝器通考》中所列的动物纹样包括:饕餮纹、蕉叶饕餮纹、夔纹、两头夔纹、三角夔纹、两尾龙纹、蟠龙纹、龙纹、

---

[1] Max Loehr, "The question of content in the decoration of Shang and Chou bronzes",1980年6月2日在纽约大都会博物馆中国古代青铜器讨论会上宣读的论文。

[2] Cheng Te – k'un, "Animals in Prehistoric and Shang China",《瑞典远东古物博物馆馆刊》第35期,1963年,129—138页。李济《安阳遗址出土之狩猎卜辞、动物遗骸与装饰纹样》,《考古人类学刊》第9、10期合刊,1957年,10—20页。

[3] Jessica Rawson, *Ancient China: Art and Archaeology* (London: The British Museum, 1980), p. 78. 林巳奈夫《先殷式の玉器文化》,《东京国立博物馆美术志》第334号,1979年,4—16页。林巳奈夫《中国古代の兽面纹をめぐつて》,同上,第301号,第4期,1976年,17—28页。巫鸿《一组早期的玉石雕刻》,《美术研究》1979年第1期,64—70页。

虬纹、犀纹、鸮纹、兔纹、蝉纹、蚕纹、龟纹、鱼纹、鸟纹、凤纹、象纹、鹿纹、蟠夔纹、仰叶夔纹、蛙藻纹等等。[1] 安阳殷墟出土铜器中常见的动物纹样而为容氏所未列的，还有牛、水牛、羊、虎、熊、马和猪。[2]

从上面列举的动物名称，我们可以很清楚地看出来，这些动物纹样可分两类。一是其与自然界中存在的动物的关系可以明显看出来的，如犀、鸮、兔、蝉、蚕、龟、鱼、鸟、象、鹿、蛙、牛、水牛、羊、熊、马和猪；一是其与自然界中存在的动物的关系不能明显地看出而需使用古文献里的神话中的动物名称来指称的。后者中比较常见的如下（图1）：

（1）饕餮。《吕氏春秋·先识览》："周鼎著饕餮，有首无身，食人未咽，害及其身，以言报更也。"自北宋以来金石学的书籍一直称商周铜器上的神怪形的兽面为饕餮纹。容庚《商周彝器通考》把下列各类纹饰都放在饕餮名下：有鼻有目，裂口巨眉者；有身如尾下卷，口旁有足者；两眉直立者；有首无身者；眉鼻口皆作雷纹者；两旁填以刀形者；两旁无纹饰，眉作兽形者；眉往下卷者；眉往上卷者；眉鼻口皆作方格，中填雷纹者；眉目之间作雷纹而无鼻者；身作两歧，下歧上卷者；身作三列雷纹者；身作三列，上列为刀形，下二列作雷纹者；身一脊，上为刀形、下作钩形者；身一足、尾上卷，合观之则为饕餮纹，分观之则为夔纹者。

（2）肥遗。 历来讲金石学者将神怪性兽面纹，无论有身与无身都称为饕餮，但《吕氏春秋》专指"有首无身"的

---

[1] 容庚《商周彝器通考》，《燕京学报专刊》第17期，北京，哈佛燕京学社，1941年。
[2] 参看李济《安阳遗址出土之狩猎卜辞、动物遗骸与装饰纹样》，《考古人类学刊》第9、10期合刊，1957年，10—20页。

图1　商代铜器动物纹样中的神怪兽形
饕餮（最上排）；肥遗（第二排）；夔纹（第三排）及龙纹（第四排）。全采自安阳殷墟出土铜器，见《中国考古报告集新编》古器物研究专刊。

兽纹为饕餮。《山海经·北山经》："有蛇，一首两身，名曰肥遗，见则其国大旱。"李济建议用肥遗这个名字指称铜器上当中是正面兽面而左右都有较细长的身体向外伸展的花纹。[1]

（3）夔。《说文》："夔、神魖也，如龙，一足。"《山海

---

[1]《殷墟出土青铜斝形器之研究》，《中国考古报告集新编》，古器物研究专刊第3本，1968年，69—70页。

经·大荒东经》:"有兽状如牛,苍身而无角,一足,出入水则必风雨。其光如日月,其声如雷,其名曰夔。黄帝得之,以其皮为鼓,橛以雷兽之骨,声闻五百里。"又《庄子·秋水》:"夔谓蚿曰:吾以一足趻踔而行。"据此,金石学者用夔来指称头尾横列、当中有一足的龙形的兽纹。

（4）龙。 龙是古代文献中最泛见的神话动物,它的形状如何,却没有一定的描述。《说文》说,龙是"鳞虫之长,能幽能明,能细能巨,能短能长,春分而登天,秋分而潜渊",倒像是个形状不常的大长虫。闻一多《伏羲考》论龙所征引的文献里有言"交龙"的,即二龙相交的图像,有言"二龙"的,即二龙成对出现;但龙的本身是什么形状呢?"龙像马,所以马往往被称为龙;……龙有时又像狗……所以狗也被呼为龙,……此外还有一种有鳞的龙像鱼,一种有翼的又像鸟,一种有角的又像鹿。至于与龙最容易相混的各种爬虫类的生物,更不必列举了"。[1]既然龙的形状有这么大的弹性,金石学家在使用这个名称来称呼铜器上的动物纹样时也就使用很大的弹性:凡是与现实世界中的动物对不上而又不宜称为饕餮、肥遗或夔的动物,便是龙了。

（5）虬。 依《说文》,"虬,龙子有角者",则虬纹便是有角的龙纹。但依《离骚》王逸注,则无角的才是虬。

上面这五个神怪动物的名字,都是在古书中出现的。今人用这些名字（以及其他的名字如凤）来指称商周青铜器美术中个别的动物纹样,也不过是把它们当作约定俗成的描述性的词汇来使用罢了。古人如果复生,看到了当时青铜器上的动物纹样,是不是也用这一类的或甚至是同样的名词来称呼它们,

---

[1] 闻一多《伏羲考》,《神话与诗》,中华书局1956年版,25页。

就不是我们所能知道的了。

仅就商周铜器上动物纹样的特征来说，除了（1）它们为数很多，占装饰纹样的绝大部分，和（2）它们种类也很多，除了有现实世界中多种可以指名的动物外，还有好几种神话中有名称有传闻的神异动物，这两点之外，还可以举出另外两个特点。

（1）商周铜器上的动物纹样常是左右对称成双成对的。铜器花纹的基本构成，常是环绕器物成为二方连续带，以铜器的角棱隔成若干单元，每个单元中有一个动物的侧面轮廓。如果一个单元中的兽头向左，则其左面邻接单元中的兽头通常向右，二个兽面面对面地接到一起，以角棱为兽面的中线。从中线上看，左右的兽形可说是一个兽形从中劈分为二再向左右展开，但也可以说是两个动物纹样在面中部接合在一起的结果。换言之，饕餮面和肥遗都可以说是两个动物在中间合并而成，也可以说是一个兽面或一只动物从当中劈为两半所造成的。

（2）殷商和西周初年的铜器中有少数有人形与动物纹样一起出现的情况。其中最著称的是日本住友氏[1]和巴黎西弩奇博物馆[2]的一对"乳虎食人卣"。此外据我所见所知的还有美国华盛顿弗烈尔美术馆收藏的一个三足的觥，其后面二足的根部各有一人形，两臂交挽置于体前，头上有张口的饕餮面；[3]同馆收藏品中还有一个大铜刀，刀背上有兽张开大口，

---

[1] 梅原末治《新修泉屋清赏》，京都，泉屋博物馆，1971年。
[2] Vadime Elissectt, *Bronees archaiques Chinois au Musée Cernuschi*, tome 1, Paris: L'Asiatheque, 1977, pp. 120—131.
[3] John Pope, et al., *Freer Chinese Bronzes I*, Washington, D. C., *Free Callery of Art*, 1967, No. 45.

下面有一个人的侧脸；[1]河南安阳侯家庄"大柏树坟"附近，即西北岗殷商王室墓地东区西南角一带出土的大司母戊鼎的把手外面有两个兽形，在它们张开的口部之间夹着一个人头；[2]安阳小屯第五号墓（妇好墓）出土的一件青铜钺，面上也铸有两个兽形张开大口，当中夹着一个人头；[3]另外在安徽阜南出土的一个"龙虎尊"体部两个展开的兽形口部之间也夹着一个人头，下面连着人体。[4]这几件器物的人兽纹样，除了兼有人兽之外，还具有若干共同之点：饕餮面或兽形都张开大口，而人头都放在口下；人头或人体都与兽面或兽身成垂直角；兽形虽可泛称为饕餮，从体形和体纹看来都似是虎形。其中不同之点是乳虎食人卣和弗烈尔美术馆的觥和刀的"食人兽"，都是单个的，而其他三件都是成对，自左右将人头夹在中间的。大司母戊鼎、妇好钺和弗烈尔美术馆的刀只有人头，其他的则带身体；乳虎食人卣的人身与兽身相抱，其他的则分开（图2）。

对于商周青铜器美术中动物纹样意义的任何解释，要对上面的这些特征都能提供合理的解释，而不能只讲通若干特征而不适用于其他特征。换言之，关于动物纹样的问题不是只有一个，而是有一连串好几个：商周青铜工艺者为什么使用动物纹样？动物纹样有何作用？为什么有种种类别？为什么成双成对？为什么有时与人像相结合？为什么在与人像相结合时要采取一定的特征性的形态？

---

[1] 据作者自摄照片。
[2] 陈梦家《殷代铜器》，《考古学报》1954年第7册，15—59页。
[3] 《安阳殷墟五号墓的发掘》，《考古学报》1977年第2期，图版XIII，2。
[4] 葛介屏《安徽阜南发现殷商时代的青铜器》，《文物》1959年第1期，封里。

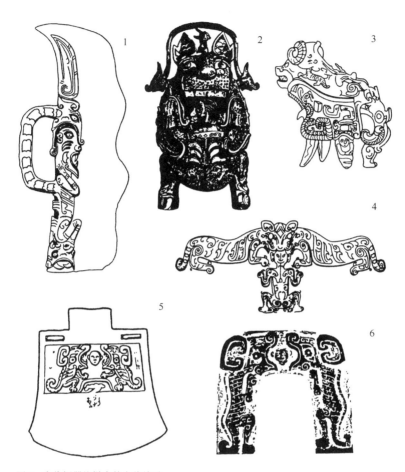

图 2　商代铜器纹样中的人兽关系
（1）弗烈尔美术馆藏大刀；（2）住友美术馆藏"乳虎食人卣"；（3）弗烈尔美术馆藏觥；（4）安徽阜南出土龙虎尊上纹样；（5）安阳殷墟妇好墓出土钺；（6）安阳西北岗东区出土司母戊鼎柄上花纹。

二、动物纹样的意义

商周青铜器上的动物纹样究竟有没有内容上的意义？历来

研究这个问题的人很多，此处不遑一一征引。多数学者认为它们是代表古代的图腾或是自然界里面还是神话里面的神怪。但也有的美术史学者相信动物纹样是从几何形纹饰演变出来的，因此完全是装饰的纹样而没有任何宗教上或意识形态上的意义。[1]看这个问题，我相信可以从两方面入手：一是动物纹样的演变历史，要由此来决定动物纹样是从青铜器一开始便有，还是逐渐由几何形图案演变出来的。二是研讨它的意义，并且加以证明。如果能够提出圆满的、可以证明有意义的解释，那么有没有意义这个问题才能真正地加以回答了。关于第一点，我们可以简单直截地说，动物纹样不但是自铜礼器有了装饰纹样以后便开始有了，而且如上文所说的甚至可以向上追溯到新石器时代。本节的讨论便集中在第二点的讨论上，即试求提出一个说明动物纹样的意义的可信的说法。我相信最可信的说法，一定也是最简单、最直截，可以最明瞭的自文献史料和器物实物本身可以推想得到的说法，而且这个说法又要能将上节所列的各种有关现象都能照顾到。

实际上，商周铜器及其上面的动物纹样，在先秦古籍里早已有明白清楚的说明了。《国语·楚语》下：

> 昭王问于观射父曰：周书所谓重黎实使天地不通者，何也？若无然，民将能登天乎？对曰：非此之谓也。古者民神不杂。民之精爽不携贰者，而又能齐肃衷正，其智能上下比义，其圣能光远宣朗，其明能光照之，其聪能听彻之，如是则明神降之，在男曰觋，在女曰巫。是使制神之

---

[1] Max Loehr, "Ritual Vessels of Bronze Age China", New York, *The Asia Society*, 1968, p. 13.

处位次主，而为之牲器时服，而后使先圣之后之有光烈，而能知山川之号，高祖之主，宗庙之事，昭穆之世，齐敬之勤，礼节之宜，威仪之则，容貌之崇，忠信之质，禋絜之服，而敬恭明神者，以为之祝。使名姓之后，能知四时之生，牺牲之物，玉帛之类，采服之仪，彝器之量，次主之度，屏摄之位，坛场之所，上下之神，氏姓之出，而心率旧典者为之宗。于是乎有天地神民类物之官，是谓五官，各司其序，不相乱也。民是以能有忠信，神是以能有明德。民神异业，敬而不渎，故神降之嘉生，民以物享，祸灾不至，求用不匮。

观射父所讲的一套大道理，集中在"民""神"之间的关系；民即生人，神当以死去的祖先为主。民神之间的沟通，要仰仗民里面有异禀的巫觋；其中有高明者为祝为宗。在帮助他们通神的各种配备中，包括"牲器"即"牺牲之物"和"彝器之量"在内。换言之，商周的青铜礼器是为通民神，亦即通天地之用的，而使用它们的是巫觋。这个说法与一般研究古铜器的人的看法基本上一致。

既然青铜彝器是协助巫觋沟通天地之用的，那么它们上面的动物纹样与通天地有无关系？《左传・宣公三年》已经很明白地把这点解答清楚了。这年楚子（庄王）伐陆浑之戎，遂至于洛，观兵于周疆。周定王使王孙满劳楚子，楚子向王孙满问鼎的大小轻重。王孙满回答时前面的一段如下：

在德不在鼎。昔夏之方有德也，远方图物，贡金九牧，铸鼎象物，百物而为之备，使民知神奸。故民入川泽山林，不逢不若，螭魅魍魉，莫能逢之。用能协于上下，以承天休。

这段话历来有许多解释，[1]但最直接简单的翻译不妨如次："（关键）是在德而不在鼎。以前夏代方有德的时代，远方各地将他们的物绘成图画，而九州的长官则献来青铜，（于是乎便）铸造了铜鼎，并在上面表现了物的形象，百物都具备，于是生人便知道什么是助人的神，什么是害人的神。生人进入了川泽山林，不会遇到不合适的神，如螭魅魍魉一类便不会遇到。由此便能使上下（即天地）相协，而使生人能承受天的福祉。"再简化而言之，便是说，夏人铸鼎象物，使人知道哪些动物是助人的神，即是可以助人通天地的，哪些动物是不助人通天地的。这段话是不是正确说明了铸"九鼎"的目的，我们无法判断。但由此可以知道，照王孙满的说法，动物中有若干是帮助巫觋通天地的，而它们的形象在古代便铸在青铜彝器上。

上面这段话里关键性的一点，便是将《左传·宣公三年》王孙满所谓之"物"当做"牺牲之物"，亦即"助巫觋通天地之动物"解。这个解释是建筑在两点事实上的。其一，文中说"铸鼎象物"，而我们所见的古代彝器上全是"动物"而没有"物品"，因此铸鼎所象之"物"除了指动物以外，没有别的意义可解。其二，文中明说了"象物"之目的是"用能协于上下，以承天休"的，这个目的与铸鼎的目的是一致的。青铜彝器是巫觋沟通天地所用配备的一部分，而其上所象的动物纹样也有助于这个目的的。

"物"这个字是不是可以作这样的解释？《左传》里面"物"字出现次数不少（约六七十次），它的意义也不一，但

---

[1] 如江绍原《中国古代旅行之研究》，台北，商务印书馆重印版，1966年。

在若干处它的意义甚为明了、而也与上文相合。《定公十年》云："叔孙氏之甲有物"；从古器物学上看，甲上的物像只有是动物纹样的可能。《庄公三十二年》有一段讲神降与物的关系，启示尤大：

> 秋七月，有神降于莘。惠王问诸内史过曰：是何故也？对曰：国之将兴，明神降之，监其德也。将亡，神又降之，观其恶也。故有得神以兴，亦有以亡。虞夏商周皆有之。王曰：若之何？对曰：以其物享焉。其至之日，亦其物也。

可见"物"是享神用的祭祀牺牲，而因神（"其物"）因日（"其至之日"）而异，也就是上引《国语·楚语》中"民以物享"的"牺牲之物"。从这里我们逐渐了解：助巫觋通天地的若干特殊动物，至少有若干就是祭祀牺牲的动物。以动物供祭也就是使用动物协助巫觋来通民神、通天地、通上下的一种具体方式。[1]商周青铜器上动物纹样乃是助理巫觋通天地工作的各种动物在青铜彝器上的形象。

上面提到龙时曾提到古籍中的"二龙"。《山海经》中两龙数现，每次露面都似与民神沟通有关。《大荒西经》：

> 西南海之外，赤水之南，流沙之西，有人珥两青蛇，乘两龙，名曰夏后开。开上三嫔于天，得九辩与九歌以

---

[1] 参见傅斯年《跋陈槃君〈春秋公矢鱼于棠说〉》，《历史语言研究所集刊》第7本第2分，1938年。
"物"字在卜辞中与犁字混淆，见李孝定《甲骨文字集释》，《历史语言研究所专刊》，(1970) 50，再版，317—330页。

下。此泰穆之野，高二千仞。开焉得始歌九招。

同一故事又见于《海外西经》：

> 大乐之野，夏后启，于此儛九代、乘两龙，云盖三层，左手操翳，右手操环，佩玉璜。在大运山北，一曰大遗之野。

这个珥两青蛇、乘两龙而上嫔于天的夏后启是将天上的九辩九歌带到民间的英雄，亦即将乐章自神界取入民间的巫师；《离骚》："启九辩与九歌兮，夏康娱以自纵。"他之能够有这件功劳是得到青蛇与龙的帮助的。这些龙与蛇也是四方之神，即四方沟通上下的使者的标准配备。《海外东经》：

> 东方句芒，鸟身人面，乘两龙。

郭璞注引《墨子》曰："昔秦穆公有明德，上帝使句芒赐之寿十九年。"是句芒乘两龙在上帝与民之间来往。《海外西经》：

> 西方蓐收，左耳有蛇，乘两龙。

郭注引《尚书·大传》和《淮南子》谓蓐收为帝少皞之神。又《海外南经》：

> 南方祝融，兽身人面，乘两龙。

《海外北经》：

> 北方禺疆，人面鸟身，珥两青蛇，践两青蛇。

郭注另本作："北方禺疆，黑身手足，乘两龙。"可见两龙、两蛇等都是四方使者共有的助理（图3）。另外河伯亦乘两龙。《九歌·河伯》：

> 与女游兮九河，冲风起兮横波，乘水车兮荷盖，驾两龙兮骖螭。

《山海经·海内北经》也说："冰夷，人面、乘两龙。"郭注："冰夷……即河伯也。"河伯为何也要驾龙，莫非是因为"黄河之水天上来"么？[1]不论如何，《楚辞》和《山海经》都屡提到两龙两蛇，并以龙蛇为通天地的配备，都是非常值得注意的。《山海经》很可能便是"古代的一部巫觋之书"[2]，而《楚辞·九歌》与祭祀巫舞的关系也是很密切的。[3]从这些材料看来，以铜器上动物纹样为巫觋通天地工作上的助理动物的形象的说法，与古代与巫觋有关的资料的记载相符合。

---

[1] 关于河伯与冰夷的种种传说，见文崇一《九歌中河伯之研究》，《民族学研究所集刊》1960年第9期，139—162页。
[2] 袁行霈《山海经初探》，《中华文史论丛》1979年第3辑，7—35页。
[3] 藤野岩友《巫系文学论》，东京，大学书房，1969年。凌纯声《铜鼓图文与楚辞九歌》，《中央研究院院刊》第1辑，1954年，403—417页。Chan Ping-leung（陈炳良），"Ch'u Tz'u and the Shamanism in Ancient China"，美国Ohio State University 博士论文（未刊），1974年。

图 3 《山海经》四方使者乘两龙践两蛇的形象（采自 1895 年刊《山海经存》）

  《国语》、《左传》、《山海经》与《楚辞》这些书固然都是周代后期的文献，它们对古代的追述众知是有一定的可靠性的，而且它们所代表的观念，有时代表商代与西周观念的延续。专就通天地与以鸟兽为神使的观念来说，殷墟卜辞里所代表的观念也是与之相应的。生王与祖先通讯息的占卜，不就是依借动物的甲骨来实现的吗？而且"上帝或帝不但施令于人间，并且他自有朝廷有使臣之类供奔走者",[1]其中包括"帝史凤"(《卜辞通纂》398),可为动物的代表。商周青铜器上的动物纹样更是这方面的直接证据。

上文所引的中国古人自己对动物纹样的说法,在近代的原始社会的巫术上还有相似的迹象可寻。如对现代萨满教(Shamanism)研究多年的叶理雅得(M. Eliade)所指出的,萨满们每人都有一批他们特有的,作为他们行业上助理的精灵;这些精灵多作动物形状,如在西伯利亚和阿尔泰区域者有熊、狼、鹿、兔,各种的鸟(尤其雁、鹰、鸮、乌鸦等)和各种的虫子等。[2]照研究神话的学者以及据他们所报告的萨满自己的说法[3],萨满行法的时候,常常借有形(如药品)无形(如舞蹈所致的兴奋)的助力而达到一种精神极其兴奋而近于迷昏的状况(trance),他们就在这种状况之下与神界交通。在这种交通之际,作为他们助手的动物的精灵便被召唤而来,而助巫师以一臂之力;召唤的方式有时是把动物作牺牲,而使之自躯体中升华出来。巫师们在动物精灵的帮助之下,升到天界或降到地界与神或祖先相会(图4)。在一个中国东北满族的萨满的故事里,便记述了一位名叫尼三(Nišan)的女巫的一段行程;每逢到阻碍的时候,她便召唤她的动物助手,借它们的力量打破阻碍,抵达彼界:

> 再向前走,她不久便达到红河的河岸。她向四周看了

---

[1] 陈梦家《殷墟卜辞综述》,572页。
[2] Mircea Eliade, *Shamanism: Archaic Tachniques of Ecstasy*(Princeton University Press, 1964), pp. 88-89.
[3] Joseph Campbell, *The Masks of God: Primitive Mythology*,(New York: The Viking Press, 1959), p. 257.

图 4　西伯利亚楚克欺人所绘萨满的动物助理在祭仪中的作用。图左示秋祭海神：海神及其妻在图上右角；帐内行祭仪的为萨满，祭器在地上；动物精灵在图左，正在上升，其一为鸟，一为狐。图右示丧葬祭祀，各种动物精灵（图之右中部）正在上升中，牺牲品在其下。原图采自 W. Bogoras, *The Chukchee*, pp. 317, 530。

看，却看不到可供她能渡过河的船，而且连个人影也看不见。于是她没有别的办法了，只好开始哼哼，急找她的精灵：

爱枯里，叶枯里〔咒语〕大鹰，

爱枯里，叶枯里，在天上旋的，

爱枯里，叶枯里，银色鹁鸪，

爱枯里，叶枯里，在海上转的，

爱枯里，叶枯里，恶蛇，

爱枯里，叶枯里，沿着河岸蠕行的，

爱枯里，叶枯里，八条蟒蛇，

爱枯里，叶枯里，沿着涧河走的——

爱枯里，叶枯里，年轻的神主，我自己

爱枯里，叶枯里，要渡过，

爱枯里，叶枯里，这条河。

爱枯里，叶枯里，你们全部精灵，

爱枯里，叶枯里，把我抬起来，把我渡过去，

爱枯里，叶枯里，赶快！

爱枯里,叶枯里,显露你们的力量!

爱枯里,叶枯里。

念了以后,她便把她的小鼓投入河中,她自己便踏在上面,像一阵旋风样她在一瞬间便渡过了河。[1]

再走了一段之后,她到了一个城镇,是她的目的地,可是城门关得紧紧的,无法进入,于是尼三巫师便又开始念咒了:

> 克拉尼,克拉尼〔咒语〕,翱翔的大鸟
> 克拉尼,克拉尼,在东山上
> 克拉尼,克拉尼,搭巢的,
> 克拉尼,克拉尼,檀香木上的食鱼鸟,
> 克拉尼,克拉尼,在康岭山上的
> 克拉尼,克拉尼,橡木上的雊,
> 克拉尼,克拉尼,在茫加山上
> 克拉尼,克拉尼,休息着的
> 克拉尼,克拉尼,九条蛇
> 克拉尼,克拉尼,八条蟒
> 克拉尼,克拉尼,小虎
> 克拉尼,克拉尼,狼獾,
> 克拉尼,克拉尼,在石洞穴里
> 克拉尼,克拉尼,和铁径上

---

[1] Margaret Nowak and Stephen Durrant, *The Tale of the Nišan Shamaness: A Manchu Folk Epic* (Seattle and London: University of Washington Press, 1977), pp. 62-63, 66-67.

克拉尼，克拉尼，休息着的
克拉尼，克拉尼，金色鹈鸽，
克拉尼，克拉尼，在山上旋的
克拉尼，克拉尼，银色鹈鸽，
克拉尼，克拉尼，在海上绕的
克拉尼，克拉尼，飞翔的鹫
克拉尼，克拉尼，铅色的鹰
克拉尼，克拉尼，多色的鹰
克拉尼，克拉尼，大地的雕，
克拉尼，克拉尼，九行，
克拉尼，克拉尼，十二列，
克拉尼，克拉尼，成群的雕——
克拉尼，克拉尼，赶快
克拉尼，克拉尼，飞进城去
克拉尼，克拉尼，带着他！
克拉尼，克拉尼，用你们的爪子，
克拉尼，克拉尼，抓住他！带着他！
克拉尼，克拉尼，用你们的爪子，
克拉尼，克拉尼，抓住他！带着他！
克拉尼，克拉尼，把他放在你们的背上
克拉尼，克拉尼，把他放在一个金香炉里带来！
克拉尼，克拉尼，把他转过身来
克拉尼，克拉尼，把他放在一个银香炉里带来！
克拉尼，克拉尼，靠你们肩膀的大力
克拉尼，克拉尼，把他带起来！带来！
克拉尼，克拉尼。

她念完词后，这些精灵便都飞了起来，"好像云雾一般"。

从这两段咒语看来，做萨满助手的动物有多种多个，不同的动物当有不同的本事，萨满要靠它们帮助的时候便可依他的需要而加以召唤。3000年前商周铜器上动物纹样有多种多样，它们的作用也许是与此相近的。

照这个说法看来，商周青铜器的动物纹样是与当时生活中的动物界及人与动物之间的关系分不开的。也就是说，"商代装饰艺术家所使用的动物纹样之中，不论是在雕石、铸铜、镶嵌木器、制陶、还是磨玉上，其大多数都原来有一个土生的和与自然界有关的基础"。李济特别指出艺术中所用纹样较多的动物有鹿、牛、水牛、羊、羚羊、象、熊、马、猪以及鸟类、爬虫类、昆虫类、两栖类、鱼类、蠕虫类等等。这些动物很可能都作过巫师的助理精灵，而且照上文的讨论看，也多半作过祭祀的牺牲。至于饕餮、肥遗、夔龙、虬等神怪性的动物，虽然不是自然界中实有的动物，却很可能也是自然界中的动物，如牛、羊、虎和爬虫等转化而成的。如李济所说的，"这种与木雕艺术并行发展的镶嵌艺术，使刻木头的人们，手法的表现更加自由了。这一点，在镶嵌工人要在平面上表现立体的形态时更易见出。他们的方法是将立体的动物，分割为相等的两半，拼成平面。由这种新的纹样配列法更进一步的演变，就是将同一动物的身体各部分予以重复；或将甲动物的一部分配合于乙动物另一部分；或夸张其身体之一部而忽略他部；由此形成各种复杂的纹样。商朝的装饰艺术家对这种新的表现技法具有偏好；很快地，雕刻工、陶工、玉工和铜工亦均相继仿效。因是之故，乃有虎头加于猿身、人头长出两角等等怪形畸像的出现。但他们的题材都是自他们所生活的环境中取出的"。[1] 所以说,"饕餮纹所取的物象多是由来有自,取诸常见的鸟兽等物,或近取诸人类的"。[2]

三、动物纹样其他若干特征的讨论

在第一节里面我们提到过商周青铜器动物纹样常常成对左右同现,同时在少数器物上与人头或人头连身同时出现。照上面对商周铜器上动物纹样的解释,我们能不能同时把这两点特征也做一圆满的说明?

我们先从人与动物图形同现的情形说起。从"乳虎食人卣"这个名词来看,我们可以知道对这一对卣所表现的人兽关系的一个看法,是张开大口的饕餮,正在把人自头部吞吃着。这与《吕氏春秋》所说"周(或夏)鼎著饕餮,有首无身,食人未咽,害及其身"的描述,也有部分的符合。可是这里表现的,是否的确是饕餮食人的情状?前文所举7件人兽同现的器物,可以又分为4组:

(1)一个怪兽张开大口,人现头部和全身,人的头部在兽的上颔下,但人身与兽身双臂相抱——京都与巴黎的两件。

(2)一个怪兽张开大口,人现头部或全身,人头在张开的兽上颔下——弗烈尔美术馆的觥和刀。

(3)一个怪兽的头面在中央,身体左右各向外展开,成为肥遗型,人现头部和身部,头在兽上颔下,人体与兽体垂直——阜南的一件。

---

〔1〕 谭旦冏《饕餮纹的构成》,《历史语言研究所集刊外编》第4种,1960年,274页。
〔2〕 参见林巳奈夫《殷中期に由来する鬼神》,《东方学报(京都)》第41册,1970年,1—70页。

（4）左右各有怪兽一个，张口相对，把一个人头夹在当中——安阳出土的两件。

这几种情形中，没有一件毫无疑义地在表现怪兽食人。唯一令人联想到"吃人"的动作是怪兽把口张开而人头放在口下。但这一个动作并不一定表示食人，即将人头人身咀嚼吞下。如果有把人头或上半身都吞到肚子里面去而下半身还在口外的形象，那么这"食人"的意义便要明显得多了。可是这种表现是没有的，两件卣所表现的是人抱着兽，兽抱着人，而且人的两足稳稳当当地踏在兽的两足上。大司母戊鼎和妇好钺的人头正正当当地放在两个兽头的当中，都不似是食人的举动。

那么这些张口怪兽与人形一起出现应该如何解释呢？有人指出张开的兽口在世界上许多古代文化中都作为把两个不同的世界（如生、死）分割开来的一种象征。[1]这种说法与我们把怪兽纹样作为通天地（亦即通生死）的助理的看法是相符合的。而且这几件器物所象的人很可能便是那作法通天中的巫师，他与他所熟用的动物在一起，动物张开大口，嘘气成风，帮助巫师上宾于天。这个解释虽然与过去把兽形本身当做巫师形象或面具的说法[2]相左，却与上文对动物纹样一般的解释是相符合的，而且还在《山海经》里找到不少支持。

《山海经》里除了"乘两龙"的记载以外，还有许多"珥

---

[1] Nelson Wu, *Chinese and Indian Architecture* (New York: G. Braziller, 1963), p. 25.

[2] Jordan Paper, "The Meaning of the T'ao-t'ieh", *History of Religions* 18 (1978), pp. 18-41.
商周铜器中的巫师形象，参见 Carl Hentze, "Eine Schamanentracht in ihrer Bedeutung für die Altchinesische Kunst", IPEK 20 (1963), pp. 55-61。

蛇"、"操蛇"的说法,就是描写各地的巫师将帮忙的动物用两手牵握操纵或戴佩在耳上;后者与铜器上将动物置于人头两旁的形象相符合:

夫夫之山,……神于儿居之,其状人身而手操两蛇。(《中山经》)
洞庭之山……神状如人面载蛇,左手操蛇。(《中山经》)
巫咸国在女丑北,右手操青蛇,左手操赤蛇,在登葆山,群巫所从上下也。(《海外西经》)
西方蓐收,左耳有蛇,乘两龙。(《海外西经》)
博父国在聂耳东,其为人大,右手操青蛇,左手操黄蛇。(《海外北经》)
北方禺疆,人面鸟身,珥两青蛇,践两青蛇。(《海外北经》)
奢比之尸,在其北,兽身人面大耳,珥两青蛇。(《海外东经》)
雨师妾在其北,其为人黑,两手各操一蛇,左耳有青蛇,右耳有赤蛇。一曰在十日北,为人黑,人面,各操一龟。(《海外东经》)
东海之渚中有神人面鸟身,珥两黄蛇,践两黄蛇,名曰禺䝞。(《大荒东经》)
有困民国,句姓而食,有人曰王亥,两手操鸟,方食其头。(《大荒东经》)
有神人面犬耳兽身,珥两青蛇,名曰奢比尸。(《大荒东经》)
南海渚中有神人面,珥两青蛇,践两青蛇,曰不廷胡余。有神名曰因因乎,南方曰因乎,夸风曰乎民,处南极

以出入风。(《大荒南经》)

西海渚中有神,人面鸟身,珥两青蛇,践两赤蛇,名曰弇兹。(《大荒西经》)

西南海之外,赤水之南,流沙之西,有人珥两青蛇,乘两龙,名曰夏后开。(《大荒西经》)

北海之渚中,有神人面鸟身,珥两青蛇,践两青蛇,名曰禺疆。(《大荒北经》)

这些神,都是与蛇合为一体的,有的在耳边,有的在手中,有的在足下,无疑都是他们作法登天的工具。其中最有意思的是《大荒南经》里面那个叫不廷胡余的神,两耳边有两蛇,足下有两蛇,还与一个叫因因乎的神作伴,这个因因乎是个风神(图5)。按风是动物张口呼出来的:

钟山之神,名曰烛阴,视为昼,瞑为夜,吹为冬,呼为夏,不饮不食不息,息为风。身长千里,在无䏿之东。其为物,人面蛇身,赤色,居钟山下。(《海外北经》)

西北海之外,赤水之北,有章尾山,有神人面蛇身而赤,直目正乘,其瞑乃晦,其视乃明,不食不寝不息,风雨是谒,是烛九阴,是谓烛龙。(《大荒北经》)

这个"息为风"的烛阴便是后来徐整《五运历年记》所记的"首生盘古,垂死化身,气成风云"(《绎史》卷1引)。商代卜辞里的风字即凤;《卜辞通纂》上引398片"于帝史凤,二犬"。郭沫若注释云:

卜辞以凤为风。《说文》:凤,神鸟也……此言于帝

商周青铜器上的动物纹样 459

图 5 《山海经·大荒南经》中不廷胡余与因因乎的形象（采自 1895 年刊本《山海经存》）

史风者，盖视风为天帝之使，而祀之以二犬。荀子解惑篇引诗曰：有凤有凰，乐帝之心。盖言凤凰在帝之左右。[1]

对此虽有异说[2]，我们却知道，不但上帝以风为他的使者，而且东西南北四方也都各有其风[3]，很可能的，风也是商周时代巫师通天地的一项助力。张口的神兽，"息为风"，更加

---

[1] 《卜辞通纂》，东京，1933 年，398 页。
[2] 反对此说者，见岛邦男《殷墟卜辞研究》，东京，汲古书院，1958 年，199 页。
[3] 陈邦怀《殷代社会史料征存》，天津人民出版社 1959 年版，"四方风名"条。

强了他们沟通天地的力量。铜器上表现着巫师借他们的动物以及动物吹气成风的力量，正是指对他们通天地的神能而来的。

不论动物张口与"息为风"之间有什么样的直接的联系，可能是巫师的人像放在两兽开口之间或一个兽形张开的大嘴之下，充分地表现了当时人兽关系之密切；说这种动物乃是个别巫师的亲近的助手是合理的。正如韩策（Carl Hentze）所指出的[1]，商周铜器的人兽关系与古代美洲的一种人兽关系有相像之处。以墨西哥的阿兹忒克人（Aztec）为例[2]，他们每人出生后便由巫师指定某种动物为他一生的伴侣或所谓"同一个体的另一半"（alter ego），叫做这个人的"拿画利"（Nahualli）。在美术品上这个拿画利便常常张开大口把它的伴侣的头放在口中。这种"同一个体的另一半"在美术上类似的表现，事实上有广泛的分布，可以说是环太平洋的。[3] 看京都与巴黎两个乳虎食人卣上人兽关系的密切，他们之间的关系，不但是"亲密的兽侣"（familiar ani-mal），而且也可以说是"同一个体的另一半"了！商代文化与环太平洋文化有许多相似之处，这又是一例。但是我们不一定主张商代文化与古代环太平洋或美洲文化之间一定非有什么亲缘关系不可。上面所举的一些资料只是说明本文对人兽关系的解释，不但是与上

---

[1] Carl Hentze, *Objets Rituels, Croyances et Dieux de la Chine Antique et de l'-Amérique* (Anvers: De Sikkel, 1936); Carl Hentze, *Dis Sakralbronzen und ihre Bedeutung in den Fruehchinesischen Kulturen* (Antwerpen: De Sikkel, 1941); Carl Hentze, *Bronzegerät, Kultbauten. Religion im ältesten China der Shang-Zeit* (Antwerpen: De Sikkel, 1951).

[2] Maguel Léon-Portilla, *Aztec Thought and Culture* (Norman: University of Oklahoma Press, 1965).

[3] Douglas Fraser, *Early Chinese Art and the Pacific Basin: A Photographic Exhibition* (New York: Intercultural Arts Press 1968).

面对动物纹样的一般说明相一致，并且在其他古代文明里也有类似的例子，这些例子可以给我们有用的启示。在这上面还有一点值得注意的，即这几件商代人兽同见的器物上的兽，很可能都是虎的变形。商王本身便是商代最高的巫师[1]，所以这种关系可以代表王室成员与虎的特殊关系，就好像古代美洲的统治阶级在神话与美术上与美洲虎（jaguar）的特殊关系一样。

关于动物纹样成双成对的现象，与《山海经》和《楚辞》里所说的"两龙"是一致的。为什么两龙？为什么若干动物纹样中人头的左右各有一条神兽？这是与动物纹样的基本构成设想有关的一个问题，即铜器上的兽面究竟是一个兽中剖为二左右展开成为二兽的，还是左右两兽在面中央相接而化为一兽的？主张前者的学者很多，可以葛利欧（H. G. Creel）为代表：

> 饕餮的特征是它表现兽头的方式是好像将它分剖为二，将剖开的两半在两边放平，而在鼻子中央一线结合。下颌表现两次，每侧一次。……我们如将两半合起来看，它们表现一个十分完整的饕餮，从前面看，其两眼、两耳、两角和下颌表现两次。[2]

这里所说的下颌，实际上应该是上颌向下向前的延长，因为铜器上的兽面纹里面是没有分开表现的下颌的。葛利欧这种说

---

[1] 陈梦家《商代的神话与巫术》，《燕京学报》第 20 期，1936 年，下编，532—576 页。
[2] H. G. Creel, *The Birth of China* (New York: F. Ungar, 1937), p. 115.

法，可能是受了太平洋沿岸若干现代民族装饰美术的影响，如北美西北海岸印第安人的木雕，其中的兽面便是自中分剖为二而将两半在左右二侧平躺下来来表现的。[1]照这种说法，则商周铜器中动物纹样成对成双的现象，乃是平面表现立体的技术上的要求所使然；换言之，两个动物原来乃是一个。文献中的"两龙"因此也可能是自装饰图形中的形象而来的。

与此相反的说法，是把成双成对的动物纹样，至少其中在头面部结合成一个动物头面的，看成两个动物，而饕餮面与肥遗型的图案是后起的。换言之，兽体分成左右二半，不是一个兽面分剖为二的结果，而是两个兽形在当中结合的结果。李济讨论小屯与侯家庄出土铜鼎中有动物圈带的八件，将它们分为六型，并将六型圈带排成自左右两半各有一单独夔纹或龙纹的型态到成熟的肥遗型的动物圈带这样一个顺序（图6）。李济指出他所排的这个秩序"不一定代表它们在铜器上出现时间先后的次序，只是一种设想中的逻辑安排"。[2]如上文所引的，李济也提到镶嵌工艺里将立体动物中剖而平放在平面这种发展的可能性，但鼎形器图案所代表的发展秩序，是一个值得探求历史证明的问题，因为如果在若干情形之下单独的兽面是由两兽合并而成的话，那么"两龙"的来源便有其他的可能。法国社会学者勒微斯超司（C. Lévi-Strauss）从商代的饕餮纹上看到商代世界观的两分倾向（dualism），而这种倾向，照他的说法，是由于将立体的动物形象中剖为二以转化为平面的形象

---

[1] H. G. Creel, "On the Origins of the Manufacture and Decoration of Bronze in the Shang period", *Monumenta Serica* 1 (1935), p. 64.
[2] 李济《殷墟出土青铜鼎形器之研究》，《中国考古报告集新编》第4本，1970年，81—82页。

[1]

[2]

[3]

[4]

[5]

[6]

[7]

[8]

图 6　殷墟铜鼎单圈周带花纹八例（采自李济《殷墟出土青铜鼎形器之研究》）

这种艺术与技术上的需要而造成的。[1]

但与其说商代文化与社会中的两分倾向是由艺术中"一分为二"的需要而产生的，不如说商代艺术中的两分倾向是商代文化与社会中的两分倾向的一个环节。根据考古资料与文献资料，我们已经在商代的文明与文物里看到下列两分现象的历史事实：

（1）安阳殷墟考古遗址中小屯宫殿宗庙基址的排列，"是有大规模计划的。它们有南北一线的磁针方向位居正中遥遥相应的建筑物，从此左右对称，东西分列，整齐严肃"。[2]（2）西北冈王陵区的墓葬分为东西两区，东区已发现四个大墓，西区有七个大墓，两区之间有一百余米的距离。[3]（3）卜辞在龟板上的排列左右对称，一边的贞问采取正面口气，另一面采取反面口气。[4]（4）卜辞中诸王礼制，若依董作宾的五期分类，可以分为新旧两派。[5]（5）商代铜器装饰花纹的构成有对称倾向，这是本文所讨论的，又照瑞典高本汉的统计，花纹的母题之结合倾向可分 A、B 两组，两组的花纹母题在同件器物上有彼此排斥的趋势。[6]

这些两分现象是不是彼此有联系关系的？也许其中若干之

---

[1] "Split Representation in the Art of Asia and America", in: *Structural Anthropology* (New York: Basic Books, 1963), pp. 245-268.
[2] 董作宾《甲骨学六十年》（严一萍编辑），台北，艺文印书馆1965年版，30页。
[3] 高去寻："The royal cemetery of the Yin Dynasty at An-yang",《考古人类学刊》，13/14（1959），1—9页。
[4] 周鸿翔《卜辞对贞述例》，香港，万有书局1969年版。
[5] 董作宾《殷墟文字》乙编序，中央研究院历史语言研究所，1948年。
[6] Bernhard Karlgren, "New studies in Chinese bronzes",《瑞典远东古物博物馆馆刊》，9（1937）。

间有联系关系,而其他的并不一定要用同一个因素来加以解释。在讨论《殷礼中的二分现象》一文中,我曾经提出来"二分制度是研究殷人社会的一个重要关键"与"殷礼中的二分现象,与王室之内分为昭穆两组,似乎有很密切的关系"这两条初步的结论。[1]

关于殷商王室的昭穆制度,我在好几篇文章里已作了比较详细的说明与考证,在这里便不必详加介绍。[2]照这个说法,商代王族之内分为十个天干群,以十干为名,它们是祭祀单位,也是外婚单位;更重要的是,王位便在这十个天干群中轮流传递。从王位继承制上说,这十干又分为两组,一组以乙群为主,二组以丁群为主(乙群可能与西周昭穆制中的穆相当,而丁群可能与昭相当)。如果这个说法可以成立,那么上述的两分现象中至少有若干可以加以说明的:(1)两组的王一组埋在西北冈王陵区的东区,一组埋在西区。(2)如果小屯的基址有商代的宗庙的话,王族的祖先牌位或祖庙也可能按昭穆次序在左右分排,但这一点还需要进一步的研究和讨论。(3)卜辞中所代表的新内派的礼制也可以代表王室中乙丁两派的习俗和爱好。

殷室的王制不是很短的篇幅可以讨论清楚的,上面这一段话也不是为了证明它来讲的。我们这里面临的问题,是我们把商周青铜器动物纹样当作巫觋通天地工作的一部分的工具的这个说法,能不能圆满说明动物纹样的"两龙"现象?我们的

---

[1] 见本书237、260页。
[2] 《商王庙号新考》、《谈王亥与伊尹的祭日并再论殷商王制》,见本书173—210,211—235页。
W. Bogoras, The Chukchee, *Memoirs of the American Museum of Natural History*, vol XI, 1909.

回答是完全肯定的。在王室分为两组的情形之下，王室的祖先在另一个世界里自然也遵守类似的排列规则。因此，巫觋在为王室服务所作沟通天地的工作上也须左右兼顾，他们的动物助理也就产生成对成双的需要。巫觋登天要"乘两龙"，也就是"脚踏两只船"的意思，在他们使用登天的工具上，也要保持着与人间现象相照应的适当的平衡性。

中国古代艺术与政治 *
——续论商周青铜器上的动物纹样

中国古代艺术与政治这样一个大的题目，是在一篇短文中说不完的，但这篇小文实际上是《商周青铜器上的动物纹样》[1]一文的一个续篇。现代的艺术家也许有"为艺术而艺术"与"为人生而艺术"这一类的争论，可是在古代艺术的研究上，至少是在中国古代商周艺术的研究上，我们一般多同意"政治、宗教和艺术是结合在一起的"[2]这种看法。可是古代的艺术与古代政治相结合是采取怎样的具体方式呢？在商周艺术上占重要地位的动物纹样的意义未经阐明之前，这个问题的回答是比较困难的。

传统的金石学对这个问题是没有答案的。《吕氏春秋》里屡次提到周鼎的花纹，都给以哲理修养上的解释，"周鼎著饕餮，有首无身，食人未咽，害及己身，以言报更也"（《先识览》）；"周鼎著象，为其理之通也"（《审分览·慎势》）；"周鼎著鼠，令马履之，为其不阳也"（《恃君览·达郁》）；"周鼎著倕，而

---

*　　原载《新亚学术季刊》第4期，1983年，29—35页。
[1]　《考古与文物》，1981年第2期，53—68页。又见本书。
[2]　马承源《中国古代青铜器》，上海人民出版社1982年版，33页。

龁其指，先王有以见大巧之不可为也"（《审应览·离谓》）；"周鼎有窃曲，状甚长，上下皆曲，以见极之败也"（《离俗览·适威》）。照这种说法，周人在鼎上铸了动物的纹样乃是表达哲理思想的，而自北宋以来的金石学者也就常常将此说沿袭使用，如《博古图》所说"象饕餮以戒其贪"（《总说》）便是典型的例子。近代学者不为传统看法所局限，进一步看到古代艺术与政治的结合，代表对商周艺术研究的很大的进步；至于二者结合的具体方式，一般的看法是相似的，可以举最近的三个例子：

> 各式各样的饕餮纹样以及以它为主体的整个青铜器，其纹饰和造型，特征都在突出这种指向一种无限深渊的原始力量，突出在这种神秘威吓面前的畏怖、恐惧、残酷和凶狠。……它们之所以具有威吓神秘的力量，不在于这些怪异动物形象本身有如何的威力，而在于以这些怪异形象为象征符号，指向了某种似乎是超世间的权威神力的观念。[1]
>
> 商和周初青铜器动物纹饰都是采取夸张而神秘的风格。即使是驯顺的牛、羊之类的图像，也多是塑造得狰狞可怕。这些动物纹饰巨睛凝视、阔口怒张，在静止状态中积聚着紧张的力，好像在一瞬间就会迸发出凶野的咆哮。在祭祀的烟火缭绕之中，这些青铜图像当然有助于造成一种严肃、静穆和神秘的气氛。奴隶主对此尚且作出一副恭恭敬敬的样子，当然更能以此来吓唬奴隶了。[2]

进入青铜时代，商周奴隶主阶级的宗教与艺术，继承

---

[1] 李泽厚《美的历程》，文物出版社1981年版，36—37页。
[2] 马承源上引《中国古代青铜器》，34—35页。

了史前时期的某些历史传统，加以利用改造使之为自己的神权统治服务，可能更附加了一些新的属性，情况虽然不详，估计无非是想说明"聪明正直为神"，神也无所不在，监临下民，叫人恭敬严肃，小心畏惧，兽面纹样之普遍见于鼎彝之类"重器"之上，居于如此显著地位，反复出现，或者就是为了这个原因。[1]

上面这几段文字所代表的看法，照我的意见是很有见地的。商周艺术品上动物纹样的严肃、静穆与神秘的气氛，引起下层群众心中的恐惧，很可能是维持与加强统治者政治力量的一个强烈的因素。但在另一方面，这种解释可能还欠完备。古代艺术品常是庙堂之器，不一定是下层众人能轻易看到的，同时现存的商周艺术品绝大部分是自墓葬里出土的。如果古代艺术品的政治作用，不是一定在公开陈列的情形下才能发挥，而在埋藏起来以后，仍旧不失其效力，那么它的政治力量，便不能仅靠它所造成的气氛，与在那种气氛之下所引起的恐惧来达到了。换言之，商代艺术品本身，或其动物纹样本身，是不是有一定的宗教力量与政治力量，或是说，它们本身便是直接达成某种宗教目的、政治目的的工具呢？

上面所说的《商周青铜器上的动物纹样》一文里，我提出了上面这个问题的肯定的答案。这个回答的主要关键，是确定了商周青铜器上的动物纹样，实际上是当时巫觋通天的一项工具。这里我们不妨把这个主张更加扩张，把它当作商周艺术的一般特征，并且指出这种为通天工具的商周艺术品，也正因

---

[1] 刘敦愿《〈吕氏春秋〉"周鼎著饕餮"说质疑》，《考古与文物》1982年第3期，87—88页。

此而是商周统治阶级的一项政治工具。商周艺术品（尤其是青铜艺术品）的这些特征，便是九鼎传说的基础。

关于商周青铜器上的动物纹样本身，乃是巫觋通天工具这个说法，我在前文里有比较详细的引证，这里便不再加以重复了。现在比较原始的民族里面，还有有巫觋名为"萨满"的；"萨满"的主要作用便是通神，而在他们通神的过程中，各种动物常常作为他们的助手或是使者。中国古代的文献里，也有不少动物扮演通神使者的迹象；《山海经》和《楚辞》里都提到"二龙"或"两龙"，是巫觋通天常用的标准配备。甲骨卜辞里也有"帝史凤"的称呼。从这各方面的证据看来，说商周青铜器上的动物纹样，便是巫觋通天工具的一个重要部分，应该是不成问题的了。如果青铜器上的动物纹样有这种作用，那么在其他原料的艺术品上面的动物纹样，也应该有同样的作用，也是商周巫觋通天工具的一部分了。

商周艺术上的动物纹样，或甚至说商周艺术一般而言，虽然是巫觋通天工具的一种，却不是巫觋通天的唯一的工具。关于商周巫觋通天地这件事，要从"重黎二神绝天地通"这个神话说起。这个神话是人们比较熟知的，但不妨将古籍中两段重要文献引述一下。《书·吕刑》：

> 上帝监民，罔有馨香德，刑发闻惟腥。皇帝哀矜庶戮之不辜，极报以威，遏绝苗民，无世在下，乃命重黎绝地天通。

《国语·楚语》对这一段故事的来龙去脉，作了比较详细的说明和解释，在上文已详细征引；观射父这一段话分好几个层次，把中国古代的宗教、巫觋及祭祀作了很有系统的分析。在本题上说，它一方面解释了通天地的主要方法与工具，一方面点破了通天地在政治上的意义，所以这一段话是中国古代艺术史上关键性的一段史料。

神属于天，民属于地，二者之间的交通，要靠巫觋的祭祀，而在祭祀上"物"与"器"都是重要的工具："民以物享"，于是"神降之嘉生"。商周的青铜彝器以及其他质料的彝器如木漆玉石骨牙等器，都可以做巫觋的法器，它们上面的动物纹样便是巫觋的助手、使者。这些在前文都已详述。但巫觋的祭祀通天，其手段还是比较复杂的，我们对于祭器及其动物在这些仪式上的具体作用，还不能彻底了解。但是我们相信巫觋在祭祀做法时，具体地说，是使用占卜术而能知道神与祖先的意旨的；是使用歌舞和饮食而迎神的，是使用酒精或其他兴奋药剂，达到昏迷状况而与神界交往的。在这些具体的通神方式上，商周的艺术品，很显然的都要发挥相当重大的作用的。关于这一点，即古代艺术从具体细节上看，是如何与巫觋通神相关的，实际上还需要更多的更进一步的研究，但此地不妨举几个明显的例子。

古代各种占卜术中最为人熟知的是商周的骨卜与龟卜；骨卜与龟卜对古代艺术的贡献主要是在书法上面。卜辞的书法已经是个别书家表现作风的境地了，所以董作宾在他的《甲骨文断代研究例》[1]中把"书体"列入了断代的10项标准之一："在早期武丁时代，……史臣书契文字，也都宏放雄伟，极为精彩；第二、三期，史官书契，也只能拘拘谨谨，恪守成规，无所进益，末流所届，渐趋颓靡；第四期武乙好田游，不

---

[1]《中央研究院历史语言研究所集刊外编，庆祝蔡元培先生六十五岁论文集》，1933年，323—424页。

修文事，卜辞书契，更形简陋；文武丁锐意复古，起衰救弊，亟图振作，岂奈心有余而力不足，'文艺复兴'仅存皮毛；第五期帝乙帝辛之世，贞卜事项，王必躬亲，书契文字，极为严肃工整，文风不变，制作一新。"[1]最近在陕西岐山扶风周原新发现的文王与其后数王时代的甲骨文，又自成一派，属于纤细的微雕艺术。[2]但是书法艺术在巫觋通神占卜术上，究竟起过什么样的作用，还是一个值得进一步研究与详细讨论的题目。照一般卜辞学者的看法，卜辞是在占卜之后才书写雕刻在甲骨上的。因此卜辞中的文字是与祖神沟通的语言工具，还是在宫廷中立此存照以为后据的历史与公文档案，仍是纠缠不清的问题。[3]

巫觋以歌舞饮宴为手段而沟通人神是研究古代文艺者的常识，在《楚辞》中有非常丰富的资料。《楚辞章句》说得很清楚："昔楚南郢之邑，沅湘之间，其俗信鬼而好祀，其祀必使巫觋作乐歌舞以娱神。蛮荆陋俗，词既鄙俚，而其阴阳人鬼之间，又或不能无亵慢淫荒之杂。"举《九歌》中的《东君》为例：

> 暾将出兮东方，照吾槛兮扶桑。抚余马兮安驱，夜皎皎兮既明。
>
> 驾龙辀兮乘雷，载云旗兮委蛇。长太息兮将上，心低徊兮顾怀。
>
> 羌声色兮娱人，观者憺兮忘归。緪瑟兮交鼓，箫钟兮

---

[1] 董作宾《甲骨学六十年》，台北，艺文印书馆1965年版，101—102页。
[2] 《陕西岐山凤雏村发现周初甲骨文》，《文物》1979年第10期，38—43页。
[3] 王宇信《建国以来甲骨文研究》，中国社会科学出版社1981年版，62—65页。

瑶虡。

　　鸣篪兮吹竽，思灵保兮贤姱。翾飞兮翠曾，展诗兮会舞。

　　应律兮合节，灵之来兮蔽日。青云衣兮白霓裳，举长矢兮射天狼。

　　操余弧兮反沦降，援北斗兮酌桂浆。撰余辔兮高驼翔，杳冥冥兮以东行。

这首诗生动地描写了一套迎送日神的仪式，其主要的成分便是使用各种乐器齐奏的音乐，与穿着色彩缤纷的衣裳所作的舞蹈。[1]诗中所描写的歌舞仪式用具，如龙輈、云旗、瑟、鼓、钟、虡、篪、竽、翠、云衣、霓裳等等，都是当时的艺术品，如果在考古遗址里有遗留着的痕迹的话，便正是当时巫术的具体的写照。又在《楚辞》的《招魂》和《大招》里，描写巫觋作法沟通生死，使用各种饮食为招魂的工具，而古代饮食的礼器更是商周艺术的核心。1978年发掘的湖北随县擂鼓墩一号墓，是战国初年曾侯乙的墓葬，其时代与所代表的文化都与《楚辞》相距不远。墓中出土的文物，"包括青铜礼器、乐器、兵器、车马器、金、玉器、漆木、竹器和竹简等类共7000余件。……青铜礼器和用器共140余件，从祭祀饮宴用的礼器，摆设用的装饰品到各种日常生活用具应有尽有，……特别引人注目的是乐器。出土的笙、排箫、竹笛、瑟、琴、编钟、编磬、鼓等共8种124件，管乐、弦乐、敲击乐器俱全"。[2]把《九歌》中巫觋通神仪式中所用的各种艺术品，逐件在曾侯乙

---

[1] 王克芬编著《中国古代舞蹈史话》，人民音乐出版社1980年版，17—18页。
[2] 湖北省博物馆编《随县曾侯乙墓》，文物出版社1980年版，1—2页。

墓里寻索，似乎是可以对出不少种类来！曾侯乙生前死后都可以用得上这些艺术品，因为不论生前还是死后，与祖神沟通都是当时人们的急务。

至于借助酒精力量达到昏迷状态以与神界交往，则只是一项猜测。近代原始民族的萨满有时借助各种迷魂药物达到通神的精神状态，是众所熟知的。中国古代的巫觋是否借助于药物，是个值得深入研究的问题。但商周青铜彝器之中酒器的数量与种类之多，从这个角度上看是值得注意的事实。在《尚书·酒诰》中，虽然周公以商人嗜酒为戒，却一再说明，"你们要喝酒，只能在祭祀时喝"，"越庶国饮，惟祀"。"尔尚克羞馈祀，尔乃自介用逸。""惟姑教之，有斯明享"。换言之，祭祀时不但可以喝酒，而且应该喝酒；这是与彝器之中酒器之多相符的。但祭祀时什么人喝酒？古代的祭祀是庙堂大事，不像今日作拜礼时大家一起喝醉这样。看来祭祀时喝酒的人是巫觋，喝酒的目的之一，很可能便是把巫觋的精神状态提高，便于沟通神界。[1]

用这一类的看法来看商周的艺术，我们很自然地强调了古代艺术的实用的一面，亦即作为巫觋通天的工具这一面。这里不妨举古代艺术史最为人所熟知的两件艺术品作个例子。如传在湖南宁乡出土，一般断为商代的一对"乳虎食人卣"中在巴黎的一件（见《商代的巫与巫术》一文中图7，下中）。从巫觋通天工具这个观点来看，这件器物的好几个特点，都有典型的特征。它的动物形制与纹样，

---

[1] 周策纵《中国古代的巫医与祭祀、历史、乐舞及诗的关系》（《清华学报》新12卷，第1、2期合刊，1979年，1—60页）提到药酒，强调了古代酒在医疗上的作用。

表现着作为巫觋助手的动物形态；它与人形的亲密关系，与太平洋区原始艺术与古代艺术常见的"同一个体的另一半"（alter ego）的母题相符合，很可能说明动物身上的人像正是巫师的形象。这件卣又是件祭祀时盛酒的器物，可以说是巫觋通天的法器。这种种的特征，固然不能说是这件艺术品的全部特征，也不能把它的存在做完全的说明，但指明这些特征显然是有助我们理解这件器物本身意义的先决条件。[1]

1973年在长沙子弹库楚墓清理出来的一幅"人物御龙帛画"（图1）。"画的正中为一有胡须的男子，侧身直立，手执缰绳，驾驭着一条巨龙。龙头高昂，龙尾翘起，龙身平伏，略呈舟形。在龙尾上部站着一鹤，圆目长喙，昂首仰天。人头上方为舆盖，三条飘带随风拂动，画幅左下角为一鲤鱼。"[2]发掘者对此画的解释是说在上的人物"乘龙升天"："在中国古代传说中，人神都可以乘龙到天上去或遨游太空。……画作舟形，似是在冲风扬波，……古代传说中的神山多在海中，因此求仙登天必须经过沧海。"[3]这个看法是正确的；《楚辞》中提到驾龙神游之处比比皆是：《九歌·云中君》中"龙驾兮帝服，聊翱游兮周章"；《湘君》中"驾飞龙兮北征，邅吾道兮洞庭"；《大司命》中"乘龙兮辚辚，高驰兮冲天"；《东君》中"驾龙舟兮乘雷，载云旗兮委蛇"；《河伯》中"乘水车兮

---

[1] 原图采自 V. Elisseeff, *Bronzes archaiques chinois au Musee Cernuschi*, I, Paris: L'Asiatique, 1977, pp. 120—131。关于这一类人兽同现其上的青铜器的分析，见上页注〔1〕引文。
[2] 《长沙楚墓帛画》，文物出版社1973年版，说明。（同见《文物》1973年第7期，3—4页）
[3] 同上。

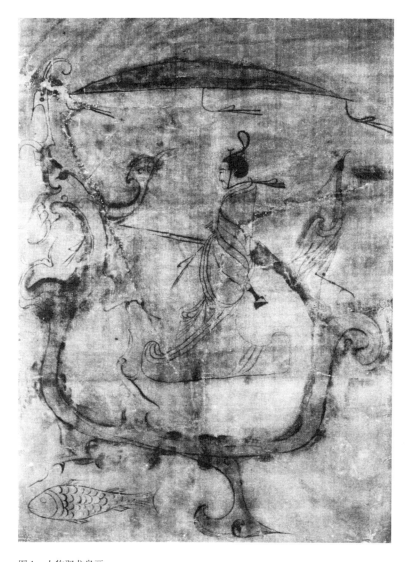

图 1 人物驭龙帛画

荷盖,驾两龙兮骖螭";《离骚》中"屯余车其千乘兮,齐玉轪而并驰;驾八龙之婉婉兮,载云旗之委蛇"。这一类的例子,还可举得很多,上面数条可见一斑。帛画中驾龙的人物,依报告者"引魂升天"的说法,当是墓主的写真。出帛画的墓正是1942年出土楚缯书的同一墓;缯书的内容与巫觋的关系,已有相当详尽的研究[1],子弹库的墓主有可能是楚的一个巫师,缯书是他的职业手册,帛书是他的沟通天地工作的造型。这一类的艺术造像,显著可举的例子还有长沙陈家大山出土的人物龙凤帛画[2],战国时代一个铜壶上刻铸的驱龙图像[3],以及洛阳西郊一号战国墓出土的两件"伏兽玉人"。[4]这些艺术品所造型的人都是巫师,兽都是助巫通天的工具,人兽的关系正是巫师作法通天的行动。

上面这几个例子很清楚地说明了商周艺术与巫术的密切联系,而艺术的政治性也正须在巫术与政治的关系上寻求理解。事实上,古代巫术与政治的关系不是一个新鲜陌生的问题;一旦艺术与巫术的关系具体点明,下面的讨论便比较简单直接。上文已经引述了古代"绝地天通"的神话;关于天地分离了以后巫觋在政治上的重要作用,杨尚奎在下面这一段话里已经清楚地点明了:

> 我们虽然不能完全明了他(观射父)的意思,但可

---

[1] 如林巳奈夫《长沙出土楚帛书の十二神の由来》,《东方学报》42册,京都,1971年。
[2] 熊传新《对照新旧摹本谈楚国人物龙凤帛画》,《江汉论坛》1981年第1期,90—94页。
[3] 梅原末治《战国式铜器の研究》,京都大学人文科学研究所,1936年。
[4] 《洛阳西郊一号战国墓发掘记》,《考古》1959年第12期,653—657页。

以知道是说在九黎乱德以后，人人作起神的职份来，分不清楚谁是神谁是人了。这样"民神同位"的结果，老天也觉得麻烦，于是派下重和黎来，使重管神的事，黎管人的事；那就是说，人向天有什么请求向黎去说，黎再通过重向天请求，这样是巫的职责专业化，此后平民再不能直接和上帝交通，王也不兼神的职务了。[1]

这样一来，"国王们断绝了天人的交通，垄断了交通上帝的大权"。[2] 通天的巫术，成为统治者的专利，也就是统治者施行统治的工具。"天"是智识的源泉，因此通天的人是先知先觉的，拥有统治人间的智慧与权利。《墨子·耕柱》："巫马子谓子墨子：鬼神孰与圣人明智？子墨子曰：鬼神之明智于圣人，犹聪耳明目之与聋瞽也。"因此虽人圣而为王者，亦不得不受鬼神指导行事。从商代的卜辞看来，商王行动之先常须举行占卜请示祖先，或至少要借祖先意旨为行动之口实。董作宾所列卜事，据粗略的观察，可暂分为下列的二十种：卜祭祀、卜征伐、卜田狩、卜游观、卜享、卜行止、卜旬、卜夕、卜告、卜𠂤、卜求年、卜受年、卜日月食、卜有子、卜娩、卜梦、卜疾病、卜死亡、卜求雨、卜求启。[3] 是凡国家王室大事，包括生老病死，事事要听祖先的指示。这从一方面来说，表现了"鬼神之明智于圣人"，可是从另外一方面来说，占有通达祖神意旨的手段的便有统治的资格。统治阶级也可以叫做通天阶级，包括有通天本事的巫觋与拥有巫觋亦即拥有通天手段的王

---

[1]《中国古代社会与古代思想研究》上册，上海人民出版社 1962 年版，163 页。
[2] 同上，164 页。
[3] 董作宾上引《甲骨学六十年》，115—116 页。

帝。事实上，王本身即常是巫。李玄伯云："君及官吏皆出自巫。"[1]陈梦家讨论商代巫术，亦云"由巫而史，而为王者的行政官吏；王者自己虽为政治领袖，同时仍为群巫之长"。[2]

　　从这个观点再回头来看古代艺术，我们便可以很明了地看出，不但"政治、宗教、艺术是结合在一起的"，而且作为通天工具之一的艺术，实在是通天阶级的一个必要的政治手段，它在政治权力之获得与巩固上所起的作用，是可以与战车、戈戟、刑法等等统治工具相比的。古代艺术在政治上的重要性，可以从环绕着为商周艺术核心的青铜器为中心的九鼎传说上看得最是清楚。古代王朝之占有九鼎，便是通天手段独占的象征。

　　关于九鼎的神话很多，其中《左传·宣公三年》和《墨子·耕柱》这两段文字是熟知的，所说的九鼎故事也是中国历史上屡经传述的。但从这篇短文所采取的观点来加以分析，我们更可以看出这些文字在中国古代美术史研究上的关键意义，因为它把"政治、宗教与艺术"在中国古代结合起来的具体方式，很清楚明白地点睛了。其一，《左传·宣公三年》讲"远方图物、贡金九牧，铸鼎象物，……用能协于上下以承天休"这几句话是直接讲青铜彝器上面的动物形的花纹的。各方的方国人民将各地特殊的"物"画成图像，然后铸在鼎上，正是说各地特殊的通天动物，都供王朝的服役，以"协于上下，以承天休"。换言之，王帝不但掌握各地方国的自然资源，而且掌握各地方国的通天工具，就好像掌握着最多最有力的兵器一样，是掌有大势大力的象征。其二，《左传》里的

---

[1] 李宗侗《中国古代社会史》，台北，华冈出版公司1954年版，118页。
[2] 陈梦家《商代的神话与巫术》，《燕京学报》第20期，1936年，535页。

"贡金九牧"与《墨子》里的"折金于山川",正是讲到对各地自然资源里面的铜矿锡矿的掌握。"铸鼎象物"是通天工具的制作,那么对铸鼎的原料即铜矿锡矿的掌握,也便是从基本上对通天工具的掌握。所以九鼎不但是通天权力的象征,而且是制作通天工具的原料与技术的独占的象征。其三,九鼎的传说,自夏朝开始,亦即自中国历史上第一个王朝开始,也是十分恰当的。王权的政治权力来自对九鼎的象征性的独占,也就是来自对中国古代艺术的独占。所以改朝换代之际,不但有政治权力的转移,而且有中国古代艺术品精华的转移。《逸周书》讲武王伐纣之后,不但"乃命南宫百达史佚迁九鼎三巫"(《克殷解》),而且"得旧宝玉万四千,佩玉亿有八万"(《世俘解》)。《左传》记周公封伯禽于鲁,分"以大路大旂、夏后氏之璜,封父之繁弱"等等不一而足。九鼎只不过是古代艺术的尖端而已。[1]

---

[1] 唐兰《关于"夏鼎"》,《文史》第 7 辑,1979 年,1—8 页。

从商周青铜器谈文明与国家的起源 *

一、前提概念

我想提出的问题,是指出中国古代文明的若干特性,并试图解释为什么会有这种特性,再进一步看看这种特性对于文明和国家的起源的问题有什么样的启示。我觉得,中国古代史或中国历史的研究有对社会科学一般法则的研究做出贡献的潜力。对中国古代青铜器的研究是在这方面可做出贡献的一个很好的例子,因为这个例子无论在论证或推理上都比较清楚和圆满。具体地讲,中国古代的文明是以中原地区为主,向北波及到内蒙、辽河流域,向南波及到长江流域。在这个广大的区域内,我国古代文明是以青铜器(或是有特殊形制和装饰花纹的青铜器)为特征的,同时又以若干玉器和其他美术品为特征。我想要提出的一个很具体的问题是,中国古代文明为什么会有如此特征的青铜器、玉器?回答了这个为什么,我们就可以对中国古代文明的特征有较具体的、建立在实证资料上的了

---

* 原载厦门大学人类学系编《人类学论丛》第 1 辑,1987 年,10—24 页。

解。而这正是我们能对世界文明史和社会科学法则的研究有所贡献的关键所在。但在讨论此问题之前，我想先提几个研究中国古代史或古人类学的前提概念。因为在很多学科尤其是在中国古代史这种历史很悠久的学科里面，常常会有很陈旧的、根深蒂固的思想包袱。在这个观念澄清之前，径直走到古代史研究的资料里去，有时不免常受这种观念的束缚。所以我要先提几个前提概念来与各位讨论。

第一，要从古代的历史中得出对某个问题很满意的解决，从而使其他人能够信服，那么，单指出现象是不够的，重要的是要问一问"为什么"。只提出中国古代文明是以青铜器为特征，它有若干特点，比如有饕餮纹或龙纹、凤纹，说中国古代的文明就是这样，这是不够的。当然要研究中国古代的文明，得由此入手，正因为我们有这种形制和花纹的青铜器、玉器，因而中国古代文明才与其他的文明不同。不过这只是第一步，仅第一步是不够的；我们更要提出的是，中国古代文明"为什么"会有这些特征？假如我们能够得出一个具体的能让人信服的答案来，才能使我们在这个问题的研究上，得到相当程度的自信和满足，也才能使其他人信服并接受。所以如果要研究古史、古代美术、考古学的话，我认为要时常想想下面几个单词：What、Where、When、How、Why。

第二，在任何一个学科尤其是历史很悠久的学科里面，我们的思想包袱是沉重的。所以有时候，我们要把过去所有的成见暂时地、完全地抛除，从头想起。以殷商的王权继承制的研究为例，多少年来，我们所了解的就是父死子继，兄终弟及，这样一代代地传下来。我们常常不自觉地毫无疑问地认为：头一个王是第二个王的父亲，第二个王是第三个王的父亲。我们之所以会不自觉地做这样假定，是因为在中国几千年的历史中,许多朝代的帝王继承传统就是如此。但是,假如把这个成见抛开,假如从零出发,那么,我们就没有理由说,第一代和第二代非是父子关系不可了。问题的关键在于父亲是不是生父?儿子是不是亲子?我们是学习人类学的,知道在很多原始民族里,有所谓分类式的亲属称谓,即凡是父辈的都称父,儿辈的都称子。在中国的古代,也有这种称谓,即所谓"伯父""叔父"都称为父。如果王乙是王甲的子,王甲便是王乙的父,这当然不错,但是,王甲是否一定是王乙的生父,这就很难说了,或许只是他的伯父、姑父、舅父?关于这一点,从前提上是不能解决的,因为不能仅凭文献上说是父便一定是生父。我们所要做的是找出种种资料来证明他是生父还是伯父、叔父、姑父、舅父。反之,他的子也不一定就是他的亲生子,也许只是他的侄子或外甥(这些称谓是后来才有的,在商代,只有父和子这两个称谓)。实际上,在古代,所谓父死子继,只不过是表明你这一家的父辈做了王,子(或侄)辈得到王位继承权的便利就远比别人多。一方面这种统治别人的权力常跟亲属有关,另一方面要获得这种权力还要靠王位继承人本身的本领或道德表现。就是说,获得王权,并不一定是从父亲手上很容易地接过来,而要根据他的本事把它"挣"来的。这个观念是极其重要的。在中国古代史中,特别是在王权转移游移性较大的时代中,通过功业和道德去挣得治理别人的权力,往往要比从亲属手里继承王权这样的方式更为重要。这就提醒了我们,社会的进步是从古到今,从早到晚的,而不是从今往古能够推上去的。

再举一个例子来说明我们用后世的史实来推论前世的这种成见。在讲中国古代宗教时,许多中外学者都认为它是以祖先崇拜为主要特征的,甚至说就是祖先崇拜。这就把很复杂的中国古代宗教简单化了。其实在中国古代宗教里，祖先崇拜固然是一个很重要的成分，但更重要的是所谓的巫教。然而，许多人在研究中国古代宗教时，把巫教的分量看轻了，这是因为它的力量在后来较衰微了。用后世衰微的情况推证上古的宗教情况，就容易犯上述错误。

最后再举一个例子，这就是用外国民族学或社会学或历史学的成见来看中国的现象。在研究中国古代文明和国家起源时，常有这样一条法则：在古代王国文明形成的过程中，血缘关系渐被地缘关系所取代，政治的、地缘的团体占的成分比亲属占的成分越来越厉害和强烈，而亲属关系则日趋衰微。这是根据外国古代史所得的经验作出的结论，用它来看中国具体的史实似乎很合理，然而是错误的。因为在中国古代，文明和国家起源转变的阶段，血缘关系不但未被地缘关系所取代，反而是加强了，即亲缘与政治的关系更加紧密地结合起来。所以，我们不能仅根据外国社会科学的法则简单地来套中国的史实，而应从零开始，看看中国的情况是否可用这种法规或其他的办法来解决。就是说我们应该不时地把根深蒂固的成见放在一边，重新从起步开始，这样，或许会得到些新的解释。当然，新的解释不一定对，也不一定比旧的好。但是，如果我们抛除了各种成见，完全以我们确有的历史资料为最终依托，来做较合适的和客观的解释，也许有一天我们产生出的新看法就可以解决过去所不能解决的问题。这就是我想提出来讨论的一个很基本的前提。

第三，研究中国古代史和古代社会，并没有什么本行和外行之分，或者说哪个学科是专门研究中国古代的。学科是次要的，而中国古代史的现实则是主要的。研究中国古代社会或者文明，对象是一些具体资料，包括考古的、文献的资料。任何工具都可以拿来利用。目的是把可以利用的事实以及在能力所及的范围之内能挤出来的所有信息都挤出来。假如这牵涉到外行或其他学科的工具，也不必客气，完全可以使用它。所以，研究中国古史所需的工具，有历史学、考古学、美术史、社会语言学、体质人类学、比较社会学和世界史等。把这些学科融会贯通，说起来容易做起来则有困难。我个人学习中国古代史，有些是在大学里学的，有些是在研究生院里学的，有些是在毕业后慢慢摸索出来的，虽有些心得，但现在仍感到所掌握的各方面工具实在不够。因而我觉得，得到各方面的工具是一件事情，而对于某一学科的了解及中间的隔膜又是另外一回事。

二、中国古代文明的几个现象

要想把握住中国古代文明特征本质的话，考察的对象应该是：在一定的地理范围内，从比较早期形态到较高级形态演变的一段历史。就中国历史而言，我们要检查中国古代文化发展的整个经过，从仰韶、大汶口文化经各地方性的龙山时期文化到二里头文化，殷商文化、周代文化一直延续下来。我们要检讨这段历史具体的资料及每一段时间里的具体现象，然后再看从哪一段开始可称之为文明，哪一段开始有城市和国家。

我们先来看看产生文明需要什么因素。这不但是研究中国文明也是研究世界上任何地方的文明最要紧的关键。这可以有不同的说法，但我觉得可以用一个最为简单的词——财富——来代表。文明没有财富是建造不起来的，而财富本身有两种表现，一是绝对的，另一是相对的。换言之，文明的基础是财富在绝对程度上的累积。很贫乏的文化，很难产生我们在历史学或考古学上所说的那种文明。另一方面，仅有财富的绝对累积还不够，还需要财富的相对集中。在一个财富积累得很富裕的社会里面，它会进一步地使社会之内的财富相对地集中到少数人手里，而这少数人就使用这种集中起来的财富和大部分人的劳力来制造和产生文明的一些现象。这个看法合适不合适，它和其他的看法怎样联系起来，希望大家讨论和指教。假如接受这种说法，即假如文明产生的前提条件是财富的绝对累积和相对集中的话；那么，要认识任何一个地区文明的历史经过，就不仅仅只是了解，而且还要进一步地掌握、解释这一地区的文明为什么产生、如何产生。我们要解释的是什么呢？就是说，在这个地区的社会里，尤其是就这时期以前来讲，它的财富是怎样积累起来，同时，又是用什么手段把财富集中到少数人手里的。根据我自己学习世界文明史（包括中国文明史）的很不成熟的经验，我认为：没有一个文明（假如我们称之为文明的话）的产生不是经过这样一个程序而来的，即财富的积累与财富的集中。另一方面，在不同的文明中，财富是如何积累起来的？积累起来的财富又是如何在这个社会中集中起来的？不同的地区、文化、民族和社会也可能有不同的方式。因此，在不同的地区就有不同的文明的表现。换言之，要掌握中国文明的本质，解释中国古代文明生存的因素，我建议看看中国古代史里何时有财富的积蓄，以及如何造成财富的积蓄，进一步再看看何时有财富的集中，以及如何造成财富的集中。假如能够回答这些问题，我们对中国古代文明和社会的了解就可得出能使我们自己和同事信服和满足的结论。我下面所提出的这个设想能否得出这样的结论，请诸位判断。

我提出中国古代文明的几个现象，就是跟财富的累积与集中有关的。第一，是中国古代文明的生产工具、技术与文明产生以前的生产工具、技术并没有本质上的改变。我们当然很清楚，青铜时代有青铜器，但是，中国青铜时代的一个很重要的特征，就是青铜器的使用，不是在生产技术方面，而是在另一方面，这在下面马上详细谈到。

青铜农具没有发现，这是一个事实上的而不是我们主张上的问题。青铜的农具假如有的话，也是非常少的。在春秋战国时代，长江流域下游有较多的青铜农具出现。但是据我所知，在殷商、西周时代，青铜农具非常稀罕，甚至是没有。在整个青铜时代，相对来说生产工具还是用石头做的，如石制的锄、镰刀、铲、斧，或骨制的，或贝壳做的，而且很可能大部分生产工具是用木头做的。尽管从考古报告看到的统计数字不多，然而根据所能利用到的统计资料从数量上来说，青铜时代的斧、锛等石制农具并没有相对地减少，而青铜农具没有出现。从甲骨文或考古材料来看，青铜工具在青铜时代出现，并不能用灌溉技术的出现或发展来解释。换言之，生产工具，技术这个领域中本质上的改变，不是中国古代文明出现的主要因素。在生产技术领域里面，从新石器时代到文明时代，有着很强烈的连续性。所以有人把中国古代的文明叫做连续性文明，来同其他若干所谓的突破性文明加以区别。从其他方面也可看出中国文明的产生是连续性的。在中国历史的过程中，从史前到文明时代的另一个很重要的连续性是宗族制度。我认为：宗族制度在中国古代文明社会里面，是阶级分化和财富集中的一个重要基础。在周代就成为所谓的宗法制度，就是大宗分成小宗，小宗再分成更小的宗，一支支分出去，这在社会人类学上称之为分节的宗族制度。在分节的宗族制度里，系谱有着基本的重要性，它是从主支向分支分化的。反之，又把某些权力逐级逐层地集中到大宗手中。简而言之，中国的宗法制是级级分化，以系谱为基础集中政治权力的一种很重要的基本制度。中国古代亲属制度在考古学上的研究刚刚开始。宗族的重要性在一些考古资料中可以非常清楚地看出来。比如说，对仰韶文化元君庙墓地的布局作研究的学者一致认为，仰韶时期已有发达的宗族制度。这种宗族制度到了龙山时代很清楚地和财富的分化结合起来。如在山西龙山文化襄汾陶寺墓地和山东龙山文化城子崖墓地中，葬具的好坏，墓坑的大小，随葬品的多寡，都有较明显的差别。这两个墓地发掘报告的作者都相信龙山社会已有宗族和阶级的分化。从这个基础上再进一步发展到商代的社会，宗族的分化就成为政治权力的基础。这在文献上有很清楚的说明，殷墟墓地的考古学研究也有很清楚的表现。这又是从史前到文明时代延续性的一个表现，也是与财富积累有关的若干因素的重要现象。

我再提出一个中国古代文明很重要的现象，即天人合一的宇宙观。普林斯顿大学研究中国思想史的牟复礼（F. Mote）教授说："真正中国的宇宙起源论是一种有机物的程序的起源论。""即整个宇宙的所有组成部分都是属同一有机物的整体，同时他们全部以参与者的身份在自发自生的生命程序之间发生作用。"哈佛大学的杜维明教授说："这个有机物性的程序是三个基本的问题：连续性、整体性和动力性。所有的存在形式从一粒石子到天都是一个连续体的组成部分。既然在这个连续体之外一无所有，存在的链子就永不会断，在宇宙中间一对物质之间永远可以找到它连续的关系。"（载于国内刊物《中国哲学》）天人合一的宇宙观是从史前继续下来的，是供给中国古代财富积累与集中的重要工具。这便牵涉到中国古代青铜器的问题。

三、中国古代青铜器——政治权力的工具

中国古代的青铜器是什么呢？是青铜做的器具或器皿。从原料来讲，是青铜做的；从用途来讲，是各种礼器、乐器、兵器、服御器等；从形制来讲，有各种特殊的器形：鼎、鬲、簋等；从装饰花纹来讲，有动物性的装饰花纹，如龙、凤、夔、饕餮等等。研究商周青铜器的人都知道中国古器物学、金石学上有一整套的术语，但这并不能代表中国古代青铜器的本质。从本质上说，中国古代青铜器等于中国古代政治权力的工具。《左传》有一句话，"国之大事，在祀与戎"。青铜硬度大，是可以制作生产工具的，但是，在中国它却用来制作政治的工具，用以祭祀与打仗，这是一种特殊、奇怪而需要进一步了解和解释的事。要认识和掌握这个现象，就要先掌握一个焦点，即祭祀用器。我们可以从动物的纹样来了解青铜器用作祭祀器皿的线索，并由此了解青铜器在中国古史上的作用。这就牵涉到中国古代的巫教问题。"巫"在甲骨文中写作"✝"。英文一般译作 Shamanism，即萨满教。巫在中国古代宗教里是个非常重要的职司。《国语·楚语》里对巫的解释可供参考："……如是则明神降之，在男曰觋，在女曰巫。"陈梦家先生在《商代的神话与巫术》一文中，举古代巫的职司大致有五：祝史、预卜、医、占梦、舞雩。但古代的巫并不是专供宫廷驱使而已，巫就是宫廷，而巫所举行的仪式及所代表的宗教，就是中国古代宗教仪式的核心。陈梦家先生说："由巫而史而为王者的行政官吏，王者自己虽为政治领袖，同时仍为群巫之长。"研究中国古史的李玄伯先生也说："君及官吏皆出于巫。"这表明中国古代政教是不分的。那么，巫借什么工

具来"明神降之",也就是举行仪式,让神来附体呢?

甲骨文中的"巫"字一般是写成:"✝",最简单的解释,就是两"工"相交,"工"字在解释巫上面是一个很重要的概念。据我个人的看法,"工"就是矩。《周髀算经》上说:"环矩以为圆,合矩以为方,……方属地,圆属天,天圆地方,是故知地者智,知天者圣。"矩显然是古代科学、技术、思想上的一个很重要的工具,那么使矩的专家也就是掌握天、地的专家。能够掌天握地的巫就是具备圣人、智者的起码资格。巫不但能掌握方圆,更要紧的是能进一步贯通天地。贯通天地是中国古代宇宙观里一个最重要的动力和焦点。这种"天人合一"的宇宙观将宇宙分为不同的层次。古代宗教和仪式的主要任务是使生人(活人)能够贯通不同的层次,能上天入地,能贯通明暗、阴阳、生死,巫的任务就是执行这项业务。那么,巫用什么手段来通天呢?我们可以根据民族学、人类学对古代史的研究来探讨。我们并不是要把现代民族学或社会学的理论来套合中国古代史实,而是根据现代民族学、社会学的启示来复原中国古代史实本身。中国古代的巫师通天的手段大体有下面几种:

一是根据天地间直接的物理性联系。这在萨满教里叫做大地之柱,巫就是由此柱上下,另外他们还依靠往来于天地之间的使者同天地联系。巫教中主要的大地之柱有二,即山与树。这些材料不但中国古代史料里有,而且实际上在世界许多原始民族里也有。例如中国古代有神山的观念,这些神山后来成了所谓的五岳。泰山之所以成为祭祀场所,是古代天柱观念的残余。树也是一种直接的通天材料,参天古木直耸云霄,在古人看来是连接天地的直接工具。古代关于神木的神话也很多,而且顶上往往有鸟类栖息。从鸟和树的密切关系,我们知道鸟也是巫师通天的一个重要助手。除了鸟之外，巫师升降天地的媒介使者还有凤。甲骨文中常提到帝之使凤，郭沫若先生说："盖视凤为天帝之使，而祀之以二犬。"由于凤假借于风，故风也是一种帝使，即沟通天地的另一种媒介使者是风。这可以参考周策纵先生的《古巫对乐舞的发展的贡献》一文（载于《清华学报》，专门谈风、鸟及凤祈的观念）。风之所以重要，是因为它和鸟一样，可在天地明暗之间穿梭来往，上面所举的都是直接可通天的工具。

第二种与此有密切关系的通天工具是各种不同的动物（参考《商周青铜器上的动物纹样》）。在原始民族的萨满教里，动物是通天的一个非常重要的手段，这也可以从中国古代祭祀活动中的牺牲身上体现出来。这里有两种表现：一是动物本身作牺牲，它的魂灵就是巫的助手，往来于天地之间；另一是青铜器（或木器、玉器、漆器）上面的动物，巫师希望以动物来排除通天过程中的障碍。后世的《三矫经》提到道士以龙、虎、鹿等作交通工具云游各地，拜见神明。此外，古代的巫师和现代的萨满还借重酒力、药力进入一种精神恍惚的状态。在中国古代青铜礼器中，主要是用以饮、盛、温的酒器。二里头遗址出土的中国最早的青铜器中，爵和斝便是酒器。喝酒及各种祭器上的动物形象可帮助巫师升天入地。中国古代有没有药？古代的灵芝是所谓神圣的蘑菇，吃过后会进入一种迷魂状态。我们知道，在中国很早就已种植大麻了。仰韶时期，大麻籽即是五谷之一。东汉《神农百草经》讲麻蕡（即大麻）"多食会见鬼狂走，久服通神明、轻身"。可见至少在东汉时期，人们已经知道大麻药的作用。在古代巫术里，除动物是媒介外，星占、鸟占、梦占和卦测等也是通天的一些手段。

另一种工具是仪式和法器。陈梦家先生谈商代巫术，举二种法器，一是血，二是玉。杀鸡取得的血可供巫术之用，玉石法器中最重要的是琮。对良渚文化的琮，我建议各位从几方面去考虑，琮的特征有圆有方，圆方相套，天地贯通，上面有动物花纹，在琮上面，中国古代艺术的许多成分清楚经济地放在一个小小的器物上来，里面包括了中国古代巫术的所有重要成分：天地、贯通大地之柱，同时有动物的使者、助手。所以琮很可能是良渚时代巫师通天的一种重要法器。到了商代它渐被青铜器取代，象征着九鼎的时代取代了玉琮的时代。

此外，还有饮食舞乐。饮食、舞乐与巫师进入迷魂状态有密切的关系，也是研究中国古代文艺的重要线索。《楚辞·九歌》实际上就是对以舞乐来沟通神明的具体描写。饮食礼器是商周美术的核心，如把曾侯乙墓中的各种器物与楚辞中所描写的来比较一番，就会发现许多相同的地方，这些都是巫觋沟通人神、生死的基本工具。从这个观点来看，中国古代的艺术品就是巫师的法器。这样巫教、巫师与政权的关系就很清楚了。据有中国古代艺术品的人就握有了沟通天地的手段，也就是掌握了古代政权的工具。

上面很清楚地说明了商周艺术与巫术的关系。艺术性特征也正是要从巫术与政治的关系来理解。杨向奎先生在《中国古代思想》中点明了巫觋与政策的关系，他说：我们可以知道九黎乱德以后，每个人都做起神的职务来了，分不清谁是神，谁是人了，民神同位，上帝乃以重黎分管神人之事。这样，巫的职责就专门化，以后平民就不能与上帝相通，这么一来，国王断绝了天人的交通，垄断了交通上帝的大权，通天的巫术成为统治者的专利，即统治的工具。天是智慧的泉源，因此，通天的人是先知先觉的，拥有统治人间的智慧的权力。有人问墨子："鬼神孰与圣人明智？"答："神鬼之明智于圣人，犹聪耳明目之与聋瞽也。"所以，即使是圣，是王也要受鬼神的领导。由此可清楚地看出政治与宗教艺术是结合在一起的，作为通天工具的艺术，在政治权力的获得和巩固方面所起的作用，可以与战车和戈戟、刑法这种统治工具相比。这在以作为商周艺术核心的青铜器中的九鼎传说上看得很清楚。古代王朝占有九鼎，就是独占通天手段的象征。这一点，《左传》说得很清楚：各地特殊的通天动物都为王朝服役以"协于上下，以承天休"。王帝掌握了各方国的自然资源和通天工具，就像掌握了最有力的军器一样，是掌握大势力的象征。《左传》里讲"贡金九牧"，《墨子》里讲"折金于山川"，就是对各地自然资源的掌握，而自然资源中的铜、锡矿产就是铸鼎的材料。所以，九鼎不但是通天权力独占的象征，而且是制作通天工具原料独占的象征。九鼎传说始于夏代是很恰当的。王权的政治权力来自九鼎，对九鼎的象征性独占，就是对古代艺术品的独占，所以中国历史上改朝换代时，不但有政治权力的转移，而且也有艺术品精华的转移。所以我们作结论说，中国古代青铜器为什么会有这种现象？中国古代文明为什么以青铜器为特征？这是因为在巫教环境之内，中国古代青铜器是获取和维持政治权力的主要工具。

四、中国文明特征即财富与统治的关系不是中国独有而是世界共有的

从中国的古史资料出发，我们提倡建立一个文明和国家产生的法则，就是说：在中国和中国这一类的文明里面，文明产生的必要因素，财富的积蓄和集中的法则是什么呢？第一，在考古学上文明所表现出来的财富的集中并不是借生产技术和贸

易的革新之类，而几乎完全是靠生产劳动力的增加而造成的，即是靠政治性的措施造成的。第二，作为政治程序占有优势地位这一项事实的重要表现是古代贸易的性质。在这种社会里面，贸易的主要对象是与政治有关的物资，而战略性物资的流通则是以战争的形式来实现的。第三，由于财富的集中是借政治的程序（即人与人之间的关系）而不是借技术和商业程序（即人与自然的关系）造成的，因此我们就可称这类文明为连续性文明。第四，事实上现有的宇宙观及社会体系为政治提供了操纵的工具，操纵的关键在于社会与经济的分层。在中国，这种分层，可资证明的表现有三：一是宗族分支，二是聚落等级体系，它导致城市和国家的形成，三是巫师阶层和巫教的法器的独占，包括美术宝藏的独占。这种现象是中国文明产生的特征。为什么中国文明能够像其他文明那样产生，而在采取的形式与其他文明又有所不同？要想认识这些问题，我们就需要最大限度地利用资料，看看这些资料能否对社会科学一般法则的形成与证实有较大的贡献。假如要以此为目标的话，我们就要走出中国的圈子，把中国的现象放在世界史的框子里去检查，同异在何处？

如果我们把中国古代文明、美洲玛雅文明和近东苏美尔文明作一初步的比较，同时，看看在其他的文明如玛雅文明里面它的财富积累和集中的程序是怎么样的。我们就可以初步地得出一个结论：玛雅文明的形成过程基本上和中国文明的形成过程是相同的；而苏美尔人的文明在财富的积蓄和集中方面与中国文明则有着很大的不同。玛雅文明（公元前10世纪至公元后10世纪）从新石器时代到文明的变化进程中，引起的生产技术变化与宗族系统演变、美术的功能，在基本的轮廓上与中国完全相同。不但是玛雅，而且整个新大陆的文明的形成，都是这种连续性的形式。美国社会人类学家彼得·弗尔斯脱（Peter Furst）在他的一连串文章中，提出了一个"亚美式萨满教"的意识形态，他相信这种巫教意识形态代表了旧石器时代人类从亚洲大陆进入新大陆时的一个文化底层。换言之，两万年前，人类的老祖先通过白令海峡从亚洲移民到美洲时，文化已经相当发达，它的文化里已经有了下述的基本成分：第一，萨满性宇宙乃是巫术性的宇宙，而在自然和超自然的各种现象，乃是巫师变形的结果，而不是像犹太教、基督教传统的从虚无而产生的创造。第二，宇宙一般是多层的，上下层世界通常又分成若干层次，有时还有四方之神和四土之神。还有分别统治天界和地界的最高神灵。这些神灵固然能控制人和其他动物的命运，但他们也能为人所操纵。第三，萨满教的另一条公理是人和自然世界在本质上是相等的，"人类绝不是造天的主人，而是永远靠天吃饭的"。第四，与人和动物平等观念相关的另一观念，是人与动物之间的相互关系，即人与动物之间的相互转形。自古以来，人和动物就有以对方的形象出现的能力。第五，自然环境里的所有现象都被具有一种生命力的灵魂赋予生命，因此，在萨满世界里面，没有我们所谓的无生物这个意识。第六，人类和动物的灵魂或其本质生命力，一般聚居在头骨里，人类和动物能从他们的骨骼里面再生，故萨满教有一种骨骼化的观念，萨满在他的迷魂的骨骼式的状态里所作的死亡和再生，常在象征性的萨满法器和艺术上表现出来。

　　这些最重要的特征，与中国古代青铜器所属的巫教特征很相似。中国文明、玛雅文明和其他很多文明代表古代一个基层的进一步发展，在此基层上发展出来的文明，都是连续性的文明。在这些文明的城市、国家产生的过程中，政治程序（而非技术、贸易程序）都是主要的动力。在此基层上发展的过程中，某些地方发生过一些飞跃性的突破。我们知道的一个突破性文明是苏美尔文明。它后来通过巴比伦、希腊、罗马而演进到现代的西方文明，所以现代的西方文明从苏美尔文明开始就代表着一种从亚美文化底层突破出来的一些新现象。这种文明产生的财富的累积和集中的程序，主要不是政治程序而是技术、贸易程序，这可在两河流域的考古学和古代史的研究中得以证实。从这里引申出来的一点，是西方的社会科学所演绎出来的许多原则、法则、法理，是根据从苏美尔文明以来的西方文明的历史经验中综合归纳出来的。就像我们从中国古代五千年或更长的历史中，也可以综合归纳出许多社会科学的法则一样。问题在于"欧风东渐"——西方社会科学输入中国以来，有许多西方的法则便直接地套到中国的史实上去。我觉得，我们需要做一些很重要的工作，就是要把西方社会科学的法则来和中国丰富的历史经验加以对比，看看有多少是适用的，有多少是不适用的。我相信大部分代表人类的法则是可以适用的，但有一部分是不能适用的。这些不能适用的部分有的就牵涉到文明城市和国家的起源问题。马克思、恩格斯唯物史观是代表西方社会科学对古史分期的研究，而在这个古史分期之外，有一个亚细亚生产方式的问题，这代表了西方社会科学法则里所不能解决的若干东方现象，我相信，对亚细亚生产方式的进一步研究，对于了解中国历史与西方社会科学之间的彼此照应关系是一个很重要的入手途径。

连续与破裂:一个文明起源新说的草稿 *

前　言

　　1984年9月我在西安为陕西省考古工作者所作的一次讲演里面,曾经说过,"我预计社会科学的21世纪应该是中国的世纪"(载《考古与文物》1985年第3期)。后来看见有人在小报上对这个说法有所议论,可是因为原文语焉不详,稍有误解,所以在这里我再将作这种说法的理由较明确地论述一下。我相信中国研究能在社会科学上作重大的一般性的贡献,因为它有传统的二十四史和近年来逐渐累积的史前史这一笔庞大的本钱。全世界古今文明固然很多,而其中有如此悠长的历史记录的则只有中国一家。亡友瑞德教授曾经说过:"全球上没有任何民族有像中华民族那样庞大的对他们过去历史的记录。2500年的'正史'里所记录下来的个别事件的总额是无法计算的。要将二十五史翻成英文,需用4500万个单词,而这还只代表那整个记录中的一小部分。"(Arthur F. Wright, "On the Uses of Generalization in

---

*　原载《九州学刊》1986年第1期,1—8页。

the Study of Chinese History",载 L. Gottschalk 编 *Generalization in the Writing of History*，1963，37 页，美国芝加哥大学出版社）这批代表广大地域、悠长时间的一笔史料中，一定会蕴藏着对人类文化、社会发展程序、发展规律有重大启示作用，甚至有证实价值的宝贵资料。可是这笔资料一直还很少被社会科学理论家好好利用过。过去这一两百年是西方社会科学旺盛时期。而值得我们注意的一个事实是在西方社会科学里面所有的各种法则、规律——应该是有普遍适用性的，不然便不该称做法则、规律了——都是根据西方历史经验归纳综合出来的，因为过去西方社会科学者对东方历史的知识是比较贫乏的。20 世纪初西方社会科学传入中国，中外社会科学家便很自然地把西方的理论套在中国的史实上去。这种研究态度的理论基础，可以用郭沫若在 1929 年所写《中国古代社会研究》自序中这几句话作为代表：

> 只要是一个人体，他的发展，无论是红黄黑白，大抵相同。
> 由人所组织的社会也正是一样。
> 中国人有一句口头禅，说是"我们的国情不同"。这种民族的偏见差不多各个民族都有。
> 然而中国人不是神，也不是猴子，中国人所组成的社会不应该有什么不同。
> 我们的要求就是要用人的观点来观察中国的社会，但这必要的条件是须要我们跳出一切成见的圈子。

这几句话所代表的研究观点在当时是有革命性的，它打破了中国学究孤芳自赏的传统，将中国社会史放在社会科学一般框架中去研究。经过 50 多年来的研究，我们已看得出来上引最后的这一段话,是至今还有适用性的,但是它只把该说的话说了一半,因为我们今天新的要求是要用中国社会的观点来观察人,而如此做必要的条件也是"须要我们跳出一切成见的圈子"。一个很重要的成见,便是西方社会科学所提供的法则能适用于全人类,包括中国历史在内。其实,这个前提是需要证明的,不宜无批判地接受下来的。近年来,西方学者对中国学问的研究境界逐渐提高,中国学者对世界史和社会科学理论的了解也渐趋客观化,这便很自然导致中国历史与社会科学研究之间重要连锁关系的清楚认识。上引瑞德教授的夫人玛莉瑞德教授在20多年以前便讨论过社会科学与中国史料之间的关系,并且对社会科学者提出了一个挑战性的问题:"假如社会科学家的目的是要建立可能达得到的最广泛的一般原则,再假如任何一般原则的广度要靠它所能适用的现象的范围来决定的,那么〔社会科学家〕他们自己的研究在学术上的要求难道不就把他们引到中国史料有关部分的研究上去吗?"(Mary C. Wright, 载 *The Journal of Asian Studies*, 卷20,1961,220—221页)中国史料中潜伏的重要意义一旦被社会科学者认识并且加以利用,中国历史一定成为许许多多研究题目集中利用的宝库,因此有21世纪是社会科学的中国世纪的一说。要把中国史的这种潜力发挥出来,我们需要做三件事:深入研究中国史料、尽量了解学习世界史和深刻了解各种西方社会科学理论,有了这三个条件我们才能看得出来有哪些西方社会科学理论能适用于中国史,有哪些理论需借中国史实加以修正,以及从中国史实中可以归纳出来哪些新的社会科学理论、法则。做这些工作都需长时间、深功夫,而且每人只能个别地自具体小问题开始。下文便是这类研究的一例,是1986年6月在华盛顿召开的"中国史与社会科学"会议一篇论文的中译。

由于近年来考古工作所获致的新材料开始能使我们逐渐了解到文明、城市生活和社会的国家型态是如何在中国开始产生的,我们也同时开始意识到中国古史研究在社会科学一般法则上的重要意义。中国提供了将根据西方历史研究所拟定出来的若干社会科学的理论假说加以测试的重要资料,而我们已发现若干有关文明起源的重要假说是通不过这个测试的。同时,中国又提供足够的资料从它本身来拟定新的社会科学法则;文明如何在中国开始便是一个很好的例子。上面这两点——即在文明起源上若干西方的一般法则不适用于中国,同时在这方面中国提供它自己的一般规律——当然是彼此相关的。对中国、玛雅和苏美尔文明的一个初步的比较研究[1]显示出来,中国的型态很可能是全世界向文明转进的主要型态,而西方的型态实在是个例外,因此社会科学里面自西方经验而来的一般法则不能有普遍的应用性。我将中国的型态叫做"连续性"的型态,而将西方的叫做"破裂性"的型态。

连续性

中国古代文明的一个可以说是最为令人注目的特征,是从意识形态上说来它是在一个整体性的宇宙形成论的框架里面创造出来的。用牟复礼(F. W. Mote)的话来说,"真正中国的宇宙起源论是一种有机物性的程序的起源论,就是说整个宇宙

---

[1] K. C. Chang, "Continuity and Rupture: Ancient China and the Rise of Civilizations",手稿。

的所有的组成部分都属于同一个有机的整体,而且它们全都以参与者的身份在一个自发自生的生命程序之中互相作用"。[1]杜维明进一步指出,这个有机物性的程序"呈示三个基本的主题:连续性、整体性和动力性。存在的所有形式从一个石子到天,都是一个连续体的组成部分……既然在这连续体之外一无所有,存在的链子便从不破断。在宇宙之中任何一对物事之间永远可以找到连锁关系"。[2]中国古代的这种世界观——有人称为"联系性的宇宙观"[3]——显然不是中国独有的,基本上它代表在原始社会中广泛出现的人类世界观[4]的基层。这种宇宙观在中国古代存在的特殊重要性是一个不折不扣的文明在它的基础之上与在它的界限之内建立起来这个事实。中国古代文明是一个连续性的文明。

当我们向东穿过太平洋而找到许多在同一个宇宙观基层的上面和范围之内建造起来的新大陆的文明时,上面这个事实的重要意义便看得更为清楚。在1972年一篇研究美洲印第安人的萨满教和迷魂药的文章中,拉巴尔(Weston La Barre)主张说美洲印第安人多半保持有他们的祖先在进入新大陆时自他们在亚洲的老家所带来的一个远古旧石器时代与中石器时代基层的若干特征,尤其包括对进入迷昏状态的强调。[5]顺着同一个

---

[1] F. F. Mote, *Intellectual Foundations of China*, New York: A. A. Knopf: 1971, p. 19.

[2] W. M. Tu, The Continuity of Being: Chinese Versions of Nature. *Confucian Thought*, Albany: State University of New York Press, 1985, p. 38.

[3] Benjamin I. Schwartz, *The World of Thought in Ancient China*, Cambridge: Harvard University Press, 1985, p. 350.

[4] Claude Levi‒Strauss, *The Savage Mind* University of Chicago Press, 1966.

[5] Hallucinogens and the Shamanic Origins of Religions, *Flesh of the Gods*, Peter T. Furst, ed., New York: Praeger, 1972, pp. 261—278.

方向而以中美洲的研究为根据,弗尔斯脱(Peter T. Furst)拟测了一个所谓"亚美式萨满教的意识形态内容"如下:[1]

1. 萨满式的宇宙乃是巫术性的宇宙,而所谓自然的和超自然的环境这种现象乃是巫术式变形的结果,而不是像在犹太基督教传统中的自虚无而生的"创造"。

2. 宇宙一般是分成多层的,以中间的一层以下的下层世界和以上的上层世界为主要的区分。下层世界与上层世界通常更进一步分成若干层次,每层经常有其个别的神灵式的统治者和超自然式的居民。有时还有四方之神或四土之神,还有分别统治天界与地界的最高神灵。这些神灵中有的固然控制人类和其他生物的命运,但他们也可以为人所操纵,例如通过供奉牺牲。宇宙的诸层之间为一个中央之柱(所谓"世界之轴")所穿通;这个柱与萨满的各种向上界与下界升降的象征物在概念上与在实际上都相结合。萨满还有树,或称世界之树,上面经常有一只鸟——在天界飞翔与超越各界的象征物——在登栖着。同时,世界又为平行的南北、东西两轴切分为四个象限,而且不同的方向常与不同的颜色相结合。

3. 萨满教的知识世界中的另一条公理是说人和动物在品质上是相等的,而且,用斯宾登(Herbert Spinden)的话说,"人类绝不是造世的主人,而永远是靠天吃饭的"。

4. 与人和动物品质相等这个观念密切相关的另一个观念是人与动物之间互相转形,即自古以来就有的人和动物彼此以对方形式出现的能力。人与动物之相等性又表现于"知心的动物朋友"和"动物伙伴"这些观念上;同时,萨满们一般

---

[1] "Shamanistic Survivals in Mesoamerican Religion", *Acta del XLI Congress Internacional de Americanistas*, Mexico. vol. III (1976), pp. 149-157.

又有动物助手。在由萨满所领带的祭仪上，萨满和其他参与者又戴上这些动物的皮、面具和其他特征来象征向他们的动物对方的转形。

5. 自然环境中的所有现象都被一种生命力或灵魂赋予生命，因此在萨满世界里没有我们所谓"无生物"这种物事。

6. 人类和动物的灵魂，或其本质生命力，一般驻居在骨头里面，经常在头的骨里。人类和动物从他们的骨骼再生。萨满教的骨骼化——即萨满在他的迷魂失神状态之中从他的骨骼式的状态之中所作的仪式性入会式的死亡与再生，有时用挨饿到剩下一把骨骼那样的方式来演出，而经常象征式的在萨满的法器中和他们艺术上表现出来——也同样与这些观念有关。

7. 灵魂可以与身体分开并且可以在地球各处旅行甚至旅行到上界、下界；它也可能被敌对的精灵或黑巫师所掠去，而为萨满所拯救回来。失灵魂是疾病的一个常见的原因，另一个原因是自敌对的环境中来的外界物体侵入了身体。疾病的诊断和治疗都是萨满的特殊本事。

8. 最后一点是迷魂失神这种现象，而常常（并非永远是或到处都是）由产生幻象的植物所促成的。

弗尔斯脱举出了上述的萨满式世界观的特征之后，更进一步地说："上述的大部特征对我们所知范围之内的西班牙人来到以前的文明时代的中美洲和其象征体系的适用性，并不下于它对较单纯的社会中较典型性的萨满教的适用性。变形式的起源说，而非圣经式的创造说，乃是中美洲宗教的标志。有其个别的精灵界的统治者的分层宇宙、世界之轴、有鸟栖息的世界之树、世界之山、世界的四象限以及有颜色的四方——这些都确然是中美洲的。人和动物在品质上的相等性、动物密友、动物伙伴、动物皮、爪、牙齿、面具和其他部分的使用以象征转形或造成转形，等等，也都是中美洲的。"[1]

上面我引述了弗尔斯脱[2]的不少话，是因为其中不少，甚至全部，在早期中国文明的适用性亦不下于在西班牙人以前文明时代中美洲的适用性。我们所指的是下述中国古代象征和信仰体系的残碎可是显炫的遗存：公元前5000到3000年前仰韶文化中的骨骼式的美术；公元前3000到2000年前东海岸史前文化里面带兽面纹和鸟纹的玉琮和玉圭；殷商时代（约公元前1300—前1100）甲骨文中所见对自然神的供奉，世界的四土，四方的凤和精灵，和凤为帝史的称呼，商周两代（约公元前1500—前200）祭祀用器上面的动物形象；中国古人对"在存在的所有形式之中'气'的连续存有"[3]的信仰；东周（公元前450—前200）《楚辞》萨满诗歌及其对萨满和他们升降的描述，和其中对走失的灵魂的召唤。这一类的证据指向在重视天地贯通的中国古代的信仰与仪式体系的核心的中国古代的萨满教。事实上，甲骨文中的巫字，十，就可以看作是对规矩使用的表现，而规矩正是掌握圆（天）方（地）的基本工具。[4]甚至于萨满教的迷魂失神这一方面也可以由祭仪与酒的密切联系并由有迷魂效用的大麻在古代（至少可以早到东汉）的使用看出来。[5]

---

[1] Shamanistic Survivals in Mesoamerican Religion p. 153。
[2] 参见氏著："The Roots and Continuities of Shamanism"，*Artscanadanos*. 185-187 (1973-1974), pp. 33-60。
[3] W. M. Tu, 上引书 1985, p. 38。
[4] 张光直《谈"琮"及其在中国古代文明史上的意义》，《文物出版社成立三十周年纪念论文集》，文物出版社1987年版。
[5] Hui-lin Li, The Origins and Case of Cannabis in Eastern Asia: Linguistic and Cultural Implioations, *Economic Botany*, vol 28 (1974), p. 195.

中国古代萨满教的详细复原[1]不是本文的目的。有些汉学同业们可能表示异议，举出各种理由来证明这样一种复原不可能有压倒性的证据（我常常听到的两个理由是迷魂失神状态在甲骨文里面显然缺如，以及对商周文明必然已经进步到野蛮民族的萨满教阶段以后的假定）。这种复原果然不可能是百分之百的。但是我们在此地所讨论的是全局而不是资料中已不保存的每一细节。在作一种主要类型学的判断的情况之下，所要问的问题是：如果不是这样的，那么便是怎样的呢？紧要的一点是弗尔斯脱所复原的亚美萨满底层和古代中国世界观的大势都是联系性的宇宙观，同时在中国、在新大陆、具有城市生活和国家式的社会的高级文明在相似的关头形成，而对"存有的连续性"毫无损害。

在文首我们说过中国文明的特点是它是在一个整体性的宇宙形成论的框架里创造出来的，但我们的意思并不是把意识形态作为前进的主要动力。中国文明，以及其他相似文明的产生的特征，是在这个产生过程中，意识形态作为重新调整社会的经济关系以产生文明所必需的财富之集中的一个主要工具。具体地讲，我们的新说包含下述文明产生的必要因素：

1. 在考古学的文明上所表现出来的财富之集中，在我们的说法，并不是借生产技术和贸易上的革新这一类公认造成财富的增加与流通的方式而达成的。它几乎全然是借生产劳动力的操纵而达成的。生产量的增加是靠劳动力的增加（由人口增加和战俘掠取而造成的）、靠将更多的劳动力指派于生产活

---

[1] 参见 K. C. Chang, *Art, Myth, and Ritual: The Path to Political Authority in Ancient China*, Cambridge: Harvard University Press, 1983: "Continuity and Rupture"。

动和靠更为有效率的经营技术而产生的。换言之，财富之相对性与绝对性的积蓄主要是靠政治程序而达成的。

2. 作为政治程序占有优势地位的一项重要表现的事实，是贸易主要是限于宝货的范围之内，而战略性物资的流通常以战争方式加以实现。

3. 由于财富的集中是借政治的程序（即人与人之间的关系上）而不借技术或商业的程序（即人与自然之间的关系上）造成的，连续性文明的产生不导致生态平衡的破坏而能够在连续下来的宇宙观的框架中实现。

4. 事实上，现有的宇宙观以及社会体系正供给了政治操纵的工具。那操纵的关键在于社会与经济的分层，而在中国这种分层在三处从考古和文献资料可以证实的项目中取得表现，即宗族分枝、聚落的等级体系（导致城市和国家）和萨满阶层以及萨满教的法器（包括美术宝藏）的独占。

5. 上述各种现象中，由人口增加和宗族分枝导致的走向阶级社会是众知的社会现象，不需进一步的说明。具有各种政治地位与职业地位的分枝宗族与形成等级体系的聚落彼此扣合，而其中的机关也是众所周知的。但上述的第三点需要进一步简单说明。

在分层的宇宙之内，祖先和神居住在上面的层次。生人经由萨满或萨满一类的人物，借动物伴侣和法器——包括装饰着有关动物形象的礼器——的帮助与他们沟通。在像中国这样把祖先或神的智慧赋予与统治的权力之间划等号的文明之中，对萨满服务的独占与美术宝藏——亦即萨满法器——的占有便是社会上层人士的必要条件。在这个意义上，那个亚美基层的联系性的宇宙观本身便成为使统治者能够操纵劳动力并能够把人类和他的自然资源之间的关系能加以重新安排的意识形态体系。

破裂性

中国文明当是借由中国所代表的政治程序而自古代亚美基层发展出来的许多古代文明中的一个。对于熟习马克思、恩格斯、韦伯、柴尔德等关于社会进化和城市、国家兴起的各种理论的社会科学家来说,中国走向文明之路却好像是一种变型——常常称为"亚细亚式的"变型。据这些理论的说法,到了"文明"这个阶段,正如这个字所示,人类已达到了有礼貌、有温雅的境界,"而与野蛮人,即农村的粗鄙的人不同"。[1]从定义上说来,文明人是住在城市里面的——文雅、精致、在美术上有成就,与乡村的野人和史前的野蛮祖先相对照。在一个比较深入的层次来说,这个城乡的对照也就是文化与自然的对照。

  我们可以把一个文明的成长程序看作是人类之逐渐创造一个比较大而且复杂的环境:这不但通过对生态系统之中范围较广的资源的越来越厉害的利用而在自然领域中如此,而且在社会和精神的领域中也是如此。同时,野蛮的猎人所居住的环境,在许多方面与其他动物的环境并没有什么不同,虽然它已经为语言及文化中一大套的其他人工器物的使用所扩大,而文明人则居住在说来的确是他自己所创造出来的环境之中。在这个意义上,文明乃是人类自己所造成的环境,他做了这个环境以将他自己与那原始

---

[1] Glyn Daniel, *The First Civilizations*, New York: T. Y. Crowell, 1968, p. 19.

的自然环境本身隔离开来。[1]

柯林·任福儒氏所下的这个定义,触到了很普通的一个信仰的核心,就是说当人类自野蛮踏过了文明的门槛时,他从他和他的动物朋友们分享的一个自然的世界,迈入了一个他自己所创造的世界,而在这个世界中他用许多人工器物把他自己围绕起来而将他与他的动物朋友分隔开来并且将他抬到一个较高的水平——这些器物便包括了巨大的建筑物、文字以及伟大的美术作风。

这个常见的文明定义与我们上面所讨论的文明作尖锐的对照,即连续性的文明——人类与动物之间的连续、地与天之间的连续、文化与自然之间的连续。当这两种不同类型的文明发生直接的接触的时候,这个对照便不能再快地显露出来了:

> 墨西哥人〔即阿兹忒克人〕把他们的都城〔Tenochtitlan〕和它的环境之间的关系看作一个整合性的宇宙论的结构——亦即一个有秩序的宇宙,在其中自然现象被当作是从本质上说是神圣的、有生命的、并且与人类的活动发生密切关系的。这种观点与欧洲人的看法相对照:后者把城市看作文明的人工产物,亦即宗教与法律制度在那里很尖锐地将人类的身份与未经驯化的自然的身体区分开来的地方。西班牙的修道士与兵士们自动地就将作为人类的他们自己在一个上帝创造的秩序之中比生命的其他形式为高的一个层次。但是印第安人则以一种参与的意识来对待自然现象,宇宙被看成是各种生命力之间的关系的

---

[1] Colin Renfrew, *The Emergence of Civilization*, London: Methuen, 1972, p. 11.

反映，而生命的每一方面都是一个互相交叉的宇宙体系的一部分。[1]

在这里所说的阿兹忒克人与西班牙人之间的对照——或说甚至是亚美基层与西方社会科学理论之间的对照——提醒我们对我们的新说的两项重要含义的注意：其一，西方社会科学讲理论一般都是从西方文明的历史经验里产生出来的，而它们对非西方的经验可能适用也可能不适用。其二，更重要的一点，产生那种适用于一个新的社会秩序的一般理论的那种西方经验，必然从它一开始便代表从其余的人类所共有的基层的一种质上的破裂。当我们检讨那已被追溯到近东的那种经验的史前史时，我们果然见到另一类型文明的形成，而这种类型的特征不是连续性而是破裂性——即与宇宙形成的整体论的破裂——与人类和他的自然资源之间的分割性。走这条路的文明是用由生产技术革命与以贸易形式输入新的资源这种方式积蓄起来的财富为基础而建造起来的。追溯这条道路要靠西方文明的学者，要靠他们来讲述和解释人类自亚美基层的首次突破。

---

[1] Richard F. Townsend. *State and Cosmos in the Art of Tenochtitlan*, Washington, D. C. : Dumbarton Oaks, 1979, p. 9.